Axel Springer

Aus Sorge um Deutschland

Axel Springer

Aus Sorge um Deutschland

Zeugnisse
eines engagierten
Berliners

Seewald Verlag
Stuttgart

Redaktion:
Warnfried Encke
Claus Dieter Nagel
Grafische Gestaltung:
Andreas Brylka
Thomas Roth

Gesamtherstellung:
Wilhelm Röck, Weinsberg
Printed in Germany
ISBN 3 512 00572 1

Wie ihr auch getrennt seid,
wie man euch auch geteilt
und verschieden genannt hat –
wer darf sich jetzt deutsch nennen? –
ihr seid Kinder einer Sprache,
seid durch sie ungetrennt
und werdet eins werden,
wenn ihr euch nicht selbst aufgebt.

Ernst Moritz Arndt

INHALT

Zu Fragen der Nation

Weltpolitik aus deutscher Sicht

Die Deutschen und die Juden

Aus der Arbeit des Verlegers

Fragen an Axel Springer

Briefe

Abschied von den Weggefährten

Anhang

Statt eines Vorwortes

Wer ist Axel Springer?

Von Matthias Walden

Vor einigen Jahren schenkte mir Axel Springer ein Buch mit Fotografien der Lüneburger Heide. Er hatte es in einem Antiquariat aufgestöbert und an mich gedacht, weil er wußte, daß ich diese Landschaft liebe, in der er als junger Mensch dem Ende des Krieges und der Tyrannei, dem Neubeginn in seinem Vaterlande, der Freiheit entgegengewartet hatte. In der Widmung, die er mir in das Buch schrieb, steht: »... mit dem scheuen Eingeständnis, daß ich Deutschland schön finde.«

Sowohl die Scheu vor emphatischen Bekundungen als auch die Stärke seines Heimatgefühls sind Grundzüge seines Wesens. Da er lange gezögert hat, öffentlich aufzutreten, und eine Image-Pflege im Sinne der Public Relations und der gewollten Selbstdarstellung nie seine Sache war, blieb die Zeichnung seines Persönlichkeitsbildes, die meist eine Verzeichnung gewesen ist, überwiegend anderen, oft seinen Gegnern überlassen. Es entstand so die Karikatur eines reichen, mächtigen, marktbeherrschenden, politisch eifernden, konfliktbesessenen und nationaler Halluzination verfallenen Zeitungsmannes, ein Zerrbild, in dem bald keine Kontur mehr stimmte, kein Maßstab mehr dem Menschen entsprach, um den es geht.

Axel Springer, noch im Kaiserreich 1912 geboren, war von einer starken Zuneigung zur deutschen Sozialdemokratie geprägt. Ernst Reuter, Max Brauer, Herbert Weichmann und auch dem vaterländisch gesonnenen Kurt Schumacher sowie dem frühen Willy Brandt galt sein Vertrauen. Erst die Enttäuschungen späterer Jahre, die Abkehr der SPD von Grundpositionen, denen sie treu zu bleiben gelobt hatte, bewirkten seine Distanz. Daß die sozialen Leistungen seines Unternehmens – im Vergleich zu anderen der Branche – weit vorn placiert waren und sind, ist die Konsequenz seiner Haltung, die ihn immer mit den ursprünglichen Zielen der deutschen Arbeiterbewegung sympathisieren ließ.

Daß er Unternehmer ist, steht dazu nicht im Widerspruch. Er unternahm und unternimmt vieles, was nicht nur – und nicht einmal zuerst – ihm selber gilt und auch nicht nur den Lesern der Publikationen seines Hauses. Axel Springers unternehmerische Leistung ließ ihn zum Arbeitgeber für 12000 Menschen werden. Der Sicherheit dieser Arbeitsplätze gilt nicht zuletzt sein Bemühen.

Sein Vater konnte noch jeden Mitarbeiter mit Handschlag begrüßen. Wenn Axel Springer von der Größe seines Hauses spricht, beklagt er oft, daß es ihm unmöglich ist, jeden einzelnen der dort Beschäftigten zu kennen. Sie sind für ihn trotzdem keine bloße Zahl anonymen Personals. Oft spricht er davon, was er ihnen verdankt, nie davon, was sie ihm verdanken.

Sein sozialer Impetus ist vor allem die Menschlichkeit, aus der Verantwortungsbewußtsein erwächst. Er ist der arbeitende Arbeitgeber, der die Mitarbeiter als nahestehend empfindet, deren berufliche Existenz ihm anvertraut ist – im Sinne gegenseitigen Vertrauens, das für Axel Springer jeden unternehmerischen Zynismus ausschließt.

Ein hoher Gewerkschaftsführer sah sich deshalb einmal zu der Bemerkung veranlaßt: »Für Unternehmer wie Sie brauchten wir keine Gewerkschaften.«

Sein verlegerischer Erfolg ist nicht zuletzt eine Frucht seiner Verbundenheit mit den sogenannten »kleinen Leuten«, die er hoch respektiert, die er kennt, deren Wünsche, Ängste und Hoffnungen ihn beschäftigen und in deren Empfindungswelt er sich vertiefen kann. Wenn er auf redaktionellen Konferenzen über die Leser spricht, dann beschreibt er sie nicht, wie Journalisten sie sich wünschen mögen, sondern so, wie sie sind, wie sie leben, wie sie denken und fühlen. Er fühlt sich bestätigt, wenn die Berliner Taxifahrer von ihm nur als von »Axel« sprechen.

Axel Springer ist kein Mann der gewollten Konfrontation und des gesuchten Konfliktes. Sein Übereinstimmungsbedürfnis ist ausgeprägt. Meinungsgegensätze bewegen ihn sehr. Aber er weicht nicht aus. Die Zeit der Kampagnen gegen ihn und sein Haus, die Phase der Gewalttätigkeiten gegen die Verlagshäuser in Hamburg und in Berlin, die Periode, in der radikale Linke und viele bis weit in die SPD und FDP hinein ihn zum Buhmann der Nation zu machen versuchten, stand er durch. Ein melancholisches Erstaunen über die Ausmaße des Mißverständnisses lag damals in seinen Zügen. Aber keine Schmähung, keine Drohung, keine Gefahr brachten ihn auch nur andeutungsweise von seinen Überzeugungen ab. Der nachdenkliche, nächtelang lesende, alles Laute und Massenhafte scheuende Mann erwies sich als zäh und widerstandsfähig.

Die Kraft seiner verlegerischen und publizistischen Lebensleistung und seiner Unzerbrechlichkeit gegenüber feindseliger Herausforderung kommt bei ihm nicht aus physischer Stabilität und psychischer Härte, sondern aus einer geistig-seelischen Energie, die von der Intensität seiner Überzeugungen und seines sensiblen Willens immer wieder aufgeladen wird.

Wer ihm nahesteht, weiß, daß Fremde, die ihm zum ersten Mal begegnen, oft überrascht sind. Viele erwarten einen zynischen Erfolgsmenschen, einen heftigen, auf Kampf gestimmten, vielleicht auch einen hochmütigen Mann. Und sie begegnen einem Menschen, der abwartend, leise sprechend, in einer Mischung aus Heiterkeit und Melancholie auf sie zugeht und der schlagfertig ist, ohne mit Worten zu schlagen. Wenn sie dann noch bemerken, daß er einen untertreibenden, augenzwinkernden und selbstkritischen Humor hat, ist die Verblüffung meist vollkommen.

Axel Springer liebte seine Mutter über alles. Wenn er von ihr spricht, verklärt sich sein Blick. Sie war es, die mit ihm nach Weimar reiste, die ihm Goethe nahebrachte, ihm die Verwerflichkeit der Nazis darlegte.

Er muß in seinen jungen Jahren schon eine Besonderheit ausgestrahlt haben, die nicht nur für das mütterliche Empfinden Ottilie Springers wahrnehmbar gewesen ist. Der berühmte Arzt Professor J. H. Schultz, der das autogene Training entwickelte, schreibt in seinen Lebenserinnerungen:

»Ein paar Erholungswochen, die ich bei meinem früheren Lahmann-Oberarzt und alten Freund Dr. Gerhard Lehmann in Weidners Sanatorium genoß, verschafften mir die Bekanntschaft eines schlanken, blonden, sensitiven, jungen Mannes, der sich nicht nur durch einen echt niederdeutschen trockenen Humor, sondern ebenso durch wirklich geistvolle schnelle Einfälle und Formulierungen sowie durch eine echte innere Verbindung mit letzten Fragen auszeichnete: Axel Springer aus Hamburg. Er machte einen so starken Eindruck auf mich, daß ich die Äußerung wagte, es werde entweder etwas ganz Großes oder gar nichts aus ihm werden.«

Die Frömmigkeit Axel Springers ist zugleich die Heilsgewißheit dieses zur Skepsis neigenden, Unheil untrüglich vorausspürenden Mannes. Die Geborgenheit, die er braucht und die ihm im Materiellen weniger bedeutet, als ihm Fernstehende mutmaßen, findet er im Glauben. »Der Abfall von Gott«, so sagt er oft, »ist die Hauptursache dessen, was die Welt heute quält.«

Dies alles hat visionäre Züge. Er wagt seelische Exkursionen in die Bereiche des Überirdischen, scheut sich nicht vor der Kraft des Absoluten und erwirbt das Recht auf seine Glaubensgewißheit durch bewußte – mehr gelebte als vorgeführte – Demut.

Axel Springer hütet eine Bibel, die ihm einst eine alte Dame schenkte und in die sie ihm schrieb: »In fernen Tagen, in Jahrzehnten sehe ich einen alten Mann ungebeugt mit ganz jungen Augen über diesem Buch sitzen und sehe, wie er erinnernd sein Leben überdenkt und dann in diesem Buch von dem großen Liebenden liest, der durch seine unendliche Liebe und seinen Opfertod nur wenige erlösen konnte. Sie, lieber Axel, erkannten früh, daß ›Trägheit des Herzens‹ die Sünde ist, die Gott nicht vergibt. Sie gingen nicht an fremdem Leid vorüber, und dafür sind Sie gesegnet.«

An seinen jüngsten Sohn schrieb er im Januar 1979: »Mein lieber Junge! Ich habe heute eine Bitte an Dich. Höre im Religionsunterricht gut zu, und laß Dich bald konfirmieren. Als ich so jung war wie Du, wollte ich von den Sachen auch nichts wissen. Heute würden mir die Grundkenntnisse, zu denen eines Tages der Glaube an Christus ganz von selbst kommt, furchtbar fehlen ...«

Und in einem Brief an einen seiner Redakteure, in dem er anregt, sich des Themas »Religionsunterricht in unseren Schulen« anzunehmen, steht der Satz: »Ich erinnere mich aus meiner Schulzeit, daß ich ganz still wurde, wenn uns etwa die Rollbilder vom See Genezareth gezeigt wurden und Jesus den Armen und Kranken Hilfe brachte.«

Die Gläubigkeit Axel Springers und sein Wesensmerkmal, »an fremdem Leid nicht vorüberzugehen«, sind wohl die entscheidenden Kraftquellen seines Lebensweges. Er besucht Kranke, trauert um Menschen, die ihm nahestanden, bewahrt eine unbefristete Treue auch über trennende Wege hinaus, ist zum Mitleiden, das mehr als Mitleid ist, befähigt und verurteilt. Die Witwen seiner Freunde erlebten und erleben seine Fürsorglichkeit, seine seelische und materielle Hilfsbereitschaft. Er steht zu ihnen, kümmert sich, tröstet und stützt sie.

Wer ihn gut kennt, weiß, daß er unter dem Unglück anderer, unter der Not der Landsleute drüben, der politischen Gefangenen, der Juden, aber auch unter der Schicksalslast eines einzelnen, von der er erfährt, leidet. Wo er helfen kann, hilft er. Wenn er gibt, gibt er fast immer still, und oft gibt er nicht selbst, sondern durch andere, um den Empfangenden nicht in die Pflicht der unmittelbaren Dankbarkeit zu nehmen.

Er kann sich in hohem Grade über die finanziellen Sorgen des Berliner Fußballvereins Hertha BSC erregen, sich darüber empören, daß dieser urberlinerischen Institution, an der Hunderttausende Menschen dieser Stadt hängen, nicht durch öffentliche Mittel geholfen wird. Und dann hilft er eben selbst, geht darüber hinaus zu den Spielen ins Olympiastadion, sucht die Spieler in ihren Kabinen auf, spricht ihnen Mut zu und gibt ihnen das Gefühl der Verbundenheit.

Bescheidenheit fällt an ihm auf, obwohl er sie nicht auffällig macht. Er ißt sparsam und beiläufig. Seine Kleidung ist ohne Effekte. Zu Hause sieht man ihn in Jeans und Pullover. Er fährt lieber mit dem Rad als mit einem Acht-Zylinder, freut sich an der Natur, zieht sich mit einem Buch zurück, sucht die Stille, meidet, wenn irgend möglich, Parties, Empfänge, Spektakel.

Zuneigung, Sympathie, Anerkennung und Anhänglichkeit sind ihm willkommen und erfreuen ihn. Aber er sucht sie nicht im Sinne eines Anspruches. Axel Springer liebt Menschen, doch er weiß, daß Abstand die Voraussetzung für jede Annäherung ist. Ich habe ihn voller Hochachtung über Menschen sprechen hören, deren Güte, Größe und Opferbereitschaft ihn beeindruckten. Aber er kann sich auch über menschliche Grobheit, Taktlosigkeit, Frechheit oder Dummheit entsetzen. Nie habe ich ihn überheblich erlebt. Aber Plumpvertraulichkeit und Kumpeltum der lauten und zudringlichen Art liegen ihm nicht.

Prahlerei und Protz sind ihm zuwider. Doch lehnt er auch jene falsche Bescheidenheit ab, die durch graue Spärlichkeit nach Effekten hascht. Axel Springer hat einen ausgeprägten Sinn für Schönheit, mit der er sich großzügig und selbstsicher umgibt. Die Kunst, die er sammelt, liebt er aber nicht nur ästhetisierend. Es sind immer die historischen Wurzeln, die sie für ihn lebendig und erhaltenswert machen.

Die Geschichte Berlins oder die Geschichte Preußens, die Vergangenheit der abgesprengten Gebiete des geteilten Deutschlands, die Geistesgeschichte seines Vaterlandes machen seine Bilder, Skulpturen und Möbel, seine alten Uhren und sein Porzellan für ihn zu Zeugen der Zeiten und Menschen, die vor uns waren, die jene Wege bereiteten, von denen wir kamen, auf denen wir gehen oder die wir verlassen haben. Er kennt die Schwächen, die Brüche und die Schatten unserer Historie, aber er findet in ihr auch die Spuren der Größe, der Bereitschaft zum Dienen, der Suche nach Gott und der Menschlichkeit.

Daher ist Axel Springer in diesem Bereich einer, der erwarb, was wir von unseren Vätern erbten, mehr um es zu bewahren, als um es zu besitzen – nicht eigentlich ein Sammler, sondern eher ein Behütender, der auch und vor allem an die Zeit denkt, die nach ihm kommt. Aus der Zerbrochenheit Deutschlands zu bergen, was wert ist zu überkommen, bildet den Kern seiner Kunstliebe und auch seines Mäzenatentums. Professor Sperlich, Direktor der Berliner Schlösser und Gärten, sagte von Axel Springer, er sei »der einzige wirkliche Privatmäzen, den es in Berlin noch gibt«.

Springers Gegner und Feinde haben von alledem nie Notiz genommen. Sie haben sich überwiegend für zwei Klischeevorstellungen entschieden: den machthungrigen Zeitungsmarkt-Beherrscher oder den Tagträumer, der auf Distanz zur Wirklichkeit lebt. Als das Wirtschaftsmagazin »Capital« ihn 1972 den »Brandenburger Tor« nannte, erheiterte ihn das sehr. Das sei ein Kompliment, meinte er. Der Tor als naiv Glaubender, auf die Überwindung der vaterländischen Schicksalslast Vertrauender, mit der Vision vom Besseren Beschenkte erscheine ihm als durchaus erstrebenswerte Gestalt. Und da neben seiner Naivität im Sinne einer starken Fähigkeit zur Hoffnung auch die wache Skepsis, das Empfinden für Bedrohungen der Menschheitsgeschichte steht, ist dieser »Tor« eben kein Narr. Im Kreise von Freunden sagte er dazu: »Wenn man mich töricht nennt, weil ich bereit bin, aus politischer Überzeugung wirtschaftliche Einbußen hinzunehmen, kann ich nur sagen: Wenn wir glauben, auf dem richtigen Wege zu sein, bleiben wir dabei und werden unseren Kurs nicht ändern, selbst wenn uns das Geld kostet.« Und bei anderer Gelegenheit: »Man nennt mich oft einen Träumer – nun gut, man muß schon träumen können, wenn man etwas bewegen will. Und dafür, daß ich nur träumen könnte und nichts anderes, ist ja doch etwas zuviel Substanz um mich herum entstanden. Traum und Wirklichkeit müssen da ja wohl

Berlin, Kochstraße 50, 19. Stock: Axel Springer an seinem Schreibtisch

beieinander gewesen sein.« Er lebt nicht an der Wirklichkeit vorüber, sondern über sie hinaus.

Es war Theodor Herzl, der große Zionist, der den Juden sagte: »Wenn Ihr wollt, ist es kein Märchen.« Gemeint war die Rückkehr in die Heimat des jüdischen Volkes, die Neugeburt Israels. Axel Springer empfindet die jüdische Überwindungskraft, die Glaubensstärke und den Überlebenswillen der Juden als beispielhaft und als die große Lektion der Geschichte und der Gegenwart. Er hält nichts von dem »nachgeholten Anti-Antisemitismus«, der sich in Schlagworten erschöpft. Die Schuld, die wir Deutschen zu tragen und, soweit es möglich ist, abzutragen haben, erkennt er als gern geübte Pflicht zum Handeln. Als Gnade Gottes empfindet er, daß die Deutschen nach allem, was geschehen ist, die historische Chance haben, materielle und moralische Wiedergutmachung durch ein Bekenntnis zu Israel und durch Hilfe für Israel zu üben und auszuüben. Dort sieht er unsere Bewährung.

Er selbst hat Israel geholfen, ist in dieses Land gegangen und in diesem Lande aufgegangen. Er suchte und fand dort die Wege, auf denen Christus gewandelt ist, und liebt die Juden in der Gewißheit, daß Christen und Juden sich an einen gemeinsamen Gott wenden. Was er zu Israel sagt, das meint er ernst. Er kettet sich innerlich an dieses Volk, und er kann sich zu flammendem Zorn empören, wenn Israel im Stich gelassen wird.

Das ist nicht der Auflagenjäger mit dem Streben nach »Profit-Maximierung«, der – elegant und brillant, zynisch und erfolgshungrig – in seinen Bilanzen lebt. Sondern das ist ein Mensch, der aufgewühlt von Schuld und Leiden dieser Welt ist, einer, der sich nicht abfindet, der unruhig bleibt und reizbar, wenn Unrecht geschieht. Es bedarf keiner ruhmrednerischen Bemühung, keines rhetorischen Kunstgriffes, Axel Springer einen Idealisten zu nennen. Und wenn man ihn einen Moralisten nennen will, dann nur mit einer Ergänzung: daß er sehr gut und sehr genau weiß, wieviel außer der Moral in dieser Welt nötig ist, um Ideale in Wirklichkeiten zu verwandeln.

Als Axel Springer am 25. Mai 1959, zwei Tage vor dem Ablauf des Chruschtschow-Ultimatums, den Grundstein für sein Verlagshaus im alten Berliner Zeitungsviertel legte, während andere die Stadt Hals über Kopf verließen, sagte er idealistisch und für viele ermutigend: »Wir gehen in der Berliner Kochstraße auch einen Weg nach Deutschland, wenn man darunter versteht, daß es nicht lohnt, auf dieser Welt hohe Häuser für Zeitungen zu bauen, wenn man nicht eine Idee hat, die größer ist, als wir alle selbst es sind.« Er meinte das genau so, wie er es sagte, und er hat sich auch in den zwei Jahrzehnten, die diesem Tage folgten, daran gehalten.

Das Privathaus, das Axel Springer sich in Berlin gebaut hat – nur acht Kilometer Luftlinie von Potsdam entfernt –, nannte er »Tranquillitati« und übersetzte diesen Begriff: »Der Gelassenheit gewidmet«. Es mag den Außenstehenden überraschen, daß die Unruhe dieses Wahrheitssuchenden, die Hochgespanntheit dieses Erfolgreichen, die Bereitschaft, alarmiert zu sein und zu alarmieren, und seine Empfindsamkeit gegenüber allem Unrecht und aller Gewalttätigkeit ihm Gelassenheit zu finden erlauben. Aber er macht sie glaubhaft, indem er sich auf Friedrich Christoph Oetinger beruft, der schrieb: »Gib mir die Gelassenheit, Dinge hinzunehmen, die ich nicht ändern kann; gib mir den Mut, Dinge zu ändern, die ich ändern kann; und gib mir die Weisheit, das eine vom anderen zu unterscheiden.«

Dieses Unterscheidungsvermögen zeichnet Axel Springer nicht weniger aus als sein Mut, Widerspruch zu erzeugen und zu ertragen, wo er zu ändern bemüht ist, was veränderungsbedürftig und veränderbar ist. Dabei denkt er nicht in den Kategorien tagespolitischer Kurzatmigkeit und mißt nicht mit der Schneiderelle aktueller Opportunität. Sein Wort, daß »25 Jahre nur ein Stoßseufzer der Geschichte« seien, beweist das in einer für seine Ausdruckskraft typischen Formulierung.

Ein prominentes Mitglied des britischen Oberhauses schrieb zum Beispiel an ihn: »Was Sie über Freiheit und Gleichheit feststellen, ist klassisch; Ihre Definition von Patriotismus für ein modernes Europa ist das Beste, was ich bisher gelesen habe.«

Neben seinem Schreibtisch stehen viele Fotografien. Die Bilder seiner Kinder, Fotos von Hans Zehrer, Karl Andreas Voß und Heinz Ullstein. An den Wänden seines Arbeitszimmers in der Berliner Kochstraße, das kleiner ist als das mancher seiner Mitarbeiter, hängen Porträts von Martin Luther und Friedrich dem Großen. Axel Springer ist ein Protestant, der nicht mitging, wo seine Kirche Reformation zu Deformation verfallen ließ. Und er ist ein Preuße aus Altona, ein Berliner, der deshalb kein Wahlberliner ist, weil es für ihn keine Wahl gab, als er sich für diese Schicksalsstadt entschied.

Sein Weitblick erkannte oft Bevorstehendes mit durchdringender Genauigkeit. Im Juli 1961, also einen Monat vor dem Bau der Mauer in Berlin, schrieb er an Bundestagspräsident Eugen Gerstenmaier: »An 52 geschlossenen, stacheldrahtbewehrten Übergängen werden Flüchtlinge aus der Zone sich blutig festlaufen. Aber der ›aufgeklärte Westen‹ wird dann schon zufrieden sein, wenn der Verkehr nach Berlin mit Hilfe der Vopos auf Zeit ganz gut klappen wird ...«

In einem Gespräch sagte er einmal, er sorge sich, weil die in Freiheit lebenden Deutschen keine ideellen Ziele erkennen und anstreben. »Deutschland, Freiheit – irgend etwas nicht Materielles müssen sie doch wollen!« Und er fügte nachdenklich hinzu: »Ein wenig Askese muß immer dabeisein.« Bei anderer Gelegenheit bemerkte er: »Die Unternehmer stehen nicht hinter mir. Die wollen meistens Geschäfte mit dem Osten machen – und da bin ich nicht ihr Mann. Sie spüren wohl auch, daß ich nicht zu dem gehöre, was sie für ›high society‹ halten.«

Axel Springer ist nicht der Mensch, der ein leichtes Leben führen könnte oder wollte. Er ist eher schwerlebig. Wenn er schweigt – manchmal mitten im Gespräch, mit einem Blick, der durch Mauern in die Ferne, nie aber in die Leere geht – sprechen seine Hände.

Im Verlag reden viele von ihm als »Axel«, manche vom »Verleger«, einige von »A. S.« – niemand nennt ihn »den Chef« oder gar »den Boß«. Wenn er eine Anregung geben will, äußert er sie in Form einer Bitte. Er kommandiert sein Unternehmen nicht, sondern lenkt es, meist, wie man auf Glatteis Auto fährt, mit einem Fuß auf dem Gaspedal und dem anderen auf der Kupplung. Gelegentlich ärgert er sich über einiges, was in seinen Zeitungen steht, aber er lobt häufiger, als er rügt. Die Behauptung, er bestimme – oder erzwinge gar – die Zeitungsinhalte, ist falsch. Fast ausnahmslos erfährt er erst morgens bei der Lektüre der Publikationen seines Hauses, was darin steht. Er liest genau, erspürt Nuancen und ist bekümmert, wenn sie fehlen.

Axel Springer ist verletzbar, und er ist oft verletzt worden. Aber er widersteht dem Schmerz, den er empfindet. Jeder, der ihn zu verwunden trachtete, wird vergeblich auf einen Aufschrei, auf Flucht oder auf den Moment gewartet haben, in dem er zu Boden gegangen wäre. Und gerade das hat man ihm wohl in seiner Gegnerschaft am wenigsten verziehen: daß er – im Hagel der Anfeindungen – blieb, wie er war und wer er war.

Die Beiträge dieses Buches beweisen das. Wer sie liest, wird – auch wenn er anderer Meinung ist oder bleibt – erkennen, daß hier ein Mann spricht und schreibt, der seine Wahrheit sucht und sagt. Selbstbewußt, bescheiden, entschieden, ehrlich und auch ohne Furcht. Man mag zu ihm stehen, wie man will – eines wird man ihm nicht bestreiten können: daß er steht, wo er stehen zu müssen meint. Weil er nicht anders kann und nicht anders will.

Zu Fragen der Nation

Kein Aufschrei geht durch unser Vaterland

Im Jahre 1975 befanden sich in der sogenannten Deutschen Demokratischen Republik[1] 7590 Männer und Frauen aus politischen Gründen in Haft. Sie waren zu langen Strafen verurteilt worden, die sie unter unmenschlichen Bedingungen verbüßen mußten. In der Bundesrepublik Deutschland aber rührte sich keine Hand zum Protest. Gegen diese »Trägheit des Herzens« vor allem wandte sich Axel Springer in einer Rede, die er am 18. Juni 1976 im Alten Residenztheater von München vor führenden Persönlichkeiten aus Politik, Kultur und Wirtschaft Bayerns – darunter Ministerpräsident Alfons Goppel und Altbundeskanzler Professor Dr. Ludwig Erhard – hielt.
In einem Festakt war dem Verleger zuvor die Jakob Fugger-Medaille[2] verliehen worden. Die Auszeichnung wurde begründet mit den »überragenden Leistungen Axel Springers als Verleger und Publizist«. Gleichzeitig wurden damit, wie es in der Urkunde heißt, Axel Springers persönliche, mit Tat und Opfer verbundene Anstrengungen um die deutsche Aussöhnung mit der Welt und sein Bekenntnis zu Deutschland gewürdigt. Der Vorsitzende des Kuratoriums der Stiftung[3], Dr. Edmund Banaschewski, hob in seiner Laudatio hervor, Axel Springer verteidige das freie Berlin und setze sich für die Wiederherstellung der deutschen Einheit in Freiheit ein. Unter persönlichen Gefahren wirke er gegen die Unfreiheit in der Auseinandersetzung mit Radikalismus und Kommunismus. Axel Springer stellte seine Rede unter das Thema »Über den Staat und das Vaterland«.

Wenn über die Leistung des Verlegers, der vor Ihnen steht, gesprochen wird, so muß ich das Lob weitergeben. An die vielen Mitarbeiter meines Verlagshauses, an die Männer und Frauen um mich herum: die der ersten Stunde und die Bemühten und Tüchtigen der Gegenwart. Ich müßte das Lob aber auch weiterreichen – und jetzt formuliere ich zaghaft und zögernd – an jene geheimnisvolle Kraft, die das Gelingen allen Ringens und allen Mühens überhaupt erst ermöglicht.

Wilhelm Raabe sagte:

»Was sind wir allesamt anderes als Boten, die versiegelte Gaben zu unbekannten Leuten tragen.«

Wie sehr habe ich doch einen Satz meines väterlichen Freundes verstanden, des Ende vergangenen Jahres zu seinem Gott gegangenen tapferen Berliner Propstes Heinrich Grüber[4], der in dunkelster Zeit das Licht des anderen Deutschland zeigte. Er sagte einmal: »Ich bin auf nichts in meinem Leben stolz.«

Wir, die wir auf ihn so stolz sind, wissen, was er meinte. Er wollte nicht Leistung und Leistungsprinzip außer Kraft gesetzt haben; er wollte klarstellen, daß der Christ um die verliehenen Gaben weiß. Selbst seine weit in unsere Zeit strahlende Charakterstärke, die ihn mit den ihm anvertrauten Juden ins Lager gehen ließ, wollte er nur als eine solche Leihgabe verstanden wissen.

Der Propst von Berlin blieb überdies sein ganzes Leben lang mutig, bis hin zu jenem Gespräch mit uns vor seinem 80. Geburtstag, in dem er Stellung zur aktuellen deutschen Politik nahm. Darin nannte er die Unterzeichnung des Grundvertrages[5] zwischen der Bundesrepublik Deutschland und dem Regime im gequälten Teil unseres Landes eine der schlimmsten Stunden deutscher Geschichte, in der Breschnjew über Bismarck gesiegt habe.

Aus der Verleihungsurkunde und den ehrenden Worten von Dr. Edmund Banaschewski entnehme ich auch, daß neben der Arbeit als Verleger meine Anstrengungen um die deutsche Aussöhnung mit der Welt und mein Bekenntnis zu Deutschland Ihre Aufmerksamkeit gefunden haben und für würdigenswert gehalten werden. Dieser Zuspruch tut mir unendlich wohl. Er hilft mir. Ich danke Ihnen aufrichtig, daß diese Ermutigung in einer Zeit gegeben wird, in der die Materie vollends zu siegen droht und Einigkeit und Recht und Freiheit aufs äußerste bedroht sind.

Und noch eins zu meinem Dank: Ich gestehe offenherzig, daß ich es als eine ganz außergewöhnliche Ehrung empfinde, hier in Bayerns geist- und stilvoller Metropole ausgezeichnet zu werden und zu diesem Anlaß so viele verdiente, bedeutende Männer versammelt zu sehen, an einer Stätte, deren herrliche Cuvilliés-Dekorationen[6] neben denen Potsdams zu dem glanzvollsten Rokoko unseres Landes gehören.

Gleich nach Berlin liegt mir München am Herzen. Denn Bayern ist Staat. Hier ist Volk, nicht Gesellschaft – dieses überstrapazierte Wort. Das politische Augenmaß, das bei Ihnen wirkt und das sich von so manchem Bonner politischen Amateur wohltuend abhebt, wurde für mich bei Ihrem Gang nach Karlsruhe[7] exemplarisch deutlich.

Damals ließ sich Bayern von keinem Unkenruf und keiner kleinmütigen Beschwörung abhalten, dem Bundesverfassungsgericht die Möglichkeit zu schaffen, den Ostverträgen wenigstens rechtspolitisch einige Riegel vor die Ausverkaufstore zu legen. Der Bundesregierung und unserem Volk wurde auf diese Weise der Verfassungsauftrag in Erinnerung gebracht, die deutsche Einheit in Freiheit als oberstes Ziel deutscher Politik anzuerkennen. Seitdem hat mein preußisches Herz ein noch stärkeres bayerisches Nebengeräusch.

Ich komme zu Ihnen von meinem Haus an der Mauer[8] in Berlin, jener Stadt, die heute stellvertretend für ein friedvolles Deutschland im Herzen Europas steht. Ich glaube überdies, daß wir aufgerufen sind und daß es eine der Wiedergutmachungsaufgaben ist, unser in die Mitte des Kontinents gestelltes Deutschland zu einem Stabilisierungsfaktor eines freiheitlichen Europas zu machen. Das aber kann man ohne Berlin nicht tun und nicht wollen.

Hier fühle ich überdeutlich: Es ist unsere Pflicht, die Idee des ungeteilten deutschen Vaterlands in unserem Herzen zu bewahren. Es ist unsere Pflicht, niemals den opportunistischen Erwägungen des sozialistischen Zeitgeistes nachzugeben, dessen schlimmes Produkt nur ein Volksfront-Europa sein könnte.

Und wenn ich fortfahre: Man darf nicht auf Mecklenburg und auch nicht auf Schlesien verzichten, nicht auf Pommern und nicht auf Ostpreußen, dann verstehen das viele. Andere jedoch nicht. Lassen Sie mich verdeutlichen, was ich meine:

Dieses Nichtverzichtenwollen ist nicht die Maxime eines der Restauration verhafteten Reaktionärs. Ich bin kein Revanchist. Ich bin auch kein Nationalist. Ich bin ein Deutscher, der einfach für alle Deutschen, auch in Weimar, Königsberg und Danzig, Freiheit, Freizügigkeit durch Frieden will. Ganz simpel nicht nur für uns hier im freien Westen, sondern für alle Deutschen.

Das ist das Anliegen. Es geht nicht in erster Linie um Grenzen und Gebietshoheiten. Es stört ja auch die bayerisch-hessische oder die bayerisch-österreichische Grenze nicht, noch nicht einmal die französisch-deutsche – solange sie nur Demarkationslinie von Verwaltungsregionen auf gleicher moralischer Lebensbasis ist und keine Barriere, kein Schlagbaum der Gewalt, der Unfreiheit, der Unmenschlichkeit.

Es war einer meiner schwärzesten Tage, als die Ostverträge[9] unterzeichnet wurden. Im Rausch des Sieges haben die Alliierten 1945 nicht die Grenzen festgelegt, sondern Demarkationslinien[10]. Das bedeutete, daß in Verhandlungen um einen Friedensvertrag Terrain und Zugeständnisse hätten gewonnen werden können. Aber an irgendeinem schönen Mittwochmorgen ist alles weggegeben worden. Ohne jede Gegenleistung. Der Friede wurde auch nicht sicherer gemacht. Man braucht keinen Hausmakler zu fragen, was die Quadratkilometer in Geld bedeuten. Was uns alle viel mehr bedrücken müßte, ist, daß wir die Menschen, unsere Mitmenschen, aus der Betreuung entließen und sie der Unfreiheit und der Hoffnungslosigkeit preisgaben.

Man braucht mich wirklich nicht darauf aufmerksam zu machen, daß letzten Endes alles durch Hitlers Gewaltakte und seinen wahnwitzigen Eroberungskrieg entstanden ist. Aber man kann nicht Hitlers Gewaltpolitik verdammen und die Gewaltpolitik der Sowjets heute segnen. Man kann nicht die braune Unfreiheit hassen und bekämpfen, die rote aber herbeireden und lieben oder verharmlosen. Unrechtssystem bleibt Unrechtssystem, gleichgültig unter welchen Farben.

Das ist die eine Seite der Medaille. Die andere ist: daß es in der Epoche großräumiger Integrationen nicht mehr um die Restaurierung der politischen Landschaft des 19. Jahrhunderts geht. Geschichtliche Räume können heute nicht mehr primär durch traditionelle Machtansprüche bewahrt oder wiederhergestellt werden. In der Epoche der großen, ideologisch begründeten Umorientierung und der Endphase des sowjetischen Eroberungskrieges können diese Räume nur durch das Auffüllen mit den Prinzipien der Freiheit lebensfähig und verteidigungsbereit gemacht werden.

Der auf Unfreiheit begründete proletarische Internationalismus fordert als Gegengewicht den auf Freiheit basierenden Großraum, fordert die westliche Integration auf der Grundlage von Freiheit, Freizügigkeit, organischer Ordnung, Sicherheit und Menschenwürde. Nicht verbrieftes Besitzrecht aus zurückliegenden Zeiträumen garantiert und legitimiert den Zusammenhalt. Das Ideal und die Wirklichkeit der Freiheit sind es, die mit ihrer schöpferischen Kraft in Zukunft Räume zusammenbringen und zusammenhalten können und müssen.

Freiheit! Das schönste Wort der Welt – aber auch das am meisten mißbrauchte. Jeder Unterdrücker der Geschichte führte es auf den Lippen. Anarchisten bomben im Namen der Freiheit. Die roten Fahnen der menschenverachtenden Kommunisten flattern um das Transparent Freiheit: Freiheit für Terroristen, Freiheit für Radikale, Freiheit für Umsturz, Freiheit für hemmungslosen Sex, Freiheit für Abtreibung, Freiheit für jede Unappetitlichkeit.

Das Unglück der modernen Zeit begann, als die Französische Revolution[11] dem Ideal der Freiheit das der Gleichheit, im Sinne von totaler Égalité, zur Seite stellte und die Sozialisten aller Schattierungen diesen Generalirrtum übernahmen. Nicht mehr jedem das Seine, sondern jedem das Gleiche.

Aber Freiheit und Gleichheit können nicht gleichwertig zusammenstehen. Natürlich muß es Gleichheit vor dem Gesetz geben. Aber die Theorie von der Gleichheit aller Menschen ist das Todesurteil für echte Freiheit.

Will jemand ernsthaft behaupten, in den von Einheitsparteien regierten Kollektivstaaten sozialistischer Prägung herrsche Freiheit? Wo Gleichheit als Gesinnungsgleichheit verstanden wird, wo für Andersdenkende kein Platz ist, da ist es mit der Freiheit zu Ende. Und nicht nur mit der Freiheit. Der Sozialist Joseph Dietzgen, den Karl Marx den Philosophen der Sozialdemokratie nannte, drückt es ideologisch aus:

»Alles Außerordentliche muß zum Ordinären, Natürlichen degradiert werden. Die Heiligtümer müssen fallen. Damit man auf niemand stolz herabsehen kann, müssen wir aufhören, zu jemandem hinaufzusehen.«

Der auf Freiheit und Recht beruhende Staat muß im Interesse des Glücks der Menschen verhindern, daß die natürliche Ungleichheit zerstört wird. Denn die Menschen sind nun einmal nicht gleich.

Leibniz ließ einst die Hofgesellschaft im Schloßpark von Charlottenburg Blätter sammeln und forderte, man möge ihm zwei zeigen, die gleich seien. Niemand konnte das.

Wer aber hätte das Problem besser in Sprache gefaßt als Martin Luther, als er sagte:

»Man muß Christi Reich von der Welt Reich unterscheiden können. Es ist für die Christen ein tröstliches Evangelium, daß wir in Christus so ganz gleich sind. Vor der Welt muß die Ungleichheit bleiben, daß der Vater mehr sei als der Sohn, der Lehrer mehr als der Schüler. Wer da eine Gleichheit machen wollte, der würde ein schönes Regiment anrichten.«

Wer wissen will, wohin dieses Regiment führt, der braucht nicht weit zu schauen. Ein Blick über den deutschen Zaun und die Mauer genügt. Jeder kann hinüberblicken; keiner hat die Entschuldigung, er habe nichts gewußt. Jeder kann täglich erfahren: Die sogenannte DDR ist ein Unrechtsstaat par excellence. Diese Tatsache muß am Beginn jeder Betrachtung über die Teilung Deutschlands stehen. Und das Unrecht beginnt bei dem entscheidenden Punkt: bei der Freiheit.

Wenn es sonst nichts, gar nichts weiter an dieser sogenannten Deutschen Demokratischen Republik auszusetzen gäbe, der schamlose Umgang mit der Freiheit von politisch mißliebigen Bürgern und Bürgerinnen, der Burgverlies-Terror der Strafjustiz dieses Regimes allein müßte genügen, die ganze Welt zu einem Aufschrei zu bringen. Aber sie schreit nicht auf. Sie schweigt.

Man marschiert für die Freiheit der Chilenen, der Schwarzen in Rhodesien oder Südafrika. Man demonstriert dafür, daß Kommunisten in der Bundesrepublik Deutschland Richter, Lehrer, Verwaltungsbeamte und Staatsanwälte werden dürfen. Aber für unsere Nächsten im politischen Sinn des biblischen Begriffs, die drüben aus politischen Gründen oder einfach als getarnte Geiseln für bei uns gefaßte kommunistische Spitzenagenten hinter Schloß und Riegel sitzen, marschiert man nicht. Und wie berechtigt wäre es, auf die Straße zu gehen! Ich bin im Besitz von Tatsachen, die, dessen versichere ich Sie, von mir und meinen Mitarbeitern sorgfältig recherchiert und kontrolliert worden sind.

Festakt im Münchner Cuvilliés-Theater 1976: Dank für die Fugger-Medaille

Im vergangenen Jahr waren in der sogenannten DDR 7590 Männer und Frauen aus politischen Gründen inhaftiert. Ich nenne absichtlich nur Zahlen aus dem Jahr 1975, weil spätere nicht authentisch sind. Diese politischen Häftlinge sind zu grausam langen Haftstrafen verurteilt, die sie unter unvorstellbaren, unmenschlichen Bedingungen verbüßen.

Während bei uns die intellektuelle Linke auf die Barrikaden geht, weil die inhaftierten Angehörigen der Baader-Meinhof-Bande[12] bei Tischtennis, Fernseh-Abenden, Fitneß-Training, in büchergefüllten Zellen angeblich Isolationsfolter erleiden, vegetieren im Zuchthaus Hoheneck 1500 Frauen, darunter etwa 200 »Politische«, unter schlimmsten Bedingungen.

In Bautzen I saßen im Jahr 1975 450, in Bautzen II 100 und in Rummelsburg 1500 politische Häftlinge. In Brandenburg sind 300 politische Gefangene mit 4000 sogenannten Langsträflern und Lebenslänglichen zusammengefaßt; in Bützow-Dreibergen verbüßen 300, in Cottbus 500, in Waldheim 250, in Warnemünde 300 politische Häftlinge zum großen Teil barbarische Strafen. In 53 Haftanstalten der »DDR« saßen im Jahr 1975 37000 Häftlinge. Davon waren – ich wiederhole – 7590 »Politische«!

Dazu kommen die Internierten in den »Strafvollzugskommandos«, von denen wir 30 lokalisieren konnten, sowie »Arbeitserziehungskommandos«, von denen uns elf für Männer und drei für Frauen bekannt sind. Bei den Insassen der Arbeitserziehungskommandos handelt es sich in der Mehrzahl um sogenannte Asoziale; aber wie in den Strafvollzugskommandos befinden sich auch hier viele Politische, die in bekannter Manier als »Asoziale« eingestuft werden, so, wie die Sowjets Bürgerrechtskämpfer[13] zu Verrückten erklären und in Irrenanstalten einweisen.

Und was heißt »politischer Häftling« gemeinhin?

80 Prozent von ihnen sind wegen Fluchtdelikten verurteilt. Dabei lautet der Straftatbestand groteskerweise »Terrorismus«. Und wegen Terrorismus wird verurteilt, wer seine Flucht in Zusammenarbeit mit Fluchthelfern vorbereitet. Was für ein sprachlicher Mißbrauch jener Geißel unserer modernen Zeit, jenes Tatbestandes, der durch Flugzeugentführung, Bombenwerfen, Meuchelmord und Dynamitanschläge charakterisiert ist!

Ein anderer Tatbestand zur Verurteilung von Flüchtlingen wird »Menschenhandel« betitelt. Und Menschenhandel ist erfüllt, wenn der Flüchtling Familienangehörige in seine Fluchtpläne einbezog. Zynischer kann man nicht mit der Sprache und den zivilisatorischen Begriffen umgehen. Es bedarf also keines Beweises mehr, daß in der Zone Tatbestände, die zu den international garantierten Menschenrechten gehören, deren Grundsätze jüngst erst in Helsinki in Korb 3 wieder feierlich proklamiert worden sind[14], daß diese Grundsätze von der Justiz der Zone als Verbrechen deklariert werden und ihre Inanspruchnahme, ja selbst der Versuch dazu mit Zuchthaus oder Gefängnis geahndet wird. Und zwar mit Strafmaßen, wie sie in zivilisierten, rechtsstaatlichen Ländern nur gegen rückfällige Räuber und Mörder verhängt werden.

Aber nicht nur das. Von zusätzlicher Inhumanität ist der Strafvollzug. »Niemand kennt die Regierung eines Landes, der nicht in ihren Zuchthäusern gelebt hat.« Das ist ein Wort von Tolstoi. Und was wir von den Zuchthäusern der sogenannten DDR von ehemaligen Insassen wissen, kennzeichnet das kommunistische Regime in der Zone als inhuman, unzivilisiert und verbrecherisch.

Im Zuchthaus Brandenburg sind Zellen von 22 Quadratmeter Größe, also rund 3,25 mal 7 Meter, mit 22 Gefangenen vollgepfercht. Es gibt eine Toilette, zwei Waschbecken mit nur kaltem Wasser. Die Schlafgestelle sind dreistöckig. Das oberste Lager knapp 40 Zentimeter unter der Decke. 40 Zentimeter – so war es auch in Buchenwald! Und für die, die auf den Schlafgestellen keinen Platz finden, hat die penible Gefängnisverwaltung für die Akten die Bezeichnung »BS« eingeführt: »BS« gleich Boden-Schläfer! Häftlinge, die auf einer Decke auf dem nackten Fußboden schlafen müssen.

Im Frauengefängnis Hoheneck leiden die dort untergebrachten Frauen und Mädchen unter Bedingungen, die für uns unvorstellbar sind. In sogenannten Großraumzellen, die für 15 Insassen bestimmt sind, vegetieren bis zu 55 Häftlinge. Darunter zahlreiche »BS«. Heißes Wasser gibt es nur auf ärztliche Anweisung. Die hygienischen Verhältnisse sind katastrophal. Die Krätze grassiert. Augenleiden sind an der Tagesordnung. Die Haare müssen sich die Frauen und Mädchen mit Malzkaffee waschen, den man illegal ansammelt. 20jährige Mädchen haben in jahrelanger Haft die Zähne verloren, denn die Ernährung ist Vernichtungskost: kein Obst, kein Eiweiß! Doch was sagen diese äußerlichen Lebensbedingungen gegenüber den seelischen Leiden, der Wirkung des Kontakt- und Schreibverbots. Die Verlassenheit, das Hingeworfensein ohne Würde, die Degradierung zum rechtlosen, würdelosen Sklaven in schlimmerer Form als nach altrömischem Recht, wo der Sklave zwar Unperson, Sache war, aber wenigstens eine Sache, die man wegen der Rentabilität und des Vermögenswertes pfleglich behandelte.

Im deutschen Cottbus hingegen gibt es für Politische im Keller der Strafanstalt die sogenannten Tigerkäfige, unheizbare Isolierzellen von zwei mal drei Metern, die noch einmal durch ein Eisengitter unterteilt sind. In solcher Zelle hat der Schriftsteller Sigmar Faust[15] 23 Monate gesessen. Verurteilt zu viereinhalb Jahren Zuchthaus, weil er zwecks Ausreise für sich und seine Familie formgerecht die Aberkennung der »DDR«-Staatsbürgerschaft beantragt hatte.

Ich könnte Ihnen die Liste des deutschen Archipels GULag[16] im kommunistisch beherrschten Teil unseres Landes beliebig verlängern. Als ich die Berichte des Grauens studierte, war ich fassungslos.

Vor allem darüber, daß dies geschehen darf, ohne daß ein Aufschrei durch den freien Teil unseres Vaterlandes geht, ohne daß die Fäuste gegen die dafür Verantwortlichen erhoben werden. Welche Menschenverachtung! Welche Trägheit des Herzens!

Versagen wir ein zweites Mal, wie wir es nach 1933 taten?

Und dieses Regime sollen wir auch noch subsidieren. Es lebt zu einem großen Teil von unseren Handelsvergünstigungen, unseren Wirtschaftslieferungen, nicht zuletzt aber aus unseren direkten finanziellen Kontributionen. Von 1970 bis 1975 erhielt die Zone von uns 7,2 Milliarden D-Mark in Gestalt von Gebühren für Visa und Straßenbenutzung, Wertausgleich für Bahn- und Post-Benutzung, Zwangsumtauschbeträge, errechnete Vorteile für EG-Rechte und vor allem die nicht berechneten Zinsen für die riesigen Überziehungskredite, den sogenannten Swing, der zur Zeit mit rund 850 Millionen DM von der »DDR« in Anspruch genommen wird. Allein die nicht berechneten Zinsen für diese Kredite belaufen sich in dem genannten Zeitraum (1970 bis 1975) auf 188,1 Millionen Mark.

Die Beträge für freigekaufte Häftlinge, die Kopfgeldprämie an die Terrorjustiz, sind dabei nicht berücksichtigt, da es offizielle Zahlen darüber nicht gibt. Eine inoffizielle, aber ziemlich sichere Zahl ist die: Von 1965 bis 1976 wurden 9000 politische Häftlinge für ein Lösegeld von 448 Millionen Mark freigekauft. Das ist das größte Menschenhandelsgeschäft, das es je in der Geschichte der Welt gegeben hat. Auch in der Preispolitik hinsichtlich der Lösegeldzahlung richtet sich die Zone nach der allgemeinen weltwirtschaftlichen Entwicklung zur Inflation. Kostete vor zehn Jahren ein Häftling 40 000 D-Mark, so ist der Preis jetzt auf 70 000 D-Mark erhöht worden.

Um kein Mißverständnis aufkommen zu lassen: Ich beklage den Posten Lösegeld nicht. Ich gehörte zu den Wegbereitern des Freikaufs unschuldiger Geiseln aus Zonengewahrsam, weil Menschen wertvoller, teurer sind als Geld.

Warum lege ich Ihnen in dieser Feierstunde solche düsteren Fakten dar? Warum bedrücke ich Ihre Herzen und Gefühle mit dieser politischen Tristesse der deutschen Gegenwart? Ich tue es mit Bedacht.

Wir gehen – wie die moderne Soziologie richtig interpretiert – bei unseren Klagen über den Verfall der moralischen Werte üblicherweise davon aus, daß wir
a) an die breite Masse appellieren müßten und daß
b) tatsächlich sich jeder einzelne Bürger bei etwas gutem Willen besser, wirksamer, eben moralischer verhalten könnte.

So einfach aber ist die Sache nicht: Denn moralisches Verhalten ist keine Individualleistung, sondern muß durch die führenden Menschen eines Volkes gefordert werden.

Das heißt: Die moralische Aufrüstung der einzelnen, ihr Bekenntnis zu den tragenden Werten des Volkes und des Staates, ihre Verteidigungsbereitschaft ge-

Empfang im Münchner Montgelas-Palais nach der Verleihung der Jakob Fugger-Medaille: Axel Springer im Gespräch mit Angela Fürstin Fugger und Joseph Ernst Fürst Fugger von Glött, Mitglied des Kuratoriums der »Stiftung Jakob Fugger-Medaille«. Die Stiftung wurde 1963 vom Verband der Zeitschriftenverleger in Bayern und dem Haus Fugger ins Leben gerufen. Der Name der Auszeichnung knüpft an die Tradition von Jakob II. Fugger (1459–1525) an, der – 1514 von Kaiser Maximilian I. in den Reichsgrafenstand erhoben – als Augsburger Kaufherr über seine Handelsbeziehungen einen weltweiten Nachrichtenaustausch förderte und so zum geistigen Ahnherrn des modernen Verlegers geworden ist.

gen den Angriff der politischen Unmoral, des politisch Satanischen muß motiviert, inspiriert, ja vorgelebt werden von den führenden Bürgern in Politik und Wirtschaft, von den »Sozialgestaltern«, wie die Soziologen sagen. So ist es immer gewesen – wenn es die Legenden der Geschichtsbücher auch oft anders darstellen.

Die preußischen Freiheitskriege[17] waren nicht ein vom Himmel oder aus dem Strom der Zeit gekommener Aufbruch des Volkes, die wie ein Sturmwetter gewachsene »levée en masse«. Die Bereitschaft zu Opfer und Kampf, zu Dienst und Widerstand war von ein paar Reformern und Gläubigen aus den führenden Schichten in Gang gesetzt worden. So war es immer! Und wenn das nicht geschieht, dann geschieht eben nichts! Auch bei uns.

Wir, die »Sozialgestalter«, um noch einmal soziologisch abstrakt zu reden, müssen die Fackel von Freiheit und Recht, Dienstbereitschaft und Pflichtbewußtsein, Wahrhaftigkeit, Humanität und Vaterlandsliebe ergreifen. Und müssen sie vorantragen. Wir müssen begreiflich machen, um was es geht.

Voltaire hatte noch die Meinung, es brauche nur zwei oder drei mutige Menschen, um den Geist einer Nation zu ändern. Voltaire kannte aber das Fernsehen nicht und nicht die internationale Zusammenarbeit der Kommunisten, sonst hätte er die Zahl der Mahner höher angesetzt, die notwendig sind, den Geist der Nation zu ändern. Daß es jedoch dabei immer um eine Minderheit geht, die den großen Kurs entscheidet, ist unstrittig. Das weiß auch der Gegner auf der anderen Seite. Einer der intelligentesten Führer des roten Lagers hat es als strategische Grundregel formuliert. Hören Sie sich bitte folgendes Zitat Lenins[18] mit Aufmerksamkeit an, auch dann, wenn Sie es schon einmal gelesen haben sollten. Lenin sagte 1921:

»Als Ergebnis meiner Beobachtungen während der Jahre meines Exils muß ich feststellen, daß die sogenannten kulturellen Führungsschichten Westeuropas und Amerikas einfach unfähig sind, die gegenwärtige politische Lage und die tatsächlichen Machtverhältnisse richtig zu beurteilen. Diese Führungsschicht ist stumm und taub, und unser Verhalten ihr gegenüber sollte auf dieser Voraussetzung beruhen.

Wir müssen unseren Wunsch zum Ausdruck bringen, so bald wie möglich Beziehungen zu den kapitalistischen Ländern aufzunehmen, und zwar auf der Grundlage der absoluten Nichteinmischung in ihre inneren Angelegenheiten. Die Taubstummen werden uns das glauben. Sie werden entzückt darüber sein und werden uns die Türen öffnen; durch diese Türen werden wir so schnell wie möglich die Abgesandten der Partei schleusen, und zwar unter dem Deckmantel diplomatischer, kultureller und wirtschaftlicher Vertreter.

Die Wahrheit sagen ist ein bourgeoises Vorurteil. Eine Lüge wird durch das zu verfolgende Ziel gerechtfertigt.

Die Kapitalisten und ihre Regierungen werden gegenüber unseren Aktivitäten die Augen verschließen. Auf diese Weise werden sie nicht nur taubstumm, sondern auch noch blind werden. Sie werden uns Kredite zur Verfügung stellen, die uns dazu dienen werden, die kommunistischen Parteien in ihren Ländern zu unterstützen.

Sie werden uns das Material und das technische Wissen liefern, das uns fehlt. Sie werden unsere Rüstungsindustrie wiederaufbauen, die wir benötigen für unsere zukünftigen, siegreichen Angriffe auf unsere Versorger.

Sie werden ihren eigenen Untergang vorbereiten.«

Sie werden mir zustimmen, daß Lenins Nachfolger – auch die in Ost-Berlin – das Rezept von 1921 treulich befolgen. Und sie sind bis auf den heutigen Tag damit – das heißt mit uns – nicht schlecht gefahren.

Es gibt viele Leute, auch Politiker in bedeutenden Stellungen, die diese Erkenntnis gern verschwinden lassen möchten. Sie haben sich dafür einen Zaubertrick, ein Simsalabim ausgedacht, ein Wort, das als Zauberformel den Kommunismus von seinen Hypotheken befreien soll: Eurokommunismus[19]. Ein klein bißchen links oder rechts von Dubček! Humanes Gesicht! Kommunismus mit Schlips und Kragen, mit NATO und Bankgeheimnis: Eurokommunismus! Er soll Lenin vergessen machen; auch die Zone und ihre Zuchthäuser. Dabei ist der Trick so durchsichtig:

Es geht eben nicht um Modalitäten, es geht um den Kern. Und der Kern heißt: Freiheit oder Gewaltherrschaft. Wir müssen bereit sein, der freiheitsfeindlichen Front in der Welt den Widerstand des freiheitlichen Weltlagers entgegenzustellen. Und das muß mit der geistigen Wiedererneuerung beginnen.

Aus einer solchen Haltung, die aus tiefen, festen Wurzeln gespeist wird, daraus kann sehr wohl moderner, fortschrittlicher Patriotismus wachsen. Ja, ich möchte sagen, nur daraus kann er wachsen.

Es muß für jeden, der so denkt, eine Bestätigung sein, wenn ein Staat unserer Zeit diese Grundsätze übernimmt. Ich meine die Tatsache, daß Österreich in sein Parlamentsprotokoll vom 28. Oktober 1955 über die Geburtsstunde des wiedervereinigten neuen Staates nach dem Abzug aller Besatzungstruppen die fünf Grundsätze des Pater patriae der Schweiz, Nikolaus von Flüe[20], übernahm, ja, sie als Kernstück postuliert. Aus den fünf Grundsätzen des 1947 heiliggesprochenen Bruder Klaus möchte ich zitieren:

»Was die Seele für den Leib, das ist Gott für den Staat. Wenn die Seele aus dem Körper weicht, dann zerfällt er. Wenn Gott aus dem Staat getrieben wird, ist er dem Untergang geweiht.«

Mich bestärkt das in der Überzeugung, daß es kein Vaterland ohne Gott gibt. Das gilt auch für Deutschland – und für seine gesamte Politik.

Viele solcher individuellen Vaterländer können sich dann zusammenfinden zu den Großräumen der Freiheit, von denen ich vorhin sprach. So habe ich auch den oft mißverstandenen Ausspruch Charles de Gaulles vom Europa der Vaterländer immer so verstanden, daß ein Wald nicht einfach Wald sein kann, sondern aus Buchen, Fichten, Eichen, Tannen und den verschiedensten Büschen besteht. Man muß selbst etwas sein, um in der höheren Gemeinschaft, der größeren Föderation etwas sein zu können.

»Wer am Vaterland vorbei in ein Weltbürgertum flüchten möchte, ist ein Drückeberger, der die ihm unbequeme Nächstenliebe mit einer bequemeren Fernstenliebe vertauschen möchte«, sagte Pastor Evertz von der »Evangelischen Notgemeinschaft«.

Nächstenliebe, nicht Fernstenliebe – aus persönlicher und aus deutscher Verantwortung heraus –, das ist auch die Triebfeder der besonderen Beziehung zu einem Volk, das einst schönste und schrecklichste Verbindungen zu uns hatte. Ich spreche von Israel.

Und wenn ein Mann, der heute Minister in Bonn ist, mir einmal sagte: Wer sich 1945 nicht besiegt, sondern befreit gefühlt habe, dem solle man auch kein besonderes Verhältnis zu den Juden und zu Israel abverlangen, so macht er zwei fundamentale Denkfehler. Erstens kann man sich der Gesamthaftung nicht entziehen, die die Geschichte einem Volk auferlegt hat, zu dem man gehört und für das man mitverantwortlich ist; und zweitens ist gerade Israel, an dessen Entstehen wir Deutschen auf so makabre Weise mitgewirkt haben, für uns in vielen Punkten ein Exempel:

Der Staat ging verloren, das Vaterland war nur noch ein Traum, die Hauptstadt in fremden Händen. Fast 2000 Jahre lang haben die Juden in der Diaspora nicht vergessen, immer wieder den Vorsatz auszusprechen: »Nächstes Jahr in Jerusalem«. Glaube und Wille, die Geduld und schließlich der zu allem entschlossene Mut führten zum Erfolg. Daß das eine schwierige, keineswegs immer von allen Juden getragene Entwicklung war, sondern daß dabei die Motivation und Inspiration durch »Sozialgestalter« – die Propheten und die Träumer – die entscheidende Rolle spielten, weiß jeder, der sich mit der Geschichte der Juden befaßt hat.

Deshalb subsumiere ich unter Wiedergutmachung auch die Forderung: die Aussöhnung mit den Juden und die Hilfe für Israel als Teil der richtig verstandenen eigenen Politik zu begreifen; der Politik, die zur deutschen Wiedergenesung und zur deutschen Wiedergeburt in voller Freiheit führen muß.

Lassen Sie mich zum Schluß kommen: Als August Graf Gneisenau, der preußische Reformer und Vertreter eines Soldatentums mit vaterländischer und freiheitlicher Gesinnung, dem kleinmütigen Preußenkönig Friedrich Wilhelm III. im August 1811 den Aufstandsplan gegen Napoleon vorlegte, schrieb der König das ablehnende Hohnwort an den Rand: »Als Poesie gut«.

Ein Mahnmal in den Schweizer Bergen

Durch Brandstiftung wurde im Januar 1975 das Berghaus Axel Springers im Berner Oberland in der Schweiz zerstört. Es lag in der Nähe des 800-Einwohner-Ortes Rougemont, dessen Ehrenbürger der Verleger ist. Zu dem Brandanschlag bekannten sich Terroristen. Axel Springer verzichtete darauf, das Chalet wiederaufzubauen und ließ statt dessen aus den Überresten des Kamins ein Mahnmal für den schweizerischen Friedensstifter Nikolaus von Flüe errichten. So entstand im Sommer 1977 eine Gedenkstätte mit dem Bildnis des 1947 heiliggesprochenen Einsiedlers, der zum Schutzpatron, zum »pater patriae« der Schweiz wurde. Auf dem Bronzerelief, das der Hamburger Künstler Fritz Fleer schuf, stehen die Jahreszahlen 1417–1487 und die Worte des Nikolaus von Flüe: »Was die Seele für den Leib, ist Gott für den Staat. Wenn die Seele aus dem Körper weicht, dann zerfällt er. Wenn Gott aus dem Staat getrieben wird, ist er dem Untergang geweiht.«

Gneisenau antwortete in berühmt gewordener zorniger Replik:

»Religion, Gebet, Liebe zum Regenten, zum Vaterland, zur Tugend sind nichts anderes als Poesie – keine Herzenserhebung ohne poetische Stimmung. Wer nur nach kalter Berechnung handelt, wird ein starrer Egoist. Majestät – auf Poesie ist die Sicherheit der Throne gegründet!«

Und die Sicherheit des Vaterlandes, möchte ich hinzufügen.

In diesem Sinne bin auch ich Poet und Träumer. Und ich fühle mich wie der vaterländische Vollblutromantiker Ernst Moritz Arndt, der von sich sagte:

»Es gibt wohl manche Menschen, die nur so Instrumente sind eines unbekannten Gottes. Möge ich nur immer die Kraft behalten, daß nichts Böses auf mir spielt.«

Den Weg in die UNO freigeschossen

Um ihre internationale Position auszubauen, strebte die »DDR« im Jahre 1972 verstärkt die UNO-Mitgliedschaft an. UNO-Generalsekretär Waldheim bot sich als Wegbereiter an; die Bundesregierung ließ frühere Bedenken fallen. In dieser Situation schrieb Axel Springer am 21. August 1972 in der »Welt« den Artikel »Kann man sich den Weg in die UNO freischießen?«. Ein Jahr später war es soweit: Die »DDR« wurde 133., die Bundesrepublik Deutschland 134. Mitglied der Weltorganisation. Die Aufnahme erfolgte durch Akklamation in Abwesenheit Israels, das einen UNO-Beitritt der »DDR« ablehnte.

Eine Meinungsumfrage ergab: Über die Hälfte der befragten Bürger in der Bundesrepublik sprachen sich dafür aus, die »DDR« in die Vereinten Nationen aufzunehmen. Die Motive dieser Haltung wurden nicht genannt. Aber sie liegen auf der Hand: Entspannung, Frieden, Koexistenz, Aussöhnung, Völkerfreundschaft – aktuelle Schlagworte, in aller Munde, in aller Ohren. Kaum jemand prüft oder erklärt sie noch. Sie klingen gut und ersparen manchem das Denken.

Bekanntlich kann die »DDR« nicht UNO-Mitglied werden, ohne daß die Bundesrepublik Deutschland ihr den Weg dazu freigibt. Diese Entscheidung ist der letzte Trumpf, den die Ostpolitik der Bundesregierung noch hält. Aber es sieht leider so aus, als sollte auch er verspielt werden. Denn Ost-Berlin drängt, mahnt seine UNO-Mitgliedschaft hochfahrend und ungehalten an.

Erinnern wir uns: Vor Jahren noch hieß es, dieser Schritt werde von der Bundesregierung nur getan, wenn menschliche Erleichterungen für alle Deutschen im geteilten Vaterland erreicht worden sind. Bald aber korrigierte dies der Bundeskanzler[21]. Auch »äußere Einflüsse« könnten den Termin für den Einzug der »DDR« in die Vereinten Nationen beeinflussen, sagte er. Und einer dieser »äußeren Einflüsse« ist der Wille des neuen UNO-Generalsekretärs, die »DDR« (als einen »der beiden deutschen Staaten«) »so bald wie möglich« in die Weltorganisation aufzunehmen.

Was ist geschehen? Sind die Gründe von einst nicht mehr stichhaltig? Sind sie inzwischen entfallen?

Die Mauer, die Deutschland trennt. Hier am Brandenburger Tor, links der Reichstag

Vor mehr als drei Jahrzehnten, zwei Jahre nach dem Beginn des Zweiten Weltkrieges, trafen sich der britische Premierminister Churchill und der amerikanische Präsident Roosevelt im Atlantik – »irgendwo auf hoher See« –, um über die Schaffung einer Weltorganisation zu sprechen, »auf die sie die Hoffnung auf eine bessere Zukunft gründen« wollten. Sie unterzeichneten eine »Atlantik-Charta«[22], in der es über die künftigen Mitglieder des Völkerforums heißt:

»Sie achten das Recht aller Völker, sich diejenige Form der Regierung zu wählen, unter der sie leben wollen.« Und weiter: »Sie wollen souveräne Rechte und Selbstregierung für jene, die ihrer gewaltsam beraubt worden sind, wiederhergestellt sehen.«

In diesem Geiste entstanden die Vereinten Nationen.

Nach dem Kriege dachte zunächst niemand an eine UNO-Mitgliedschaft Deutschlands. Die Deutschen, in deren Namen so entsetzliches Unrecht geschehen war, blieben »in Quarantäne«. Und auch hierzulande wurde eingesehen, daß eine Zeit der Läuterung vergehen müsse. Nun, es vergingen seitdem 27 Jahre. Ist die Zeit jetzt reif?

Eigentlich müßte es jedermann einleuchten, daß nur solche Nationen ein Recht auf Mitgliedschaft haben sollten, die den Prinzipien der UNO-Charta[23] entsprechen. Die Wirklichkeit sieht leider anders aus. Im New Yorker UNO-Palast sind einige Staaten vertreten, die der Verletzung der Menschenrechte vielfach überführt sind. Schon 1957 stellte Winston Churchill fest, die Vereinten Nationen seien »über die Absichten ihrer Architekten hinaus angeschwollen«, sie müßten zum Scheitern verurteilt sein, wenn »Opportunismus ihre Entscheidungen lenkt«.

Ein Jahr zuvor hatte Paul Henri Spaak beklagt, daß in der UNO »Macht und Zynismus triumphieren«. Und sieben Jahre später machte der britische Außenminister Lord Home darauf aufmerksam, daß die Weltorganisation in der Frage des Selbstbestimmungsrechtes der Völker »mit zweierlei Maß messe«. Lord Home zog das Fazit:

»In den Augen der Vereinten Nationen ist zum Beispiel das Selbstbestimmungsrecht für die Afro-Asiaten eine absolute Regel. Aber wenn Europäer Anspruch auf dieses Recht erheben, wie zum Beispiel im Falle Berlins und der Sowjetzone, dann scheinen andere Wertungsmaßstäbe zu gelten.«

Wollen wir solche Einwände heute als naiven Idealismus oder als wirklichkeitsferne Romantik abtun? Wollen wir augenzwinkernd gelten lassen, daß die Prinzipien der Menschenrechte nur Papier, die Realität der UNO aber Taktik, Machtpolitik und tagespolitische Nützlichkeit seien? Wer so denkt, wird schuldig.

Auch der Einwand, auf einen Staat mehr oder weniger, der die Menschenrechte verletzt, komme es schließlich nicht an, wäre blanker Zynismus. Ein Leiden ist nicht zu behandeln, indem man seine Ursachen vermehrt. Ein Bruch verbriefter Grundsätze und Grundrechte kann nicht durch weitere Brüche gerechtfertigt werden.

Wer sich also ein Urteil über die Aufnahme der »DDR« in die Vereinten Nationen bilden will, muß dieses neue Mitglied an den Satzungen messen, die sich die UNO gegeben hat. Woran sonst?

In der Erklärung der Menschenrechte[24], die von der ersten Generalversammlung verabschiedet wurde, heißt es: »Jeder Mensch hat das Recht, jedes Land, einschließlich seines eigenen, zu verlassen sowie in sein Land zurückzukehren.«

Aber die Bürger aus dem anderen Teil Deutschlands haben dieses Recht nicht. Sie werden vielmehr niedergeschossen, wenn sie es zu beanspruchen suchen. Und nichts, aber auch gar nichts spricht dafür, daß sich daran etwas ändern würde, zöge eine Ostberliner Delegation in die Vereinten Nationen ein.

Und auch dies spricht die Menschenrechtserklärung der UNO aus: »Jeder Mensch hat das Recht auf freie Meinungsäußerung; dieses Recht umfaßt die Freiheit, Meinungen unangefochten zu vertreten und Informationen und Ideen mit allen Verständigungsmitteln ohne Rücksicht auf Grenzen zu suchen, zu empfangen und zu verbreiten.«

Wie steht es damit in der »DDR«? Es ist seltsam und bedrückend, daß diese Frage heute fast schon als »entspannungsfeindlich« gilt. Wer sie stellt, muß damit rechnen, als Störenfried angesehen zu werden, der dem Weltfrieden im Sinne der Vereinten Nationen Schaden zufügt. Die in Mode gekommene Form, die Verletzung von Menschenrechten zu behandeln, ist, sie zu verschweigen.

Dieser »zweite deutsche Staat«, der nunmehr mit Hilfe einer frei gewählten deutschen Bundesregierung auf die höhere Ebene der UNO-Charta gehoben werden soll, wurde vor noch nicht einmal zehn Jahren vom heutigen Bundeskanzler als »ein erbärmlicher Satellitenstaat« bezeichnet, der »weder deutsch noch demokratisch, noch eine Republik ist« und der nicht zu konsolidieren sei, »solange der gerötete Abendhimmel über dem freien Berlin die Hoffnung der Menschen hinter der Mauer auf sich zieht«.

Die Tatbestände des Unrechts blieben bis heute unverändert. Mindestens siebenundsechzig Menschen wurden seit dem Bau der Mauer bei dem Versuch getötet, die »DDR« zu verlassen. Grenzposten schossen in dieser Zeit 1410mal. 372mal schlugen die Kugeln herüber nach West-Berlin.

Kann man sich den Weg in die Vereinten Nationen freischießen?

Die UNO wurde gegründet, als die Welt unter dem Eindruck des nazistischen Mordens, der Zerstörung der Menschenrechte und der Vernichtung der Menschenwürde stand. Nun soll »ein deutscher Staat« im Zeichen neuen Mordens, fortgesetzter Verachtung der Menschenrechte und weitergehender Knebelung der Menschenwürde in die Vereinten Nationen aufgenommen werden? Und der »andere deutsche Staat«, der den Weg der Menschenrechte ging und die Würde

Besuch aus Bonn: Sir Oliver Wright, britischer Botschafter, und Lady Wright

Begegnungen in Berlin

Prominente aus Politik, Wirtschaft und Kultur sind Gäste im Verlagshaus an der Mauer. Aber auch Besucher aus allen Bevölkerungskreisen, vor allem Jugendliche – Deutsche und Ausländer – informieren sich hier. Seit der Einweihung des Hauses 1966 waren es fast 250 000.

Gäste aus Kiel: Zwei von der Jungen Union mit ihrem Vorsitzenden Werner Kalinka (Mitte)

25. September 1975: Meinungsaustausch mit Bundesbankpräsident Karl Klasen

Besuch aus Bayern: Mit blauweißem Blumengruß kam Franz Josef Strauß

Presseball Berlin 1977: Helmut Schmidt im gelösten Gespräch mit Axel Springer

Thema: Sport im geteilten Deutschland. Im Journalisten-Club im 18. Stock des Berliner Verlagshauses der Präsident des Deutschen Sportbundes, Willi Weyer, im Gespräch mit Axel Springer. Im März 1977 hatte Weyer nach jahrelangen Verhandlungen mit Moskau ein Protokoll über Sportbeziehungen zwischen der Sowjetunion und der Bundesrepublik Deutschland unter Einbeziehung West-Berlins unterzeichnet.

Thema: Die Zukunft Berlins. Rainer Barzel kommt oft in die alte deutsche Hauptstadt und in das Zeitungshaus an der Kochstraße. Seit vielen Jahren ist er Gesprächspartner Axel Springers, anfangs als Gesamtdeutscher Minister, später als Vorsitzender der CDU/CSU-Fraktion. Heute schreibt Barzel regelmäßig in der »Welt« und »Welt am Sonntag«.

jedes einzelnen zu wahren gelobte, soll die Tür zum Schritt über diese Schwelle öffnen? Ist es wirklich entspannungsfeindlich, darin einen Akt der Inkonsequenz, ja der Untreue gegen unsere Überzeugungen zu sehen?

Der Sozialdemokrat Otto Bach, bis zum Vorjahr noch Berliner Landesvorsitzender der Deutschen Gesellschaft für die Vereinten Nationen, setzte Maßstäbe. Er stellte fest: »Eine Aufnahme der Zone in die Vereinten Nationen und damit die Anerkennung einer Staatlichkeit der Zone würde die deutsche Spaltung völlig unüberwindbar machen. Darüber hinaus würde die UNO selbst mit neuen, schwierigen, für sie sicher unlösbaren Problemen belastet werden.«

Otto Bach erinnerte damals an die Aufnahmebedingungen für UNO-Mitglieder: »1. Es muß sich um einen friedliebenden Staat handeln. 2. Dieser Staat muß fähig sein, die Verpflichtungen der Charta zu erfüllen.«

Die »DDR« ist nicht fähig und nicht willens, die Verpflichtungen der Charta zu erfüllen. Kein Zweifel ist möglich. Wir alle wissen das. Auch jene in unserem Lande wissen es, die sich für diese Mitgliedschaft aussprechen. Nur wer den Glauben an die Verwirklichung der Menschenrechte verloren und durch Zynismus ersetzt hat, kann sich bei solcher Fürsprache wohlfühlen. Wer aber Flüchtlingsgräber, Minenfelder und Zuchthauszellen gegen die freie Meinung nicht für geeignete Stationen der Schuldigen auf ihrem Wege in die Vereinten Nationen hält, wird sich ihnen entgegenstellen müssen. Im Namen der Menschenrechte, um die es geht.

Oder geht es darum nicht mehr? Worum geht es dann? Die »DDR« hinein in die UNO – die Menschenrechte hinaus –, das kann nicht der politische Auftrag des freien Teils unseres Vaterlandes sein.

Von Überläufern, Mitläufern und Leerläufern

Im Herbst 1972 hatte die Regierung Brandt/Scheel ihre Mehrheit im Bundestag verloren. Abgeordnete von SPD und FDP wandten sich von ihrer Partei ab. Brandt sprach von Korruption, ließ jene Parlamentarier, die sich von seiner Politik lossagten, als »Überläufer« bezeichnen, nannte kritische Journalisten »Schreibtischtäter«[25] und entdeckte in oppositionellen Zeitungen »blanken Haß«. Dazu nahm Axel Springer am 29. September 1972 in einer Rede, die hier gekürzt wiedergegeben wird, vor deutschen Buch-, Zeitungs- und Zeitschriftengrossisten in Lindau am Bodensee Stellung. Der Verleger ging dabei auch ausführlich auf sein früheres Verhältnis zur Sozialdemokratischen Partei Deutschlands ein.

Als wir uns im Vorjahr an jenem sonnigen 1. Oktober hier trafen, berichtete ich Ihnen über ein Zusammentreffen mit Willy Brandt[26] und über merkwürdige Vorstellungen von Pressepolitik und Pressefreiheit. Dieser Trend hat sich bedauerlicherweise fortgesetzt. Es wird immer deutlicher, daß das, was maßgebliche Vertreter der zweitgrößten Partei Deutschlands unter Pressefreiheit verstehen, weit entfernt ist von dem, was man allgemein unter Demokraten, hier wie in der gesamten Welt, darunter versteht.

Auf dem außerordentlichen Parteitag der SPD[27] in Bonn konnte man sogar Beunruhigung darüber hören, daß es überhaupt noch Publikationen in Deutschland gibt, die nicht in das Horn der sozial-liberalen Koalition stoßen. Dabei ist die Linkslastigkeit der Informationsmedien in unserem Lande evident. Das trifft ganz besonders für die öffentlich-rechtlichen Rundfunk- und Fernsehanstalten zu, die eigentlich ihrem Auftrag gemäß ganz besonders ausgewogen sein müßten.

Ein großer Teil der Zeitungen und Zeitschriften in Deutschland segelt ebenfalls eindeutig und einseitig im linken Kielwasser. Dazu gehören viele der sogenannten »meinungsbildenden« Blätter.

Mehr darüber finden Sie in einem vor kurzem erschienenen Buch, dessen Lektüre ich Ihnen dringend empfehle. Der Titel lautet: »Vorsicht, Schreibtischtäter«; der Autor ist der Soziologe Professor Helmut Schoeck, und das Buch ist bei

Seewald in Stuttgart erschienen. Zum Problem der Gefährdung der Freiheit durch eine Linkslastigkeit der Publizistik schreibt Schoeck unter anderem:

»... in einer pluralistischen freien Gesellschaft darf es natürlich auch einen linkskonformen Medien-›Verbund‹ geben, in dem alle öffentlichen Anliegen grell links, auch links neigend, überzeichnet berichtet und erörtert werden. Etwas ganz anderes ist es aber, wenn es ultralinken Kreisen und Vereinigungen in der Bundesrepublik... gelingen würde, gerade auch unter Deckung und mit Ermutigung des linken Medienverbunds, eine Bundesgesetzgebung auf dem Gebiet der Medienpolitik zu erwirken, die es ihnen ermöglicht, in denjenigen Massenmedien Schlüsselstellungen zu erringen, die zur Zeit noch eine publizistische Behandlung wichtiger Themen aus einer nicht von links vorgeformten Sicht gewährleisten.«

Die böse Kritik, die dieses Buch zum Beispiel im Verbandsblatt der Gewerkschaft Druck und Papier fand, zeigt, wie sehr Schoeck ins Schwarze getroffen hat.

Als Jochen Steffen, der Mann im Vorstand der SPD, der seine Linkstendenzen am wenigsten kaschiert, am Anfang des Jahres für seine Partei »alle Instrumente zur Beeinflussung der öffentlichen Meinung« forderte, wurde das weitgehend noch als Außenseiter-Meinung eines Enfant terrible abgetan. Aber nach einem Interview, das der Hamburger Innensenator und Vorsitzende der Medienkommission der SPD, Heinz Ruhnau, am 19. August dieses Jahres der »Berliner Stimme«[28] gewährte, ist kaum noch daran zu zweifeln: Es ist für die SPD nur noch eine Machtfrage, wann das Pressewesen in der Bundesrepublik in ihrem Sinne reformiert wird.

Die Verwirklichung dieser Reformvorschläge allerdings würde die Pressefreiheit in der Bundesrepublik in gefährlicher Weise einschränken. Die Etikettierung solcher Vorschläge zur angeblichen Sicherung der Pressefreiheit kann nicht verschleiern, daß durch sie die vom Grundgesetz gemeinte Pressefreiheit gerade vereitelt würde. Nachdem kürzlich die Jungsozialisten in einer Broschüre[29] wieder einmal die radikale Veränderung des Pressewesens einschließlich der Beseitigung der privaten Verfügungsgewalt über die Produktionsmittel gefordert hatten, macht Ruhnau deutlich, daß die rechtlichen Grundlagen der Presse baldmöglichst verändert werden sollen. Seine Stichworte lauten: »Spezifische Mitbestimmung«, »Auflagenkontrolle«, »Fusionskontrolle«, »Landespresseausschüsse«.

Der Hamburger Senator sprach von einem »Anspruch des Bürgers auf vollständige und ausgewogene Information«, dem gegebenenfalls die unternehmerische und verlegerische Freiheit geopfert werden müsse. »Oder aber«, so fuhr Ruhnau fort, »der Verleger muß beschließen, er verkauft seinen Verlag, und ab übermorgen produziert er Nachtgeschirre. Diese braucht man nicht politisch zu kontrollieren.« Und dann weiter: »Ich bin gar nicht dagegen, daß man in eine Überlegung eintritt, ob unter Umständen der Staat (solche Verlage) kauft und sagt, das machen wir jetzt als Stiftung.«

»Die SPD möchte den Verleger nur noch in der Rolle des Kaufmanns sehen, der das Papier einkauft und die Gehälter zahlt«, so heißt es dazu in einem Kommentar des Fachorgans der Zeitungs- und Zeitschriftenverleger.

In diesem Zusammenhang mag Sie folgendes interessieren: Wenige Wochen vor der Bundestagswahl 1969 besuchte mich Senator Ruhnau auf der Insel Sylt. Er versicherte damals emphatisch, für seine Partei käme keinerlei Mitbestimmung im Pressewesen oder irgendwelche andere Beschneidung der Verlegerrechte in Frage. Nun, ich habe Verständnis: So kurz vor einer wichtigen Wahl wollte man durch derartige Zusicherungen sicher bei uns irgend etwas erreichen! Allerdings bin ich davon überzeugt, daß Herr Ruhnau seine damaligen Sylter Äußerungen heute ebenso »verdrängt« haben wird wie aus Opportunitätsgründen vergessen wurde, daß er und sein Parteifreund Nau uns, das heißt meinem Haus, 1969 die Berliner »Nachtdepesche«[30] zum Kauf angeboten hatten.

Wie auch immer das Erinnerungsvermögen von Senator Ruhnau beschaffen sein mag, seine im Namen der SPD gemachten Äußerungen zur Medienpolitik liegen schwarz auf weiß vor.

Das sind Vorstellungen von der Presse, wie man sie sich sonst nur in autoritär regierten Ländern macht.

Übernahme durch den Staat – wo bleibt da die Kontrolle dieses Staates durch die Presse? Wo unterscheidet sich das noch von der Pressepolitik der Nationalsozialisten oder der Kommunisten?

Man muß auch eine weitere Frage stellen: Was ist eigentlich in die Sozialdemokraten gefahren, daß sie keine Kritik mehr zu vertragen scheinen, ja, nicht einmal mehr bohrende Fragen?

Wenn solches geschieht, verläßt zum Beispiel der Kanzler gern vorzeitig die Szene. Kann er nicht rausgehen, verliert er, wie erst vor wenigen Tagen, die Beherrschung in einer Weise, die selbst seine Paladine in Verlegenheit bringt.

Dabei ist dieser gegenüber Kritik so dünnhäutige Willy Brandt alles andere als pingelig, wenn es um andere geht. Er hat nie widersprochen, als aus seinen Reihen die aus der Koalition zur CDU/CSU übergewechselten Abgeordneten »Überläufer« genannt wurden. Er selbst nannte sie »Mandats-Überträger«. Er war es, der auf die Frage, ob bei diesem Parteiwechsel »Korruption im Spiel« war, ohne mit der Wimper zu zucken, antwortete: »Daran kann für mich kein Zweifel sein.« Irgendeinen Beweis für diese, wie er einige Tage später einschränkend hinzufügte, »subjektive Überzeugung« ist der Kanzler bis heute schuldig geblieben.

Willy Brandt ist es, der seine publizistischen Kritiker pauschal als »Rechtspresse« abtut. Von Willy Brandt stammt das schlimme Wort von den »Schreibtischtätern« in den Redaktionen der ihn kritisierenden Zeitungen. Und Willy Brandt, der das Wort vom »Holzen« in den Wahlkampf einführte, spricht vom »blanken Haß«, den er in Pressekonzernen entdeckt haben will. Immer sind es pauschale

Verurteilungen. Immer zuckt der Kanzler zurück, wenn er aufgefordert wird, Roß und Reiter zu nennen.

Aber ich weiß natürlich: Mit dem Haß meint er auch, ja wohl in erster Linie, unsere Blätter, vielleicht sogar, in völliger Verkennung der wirklichen Zusammenhänge, mich selbst.

Axel Springer als Hasser der Sozialdemokratie? Bei dem Wort »blanker Haß« möchte gerade ich mich ein wenig aufhalten dürfen. Ich möchte hier ein persönliches Bekenntnis ablegen, und ich glaube, dieser Kreis ist dafür das richtige Forum: Mein Verlagshaus hat in 25 Jahren seiner Existenz politisch lange Zeit bei der SPD gestanden. Und ich selbst habe in manchen früheren Wahlgängen auch SPD gewählt, allerdings – damit kein Mißverständnis aufkomme – bestimmt nicht mehr 1969.

Dieses Engagement für die SPD war auch nicht ohne Auswirkung. Wir haben zum Beispiel einmal mit allen unseren publizistischen Mitteln einen sozialdemokratischen Bürgermeister in Hamburg, Freund Herbert Weichmann, unterstützt. Er wurde dann mit einer vorher und nachher nie erreichten Mehrheit gewählt, und daran waren wir sicher nicht ganz unbeteiligt. Lokales Fernsehen ist ja noch nicht allgemeine Mode.

Das gleiche trifft übrigens während eines langen Zeitraumes auch für die Stadt Berlin zu.

Ich hätte gar nichts dagegen, wenn Sie einen kleinen Untersuchungsausschuß bilden würden und einmal die SPD-Nähe der Springer-Zeitungen über einen langen Zeitraum hinweg untersuchen ließen.

Die SPD schien mir während einer langen Periode die Partei eines geläuterten Patriotismus zu sein, die, engen Nationalismus verachtend, in großartiger Haltung die nationalen Belange unseres Volkes vertrat. An Kurt Schumacher denke ich da und an Fritz Erler, an Ernst Reuter und eben auch an den frühen Willy Brandt[31].

Als vor einem Jahr das Buch vorbereitet wurde, das eine Anzahl meiner Artikel und Reden enthält und »Von Berlin aus gesehen« heißt, überließ ich die Bebilderung ganz dem Herausgeber und dem Verlag. Nur ein Foto lieferte ich selbst, das ich jahrelang in der Schublade meines Schreibtisches aufbewahrt hatte, weil es mir symbolhaft schien. Ich hatte an dieses Bild viele Jahre so große Hoffnungen geknüpft, daß ich es hütete. Ich meine das Foto, das mich zwei Tage nach seiner Amtsübernahme zusammen mit dem Regierenden Bürgermeister Willy Brandt zeigt – im Jahre 1957. Das Bild erinnert an die Tage, in denen Willy Brandt beispielsweise gesagt hatte:

»Wir wollen die Einheit Deutschlands. Wir wollen, daß endlich der Wille der Bevölkerung erfüllt wird. Wir wollen die Hauptstadt Berlin in einem friedlichen und geeinten Deutschland.«

Das hätte, vielleicht etwas anders formuliert, auch ich sagen können. Auf jeden Fall war ich damals und noch viele Jahre lang voller Hoffnung, in Zusammenarbeit besonders mit der Berliner SPD, ja ganz besonders in Zusammenarbeit mit Willy Brandt, in einer helfenden Funktion mitwirken zu können am gemeinsamen Ziel. Auch als Unternehmer hatte ich Vertrauen zu einer Partei, die in Godesberg[32] die letzten Reste eines Klassendenkens abgeschüttelt zu haben schien. Ich, wie viele andere, glaubte, sie sei auf dem Wege, eine Volkspartei nach amerikanischem Muster zu werden, die sich dort Demokratische Partei im Gegensatz zu den Republikanern nennt.

Wie sehr mich inzwischen der jetzt erfolgte Wandel der SPD und ihrer führenden Männer bedrückt, geht vielleicht am besten aus einem Brief hervor, den ich vor wenigen Wochen dem von mir hochverehrten ehemaligen Bürgermeister Hamburgs, Max Brauer, zu seinem 85. Geburtstag geschrieben habe. Darin heißt es unter anderem:

»Wie hat sich doch die Welt verändert. Ich erinnere mich noch genau, wie ich etwa 1946 bei Ihnen erschien, um eine Wohnung für den Verfasser des damals sensationellen Buches ›Stalingrad‹, Theodor Plivier, zu erbitten. Sie entsprachen meinem Wunsche erst, nachdem Sie mich viele Male und immer wieder gefragt haben, ob Herr Plivier auch bestimmt kein Kommunist mehr sei. Schließlich verlangten Sie völlig zu Recht von mir eine persönliche Garantie für die Richtigkeit meiner Beurteilung . . .

Sie wissen, verehrter Herr Bürgermeister, wie nahe ich in langen Jahren den Sozialdemokraten gestanden habe. Die SPD war für mich zu einer Partei der Patrioten geworden. Und das Godesberger Programm gab mir die Hoffnung, auch als Unternehmer voll ja sagen zu können . . .«

Ich sprach von dem Ziel, das mein Haus und mich damals mit der SPD und Willy Brandt einte. Ich kann heute nur feststellen: Mein Haus, meine Freunde und ich, wir streben dieses Ziel noch an. Und wenn man fortfährt, die Abgeordneten, die, ihrem Gewissen folgend, aus der SPD oder der FDP ausgetreten sind, wenn man fortfährt, diese Männer als Überläufer zu bezeichnen, dann soll man mich getrost auch einen Überläufer nennen.

In Wirklichkeit haben natürlich Willy Brandt und seine Freunde die Kehrtwendung gemacht. Ich will, obwohl man das könnte, nun nicht sie als Überläufer bezeichnen. Aber man muß wenigstens aussprechen dürfen, daß sie, die weiße oder die rote Fahne schwingend, hinübergelaufen sind zu den Machtpositionen östlicher Gewalt, die sie noch vor kurzem zu bekämpfen vorgaben. Daß sie übergewechselt sind zu Ansichten in der Außen-, der Wirtschafts- und der Gesellschaftspolitik, die sie zuvor pathetisch von sich gewiesen haben.

Dieser Umschwung von Fraktionen und Parteien war möglich, weil viele in ihren Reihen den Weg mitgegangen sind, die ganz einfach zu allem ja sagen, was die

Partei tut oder befiehlt: »Die Partei hat immer recht.« Vor Jahren und in anderem Zusammenhang hätte man sie Mitläufer genannt. Wir wollen dies Wort meiden. Die heute richtige Bezeichnung heißt: Leerläufer.

Dieser neue Weg beider Koalitionsparteien war aber auch möglich – das müssen wir festhalten –, weil es viele Abgeordnete aus Angst vor dem Verlust ihrer wirtschaftlichen Existenz nicht wagen konnten, ihren Überzeugungen treu zu bleiben, wenn diese gegen das Parteidogma verstießen. Ich möchte hier einmal die Frage aufwerfen, und sie soll weit hinausreichen über jede Form der Polemik, sie ist staatspolitisch von größter Brisanz, ob die wirtschaftliche Sicherung von Abgeordneten nicht eine Voraussetzung dafür sein müßte, sie wirklich unabhängig zu machen.

Man versetze sich in die Lage eines Durchschnittsabgeordneten, der strikt bei seiner Überzeugung bleiben will, auch wenn sie gegen die Räson seiner Partei verstößt, und der seinen Beruf aufgegeben oder zumindest eine lange Zeit nicht ausgeübt hat. Wie sieht es aus? Er hat inzwischen Verpflichtungen auf sich genommen, die Raten für das Reihenhaus, die Erziehung der Kinder, die Mitsorge für die alten Eltern, die schwere Operation der Frau und vieles andere mehr. Das ist die tragische Wirklichkeit in allzu vielen Fällen.

Ich glaube, es wäre eine vordringliche Aufgabe unseres demokratischen Staatswesens, Abgeordnete wirtschaftlich so zu stellen, daß sie ihrer Überzeugung, notfalls auch gegen die eigene Partei, treu bleiben können, ohne sich dadurch wirtschaftlich zu ruinieren und ihre Familien dem Nichts auszusetzen. Ich weiß dazu heute kein Rezept anzubieten, aber es lohnt sich wohl, darüber nachzudenken. In der Politik auf Märtyrer als Regel zu setzen, ist himmelhoher Unsinn.

Aber ich weiß um die Not solcher Männer im Gewissenskonflikt, die mir oft abends auf den Straßen oder sonntags im Grunewald die Hand drücken und sagen: »Axel Springer, bleiben wenigstens Sie bei der Stange.« Es sind tieftraurige, zutiefst verzweifelte Menschen.

Zu dieser Verzweiflung, zu dieser Enttäuschung bekenne auch ich mich, Haß aber habe ich eben nie gekannt.

Es ist die gleiche Verzweiflung, wie sie auch jene Flüchtlinge beherrscht, die sich durch die Unterzeichnung der Ostverträge[33] in eine tiefe Hoffnungslosigkeit gestürzt sehen. Flüchtlinge, die die SPD mit dem Wort »Verzicht wäre Verrat« einmal geködert hatte.

Verzweiflung auch bei den Menschen in der Zone, in der sogenannten DDR, die sich abgeschrieben, einem brutalen totalitären System ausgeliefert sehen.

»Jeder Demokrat hat das Recht zum Widerstand, wenn er etwas nicht für Rechtens ansieht und nicht mit seinem Gewissen vereinbaren kann.« Dieser Satz mag für alle stehen, die jetzt die SPD oder die FDP verlassen haben. Ausgesprochen hat diese These ein Mann, der leidvoll die Nazi- und eben auch die Nachnazizeit durchlebt hat. Der Mädchenname seiner Mutter war Therese Rosenthal, der Name seines Vaters: Professor Dr. Erich Hupka.

Herbert Hupka wuchs in Ratibor auf und hat später der SPD Hunderttausende von Flüchtlingsstimmen zugeführt. Es ist beschämend, mit welchen Verleumdungen man Hupka zugesetzt hat. Im übrigen will dieser Mann helfen, daß Deutschland nicht zum zweiten Mal Schuld auf sich lädt.

Vor fast 40 Jahren haben wir versagt, indem wir eine Minorität, damals die deutschen Juden, ihrem Unglück überließen. Nun sieht es so aus, als würden wir ein zweites Mal eine Minderheit ihrem Schicksal überlassen, ein zweites Mal schuldig werden.

Glauben wir, uns aus der Geschichte herausstehlen zu können, indem wir die anderen im Unglück sitzenlassen und uns allein über das Sozialprodukt, über Lohnsteigerungen und über Unternehmergewinne unterhalten?

Oft wird mir, sogar von Freunden, die Verwendung des Begriffes Vaterland vorgeworfen. Das sei eine Bezeichnung, die höchstens noch in Israel tragbar sei. Nationalgefühl, Patriotismus seien antiquiert, seien, besonders für die Jungen und die sich jung Gerierenden in unserem Lande, eine indiskutable Sache geworden. Ich frage mich, ob das stimmt und, wenn es stimmt, ob es nicht geändert werden kann, ja soll.

Wenn auf den Sportplätzen der Fußballgeist regiert, etwa bei einem Länderspiel, sagen wir gegen Schweden oder auch Italien, kommt plötzlich eine nationale, ja nationalistische Parteilichkeit, eine Einseitigkeit auf, die man nur noch chauvinistisch nennen kann.

Es müßte einen Weg geben, das Gefühl der Zusammengehörigkeit, so denke ich, das in einem Fußball-Stadion aufkommt, in geläuterter Form auf den Alltag zu übertragen, es höher anzusetzen. In gesunden Demokratien ist es so.

In einer Analyse der letzten Stunden des jetzt aufgelösten Bundestages meinte der Kommentator der Tageszeitung »Die Welt«[34] am Schluß: »In Erinnerung an die letzte Sitzung des 6. Deutschen Bundestages fällt auf, daß niemand über Deutschland spricht, so richtig und expressis verbis. Wie kommt das? In welchem Land leben wir eigentlich?«

Dieses Deutschland, sein freier Teil, eine (zudem in Schwierigkeiten geratene) Wirtschaftsgesellschaft auf der vergeblichen Suche nach dem richtigen Staat und einem gesunden, richtigen Selbstverständnis, macht mir Sorgen – mehr als ich hier ausdrücken kann und mag.

In Berlin, wie Sie wissen, dem Hauptsitz unserer Gesellschaft, habe ich manchmal im Schöneberger Rathaus, dem Amtssitz des Regierenden Bürgermeisters, zu tun. Früher gehörte dies beinahe zu meinen fast täglichen dienstlichen Obliegenheiten. Immer wenn ich das Foyer betrete, stockt mein Schritt, und ich verharre vor der Büste eines liebenswerten, verdienstvollen Deutschen, des ersten Reichspräsidenten der Weimarer Republik, Friedrich Ebert, der ein Sozialdemokrat war.

Als Ausdruck eines modernen Patriotismus, wie er mir vorschwebt, weiß ich keinen besseren Zeugen zu nennen als eben diesen Friedrich Ebert. Ich zitiere aus einer Rede, die er am 18. Januar 1921 anläßlich des 50. Jahrestages der Reichsgründung, über die Grenzen des Landes hinausschauend, gehalten hat.

»Unsere innere staatliche Einheit weiter zu erhalten und zu festigen, muß unser aller fester Wille sein. Wenn uns auch politische und wirtschaftliche Anschauungen, mehr als gut ist, trennen, in einem sind wir alle einig: Grenzen werden uns nicht trennen. Die Einheitlichkeit unseres Vaterlandes ist für uns alle ein Stück unseres Glaubens, unserer Liebe und unserer Hoffnung.«

Die Wahrheit darf nicht vom Tisch

Achtundzwanzig Jahre nach dem Ende des Zweiten Weltkrieges besuchte im Mai 1973 zum ersten Mal der führende Mann der Sowjetunion die Bundesrepublik Deutschland. Fünf Tage hielt sich der Generalsekretär der KPdSU, Leonid Breschnjew, in Bonn auf. In einer von Brandt und Breschnjew unterzeichneten Erklärung bekundeten beide Seiten ihren Willen, an der »Verbesserung ihrer Beziehungen« zu arbeiten. Zum Berlin-Problem erklärten sie, daß die »strikte Einhaltung und volle Anwendung« des Viermächte-Abkommens[35] wesentliche Voraussetzung für eine dauerhafte Verbesserung der Beziehungen seien.
Für die deutsche Opposition äußerte der damalige Fraktionsvorsitzende der CDU/CSU, Karl Carstens, Zweifel, ob die Bundesregierung »fundamentale deutsche Interessen« mit dem nötigen Nachdruck vertreten habe. So vermißte er in der gemeinsamen Erklärung »jeden Hinweis auf die Teilung der deutschen Nation, auf die zahlreichen Unmenschlichkeiten gegenüber einem Teil des deutschen Volkes«.
Die Befürchtung, daß bei diesem Besuch die deutsche Sache nicht mit der erforderlichen Festigkeit und Offenheit vertreten würde, drückte Axel Springer in einem Artikel aus, der am 19. Mai 1973 in der »Welt« veröffentlicht wurde.

Es ist oft schwierig, höflich und zugleich ehrlich, diplomatisch und zugleich wahrhaftig zu sein. Am Besuch des sowjetischen Parteichefs zeigt sich das ganz besonders eindringlich.

Die eigene Haltung zu wahren und die eigene Überzeugung zu vertreten ist keine Frage der Höflichkeit. Der Besucher hat Anspruch auf die Glaubwürdigkeit der Besuchten. Leonid Breschnjew ist ein wichtiger, ein mächtiger Gast. Ihn die Wirklichkeit eines Staates erleben zu lassen, in dem – bei aller Fehlbarkeit – Freiheit und Wohlstand herrschen, ist willkommen. Er wird wissen, daß Freiheit auch Unbequemlichkeit bedeutet. Nicht nur für uns. Auch für ihn.

Es wird ihm auch bekannt sein, daß offizielle Gastgeber in ihrem Freimut diplomatisch behindert sind, während die freien Bürger jenseits des Protokolls ihm mit größter Offenheit dienen können. So auch die freie Presse.

Sollten Breschnjew Opportunismus und vielleicht auch hier und da ein Mangel an Würde begegnen, dann möge er daraus keine falschen Schlüsse ziehen. Deutsche, die es mit den Mitmenschen ernst nehmen, sind leider außerstande, ihm Freundschaft anzubieten. Auch die großen Worte von der Entspannung und der

Zusammenarbeit, die Breschnjews Weg auf deutschem Boden schmücken, müßten mit kleinen oder großen Schritten in die Täuschung und damit in die Enttäuschung führen, wenn diese Begriffe nicht klar definiert würden.

Seit der Viermächte-Vertrag für Berlin in Kraft getreten ist, hat es zahlreiche und böse Enttäuschungen gegeben. Der Besucher aus Moskau hat Anspruch darauf zu erfahren, daß diese Enttäuschungen manche seiner Gastgeber ganz unerwartet und daher besonders schmerzhaft getroffen haben.

Andere, die skeptisch waren, erkennen in der Verfinsterung von heute ihre eigenen Prognosen von gestern wieder. Das läßt sie nicht triumphieren, sondern eher nach neuer Gemeinsamkeit im eigenen Lande suchen.

Verhängnisvoll wäre es, wenn der sowjetische Parteichef in Deutschland den Eindruck gewänne, seine Politik der fortgesetzten Behinderung und Isolierung des freien Berlins würde von uns nur als anfängliches, unbedeutendes Stolpern auf einem doch gemeinsamen Wege mißverstanden. Es sollte ihm die Vermutung erspart bleiben, er sei bei Narren zu Gast. Deshalb muß, was sich für festliche Empfänge nicht eignet, an anderer Stelle ausgesprochen werden:

Hier in Berlin ertrank vor wenigen Tagen trotz des Wortgeklingels von geregeltem Nebeneinander und Miteinander ein Kind, weil es von einem westlichen Ufer in ein östliches Gewässer fiel und westliche Helfer nicht eingreifen durften.

Hier in Berlin schlugen über dem Phrasenteppich von guter Nachbarschaft in vielen Salven die Kugeln ein, die auf fliehende Menschen abgefeuert wurden.

Nur blinde Ergebenheit, die freien Menschen nicht ansteht, könnte vergessen, daß diese Erscheinungen in die Zuständigkeit des Gastes fallen.

Für einen sowjetischen Politiker, der im Zweiten Weltkrieg schon ein erwachsener Mann war, mag es schwer sein, Deutsche über politische Moral, über Menschenrechte und Grundrechte sprechen zu hören. Er sollte wissen, daß offene Worte zu diesem Thema für uns durch die Einsicht in eigenes Unrecht legitimiert werden, das auch Rußland im Namen Deutschlands angetan wurde.

Weil wir das nicht vergessen, sind wir empfindlich geblieben. Und sind es noch heute gegenüber jeglicher Unterdrückung auch im Ostblock – gegenüber der Verfolgung von Juden und Christen und von Menschen, die frei denken wollen.

Deshalb können wir Leonid Breschnjew nicht empfangen, ohne auch an das Schicksal Alexander Solschenizyns[36] und seiner Brüder im Geiste zu denken, die in der Sowjetunion leiden müssen, weil sie nach Freiheit verlangen, die wir nicht erwarben, um sie allein zu besitzen.

Nach allem, was Deutsche einst der Tschechoslowakei angetan haben, wäre es blanker Zynismus, wenn wir beim Ausrollen des roten Teppichs für den sowjetischen Gast das ungelinderte Leid vergäßen, das sich heute mit dem Namen Prag verbindet.

Auch würde es nur einem gefährlichen Scheinfrieden dienen, wenn ausgerechnet wir Deutsche die schlimmen Nachrichten über gigantische sowjetische Aufrüstungsmaßnahmen in Osteuropa aus mißverstandener Höflichkeit oder aussichtslosem Beschwichtigungseifer mit Stillschweigen übergehen wollten.

Es war Bundesverteidigungsminister Leber, der auf dem Parteitag in Hannover[37] nachdrücklich auf das Auffüllen des sowjetischen Waffenpotentials in Osteuropa hinwies. »Die Zahl der neu aus der Sowjetunion in die DDR transportierten Panzer übersteigt diejenige aller westeuropäischen Mächte«, signalisierte der Minister und forderte, daß sich Breschnjew bei seinem Besuch in Bonn gerade zu diesen Dingen äußern müsse. Wird man auf den einsamen Rufer hören?

Weit und breit ist von der Kooperation, die der Konfrontation folgen sollte, nur zu hören, aber nichts zu sehen. Mit einer Ausnahme:

Moskaus Angebote zu wirtschaftlicher und technischer Zusammenarbeit sind durchaus glaubhaft. Als kulanter Kreditgeber, als zuverlässiger Warenlieferant und Exporteur technischen und wissenschaftlichen Fortschritts ist die Bundesrepublik Deutschland der Sowjetunion mehr als genehm[38]. Die bei uns weitverbreitete Bereitschaft, dem Osten immer mehr zu geben, ohne einen entsprechenden Gegenwert dafür zu bekommen, steigert die sowjetische Begehrlichkeit. Man wird sich nicht darüber wundern dürfen, daß die Führung der UdSSR sich für die Verweigerung politischer Leistungen sehr gern auch noch wirtschaftlich begünstigen läßt. Nur sollte das eigentlich nicht unsere Haltung sein.

Die Sowjetunion will vom funktionierenden Wirtschaftssystem unseres Landes profitieren. Zur gleichen Zeit ermuntert sie ihre Anhänger, dieses System zu zerschlagen. Mit welchem Ziel? Etwa mit dem, die wirtschaftliche Potenz der Bundesrepublik Deutschland einmal ganz den eigenen Bedürfnissen dienbar machen zu können? Fiele das Wirtschaftspotential unseres Landes gerade in der Epoche der sogenannten Entspannung dem kommunistischen Block zu, würden die heute so wohlfeilen Schalmeientöne der Freundschaft bald verklungen sein. Soldaten und Panzer hat man im Kreml schließlich genug. Die eigene wirtschaftlich-technische Basis ist es, die den Russen ständig Sorge bereitet.

Schon Ende der fünfziger Jahre sagte mir Konrad Adenauer, wenn es der Sowjetunion gelänge, sich des Wirtschaftspotentials der Bundesrepublik zu bemächtigen, würde Amerika als Weltmacht hoffnungslos auf den zweiten Rang verwiesen. Damals erschien eine solche Überlegung wirklichkeitsfremd, fast grotesk. Heute könnte sie sich als prognostischer Scharfsinn erweisen.

»Das ist des Pudels Kern«, stellte auch ein Wirtschaftsexperte aus den Vereinigten Staaten dieser Tage fest und folgerte:

»Deutschland als gesundes Wirtschaftsland des Westens ist für uns von außerordentlicher Bedeutung. Je mehr ihr aber eure Wirtschaft ruiniert, zum Beispiel auch durch sozialistische Experimente, um so uninteressanter werdet ihr für uns.« Hoffen die Sowjets darauf?

Gewiß, es wäre schön, wenn der erste Besuch eines sowjetischen Parteichefs in der Bundesrepublik Deutschland wie ein politisches Erntedankfest gefeiert werden könnte, an dem die Früchte der Entspannung in sichere Speicher gefahren werden, und wenn das gemeinsame Bekenntnis zum Frieden sich auch an den Taten des Staates beweisen ließe, den Leonid Breschnjew repräsentiert. Aber wir müßten verlogen sein, wenn wir seinen Besuch so sehen und begehen wollten.

Wahrheit schuldet man sich selbst, seinen Freunden und seinen Gegnern. Wo es als Provokation empfunden würde, wenn sie ausgesprochen wird, könnte kein Schaden angerichtet werden, der nicht schon angerichtet wäre.

Was für ein Weihnachten!

Weihnachten 1973 war in mancher Hinsicht ungewöhnlich: Turbulent wie sonst nur zu Hochsommer-Ferienterminen setzte zwei Tage vor dem Fest der Reiseverkehr ein. Nach vier Sonntagen mit Fahrverbot wegen einer durch den Ölboykott arabischer Staaten[39] verursachten Benzinverknappung waren Millionen unterwegs. Mit nur drei Tagen Urlaub konnte man elf Tage lang seinem Arbeitsplatz fernbleiben. Um Energie zu sparen, hatten Behörden und viele Betriebe ihre Tätigkeit bis zum 31. Dezember eingestellt. Die Deutschen flohen vor den Sorgen des Alltags. Für viele war es Flucht in eine falsche Weihnachtsromantik; sie vergaßen darüber Not und Trauer, die auch an diesem Fest in Deutschland herrschten. Daran zu erinnern war Sinn des Weihnachtsbeitrages von Axel Springer in »Welt am Sonntag« vom 23. Dezember 1973.

Es wäre schön, in der Weihnachtszeit von Politik schweigen zu können. Es täte gut, sich vom Streit irdischer Mächte und Gewalten einmal abkehren und die Türen der Weihnachtszimmer gegen den Mißklang des garstigen Liedes verschließen zu dürfen, das Ohren und Herzen lange genug geschmerzt hat. Aber der Frieden auf Erden, den der Choral besingt, ist nicht gewonnen. Es wäre eine falsche Weihnachtsromantik, die am Geburtstage des Erlösers nicht der Unerlösten gedenken wollte.

Viele Familien gibt es in unserem Vaterland, denen es schwer werden wird, diesen Heiligen Abend zu begehen und zu bestehen, weil politisch bedingte Not sie mit Trauer und Traurigkeit bedrängt. Ist es sentimental, daran zu denken – und andere, die es vergaßen, daran zu erinnern –, daß in einer Weihnachtsstube irgendwo im freien Deutschland eine junge Frau im Rollstuhl vor dem Christbaum sitzen wird, weil eine Mine an der tödlich-falschen Grenze ihr beide Beine abriß, als sie mit ihrem Mann die Freiheit suchte[40]?

Nein. Denn Sentimentalität ist verfälschtes Gefühl. Falsch wäre, nicht mitempfinden zu wollen, was dieses Schicksal bedeutet, nicht darüber nachzudenken, durch welches Unrecht es verschuldet wurde. Diese Tragödie ereignete sich, während an Rednerpulten in Ost und West der Frieden beschworen, der Verzicht auf Gewalt gefeiert wurde.

Und es geschah in der Adventszeit dieses Jahres, daß im Kofferraum eines Autos ein 18jähriges Mädchen entdeckt und verhaftet wurde[41]. Es geschah hier in Berlin, am Kontrollpunkt Staaken, nur wenige Meter vom Boden des freien Teils der Stadt entfernt.

Dieses Mädchen wird Weihnachten in einem Gefängnis verbringen. Vielleicht werden die Eltern ein Päckchen geschickt und einen Brief geschrieben haben, den der Zensor las. Dieses Mädchen hat kein Verbrechen begangen. Es hat nur von dort drüben zu uns kommen wollen. Mehr nicht.

Was für ein Weihnachten!

An diesem Heiligen Abend werden in den Gefängnissen jenes Staates, dem eine frei gewählte deutsche Regierung zum Eintritt in die Vereinten Nationen – und dabei zu bühnenwirksamen Meineiden auf die Menschenrechte – verhalf[42], viele Menschen vergeblich Weihnachtsstimmung herbeisehnen. Menschen, die zu zehn, elf, dreizehn Jahren Haft verurteilt wurden, weil sie anderen zu helfen versuchten, die nicht länger in diesem Staat gefangen sein wollten und die nun wegen Fluchtversuches in den Nachbarzellen schmachten.

»Mißbrauch der Transitwege« nennt man das im Jargon der Gegenseite. Aber auch westliche Anpassung bedient sich nunmehr dieses unerträglich falschen Begriffes. Er soll, wie Sonderminister Egon Bahr uns wissen ließ, dem Grundrecht der Freizügigkeit in unserer Verfassung übergeordnet sein. Was werden die Eltern des Kindes dazu sagen, das auf der Flucht in seinem Versteck erstickte[43] und dem sie in diesem Jahr die Lichter an einem Christbaum im freien Teil Deutschlands anzünden wollten?

Die Tränen, die über die Folgen des Teilungsunrechtes vergossen werden, weint man nicht in den Amtsstuben der Funktionäre und auch nicht in den Ministerialbüros der Anerkennungspolitik. Diese Tränen weint der sogenannte »kleine Mann« in seinen vier Wänden. Das Papier trügerischer Verträge trocknet sie nicht.

Vom Frieden ist viel gesprochen worden. Auf manchem Bankett wurde er gefeiert, mancher Frack, mancher Orden verlieh ihm gleisnerischen Glanz. Alle bekennen sich zum Frieden, in West und in Ost. Und damit er erhalten bliebe, so sagt man, müsse Unrecht anerkannt, müßten also die Ursachen seiner Verletzungen respektiert werden.

Aber in den Zellen der Inhaftierten herrscht kein Frieden. Die Tötungsanlagen an den verschneiten Stacheldrahtpfosten der Teilungsgrenze weisen nach, daß kein Frieden ist. »Sie kennen den Weg des Friedens nicht, und ist kein Recht in ihren Gängen; sie sind verkehrt auf ihren Straßen; wer darauf geht, hat nimmer Frieden«, heißt es bei Jesaja[44].

Wer daran rechtzeitig erinnert hatte, dem war entgegengehalten worden, die Anerkennung des Ostberliner Regimes und seine internationale Gleichberechti-

Schnappschuß im Schneegestöber: Ein »BZ«-Reporter entdeckte Axel Springer an einem Adventssonntag des Jahres 1973 an der Bushaltestelle beim Rathaus Schöneberg. Es war der vierte Sonntag mit Fahrverbot wegen Benzin- und Ölknappheit. Wie Zehntausende Berliner hatte der Verleger das Auto zu Hause lassen müssen und war mit dem Bus zum Weihnachtsbasar der »Berliner Morgenpost« gefahren.

gung machten immerhin menschliche Begegnungen möglich. Aber solche Begegnungen – auf der West-Ost-Einbahnstraße zwischendeutscher Besuchserlaubnis – gab es auch vorher schon. 1968 – vor der Anerkennung und vor dem Grundvertrag – reisten 1,26 Millionen Besucher aus der Bundesrepublik in die »DDR«. 1971 waren es 1,25 Millionen, 1973 1,5 Millionen.

Die östlichen »Partner« des Grundvertrages sorgten in letzter Zeit schon dafür, daß diese Zahl drastisch zurückging: Die Verdoppelung der Eintrittsgelder in den Staat, dem angeblich Annäherung zum Wandel verhelfen sollte, schränkte die Besucherzahl in wenigen Wochen auf weniger als die Hälfte ein[45].

Und die Westberliner, die doch dank des Vertragswerkes endlich auch ihre Verwandten im Osten besuchen können, nachdem die früher üblichen Besuchsgenehmigungen an Feiertagen längst nicht mehr gegeben wurden? Mir sagte ein junger Berliner, er sei mit seiner Mutter, einer Rentnerin, ab und zu auf Besuch zu Verwandten hinübergefahren. Das habe sie beide bisher 10 Mark für einen Tag gekostet. Nun wären es 40 Mark, und das könnten sie sich nur noch seltener leisten. Der neue Faustschlag der Abgrenzungspolitik hat diejenigen am härtesten getroffen, die am wenigsten Geld haben. So sehen »menschliche Erleichterungen« aus!

Viele, die vom Besuch ihrer Verwandten und Freunde drüben zurückkommen, berichten, daß unsere Landsleute auf der Schattenseite der Teilung nach zaghaften Hoffnungen in tiefe Niedergeschlagenheit verfallen sind. Die Schikanen gegen sogenannte »West-Kontakte« sind schlimmer geworden, als sie es vor dem Inkrafttreten der Verträge waren. Der Druck nimmt zu. Immer seltener können es Menschen wagen, die mörderische Grenze zu überwinden, deren teuflisches System im gleichen Takt mit den Entspannungsschritten perfektioniert wurde.

Trotzdem – oder gerade weil diese so hochgepriesenen kleinen und mittleren Schritte tiefer in die Hoffnungslosigkeit geführt haben – setzen immer wieder Menschen ihr Leben ein, um von dort wegzukommen, wo die Unterhändler des freien Deutschlands das große Händeschütteln probten. Mehr als 6000 gelang auch 1973 die Flucht. Die Menschen, die keinen Ausweg sehen, sind nicht in der vorteilhafteren Lage jenes griechischen Professors, der mit Hilfe eines Düsenflugzeugs der Bundesregierung aus Athen entkam[46].

Es war einmal, daß wir am Heiligen Abend Kerzen in unsere Fenster stellten, um dem Gedenken an unsere Landsleute Ausdruck zu geben. Das ist vorüber, nachdem es im Zeichen der neuen Ostpolitik ausreichend verlacht worden war. Ein derartiges Gedenken habe nichts wenden können und werde, heißt es, nichts helfen.

Wer dieses Weihnachtsfest ohne Bitterkeit begehen kann, wer meint, die Leidenden und die Leiden vergessen zu dürfen, wer glaubt, es sich ersparen zu dürfen, sich mit diesen Schicksalen einer ungewandelten deutschen Wirklichkeit zu befassen, der versteht nichts von Menschlichkeit – und wer von Menschlichkeit nichts versteht, der versteht auch nichts von wahrer Politik.

Daß Gedanken Kräfte haben, werden wir uns nicht ausreden lassen. Und daß Gedankenlosigkeit entkräftet, ist durch keine Propaganda zu widerlegen. Mitleidensfähigkeit ist eine Notwendigkeit, ist eine Voraussetzung, die Not zu wenden.

Das Leid des eigenen Volkes steht vor den Leiden anderer Völker, aber nicht über ihnen. Es wäre eine engherzige Menschlichkeit, die sich auf eigene Landsleute beschränkte. Gerade in der Adventszeit erfuhren wir, daß Andrej Sacharow[47] und seine Frau in ein Krankenhaus eingeliefert worden seien. Wir wissen nicht, was es im einzelnen mit dieser Krankheit auf sich hat, aber wir wissen, daß diese beiden um der Freiheit willen leiden und daß die Fürsprache der Repräsentanten unserer Freiheit, die sie erbaten, nur ein klägliches Flüstern war.

Ist es zuviel verlangt, an diesem Weihnachtsfest auch des gläubigen Alexander Solschenizyn zu gedenken, der, umstellt von den Männern des sowjetischen Geheimdienstes, um die Bürgerrechte für sein russisches Vaterland kämpft? Um Rechte, die wir haben! Wer erlaubt uns, zu vergessen, daß seine Mitarbeiterin dieses Weihnachtsfest nicht erlebt, weil sie sich nach dem Verhör erhängte[48]?

Wäre es etwa »unweihnachtlich«, seine Gedanken in die Baracken der sibirischen Straflager zu schicken und in die Irrenanstalten, in denen hochgeistige Menschen gefangengehalten werden, weil sie nach Freiheit verlangten? Nach einer Freiheit, die wir besitzen und die wir – wozu eigentlich sonst als zur Anklage gegen das Unrecht? – zu nutzen haben.

An diesem Heiligen Abend werden in der Tschechoslowakei Schriftsteller, denen das Regime verboten hat zu schreiben, vergeblich den inneren Frieden des Festes suchen. Man hat sie stumm gemacht. Aber einer von ihnen rief um Hilfe. Eine Kamera und ein Mikrofon nahmen es auf – irgendwo in einem Wald –, und der Hilferuf kam über das Fernsehen in unsere Zimmer, die nun Weihnachtszimmer sind.

Der Leichnam von Jan Palach[49] wurde aus seinem Grab genommen. Jan Palach, der sich selbst verbrannte, wäre an diesem Weihnachtsfest 25 Jahre alt geworden, wenn er sein Leben nicht dafür gegeben hätte, daß die Welt wach bleibt gegenüber dem Unrecht.

Statt dessen schloß unsere Regierung in Prag einen »Normalisierungsvertrag«[50]. Was ist daran normal? Etwa, daß Berlin in wesentlichen Teilen ausgeklammert wurde? Die Stadt, die den Druck von Osten wieder spürt, deren Isolierung weiter betrieben und mit Hilfe der Verträge, die sie beenden sollten, verstärkt wird? Angesichts dieser Art von Normalisierung muß der Frieden auf Erden wohl neu definiert werden.

Es stände auch schlecht um das Gewissen der Christen in unserem Vaterland, wenn sie am größten Fest ihres Glaubens nicht der Opfer und der Hinterbliebenen des Nahostkrieges gedächten. Das Volk von Israel ist an seinem heiligsten Tag angegriffen und von neuem Sterben betroffen worden. Junge Menschen, deren Eltern den Vernichtungslagern der Nazis entkommen waren, sind gefallen, weil es wieder einmal um die Vernichtung jüdischen Lebensrechtes ging.

Zur Trauer der Angehörigen kommt bei vielen Israelis ein Gefühl der Niedergeschlagenheit, weil es die Welt an Mut und Verständnis fehlen läßt. Auch die Bundesrepublik mit dem Namen Deutschland beteiligte sich an der als »Neutralität« verbrämten Leisetreterei. Arabische Erpressung siegte über die Lehren der Vergangenheit und über die Moral, ohne die keine Zukunft möglich ist.

Was taugt eine Friedenspolitik, die opportunistisch Hilfe für den Angegriffenen behindert und den Angreifer schont? Wobei noch zu bedenken ist, daß die gleiche Macht, die die Freiheit im Osten Deutschlands, im Osten Europas verhindert, die Araber zu diesem Angriff ausgerüstet, ausgebildet und ermuntert hat.

Aber die Komplizenschaft geht noch viel weiter. Im Rahmen der Militärhilfeabkommen des Sowjetblocks mit den Arabern liefert Ost-Berlin den militanten Terroristengruppen der Palästinenser Waffen, darunter Handgranaten, Brandbomben, Schnellfeuergewehre und vieles andere. Mehr noch: In Militärlagern ganz nahe bei Berlin und in Jüterbog werden aufgrund einer Vereinbarung mit dem Anführer der Palästinenser-Bewegung, Yassir Arafat, arabische Terroristen ausgebildet. Das Blutbad von Rom[51], das auch in diesen Adventstagen geschah, zeigt, wohin das führt.

Was für ein Weihnachten!

Der Frieden auf Erden hat, wo er in die Hände der Politiker gelegt ist, auch in diesem Jahr vielfach Schaden genommen, besonders dann, wenn ein Heiligenschein betriebsamer Scheinentspannung die Schlagzeilen eroberte, während die Leiden der einzelnen am Rande blieben. Dabei hat es Triumphe des Bösen gegeben und Niederlagen dessen, was vielleicht gut gemeint, aber schlecht gemacht war.

Die Sowjetunion rede mit Engelszungen und sei bis an die Zähne bewaffnet, sagte der NATO-Generalsekretär Joseph Luns vor einigen Tagen. Diese Engelszungen sind es nicht, die wir mit weihnachtlicher Hoffnung meinen, und diese Überrüstung im Schutze der Abrüstungsreden dient keinem Frieden auf Erden.

Wer sich scheut, sowohl die Gefahren im großen zu sehen als auch die Leiden der einzelnen Menschen zu seinen eigenen zu machen, versündigt sich an den Geboten der Menschlichkeit. Nur im Mitleiden und im Widerstehen ist Hoffnung.

Wir erleben die letzten Tage in einem Jahr der moralischen Abrüstung. Wenn wir das erkennen, brauchen unsere Zweifel nicht Verzweiflung zu werden. Den gefährdeten, ja zerstörten Frieden vor Augen, sollte es uns nicht schwerfallen, den Stern von Bethlehem vom Sowjetstern zu unterscheiden.

Berlin – Hauptstadt der Deutschen

Zum 25. Mal begingen am 8. September 1974 die Vertriebenen den »Tag der Heimat«. In Berlin stand die Kundgebung unter dem Motto »Heimat, Deutschland, Europa – Ende oder Wende?«. Hauptredner der Veranstaltung in der mit 4000 Zuhörern überfüllten Charlottenburger Sömmeringhalle war Axel Springer, der 1970 vom Bund der Vertriebenen mit der Plakette »Für Verdienste um den deutschen Osten und das Selbstbestimmungsrecht« ausgezeichnet worden war. Die Sorge um die Zukunft Berlins beherrschte die Rede Axel Springers. Denn trotz Viermächte-Abkommen[52], Ostverträgen[53] und Entspannungspolitik ließen die Sowjetunion und die »DDR« nach wie vor nicht davon ab, West-Berlin geistig und politisch isolieren zu wollen.

Ein Mann, der einmal Regierender Bürgermeister dieser Stadt war, sagte vor neun Jahren, als er vor Ihnen zum »Tag der Heimat« sprach:

»Wo um Recht, um Menschenrecht, Selbstbestimmungsrecht und Heimatrecht gekämpft wird, ist der Friede nicht gefährdet.«

Das ist eines der Worte, wie sie früher in Berlin oft gesprochen wurden und die man voll unterschreiben konnte. Von Heimat, Menschenrecht und Selbstbestimmungsrecht will auch ich heute sprechen. Und von ein paar anderen Dingen mehr; obwohl man heute ein Feind des Friedens genannt wird, wenn man von Recht und Freiheit spricht.

Die Liste der Redner, die in früheren Jahren hier am »Tag der Heimat« gesprochen haben, ist aufschlußreich. Sie reicht von Ernst Reuter, Ernst Lemmer über Otto Suhr, Heinrich Albertz und Willy Brandt bis zu Klaus Schütz. Ich bin Ihnen dankbar, daß ich heute vor Ihnen sagen darf, was nach einer bestimmten Ära deutscher Nachkriegspolitik gesagt werden muß. Ich will sprechen über die Politik in der Welt, in Deutschland und in Berlin.

Im engen Sinn des Wortes bin ich kein Vertriebener. Mein Geburtsort ist Altona. Die Stadt an der Elbe mit den offenen Toren in ihrem Wappen. Offene Tore – das hieß offene Tür für alle in Not und auf der Flucht befindlichen Menschen.

Vielleicht war es dies, was mir den Sinn geschärft hat für die Sorgen, Nöte und Probleme von Flüchtlingen und Vertriebenen. Und noch etwas zu meiner Standortbestimmung: Altona war Preußen. Es war also kein Umweg nach Berlin. Als Deutscher fühle ich mich heute der Hauptstadt der Deutschen, meinem Berlin, fest verbunden. Und weil ich als Deutscher nicht frei überall hingehen kann, wo Deutschland ist, betrachte ich mich in diesem Sinn als Vertriebener.

Vertrieben von Königsberg, der Stadt Immanuel Kants, des großen deutschen Philosophen, der den kategorischen Imperativ formuliert hat und damit der preußischen Staatsidee die moralische Bindung gab.

Vertrieben von Breslau. Aber auch vom Potsdam Friedrichs des Großen, von Nettelbecks Kolberg, von Goethes Weimar.

Zum 25. Mal begehen Sie, der Berliner Landesverband der Vertriebenen, den »Tag der Heimat«. Das ist ein Vierteljahrhundert; aber doch nur ein Atemzug der Geschichte. Ein Einschnitt, der von der Dezimalrechnung bestimmt wird.

Ich habe ein differenzierteres Verhältnis zur Zahl. Für mich hat die Zahl 7, die Grundeinheit der Schöpfungsgeschichte, eine starke Symbolkraft. Und es spricht vieles dafür, daß in ihr eine metaphysische und biologische Regel steckt. Sieht man es so, dann sind die vergangenen 28 Jahre seit 1946, seit dem Beginn der Teilung Berlins – 4 mal 7 –, sinnträchtiger als die anonyme Jubiläumszahl des Vierteljahrhunderts. 4 mal 7, das ist Anlaß, an eine Zäsur der Geschichte zu glauben.

Ende der Epoche? Oder Neubeginn? Das ist die Frage. Sie ist das Leitmotiv meiner Ausführungen.

Die meisten von Ihnen wissen um mein Bekenntnis zu Israel. Es entspricht meiner politischen, historischen und religiösen Basis, die ich mir aus meiner Auseinandersetzung mit dem Zweiten Weltkrieg und mit unserer deutschen Schuld erkämpft und erlitten habe. Und Sie wissen, daß ich das deutsche Verhältnis zu Israel und damit die Wiedergutmachung am Volk der Juden als einen Angelpunkt der deutschen Politik sehe.

Nicht nur, weil sich darin die Ernsthaftigkeit unserer Läuterung zeigt, sondern weil ich meine, daß der Beistand für dieses so leidgeprüfte Volk, die Hilfe für seine nationale Sicherheit, uns selbst in unserem eigenen nationalen Existenzkampf zum Segen gereichen muß und uns vor der Welt mehr als alles andere rehabilitiert. Doch das radikale Bekenntnis zur deutschen Schuld, dem ich nicht ein Jota ausweiche, hypnotisiert mich nicht und macht mich nicht geschichtsblind.

Ich vertrete die Meinung nicht nur hinter der vorgehaltenen Hand, daß zur historischen Wahrheitsfindung gehört, was ein so erstaunlicher Geist wie der des Schweizer Historikers Carl Jacob Burckhardt den Westmächten zum Vorwurf gemacht hat:

Daß sie nämlich Deutschland nach dem Ersten Weltkrieg den Beistand versagt haben, daß sie es durch Mißtrauen reizten, statt es durch kluges Entgegenkommen zu kräftigen, so lange, bis einer kam, der die Massen mobilisierte und das Volk zur Politik des Dreinschlagens ermunterte. Und vor allem dies – und hier zitiere ich aus einem Brief Burckhardts an den Dichter Hugo von Hofmannsthal vom 12. November 1925. Burckhardt schrieb:

Vertriebenentreffen in Berlin: Axel Springer spricht vor 4000 Teilnehmern

Mit Charme zur Kasse gebeten: Axel Springer, rechts der Vorsitzende des Berliner Verbandes der Vertriebenen, Gerhard Dewitz, links neben dem Verleger Vorstand Peter Tamm

»Alles starrt immer auf Deutschland, als ob alle Entscheidung von dort kommen würde, alle Gefahr dort ihren Ursprung habe, hinter diesem... Phänomen Deutschland wird man nicht gewahr, was hinter dem Vorhang der deutschen Grenzen gespielt wird.«

Burckhardt meinte Sowjetrußland. In seinem Brief fragte er weiter:

»Glauben Sie einen Augenblick, daß, wenn alles ins große Fließen kommt, diese deutsche Republik der... marxistisch-slawischen Anziehung... widerstehen wird? Panslawismus mit dem Auftrieb einer neuen Religion?«

Und Burckhardt warnt davor, Deutschland zur Weltgefahr zu machen, während – ich zitiere – »während doch die Bedrohung in Wirklichkeit sich hinter dieser deutschen Fassade, zwischen Baltikum und Stillem Ozean, vorbereitet, in einem räumlichen Ausmaß, das die Menschheit noch nie gesehen hat«.

1925 vorausgesagt!

Und nun hören Sie, was mir 49 Jahre später, vor ein paar Wochen, ein weltberühmter, in Berlin geborener jüdischer Gelehrter aus London[54] schrieb:

»Es wäre so viel einfacher, wenn man die Schuld für eine Tragödie mit katastrophalen Folgen, wie es die Hitler-Periode war, den Missetaten einer Nation zuschreiben und durch ihre Beseitigung ihre Wiederholung in Zukunft für immer verhindern könnte. Leider jedoch ist die Wirklichkeit bei weitem nicht so einfach, und Hoffnungen dieser Art sind gefährliche Illusionen. Gleichzeitig mit den Untaten der Hitler-Banden in Deutschland fanden die Verbrechen der Stalin-Tyrannei in Rußland statt, ... deren Anzahl in die ungezählten Millionen geht.«

Das zeigt historisches Augenmaß von derselben Art, wie es Carl Jacob Burckhardt besaß, und trifft genau das Problem.

Ich teile die Auffassung, daß die Völker Opfer der Dämonie werden können. Und ich stehe zu Burckhardt und zu meinem gelehrten Londoner Freund, daß der Sowjetimperialismus das größte und gefährlichste Übel der Welt ist.

Doch das ist der Punkt, wo sich die Geister in unserem Land scheiden. Der amerikanische Senator Henry Jackson, der Kritiker Kissingers, hat immer wieder erklärt, daß Entspannungspolitik auf den Menschenrechten basieren muß.

Entspannung gibt es nicht, sagt Jackson – und ebenso George Meany, der Präsident der amerikanischen Gewerkschaften –, ohne daß die Sowjets ihre Gewaltpolitik und ihre unmoralischen Prinzipien aufgeben. Simpler gesagt: ohne daß Moskau aufhört, die Welt mit Gewalt, Lüge und Terror ins sowjetische Joch zwingen zu wollen.

Die Entspannungspolitik ist dann lebensgefährlich, wenn sie nur Hilfsdienst und Komplizenschaft für eine unmoralische, verabscheuungswürdige Gewaltherrschaft über die halbe Welt ist – eine Hölle auf Erden. Viele von Ihnen sind dieser Hölle nur mit Mühe und um einen hohen Preis entkommen. Doch die Gefahr ist nicht gebannt. Wo könnte mit mehr Recht proklamiert werden, daß wir umdenken müssen, als in der Hauptstadt der Deutschen, die auch die größte Flüchtlingsstadt Deutschlands ist?

Hier muß zuerst widerstanden werden. Gerade hier darf nicht kapituliert werden vor den Aggressionen des Sowjetimperialismus. Berlin, das ganze Berlin, ist Moskaus großes Ziel auf dem Wege zum Atlantik. Die Strategie heißt Auszehrung, Aushungern.

Diese Stadt blutet aus. 1973 hatten wir einen Sterbeüberschuß von über 21 000 – das ungünstigste Ergebnis seit 1946! Und fast 10000 mehr deutsche Bürger verließen die Stadt als zuzogen. Hätten wir nicht einen Gastarbeiterzustrom von 16 000 gehabt, sähe das Ergebnis schlimm aus. Das Schlimmste aber: Das Recht Berlins auf seine Hauptstadtfunktion wird preisgegeben. Seit dem Viermächte-Vertrag leitet Bonn keine Staatsbesuche mehr nach Berlin. Und wo sind die Parteitage, die früher hier stattfanden?

Die Verlegung des diesjährigen FDP-Parteitages nach Hamburg[55] wird von den Berlinern mit Recht als die bisher spektakulärste Wohlverhaltensaktion einer demokratischen Partei gegenüber dem Sowjetimperialismus angesehen.

Man kann es nicht oft genug sagen: Berlin hat das ungeschmälerte Recht, Hauptstadt der Deutschen zu sein. Hauptstadt der deutschen Nation, die fortbesteht trotz der mit Gewalt gezogenen Grenze. Das ist ja das Besondere und Ungewöhnliche an Berlin: eine Hauptstadt über Demarkationslinien, Todeszäune und Schandmauern hinweg zu sein.

Eine besondere Stadt: Nicht »eine Stadt wie jede andere«, wie Walter Scheel als Außenminister zu formulieren beliebte. Schauen wir heute auf diese Stadt. Was wird aus ihr?

Noch nicht einmal ein Bundesamt zum Schutz der Umwelt[56] will der Osten Berlin zugestehen. Das störe die Entspannung!

Doch Viermächte-Abkommen, Ostverträge und Entspannungspolitik halten auf der anderen Seite den Sowjetblock nicht davon ab, die materielle, die geistige und die politische Isolierung und Blockierung West-Berlins weiter zu betreiben. Innerhalb der letzten zwei Jahre, von August 1972 bis August 1974, haben die »DDR«, die Sowjetunion und andere Ostblockstaaten 63mal den Geist und den Buchstaben des Viermächte-Abkommens und der Ostverträge verletzt. 63mal!

Das reicht von

– der Diskriminierung Berliner Aussteller auf der Brünner Messe und der Internationalen Chemiemesse in Preßburg;
– der Einreiseverweigerung für Westberliner Bild- und Fernsehjournalisten nach Ost-Berlin;
– der Behinderung der Westberliner Feuerwehr beim Rettungsversuch für einen in der Spree ertrinkenden fünfjährigen Jungen;
– der Verdoppelung der Zwangsumtauschbeträge für Reisende nach Ost-Berlin;

– bis hin zur jüngsten Schikane des Kremls: durch Verweigerung der Rückgabegarantie Westberliner Kunstwerke von der Ausstellung »Realistische deutsche Malerei des 19. Jahrhunderts« in Moskau auszuschließen.

Dürfen wir zu alldem schweigen? Wenn Berlin den Kampf bestehen soll, wenn es weltoffene, vitale Metropole der deutschen Nation und Glockenturm der freien Welt an der Mauer zur Unfreiheit bleiben soll, dann muß jetzt endlich viel geschehen. Dabei gilt es, nicht nur materielle Vorteile zu bieten, sondern auch ein Bekenntnis zu Berlin zu erzeugen: Hier hängt die Freiheitsglocke der Welt.

Die Menschen müssen wissen, daß sie in die wahre deutsche Hauptstadt gehen. Dieses Recht auf die Hauptstadtfunktion der Nation ist ein Lebensrecht Berlins. Ein unveräußerliches Grundrecht.

Warum wird nicht noch viel mehr getan, jungen Menschen ein richtiges Leben in dieser Stadt zu ermöglichen? Ein Bruchteil der Zinssubventionen und Kredithilfen, die an den Osten gehen, meinetwegen auch ein Bruchteil der Entwicklungshilfe für politisch fragwürdige Länder, die in der UNO gegen die freie Welt das große Wort führen, würde dafür genügen.

Noch immer ist Berlin die größte Industriestadt Deutschlands. Aber das genügt nicht! Ein paar Maßnahmen sind zur Existenzsicherung Berlins unerläßlich:

1. Die Mittel für die Berlin-Förderung dürfen nicht angetastet werden.
2. In- und ausländische Investitionen müssen weiterhin gefördert werden.
3. Es müssen Regelungen geschaffen werden, die Sicherheit des investierten Kapitals zu garantieren.
4. West-Berlin muß ohne Einschränkung in das Rechtshilfeabkommen zwischen Bonn und Ost-Berlin eingegliedert werden.
5. Die Bundesregierung muß für eine lückenlose Auslandsvertretung Berlins sorgen.
6. Ein Luftverkehrsabkommen muß die Einbeziehung West-Berlins in den internationalen Luftverkehr endlich Wirklichkeit werden lassen.
7. Die Bundesregierung muß wirksam gegen die Erhöhung des D-Mark-Zwangsumtausches vorgehen.
8. Der Westen muß jedem Versuch Ost-Berlins widerstehen, als Signatarmacht des Viermächte-Abkommens aufzutreten.

Das sind nur einige Beispiele.

Und wie oft haben mich Besucher aus Amerika, Frankreich und England darauf angesprochen, daß wir viel mehr tun müßten, um unser Berlin zu einem großen Kulturzentrum Europas mit weltweiter Ausstrahlungskraft auszubauen.

Schließlich möchte ich an dieser Stelle auch als ein Freund des Sports ein Wort sagen:

Mit vielen Deutschen war ich der Meinung, daß die letzten Olympischen Spiele, wenn überhaupt im geteilten Deutschland, dann in Berlin hätten stattfinden sollen. Auch das Endspiel um die Fußball-Weltmeisterschaft hätte nach Berlin gehört. Aber das ist Vergangenheit. In Zukunft sollten viel mehr solcher großen Sportereignisse nach Berlin verlegt werden.

Doch das genügt nicht: Berlin hat erstklassige Sportanlagen, um die uns die ganze Welt beneidet. Sie sollten den Sportlern aus aller Welt als Trainingsstätten angeboten werden. Hier in Berlin sollten sich Sportler aus allen Ländern und besonders aus der Dritten Welt zusammenfinden. Hier sollten sie trainieren für sportliche Höchstleistungen bei zukünftigen Olympischen Spielen und bei vielen anderen internationalen Sportveranstaltungen. All die Sportler, die hier trainiert haben, werden zu Hause Botschafter Berlins sein.

Wir wissen aus vielen Tatsachen, daß die Sowjets den preußischen Lehrmeister der Kriegskunst, Carl von Clausewitz, sehr genau kennen. Und von Clausewitz stammt der Satz:

»Das oberste Ziel eines Krieges ist immer die feindliche Hauptstadt.«

Sie halten sich auch im Frieden daran. Denn auch ihr großer Führer Lenin hat gesagt: »Wer Berlin hat, hat Deutschland, und wer Deutschland hat, hat Europa.« Und wer glaubt, der tote Lenin sei heute bei den Sowjets nicht mehr aktuell, dem sei ins Gedächtnis gerufen, daß der sowjetische Botschafter am Rhein, Valentin Falin, immer wieder davon spricht, daß im Verlauf der historischen Entwicklung West-Berlin der »DDR« wie ein reifer Apfel zufallen werde.

Die Sowjets wollen die deutsche Hauptstadt Berlin und dann ihren Anspruch auf ganz Deutschland erheben.

Was wir wollen, ist: Berlin muß, gerade jetzt nach 28 Jahren, das Zentrum einer weltoffenen, friedliebenden, fleißigen und tapferen deutschen Nation sein.

Auch – und gerade solange die Nation geteilt ist. Berlin ist Testfall. Hier müssen wir Frieden und Freiheit gewinnen. Hier – in Berlin!

Dabei muß unmißverständlich klar sein, daß niemand bei uns ans Gewehr denkt. Niemand von uns will schießen. Im Gegensatz zu denen drüben, die mitten im Frieden in unsere Häuser schießen und entgegen den internationalen Abmachungen ständig marschieren, paradieren und mit ihren Waffen klirren.

Unser Gewehr ist das Recht. Unsere Forderung Selbstbestimmung, wie es in der UNO-Charta[57] verbrieft ist. Der Weg zur Wiedervereinigung führt nur über die Selbstbestimmung. Menschenrecht, Heimatrecht, Selbstbestimmungsrecht sind deshalb das Dreigestirn unserer Hoffnung. Man darf nicht nachlassen, dem Gerede von der »Anerkennung der Realitäten« als Legitimation für Landverzicht und Teilung der Nation mit aller Entschiedenheit entgegenzutreten.

Das Selbstbestimmungsrecht gilt auch für die Ostgebiete. Der früher dort ansässigen Bevölkerung kann dieses Recht auch nicht durch Austreibung genommen werden. Folgendes ist gültiges Völkerrecht: Über Ostpreußen können nur die Ostpreußen, über Schlesien nur die Schlesier entscheiden.

Als nach dem Zweiten Weltkrieg über das Schicksal des Saarlandes entschieden wurde, haben nur die Saarländer abgestimmt und sich für Deutschland entschieden[58]. Frankreich hat das selbstverständlich anerkannt.

Das Votum einer Bundestagswahl als Ersatz für Selbstbestimmung zu nehmen, ist nicht zulässig. Wenn wir internationalen Anspruch auf Respekt erheben, wenn wir nicht aus der Geschichte ausscheiden wollen, dann dürfen wir nicht einen Millimeter von diesem Recht zur Selbstbestimmung abweichen.

Für die Männer im Kreml gilt nicht das Recht, sondern die Macht. Sie zielen auf eine revolutionäre Durchdringung unseres Landes, der im geeigneten Augenblick die militärische Drohung an die Seite treten soll, um den Widerstand gegen einen Umsturz zu paralysieren. Den Beweis für diese These liefert die »Prawda«. Dort lesen wir am 19. Januar dieses Jahres:

»Die Schärfe der Klassengegensätze im kapitalistischen System hat heute die Stufe erreicht, auf der in jedem Moment in dem einen oder anderen Kettenglied eine Situation eintreten kann, die den Weg der radikalen revolutionären Umgestaltung öffnen wird. Entschlossenheit, revolutionäre Bereitschaft und aktives Handeln der Avantgarde der Arbeiterklasse sind Bedingung, um die vorhandenen Möglichkeiten in die Tat umzusetzen.«

Ein Zonenfunktionär hat dies in Helsinki ins Umgangsdeutsch übersetzt, indem er sagte:

»Nachdem den Westdeutschen die Formel von der Wiedervereinigung auf den Lippen erstorben ist, werden wir sie übernehmen und die Wiedervereinigung auf sehr praktische Weise durchsetzen.«

Zu diesem sowjetischen Konzept gehört die Vorbereitung zur militärischen Erpressung. Ich beziehe mich hier nicht auf NATO-Informationen, sondern auf chinesische Erkenntnisse, wie sie in diesen Tagen auch in erstaunlicher Offenheit in Peking dem CDU-Vorsitzenden Helmut Kohl vorgetragen wurden[59].

Danach ist das sowjetische Militärpotential heute viel stärker in Europa konzentriert als an der Grenze zu China. In dem Gespräch wird mit verblüffender Deutlichkeit wiederholt festgestellt, daß die Chinesen nur »eine und einzige deutsche Nation« kennen. Man distanzierte sich klar von der »DDR«, die in »unbedingter Abhängigkeit« zu Moskau stehe. Den Deutschen haben die Chinesen geraten, die Sowjetunion weder zu überschätzen noch zu unterschätzen und in der Deutschland-Frage »einen langen Atem zu haben«.

Ich bin froh zu wissen, daß auch Bundeskanzler Helmut Schmidt eine Reise nach Peking schon angesagt hat[60]. Für die Sowjets, das bestätigten uns auch die Chinesen, heißt das nächste Ziel Europa, mit anderen Worten: zunächst die Bundesrepublik Deutschland.

Zur Einschüchterung der Deutschen in der Bundesrepublik und zur Lähmung ihrer Widerstandsbereitschaft hat das östliche Lager ein reichhaltiges Instrumentarium. Dazu gehören auch die Terrorurteile gegen Fluchthelfer. Sie ergänzen die Todesmaschinen am Zaun[61].

Lassen Sie mich deshalb zu diesem sehr wichtigen Kapitel etwas sagen. In den Zuchthäusern der »DDR« sitzen zur Zeit mehr Fluchthelfer, als beim Sturz der griechischen Militärjunta Gefangene auf der Strafinsel Jaros waren. Diese sogenannten Fluchthelfer sind, wie wir wissen, zum Teil zu infernalischen Strafen verurteilt – zu 10, 15 Jahren. So bestraft man sonst Mörder.

Die Honeckerschen Zuchthäuser sind in nichts besser als Jaros. Doch ich sehe keine Fernsehreportage darüber. Es gibt keinen Demonstrationsmarsch. Keine UNO-Petition. Wer mir antwortet, die zum Himmel schreienden, brutalen Urteile gegen die Fluchthelfer seien in der Verfassung und den Gesetzen der »DDR« begründet und müßten deshalb respektiert werden, dem sage ich, die Judenverfolgungen des Hitler-Regimes und die Bestrafung von Leuten, die Juden Fluchthilfe gewährten, waren auch in Gesetzen verankert.

Aber wo ist jemand, der es wagt, die Todesurteile und Zuchthausurteile dafür für Rechtens zu erklären? Wurden NS-Richter und -Schergen nicht dafür bestraft? Soll die Besinnung auf Recht und Moral wieder warten bis zur Entbolschewisierung? 158 Fluchthelfer sind nach unserer Kenntnis bisher zu über 800 Jahren Zuchthaus verurteilt worden. 30 bis 40 Urteile werden noch geheimgehalten. Mehr als 100 Fluchthelfer sitzen noch in Untersuchungshaft.

Bei uns wird diese schreckliche Tatsache verharmlost, indem wir die Rederei von der sogenannten kommerziellen Fluchthilfe nachplappern. Das soll die Fluchthelfer zu gewissenlosen Geschäftemachern degradieren und unser Gewissen beruhigen. Als ob die drüben einen Fluchthelfer, der sich seine Auslagen nicht erstatten ließe, etwa nicht verurteilen würden!

Ich habe dieser Tage erschütternde Unterlagen über die Flucht von drei jungen Menschen in meine Hände bekommen. Unter Zuhilfenahme einer Fluchthelfergruppe flohen sie aus Ost-Berlin – über Ungarn, Rumänien und Jugoslawien – in die Bundesrepublik Deutschland. Diese Geschichte untermalt nicht nur die ganze Tragödie Deutschlands. Sie demonstriert auch, was junge Menschen auf sich nehmen, um der Unfreiheit zu entkommen.

Ein paar tausend Meter von diesem Platz hier, wo wir versammelt sind, lebten sie; aber um in die Freiheit zu kommen, brauchten sie für diese Distanz einen Umweg von rund 3000 Kilometern. Eine Kette von Helfern war eingeschaltet. Zehnmal ging es illegal über eine Grenze. Verschweißte Behälter in umgebauten Autos dienten als Verstecke. Zu Fuß ging es über ungarische Schleichpfade, durch regennasse rumänische Maisfelder und über jugoslawische Rübenäcker.

Zwei wurden in einem der Transitländer entdeckt. Samt Helfer verurteilt. Von einer neu eingeschleusten Helferin freigekauft. Wieder entdeckt. Wieder verurteilt. Wieder freigekauft.

Dann begann die Odyssee von neuem: In kleinen Hotels versteckt. Bei Nacht und Nebel aus der Stadt. Gefährliche Treffs mit dem Helfer. Wieder stundenlang durch Kartoffeläcker gerobbt, durch Getreidefelder gekrochen und über Pirschwege geleitet. Tagelang in dürftigen Verstecken.

Der Zeitplan klappte nicht. Neue Helfer jenseits der Grenze werden verpaßt. Das zweite Fluchtauto geht verloren. Über die Grenze zurückgeschickt. Vor Gericht gestellt. Verurteilt zu einem Jahr Gefängnis. Wieder freigekauft. Von neuen Helfern mit Perücken versorgt, weil die geschorenen Köpfe der Häftlinge verräterisches Indiz für Kopfjäger sind. Und dann endlich frei.

14 Wochen dauerte das Abenteuer. 14 Wochen – 98 Tage –, was drüben in einem Café mit dem ersten Fluchtplan begann, ein paar Steinwürfe von hier entfernt. Die Kosten der Flucht betrugen, belegt und umgerechnet, über 40 000 DM. Das Honorar der Fluchthelfer war, gemessen am Einsatz, bescheiden.

Natürlich, diese Fluchthelfer sind Legionäre. Aber im Dienst der Freiheit. Für Ängstliche und Theoretiker ist das kein Geschäft. Doch der Einsatz ist legitim im Sinn der Moral und der UNO-Charta. Die Tatsache, daß die Fluchthelfer Sold nehmen, schmälert weder ihre Aufgabe noch ihren Einsatz.

Wo Krieg ist, braucht man Soldaten. Wo das Unrecht regiert, braucht es praktizierende Anwälte der Freiheit. Und kein Anwalt arbeitet umsonst.

Auch die Juden, die Sozialisten, die Kommunisten, die Konservativen, die aus Hitler-Deutschland entflohen, haben ihre gefälschten Papiere und ihre Lotsen bezahlen müssen und gern bezahlt. Hat man ihre Helfer nach dem Krieg etwa verurteilt?

Die Franzosen sind stolz auf ihre Fluchthelferorganisationen, die während der deutschen Besatzung bedrohte oder nach Freiheit dürstende Bürger außer Landes brachten. Sie werden geehrt. Wir zeichnen mit Recht Deutsche aus, die jüdische Mitbürger beschützt und ihnen zur Flucht verholfen haben. Die Kommunisten machen einen Mythos aus den Helfern ihrer Untergrundkämpfer in kapitalistischen Ländern.

Wir aber verurteilen die Fluchthelfer unserer Tage moralisch, wir lassen sie im Stich und lassen zu, daß sie im Zuchthaus auch noch der Diffamierung anheimgegeben werden. Ja, wir verurteilen sie selbst hier in Berlin, in unserem eigenen Zuständigkeitsbereich, zu Gefängnisstrafen. Ich halte das für eine Schande und schäme mich dafür.

Die Menschheitsgeschichte ist erfüllt von Fluchtschicksalen. Der Apostel Paulus wurde von Fluchthelfern in einem Wäschekorb über die Stadtmauer von Damaskus bugsiert und so für seine Rolle als Organisator der christlichen Kirche gerettet. Martin Luther hätte ohne den landesherrlichen Fluchthelfer und ohne Fluchtversteck auf der Wartburg die Bibel nicht übersetzen können.

Ungezählt viele Große der Menschheitsgeschichte trugen das Los des Flüchtlings: vom biblischen Jakob, dem Vater Josephs, über Freiheitskämpfer, Könige, Diktatoren, Staatsgründer und Revolutionäre, Dichter und Künstler aller Kulturepochen bis hin zu Karl Marx, Lenin, Einstein, Solschenizyn und Maximow.

Das Verzeichnis ist unerschöpflich. Willy Brandt war Flüchtling. Heinz Kühn. Viele andere Sozialdemokraten. Haben sie ihre Fluchthelfer vergessen?

Und wie ungezählte Einzelmenschen unter das apokalyptische Gesetz der Flucht getrieben und von ihm geprägt wurden, so zieht sich das Schicksal des Vertriebenseins auch durch ganze Völkerschaften, Volksgruppen, Glaubensgemeinschaften, politische Minderheiten und Sekten. Die aus England stammenden Mayflower-Pioniere gründeten Amerika. Die Hugenotten besiedelten und beseelten Preußen. Nichts aber ist vergleichbar mit den Fluchtwellen des jüdischen Volkes, die aus grauer Vorzeit bis in unsere Tage an die Gestade der Epochen brandeten.

Ihnen brauche ich nicht zu sagen, was Flucht und Vertreibung bedeuten. Sie gehören zu den Millionen, die aus der Heimat vertrieben wurden, durch Hitze und Eiseskälte, zu Schiff oder im Treck, in verdreckten Eisenbahnwaggons oder in endlosen Fußmärschen. Über zwei Millionen sind auf den Straßen des Elends umgekommen. Alexander Solschenizyn hat mit seinem epischen Gedicht »Preußische Nächte« den zahllosen Flüchtlingen ein großes literarisches Denkmal gesetzt und das Inferno mit den Augen eines aufgewühlten russischen Offiziers geschildert, der zum Dichter wurde. Er hat nichts beschönigt.

Es wirkt im Nachhinein wie ein Wunder, daß diese Massenaustreibung aus dem Osten des Reiches und die Millionen Flüchtlingsströme bei uns nicht zum Chaos geführt haben. Kalkuliert hatte Stalin diesen Effekt mit Sicherheit.

Ihr diszipliniertes Verhalten, ihr Fleiß, ihre Kraft und ihr Selbstvertrauen haben den Stalinschen Wechsel aufs Chaos zu einem Pluspunkt unseres Wirtschaftswunders gemacht. Sie haben erneut bewiesen, daß Vertriebene Geschenke Gottes sein können. Ihre Tränen trugen Früchte.

Voraussetzung dazu war die freiheitliche Staats- und Wirtschaftsordnung in unserem Land. Unterstützt von allen Parteien und der damals noch hart antibolschewistisch geführten Gewerkschaftsbewegung.

Die Vertriebenen sind für ihr diszipliniertes und opferbereites Verhalten oft belobigt worden. Honoriert hat man es ihnen aber nicht! Heute frage ich mich manchmal, ob nicht zuweilen größere Aktivität am Platz gewesen wäre. Auf alle Fälle ist sie jetzt am Platz.

16,5 Prozent der Gesamtbevölkerung in der Bundesrepublik Deutschland sind Vertriebene. Sie sind nicht, wie man so oft hört, ein Rentnersektor. Sie spiegeln unsere Bevölkerungsstruktur genau wider: Mehr als ein Drittel sind 14- bis 44jährige. Fast ein Viertel sind Jugendliche bis zu 14 Jahren. Die über 65 Jahre alten stellen nur 13 Prozent.

Der Weg zu einem bolschewistischen Deutschland ist mit Nachgiebigkeit gepflastert. Appeasement nannten es die Angelsachsen – auf Hitler bezogen. Auch sie glaubten lange, durch Nachgiebigkeit und Wohlverhalten sich Ruhe verschaffen zu können. Aber Diktatoren deuten das anders.

Ich meine, wir sollten diesen Weg nicht noch einmal gehen. Ich glaube, daß die Geschichte nicht auf das Ende eines freiheitlichen, wieder gesundeten Deutschlands zielt, sondern auf ein geläutertes Deutschland als achtbares Kernstück eines freien, starken christlichen Europa.

Ich bin zwar nicht der Meinung, daß Gott ein Deutscher ist. Aber ich glaube daran, daß Gnade und Gerechtigkeit sein Zepter und sein Gesetz sind. Und deshalb glaube ich, daß wir Deutschen in seiner Weltordnung einen Platz haben – wenn wir nicht freiwillig abdanken und unser Land selbst zu Sodom und Gomorrha machen.

Das Volk Israel hat 2000 Jahre lang auf seine Heimkehr gehofft und an seine Rückkehr in die Hauptstadt geglaubt. Und es ist heimgekehrt. Wir sollten dieses Beispiel vor Augen haben, wenn wir darangehen, unserer Politik neue Impulse zu geben. Wir sollten uns nicht irremachen lassen. Wir sollten auf die großen Linien der Geschichte blicken. Und auf ihre großen Lehren hören.

Es war ein deutscher Romantiker, Joseph von Eichendorff, aus Oberschlesien, Lützower Jäger, Preuße und Europäer, der den Freiheitskriegen die Prophezeiung voranstellte, mit der ich schließen möchte:

Denn eine Zeit wird kommen,
da macht der Herr ein End';
da wird den Falschen genommen
ihr unechtes Regiment.

Die Verträge mit Leben erfüllen ...

Die Internationale Funkausstellung 1975 war ein Lichtblick für Berlin[62]. Für Tage veränderte sie die Stadt. Axel Springer gab aus diesem Anlaß einen Empfang in seinem Verlagshaus an der Mauer. Vor Gästen aus Industrie, Handel und Verbänden, vor Abgeordneten, Intendanten, Verlegern und Chefredakteuren sagte er: »Berlin lebt nicht vom Brot allein. Sie können es sich nicht vorstellen, wie froh wir waren, nach so langer Abstinenz wieder einen bedeutenden Politiker in unserer Stadt gehabt zu haben – den Ministerpräsidenten von Israel, Herrn Rabin. Es war das erste Mal seit langer Zeit, daß wir nicht ausgespart waren.«
Axel Springer spielte damit auf die Praxis der Bonner Regierung nach Inkrafttreten der Ostverträge[63] und des Berlin-Abkommens[64] an, bei Staatsbesuchen Berlin aus dem Reiseprogramm auszusparen. In dem nachstehenden Artikel, der am 8. September 1975 in der »Welt« erschien, analysierte er, wie sich das Leben gestaltete, mit dem die Verträge nach den Worten Willy Brandts »erfüllt« werden sollten.

Die Funkausstellung ist vorbei. Der Alltag zieht wieder ein in Berlin, auch wenn die Festwochen noch ein wenig Weltstadtatmosphäre vortäuschen.

Dieser Tage hat der Vorsitzende der stärksten politischen Partei Berlins, Peter Lorenz, alle Verantwortlichen aufgerufen, sich etwas einfallen zu lassen, um dem stetigen Einwohnerschwund[65] der durch die Mauer von ihrem Hinterland getrennten Stadt entgegenzuwirken. Auch die SPD will diese Entwicklung nicht tatenlos hinnehmen, nachdem der Anführer der kleineren Koalitionspartei im Schöneberger Rathaus[66] vorher das Wort von der »Chance der niedrigen Einwohnerzahl« in die Debatte geworfen hatte.

Eigentlich ist, seit Berlin geteilt und die Freiheit in dieser Stadt herausgefordert wurde, allen Bürgern, die an die alte deutsche Hauptstadt denken und ihre unvergleichliche Aufgabe in Gegenwart und Zukunft verstehen, immer eines bewußt gewesen: Diese Stadt braucht nicht nur frommen Zuspruch, sondern vor allem auch Zustrom, nicht nur ideelle, sondern auch materielle Reize, also wirtschaftliche Vitalität und Anziehungskraft.

In allen vergangenen Jahren habe ich die Aufgabe, Unternehmungen und Unternehmende nach Berlin zu rufen, nicht außer acht gelassen. Mancher Erfolg hat mich darin ermutigt, mancher Rückschlag bedrückt.

Seit dem Abschluß der Ostverträge und des Berlin-Abkommens ist es nicht leichter, sondern schwerer geworden, in diesem Sinne erfolgreich zu wirken. Alarmierend aber ist ein Brief, den ich dieser Tage von einem Freund aus den Vereinigten Staaten[67] bekam. Ich hatte ihn gebeten, für zusätzliches Engagement der amerikanischen Wirtschaft in Berlin zu werben.

Er schrieb mir, er habe sich auch bei Managern der Niederlassungen amerikanischer Banken und den Tochtergesellschaften amerikanischer Unternehmen in Westdeutschland in diesem Sinne bemüht. Das Echo sei grundsätzlich recht gut gewesen. Aber dann kam jene Auskunft, die ich im Wortlaut zitieren möchte:

»Die deutschen Manager amerikanischer Unternehmen sagten, als man sie fragte, ob sie eine Versetzung nach Berlin annehmen würden, dann würden sie lieber kündigen. Ihre Haltung gründet sich auf ein Gefühl der Klaustrophobie. Sie könnten dann nicht mehr in ihren Wagen steigen und am Wochenende fahren, wohin sie wollten. Außerdem hatten sie die Sorge, der Anblick der Mauer würde auf ihre heranwachsenden Kinder depressiv wirken.«

Das schrieb der Freund aus den USA. Den Begriff »Klaustrophobie« erklären die Lexika so: »Angst in geschlossenen Räumen«. Die deutschen – nicht die amerikanischen! – leitenden Mitarbeiter jener Niederlassungen und Tochtergesellschaften würden lieber ihr Arbeitsverhältnis aufgeben, als nach Berlin zu gehen: aus Platzangst, aus Furcht vor dem Anblick der Mauer, mit der über drei Millionen Berliner zu beiden Seiten Tag für Tag leben müssen.

Die Sorge um die Spazierfahrt am Wochenende hindert deutsche Staatsbürger an einem Umzug in die ehemalige Hauptstadt Deutschlands. Und das trotz der Pflicht aller Deutschen, für Berlin geradezustehen, und trotz der Verträge, durch die doch – wie man uns zu beteuern nicht müde wurde – Berlin attraktiver, sicherer, gesünder werden und neue Anziehungskraft gewinnen würde.

Das Gegenteil ist eingetreten. Eine Politik der Beflissenheit gegenüber den Repräsentanten des Unrechts hat den Namen Berlins verblassen lassen und seine Leuchtkraft getrübt.

Unter den Worten, mit denen die Ostverträge verabschiedet und gepriesen wurden, kehrt eine Redewendung immer wieder. Sie ist das Leitmotiv gewesen. Es ist an der Zeit, sie auf ihren Wert zu prüfen.

Im Mai 1972 sagte Willy Brandt[68]: »Vor uns liegt die Aufgabe, die Verträge mit Leben zu erfüllen.« Er meinte die Verträge mit Moskau und Warschau. Nur wenige Tage danach sprach der damalige Bundespräsident Gustav Heinemann die Formel fast wörtlich nach[69]. Im Juni desselben Jahres bediente sich der Oppositionspolitiker Rainer Barzel ganz ähnlicher Worte[70]. Und der Präsident des Obersten Sowjet, Nikolai Podgorny, stellte fest: »Wir werden alles Erforderliche tun, um die Bestimmungen des Vertrages mit lebendigem, praktischem Inhalt zu erfüllen[71].«

Zwei Jahre später schließlich beteuerte der sowjetische Parteiführer Leonid Breschnjew in einer Tischrede während eines Besuches des Bundeskanzlers Schmidt in Moskau[72], was er sinngemäß schon ein Jahr zuvor zum Ausdruck gebracht hatte: »Man kann also sagen, daß ein gutes Fundament gelegt worden ist. Jetzt gilt es, auf diesem Fundament ein stabiles Gebäude gutnachbarlicher Beziehungen zwischen unseren Ländern zu errichten.«

Das alles klang hoffnungsvoll, so hoffnungsvoll wie die Worte des ehemaligen französischen Außenministers Maurice Schumann, nachdem er mit seinen amerikanischen und britischen Kollegen das Schlußprotokoll des Berlin-Abkommens unterzeichnet hatte. Schumann sprach damals von jenem Augenblick, »in dem Berlin – einst Gebiet des Kalten Krieges – aufhört, ein Spannungsherd zu sein, und beginnt, ein symbolischer Prüfstein der Entspannung und folglich des Friedens zu werden«.

Solche Floskeln der Hoffnung finden sich in den Dokumenten von Helsinki, in den Rede-Protokollen der Parlamente Westeuropas und Amerikas, in den Verlautbarungen der Parteizentralen Moskaus und Ost-Berlins und in den Niederschriften der Begrüßungs- und Verabschiedungsreden bei den Reisen der ostwestlichen Besuchsdiplomatie. Auch das Wort von Berlin als dem Prüfstein der Entspannung – oder wie der amerikanische Außenminister Kissinger sagte, dem »Angelpunkt« – kehrt als Grundmotiv der Erwartungen immer wieder.

Wie hat sich uns das Leben gestaltet, mit dem die Verträge erfüllt werden sollten? Um Berlin hat es seit dem Abschluß des Abkommens in kurzen Abständen immer wieder Streit zwischen Ost und West gegeben. Die Meldungen über östliche Proteste gegen jede Lebensregung des freien Berlin füllen ganze Aktenschränke.

Der Kreml hat den Viermächte-Status für ganz Berlin in Frage gestellt. Er hat mit einer Kündigung des Berlin-Abkommens gedroht, als die deutsche Bundesregierung sich erlaubte, eine kleine unpolitische Behörde mit dem ängstlich verbogenen Namen »Umweltbundesamt«[73] in Berlin anzusiedeln. Seit dieser Drohung hat die Bundesregierung in Bonn – bestärkt von den Schutzmächten – nicht mehr gewagt, ihre Präsenz in Berlin weiterzuentwickeln – und doch war diese Formel nach dem Abschluß des Vertrages der ganze Stolz seiner westlichen Urheber gewesen.

Nachdem nun der SED-Vorsitzende Honecker die Anwendung der für uns lebensnotwendigen Vertragspassagen als »Belastung« des Abkommens bezeichnet hat[74], stehen die Ampeln der Erfüllung des Abkommens auf Rot. Zwar hat Klaus Schütz, der Regierende Bürgermeister, davon gesprochen, daß es so lange keine Gemeinsamkeit zwischen uns und der Gegenseite geben könne, wie die volle Anwendung des Abkommens als Belastung bezeichnet werde. Aber was er nicht sagte – und wohl auch nicht sagen konnte –, war, daß Bundeskanzler Schmidt sich mit Honecker über die unerträgliche Formel in Helsinki geeinigt hatte, nach der ein Belastungstest des Abkommens nicht angebracht sei.

Ist es also schon so weit, daß es in dieser entscheidenden Frage auch keine Gemeinsamkeit zwischen dem Regierenden Bürgermeister von Berlin und dem Bundeskanzler gibt? Ist das jenes Leben, mit dem die Verträge ausgefüllt werden sollten?

Hartnäckig weigern sich Ost-Berlin und Moskau, West-Berlin in die Folgeverträge zum Grundlagenabkommen[75] einzubeziehen. Sie graben dem freien Berlin weiter und eifriger denn je das Wasser ab, wachen mit Argusaugen über seine Isolierung, bedrohen jeden Besuch eines Bonner Ministers oder gar eines ausländischen Staatsmannes an der Spree mit einer Vereisung des politischen Klimas und sind zur Zeit dabei, sogar das freie Wort unserer Rundfunk- und Fernsehsender als Einmischung in ihre Angelegenheiten zu denunzieren[76].

Und wie hatten die Sowjets seinerzeit gelockt! Außenminister Gromyko hatte vor drei Jahren erklärt, der »Hauptsinn des Vertrages zwischen der UdSSR und der BRD« bestehe darin, »daß er die erforderliche Grundlage für eine radikale Wende in den sowjetisch-westdeutschen Beziehungen schafft«. Und die Regierungen des Westens hatten ihm geglaubt.

Später erst, als alles unterschrieben war, hatte Gustav Heinemann erklärt, es bleibe das Ziel des Ostens, sich das freie Berlin einzuverleiben. Und der Leiter der Bonner Vertretung in Ost-Berlin, Gaus, hatte – mit atembeklemmender Verspätung – eingestanden, die Formel »Wandel durch Annäherung« sei »zwar eine gute Verkaufsformel gewesen, aber falsch«[77].

Selbst Egon Bahr hatte – zu spät auch er – zugegeben, daß der Osten die Verträge jederzeit bei genauer Einhaltung ihrer Buchstaben in ihrem Geist total brechen könne. Klaus Schütz schließlich, der das Berlin-Abkommen einst »mehr als befriedigend« nannte, mußte den Osten mehrfach der Vertragsverletzungen und des Vertragsbruches beschuldigen.

Das Leben, mit dem die Verträge also erfüllt werden sollten, ist ein schweres, ein schlechtes Leben geworden. Der Prüfstein Berlin zeigt besorgniserregende Ergebnisse. Nicht einmal die Opposition im Deutschen Bundestag fragt mehr nach jenem Luftverkehrsabkommen, das uns versprochen worden war und das Berlin zu einem internationalen Luftverkehrskreuz machen sollte. Auch das hätte zu dem Leben gehört, mit dem die Verträge auszufüllen gewesen wären, wenn es sich um brauchbare, redliche, verläßliche Abkommen gehandelt hätte.

Statt des Blühens und Gedeihens, das Berlin versprochen worden war, sinken die Einwohnerzahlen der Stadt. Die Abwanderung ist stärker als die Zuwanderung. Zufrieden heften die Archivare im Osten diese Statistik in ihre Mappen.

So hat man sich im Kreml das Leben vorgestellt, mit dem die Verträge ausgefüllt werden sollten. Wo ist der Handlungsspielraum, von dem damals so oft die

Rede war? Er beschränkt sich nun wohl darauf, daß wir weiter bezahlen dürfen. Bezahlen für die verrotteten Autobahnen zwischen Westdeutschland und Berlin, bezahlen für die Gegenleistungsdefizite der »DDR« im innerdeutschen Handel.

Der Osten hat uns gezeigt, mit welchem Leben er die Verträge, ganz besonders aber das Viermächte-Abkommen um Berlin, erfüllen möchte. Wir aber sitzen nur da, ducken uns, stecken ein und stecken zurück. Warum eigentlich?

Die Verträge geben auch uns viele Möglichkeiten, sie mit Leben, so wie wir es uns vorstellen, zu erfüllen. Es ist höchste Zeit, daß wir damit anfangen. Dann – aber nur dann – kann und wird das freie Berlin wieder attraktiv werden, wird es junge Menschen an sich ziehen. Dann, nur dann wird das freie Berlin seine welthistorische Aufgabe erfüllen können, zu zeigen, daß eine freie Gesellschaft auf allen Gebieten dem Sklavensystem auf der anderen Seite der Mauer überlegen ist.

Ein Versprechen – und was daraus wurde

Von der Errichtung einer Deutschen Nationalstiftung in Berlin versprachen sich in den siebziger Jahren viele Deutsche kulturellen Auftrieb für die geteilte Stadt. Zum ersten Mal war in der Bonner Regierungserklärung vom 18. Januar 1973 von »einer Institution zur Förderung kultureller Maßnahmen« die Rede gewesen. Bundeskanzler Brandt sprach von einer »Deutschen Nationalstiftung«, und Innenminister Genscher sah Berlin als Sitz dieser Stiftung. Ihre Aufgabe sollte der Erwerb alter und zeitgenössischer Kunst für deutsche Museen sein, die Unterstützung von Theatern und Akademien, die Förderung internationaler Treffen von Künstlern und Schriftstellern. Doch bald wurde es still um die Nationalstiftung. Einen exemplarischen Fall, wie eine gute Idee in Leisetreterei erstickt wurde, nannte Axel Springer dies in einem Artikel in der »Welt« vom 15. Mai 1976.

Der Gedanke einer Deutschen Nationalstiftung mit dem Sitz in Berlin wurde, gleich nachdem er wachgerufen worden war, zerredet, von Angst ausgeblichen, in Leisetreterei erstickt und von Unwahrhaftigkeiten vergiftet. Wer es an einem Beispiel erfahren will, woran die Nation der Deutschen – kraftlos dahinwelkend – vergehen könnte, braucht nicht mehr zu kennen als diesen exemplarischen Fall. Er schleppt sich nun schon in das vierte Jahr seiner Krankengeschichte.

Dabei war die Idee von Anfang an ein Surrogat, ein Ersatz für die entschiedene Bewahrung nationaler Rechte und Pflichten. Nachdem die Regierungskoalition in ihrer Ost-Politik – wie von einem Tage auf den anderen – aus der Pose widerstehender Kraft in die gebückte Haltung der Selbstpreisgabe verfallend, die Teilung anerkannt und die elementaren Ansprüche der Nation weggewischt hatte, bot der damalige Bundeskanzler Brandt dem Volk eine Idee an, die wenigstens den Faden nationaler Kontinuität nicht abreißen lassen sollte: die Deutsche Nationalstiftung.

»Es würden sich viele Träume erfüllen«, so argumentierte Brandt, »wenn eines Tages öffentliche und private Anstrengungen zur Förderung der Künste in eine Deutsche Nationalstiftung münden könnten.« Und: In ihr könnte auch »das lebendige Erbe ostdeutscher Kultur eine Heimat finden«.

Die Heimat fand sich nicht. Statt daß »viele Träume sich erfüllten«, enthüllten sich viele Träumer. Was Brandt angeregt hatte, war gewiß kein Fanal eines nationalen Impetus. Eher drohte die Gefahr, daß eine Deutsche Nationalstiftung vor dem Hintergrund einer Politik der Preisgabe von Positionen nationalen Rechtes zu einem Museum konservierter, aus dem Leben des Volkes entfernter Erinnerungsstücke werden würde. Was nicht mehr täglich gefordert, nicht mehr begehrt und gegen die Gewalt der Teilung ins Feld geführt werden sollte, hätte dort leitfossilienhaft im Saale ausgestellt werden können – Anschauungsobjekt dafür, was einmal gewesen war, was nie mehr bestehen würde.

Aber es bestand auch eine Chance: nämlich den Gedanken aufzunehmen, ihn intensiv auszubauen und ein Zentrum der kulturellen Einheit Deutschlands entstehen zu lassen. Es wäre also ein Mittelpunkt der Forschung gesamtdeutscher Zusammenhänge und Zusammengehörigkeit möglich gewesen, in der Gegenwart und für die Zukunft. An einem Platz in Berlin, an dem das deutsche Volk hätte sehen, hören und empfinden können, daß es ein Volk, eine Nation bleiben würde.

So schien es auch 1973 der damalige Innenminister Genscher zu sehen, als er erklärte, diese Einrichtung und das Engagement des Bundes könnten ein »sinnvolles Mittel zur Wahrung der geschichtlichen Kontinuität unserer Nation« sein. Dazu gehörten auch die »Erhaltung und die Pflege ostdeutschen Kulturgutes«. Einen Monat später ergänzte der Minister in einem Rundfunkinterview, daß er Berlin für den geeigneten Sitz dieser Deutschen Nationalstiftung halte.

Dann freilich wurde es stiller um die Idee. Die Kultusminister der deutschen Bundesländer drehten und wendeten das Vorhaben lautlos-lustlos hin und her. Die Deutschen warteten. Bis sich nach anderthalb Jahren, in denen die Opposition ein paarmal bescheiden nach dem Stand der Dinge gefragt hatte, der Berliner Bürgermeister Neubauer zu Wort meldete und vorschlug, die Haltbarkeit des Viermächte-Abkommens[78] zu testen und – der Anregung Brandts folgend – »nunmehr die Deutsche Nationalstiftung in Berlin (West) einzurichten«.

War es endlich soweit? Inzwischen hatten sich Moskau und Ost-Berlin drohend gegen das unpolitische Umweltbundesamt[79] (nicht Bundesumweltamt!) gewendet. Es war also an der Zeit, die Bindungen Berlins an den Bund »weiterzuentwickeln«, wie es den Deutschen im Berlin-Abkommen versprochen worden war.

Aber Neubauer bekam eine eiskalte Abfuhr aus Bonn. In einem Interview mit der »Welt« meinte der Bundeskanzler, er hielte es für »wenig hilfreich«, wenn versucht würde, »weitere Streitfälle in die Welt zu setzen«, nachdem »der erste wirkliche Streitfall«, der sich aus dem Viermächte-Abkommen ergeben habe, »noch nicht ganz beigelegt« sei. Die Politik der kleinen Schritte bewegte sich also rückwärts.

Schon fünf Tage später stieß die Sowjetunion dieser Fluchtbewegung deutschen Kleinmutes mit Dampf nach. Radio Moskau attackierte die Berliner CDU, weil sie sich für Berlin als Sitz der Deutschen Nationalstiftung ausgesprochen hatte. Es war von einem »neuen provokatorischen Schritt der Rechtskräfte« die Rede.

Fortan würgten auch die Hände der Schöpfer dieses Modells angstvoll ihre eigene Kreation. Nur Klaus Schütz beging die unerhörte Kühnheit, drei Tage später das Fazit zu ziehen, er könne sich, »wenn einmal, wann auch immer, eine Deutsche Nationalstiftung errichtet werden wird, eigentlich keinen anderen Platz als Berlin vorstellen«.

Die Idee, die nun schon Verwesungsgeruch ausströmte, wurde indessen in die Tiefkühltruhe gelegt. Die Nation wartete weiter. Oder wartete sie schon nicht mehr? Im Oktober verlautbarten die alliierten Schutzmächte – nach einem Vorstoß des CDU/CSU-Fraktionsvorsitzenden Carstens –, sie hätten keine Einwände gegen die Wahl Berlins angekündigt. War der Weg endlich frei?

Mitnichten. Nur vier Tage später riet Staatssekretär Bölling davon ab, die Diskussion um die Nationalstiftung und ihren Berliner Standort »in naher Zukunft zu vollziehen«. Damit war das Vorhaben in die ferne Zukunft verwiesen. Fortan erinnerten fast nur noch CDU-Politiker an das entrückte Projekt. Man sei damit nicht weitergekommen, klagte Klaus Schütz im Oktober 1975.

Das Jahr 1975 endete mit Darlegungen des Staatssekretärs im Bundesinnenministerium, Baum, über den Etat. War anfangs von 25 Millionen für die Deutsche Nationalstiftung die Rede gewesen, so hatte sich diese Summe nunmehr halbiert. 12,5 Millionen standen noch zur Verfügung. Unterdessen flossen Milliardenkredite in die Ostblockländer, während Ost-Berlin mit Tributzahlungen verschiedener Art ebenfalls mit Milliarden bedacht wurde.

Niemand sagte den Deutschen, was die Nationalstiftung eigentlich sei, wie sie arbeiten solle. Es gab Entwürfe, mehr nicht. Die Kultusminister berieten darüber. Aber sie kamen zu keinem abschließenden Ergebnis. Das Volk wartete nun schon drei Jahre. Es wartete weiter vergeblich.

Bis dann, von Regungen nachlassender Geduld bei der Opposition mobilisiert, der Regierende Bürgermeister Berlins das erlösende Wort zu sprechen schien. Der Bundeskanzler habe ihm versichert, so Klaus Schütz, daß die Deutsche Nationalstiftung nach Berlin kommen werde. Doch zunächst kam der Kanzler selbst. Er kam, um zu sagen, die Sache sei nicht entscheidungsreif, ihre öffentliche Erörterung nicht dienlich, der Standort noch keineswegs bestimmt. Er denke an drei deutsche Städte. Schließlich folgte die Meldung: Über die Einrichtung einer Deutschen Nationalstiftung werde vor den Bundestagswahlen nicht mehr entschieden.

Was folgert daraus? Die Geschichte der Deutschen Nationalstiftung ist ein Kapitel des Mangels an nationaler Würde, des Überflusses an Unglaubwürdigkeit, des Abweges in selbstzerstörerischen Opportunismus. Wenn diese Geschichte verfallenden Willens und vertrocknender Überzeugungen, diese Geschichte des Zitterns und Zagens, der Unaufrichtigkeit und der taschenspielerhaften »Geschicklichkeit« in Moskau und in Ost-Berlin zur Kenntnis genommen wird, dann werden die Messer, die Berlin vom Bund trennen sollen, mit größerem Eifer und schadenfroher Zuversicht gewetzt.

Warum wagt man es nicht, die Deutsche Nationalstiftung sofort ins Leben zu rufen und in Berlin ansässig zu machen? Willy Brandt hatte uns doch seinerzeit gesagt, der Frieden sei nun sicherer. Und Walter Scheel hatte erklärt, Berlin werde »nun freier atmen können«, es werde »aufhören, ein Streitpunkt zwischen Ost und West zu sein«[80].

Nichts kennzeichnet die Situation besser als drei Zitate, die man nacheinander der Deutschen Nationalstiftung ins Stammbuch schreiben sollte:

»Nur in der eigenen Kraft ruht das Schicksal jeder Nation«, sagte Helmuth von Moltke vor fast hundert Jahren im Deutschen Reichstag, während der britische Kulturhistoriker Henry Thomas Buckle feststellte: »Unglück kann durch andere kommen; aber erniedrigt werden kann ein Volk nur durch seine eigenen Handlungen.« Von Voltaire schließlich stammt die These, es brauche nur zwei oder drei mutige Menschen, um den Geist einer Nation zu ändern.

Berlin, 13. August 1961: Vopos errichten Stacheldrahtsperren quer durch Berlin. In einem Extrablatt meldet die »Berliner Morgenpost«: Ost-Berlin ist abgeriegelt

Fünfzehn Jahre Mauer in Berlin

Am 13. August 1961 gegen zwei Uhr morgens begannen »DDR«-Kampfgruppen, mitten in Berlin Straßen aufzureißen und Stacheldraht zu ziehen. Wenig später stand die Mauer, und sie steht heute noch. 165 Kilometer lang ist die Todesstrecke, die West-Berlin umgibt: 104 Kilometer Betonplatten mit Rohrauflage, 55 Kilometer Metallgitterzaun, 258 Kontrolltürme und 136 Bunker, Tötungsautomaten[81], Hundelaufanlagen, zwei Reihen Panzersperren machen die Mauer fast unüberwindbar. Wer es dennoch versucht, riskiert sein Leben. Mindestens 70 Flüchtlinge oder Fluchthelfer starben bis zum 13. August 1979 an der Mauer; 54 von ihnen wurden von »DDR«-Grenzsoldaten erschossen. 106 Flüchtlinge wurden verletzt.
Das SED-Regime feierte den 15. Jahrestag des Mauerbaus mit einer waffenklirrenden »Kampfdemonstration« am Alexanderplatz. Junge Menschen aus allen Teilen der Bundesrepublik Deutschland, die in West-Berlin gegen die Mauer protestieren wollten, wurden in Verletzung des Viermächte-Abkommens an der Fahrt über die Transitwege gehindert.
In einem Artikel in der »Welt« vom 13. August 1976 gab Axel Springer den Empfindungen vieler Deutscher an diesem Tage Ausdruck.

»So man aber euch Frieden und Freiheit rauben wollte, kämpft mannhaft für Freiheit und Vaterland.« Das sagte kein moderner Nationalist. Es ist ein Wort des Schweizer Pater patriae Nikolaus von Flüe, Bruder Klaus, des Gottesmannes und Einsiedlers vom Melchtal. Er sagte es im 15. Jahrhundert als Motto an einem entscheidenden Kreuzweg der nationalen Unabhängigkeit der Schweiz.

Das Wort soll am Anfang stehen, wenn des sowjetkommunistischen Anschlags auf die deutsche Einheit und die deutsche Freiheit gedacht wird: der Errichtung der Berliner Mauer vor 15 Jahren. Man hat immer wieder gesagt, was da am 13. August 1961 gebaut wurde, sei eine Gefängnismauer. Doch was würde die Welt sagen, wenn irgendwo auf der Erde Gefängnismauern innen mit Tötungsautomaten versehen wären?

Daß es ein Bauwerk ist, nicht wie die Chinesische Mauer gegen Eindringlinge von außen, sondern gegen potentielle Freiheitssucher von drinnen errichtet, steht außer Zweifel. Es ist eine Gefängnismauer. Nicht nur die Geschichte, auch die Konstruktion belegt das.

Aber es ist eben mehr als eine Kerkermauer: Die Stacheldrahtrollen, die spanischen Reiter, die Todesstreifen und die Minen, dann die Selbstschußautomaten und die Scharfschützen an den Schießscharten und auf den Wachtürmen machen das Ganze unbestreitbar zur militärischen Befestigungsanlage – ein sowjetisches Festungswerk mitten in der alten Hauptstadt Berlin und darüber hinaus quer durch Deutschland, errichtet 16 Jahre nach Beendigung der militärischen Operationen gegen Hitler-Deutschland.

Was da steht, dieses brutale Sinnbild eines barbarischen Regimes, ist in politischer, moralischer und völkerrechtlicher Beziehung eine Herausforderung für die zivilisierte Welt.

Dieser GULag-Wall[82] bedeutet seinem Sinn und der Realität nach Friedensbruch und Kriegsvorbereitung; denn hinter ihm, in seinem Schutz, sammeln sich hochgerüstete, offensive Militärverbände im Gewande von Grenztruppen. Sie haben Panzer, Geschütze und sind auf ABC-Kampfführung[83] vorbereitet.

Diese Befestigungsanlage und die Truppenverbände in ihrem Schutzbereich sind heute der elementarste Verstoß gegen das Recht auf Freiheit aller Deutschen, welches ein Grundrecht der Personen und der Völker ist, sowie gegen die Sicherheit und gegen den Frieden in Europa, der erst vor einem Jahr in Helsinki[84] so heuchlerisch besungen wurde.

Die Erschossenen der Fluchttragödien sind Gefallene – gefallen im deutschen Freiheitskrieg; im »III. Weltkrieg«, um Alexander Solschenizyn zu zitieren. Gefallene, deren Namen auf ein Ehrenmal gehören. Gefallene des jüngsten Krieges, der mitten in Deutschland, mitten in Europa geführt wird, an der makabersten militärischen Festungsanlage zur Sicherung eroberten Gebiets, die der Sowjetkommunismus in der Welt unterhält.

Man hört heute immer wieder, dieser GULag-Wall sei gebaut worden, weil die Kommunisten die Ausleerung ihres eroberten deutschen Gebietes hätten befürchten müssen; eine Ausleerung, die wegen des unerträglichen politischen Zwangs und des katastrophalen Versagens des Ostberliner Systems drohte. Statt die Fehler zu beseitigen, baute man Mauer und Zaun, um so die Barbarei zu schützen.

Der Kampf gegen die Mauer kann demnach nur ein Kampf um die Freiheit sein, die Freiheit all derer, die inmitten Deutschlands hinter dem sowjetischen Westwall eingesperrt sind.

Freiheit ist das Kriterium politischer Herrschaft im 20. Jahrhundert. Deshalb ist der freiheitsfeindliche Mauer-Wall Mittelalter, Barbarei, Kriegszustand zwischen Recht und Unrecht, zwischen Freiheit und Gewalt.

Diese Mauer aber wirkt nur, solange wir sie fürchten und respektieren. Wenn wir sie verachten, wenn wir sie täglich als Beleidigung und Herausforderung empfinden, helfen alle Kalaschnikows[85] und Todesautomaten nichts.

Der Gegner weiß das. Deshalb schießt er jetzt nicht nur auf Flüchtlinge von drüben, sondern auch auf Bürger und Arbeiter aus der freien Welt. Die roten Imperialisten behaupten, ihre Grenze stünde auf dem Spiel, weil »Provokateure«

ihr die Abschreckung nehmen. Als ob die Todesautomaten auf der anderen Seite von fotografierenden Touristen entschärft werden könnten. Oder fürchtet man wirklich die geballten Fäuste zorniger westlicher Grenzbesucher?

Auf jeden Fall wurden militärische Einsatzkommandos gebildet, der Schießbefehl wurde härter gefaßt und so formuliert, daß jetzt nicht nur Flüchtlinge aus dem eigenen Staat, sondern auch Bürger aus dem unseren unter gezieltes Feuer genommen werden.

»Keine Gnade« heißt die Parole. Abschußprämien in Form von Geld, Urlaub und Orden locken die Scharfschützen. Abdrücken lohnt sich. Die Folge ist Mord.

Wir fordern, daß diesem Krieg ein Ende gemacht wird. Die Aggression gehört geächtet; sie ist nicht besser als die Intervention der Kubaner in Angola[86]. Denn sie ist Intervention. Sie ist Krieg gegen die Lebensform freier Menschen, Krieg gegen Recht und Freiheit.

Wir aber müssen demgegenüber Recht und Freiheit fordern für alle Deutschen. Und man sollte in der Bundesrepublik Deutschland endlich begreifen, was Hans Zehrer, dessen zehnter Todestag sich dieser Tage jährt, vor 15 Jahren schrieb: »Im Politischen ist die Freiheit immer noch identisch mit der Freiheit der Nation, in deren Raum sie erst wirklich wird.« Was heißt das?

Hans Zehrer, der unvergessene Chefredakteur der »Welt«, der nach dem Krieg das Vaterland wiederentdeckte, hat es erklärt: »Die Freiheit existiert in der harten Wirklichkeit des Politischen nur in der Form der Selbstbestimmung und ist nur innerhalb der Einheit der Nation zu erringen und zu sichern. Die individuelle und persönliche Freiheit des einzelnen wäre bald verloren, wenn er sich nicht mehr aufgerufen fühlt, für die Einheit der Nation zu kämpfen und diese Idee einem System entgegenzusetzen, das davon träumt, die rote Fahne über Gesamtdeutschland und darüber hinaus wehen zu lassen.«

Deshalb bleibt die Bundesregierung aufgerufen, im Namen und zum Schutze unserer Freiheit politische und völkerrechtliche Schritte zu unternehmen, damit die Errichtung und der Ausbau einer militärischen Befestigungsanlage mitten durch eine Nation und mitten durch eine Stadt international geächtet werden.

Die Berliner Mauer steht jetzt fünfzehn Jahre. Sie ist Kerkermauer und Angriffsbastion zugleich. Sie ist eine Beleidigung jedes Menschen, der die Freiheit liebt oder nach ihr dürstet, eine Quelle der Sorge für jeden, der gleichgültig wo in der Welt in Freiheit lebt.

Wie lange noch?

THE NEW YORK TIMES, TUESDAY, JANUARY 11, 1977 C 13

Sind Sie Berliner, Mr. President?

(Are you a Berliner, Mr. President?)

Last year, Die Welt asked German readers to submit essays on timely topics, relating to America's Bicentennial celebrations.

One of the winners was a 26-year-old doctor. Her essay, a message to the next American President, was printed in Die Welt just before the U.S. elections.

We repeat it here as a public service to all Americans.

The Axel Springer publishing headquarters was built next to the infamous Berlin Wall as an expression of determination and confidence.

My Plea to the Next American President.

Berlin, Mr. President, protect Berlin! Watch over the touchstone of detente; guard the memorial of liberty.

Berlin concerns us Germans for national reasons. Berlin concerns the American people for reasons of their history, self-respect and their destiny.

Berlin is the divided city of a partitioned country in a miserably divided world. As long as Germans desire a free country, Berlin is the key word. As long as tyrannical Communist rule keeps Germany partitioned, the Berlin Wall is the monument and proof of bondage.

You are an American. As America's President, you will hold the highest office that God offers to any one in the free world. Hence you are not only an American. You carry responsibility for the entire free world.

The daring and hopes of our common forefathers founded the land of liberty. In the hopes of the disenchanted, Europe's best idea—liberty in religion and in the state—became linked with the name of your country. America's self-respect has nourished itself on this hope of the oppressed since 1776. The abolition of slavery, the wars the United States fought—these were deeds of American self-confidence.

Were America not to recognize its destiny—what a fraud on history! America has been granted greatness to preserve the foremost blessing of its history and of mankind: liberty.

Mr. President, protect the world's symbol of man's determination to preserve and protect that freedom:

Berlin.

Patricia Aden

DIE WELT

A national newspaper of the Axel Springer Publishing Group in Germany.

Berlin 61, Germany.
Kochstrasse 50.

Diese Anzeige der »Welt« erschien im Januar 1977 in fünf großen amerikanischen Zeitungen. Sie enthält einen Berlin-Appell an Präsident Carter, geschrieben von Patricia Aden, Gewinnerin eines »Welt«-Preisausschreibens anläßlich der 200-Jahr-Feiern in Amerika.

Wer Berlin totschweigt ...

Zu Beginn des Jahres 1977 wandte sich Axel Springer mit einem beschwörenden Appell an die Öffentlichkeit, Berlin nicht im Stich zu lassen. In drei seiner Zeitungen – »Welt am Sonntag«, »Bild am Sonntag« und »Berliner Morgenpost« – veröffentlichte er am 16. Januar 1977 einen Artikel, der vor allem auch an die Adresse der deutschen Unternehmer gerichtet war und sie zu Investitionen in der bedrängten Stadt aufforderte.

Zehn Tage vor der Amtseinführung des neuen amerikanischen Präsidenten[87] erschien in fünf großen Zeitungen der USA eine Annonce: die Bitte einer jungen Deutschen an Jimmy Carter, Berlin nicht aus den Augen, nicht aus dem Sinn zu verlieren. Die Sechsundzwanzigjährige schrieb, was viele schon seit langem gar nicht mehr zu sagen versuchen:

»Berlin, Herr Präsident, schützen Sie Berlin! Wachen Sie über den Prüfstein der Entspannung, hüten Sie das Mahnmal der Freiheit.«

Dieser Appell war zwar an den neuen Herrn des Weißen Hauses adressiert, hätte aber auch an die Regierung und die Menschen ihres eigenen Landes gerichtet sein können.

Weckrufe, Warnrufe, ja Hilferufe zugunsten Berlins haben seit geraumer Zeit ein schwächer werdendes Echo. Manchmal scheint es, als sei die Stadt vergessen worden, als schliefe sie verwunschen hinter einer Hecke aus Stacheldraht.

Themen, deren Bedeutung nicht bestritten werden soll, die Gefährdung der Renten oder die Arbeitslosigkeit, setzen Ströme von Leserbriefen in Bewegung. Berlins Wohl und Wehe aber findet nur noch wenig Beachtung. Es ist, als hätten die Deutschen vergessen, daß keines der Probleme, die sie bedrängen und bedrücken, ohne die Bewahrung der Freiheit zu lösen ist. Die Freiheit aber wäre nicht zu bewahren, wenn Berlin nicht bewahrt würde.

Berlin ist gefährdet. Seine Wirtschaft leidet an Entkräftung. Der Ostblock mißbraucht die »Entspannungspolitik«, um die Widerstandsfähigkeit der Stadt durch Stagnation und Strangulation zu brechen. Der Viermächte-Status wird für erloschen erklärt. Ein »Fünfmächte-Status« unter Beteiligung der »DDR« soll, wie es der CDU-Politiker Olaf von Wrangel unlängst sagte, West-Berlin aufgezwungen werden. Die heillose Geschichte der »Deutschen Nationalstiftung«[88] hat tiefe Spuren hinterlassen. Die Gegenseite sieht, daß die Bundesrepublik

Deutschland nicht mehr wagt, eine unpolitische kulturelle Einrichtung im freien Berlin anzusiedeln. Daraus können die Gegner Berlins nur schließen, daß Furcht – lähmend bis zur Bewegungsunfähigkeit – die Berlin-Politik in Bonn bestimmt.

Wie aber soll das Schicksal der Stadt die freie Welt bewegen, wenn es die deutsche Regierung nur noch im Sinne der Peinlichkeit, der Verlegenheit, ja der Verleugnung beschäftigt? Wie soll Moskau gegenüber dem freien Berlin in seinen Schranken gehalten werden, wenn die Gefährdung der Stadt in der Nation der Deutschen keine Aufrichtung, keine Mobilisierung des Willens, keine solidarische Anstrengung mehr bewirkt? Vor einigen Jahren war es Mode in Kreisen der ungebundenen Intellektualität, die alte deutsche Hauptstadt totzusagen. Sie blieb am Leben. Soll sie jetzt totgeschwiegen werden?

Berlin ist zäh, und die Berliner sind es auch. Diese Stadt ist in den Jahrzehnten ihrer schweren Prüfungen in sich gewachsen und hat große Reserven der Widerstandskraft gesammelt. Pessimistisch bis zur Depression aber müßte man werden, wenn die moralische Abrüstung gegenüber Berlin weiter ihren Lauf nähme.

Begonnen hat sie. Man hat sich draußen in der Welt wohl oft gefragt, ob ein Industriezentrum zu erhalten ist, das 150 Kilometer von seinen natürlichen Märkten entfernt liegt und diese nur durch feindliches Hinterland erreicht – ob man aus einem vorgeschobenen Posten der Freiheit friedliche Güter exportieren und im Schußbereich sowjetischer Panzer die Produktivität gesund erhalten kann. Man konnte es. Es war möglich. Warum sollte es künftig nicht mehr möglich sein? Nur einen einzigen Grund gäbe es: das Erlöschen des Willens der Deutschen.

Daß dieser Wille schwächer wurde, ist offenbar. Die dramatischen Krisen, die früher überwunden wurden, sind von einer schleichenden Krise abgelöst worden. Sie birgt ihre besonderen Gefahren.

Fahrlässig hatte eine Politik blinden Vertrauens in die Wandlungsbereitschaft des Ostens der alten deutschen Hauptstadt ein schlaraffenländisches Entspannungsglück verheißen. Wenn heute die Politiker der Bonner Koalition behaupten, sie hätten sich niemals Illusionen gemacht, so ist das – sehr zurückhaltend gesagt – eine nachträgliche Schutzbehauptung. Oder waren das keine Illusionen: »Gute Nachbarschaft mit dem Osten«, »Normalisierung«, »Drehscheibe des West-Ost-Handels«, »Internationales Luftverkehrskreuz«, »Brückenkopf der Entspannung«?

Diese überdehnten Erwartungshorizonte und die Enttäuschung über die Wirklichkeit, die nicht nur nichts von alledem gebracht hat, sondern einen Status quo minus, lähmen die Bundesregierung und den Berliner Senat. Die Stadt erscheint ihnen nun wie ein Riesenspielzeug, das die phantastischen Erwartungen nicht erfüllt, die sich mit ihm verbunden hatten. Das Zauberkunststück der Entspannung ist mißlungen, die groß angekündigte Verwandlung der Berlin-feindlichen Gegner in Berlin-freundliche Nachbarn hat nicht stattgefunden. Nach dem Hokuspo-

Axel Springer beim Spaziergang durch Berlin. Der Verleger liebt es, die Autofahrten zu unterbrechen und den Weg zu Fuß fortzusetzen, wie hier auf dem Kurfürstendamm. Im Hintergrund die Gedächtniskirche, eines der Wahrzeichen der alten deutschen Hauptstadt.

kus des »Wandels durch Annäherung« steht nicht das Lamm statt des Wolfes auf der Bühne, sondern noch und wieder der Wolf.

Die Schläge werden wuchtiger, die Abstände, in denen sie geführt werden, immer kürzer. Das ist die Wirklichkeit der Parole von der »Abgrenzung« gegenüber dem »Todfeind BRD«: Die Ständige Vertretung der Bundesrepublik Deutschland in Ost-Berlin, die dieser Tage plötzlich von Polizei umstellt wurde[89], wird von nun an nicht mehr ohne Gefahr zugänglich für unsere Landsleute sein.

Das Fazit: Der »Kalte Krieg« – im Westen voreilig, unrealistisch und verlustreich für beendet erklärt – ist nicht zu Ende, war nie unterbrochen, sondern verschärft sich täglich, stündlich.

So, wie die Lage Berlins immer die Weltpolitik beeinflußt hat, war auch immer die Weltpolitik bestimmend für die Lage Berlins. Weltweit aber ist die Politik der »Détente«, der Entspannung, schon vor der Beendigung des Stückes durchgefallen. Hunderte von Rüstungskontrollgesprächen haben kein anderes Ergebnis gebracht als die gigantisch gewachsene militärische Macht des Sowjetimperiums.

Nach den ersten Enttäuschungen hatten die westlichen Regisseure des Entspannungs-Theaters die Aufführung durch einen aufwendigen, revueartigen Akt noch einmal zu retten versucht. Die Konferenz von Helsinki[90] sollte die ersehnte Wende, wenngleich verspätet, so doch rechtzeitig vor dem Ausbruch eines Theaterskandals bringen. Aber noch vor der Folgekonferenz in Belgrad[91] erkennt das Publikum von der ersten bis zur letzten Reihe nur eines ganz deutlich: In der Sowjetunion, im kommunistischen Teil Deutschlands, in der Tschechoslowakei und in Polen werden Bürger schikaniert, ja verhaftet, weil sie sich auf Helsinki berufen. Die in der Schlußakte bemeineidete »Freizügigkeit für Menschen, Informationen und Ideen« ist im Osten vom ersten Tage an nur eine Farce gewesen.

Tschechoslowakische Bürger, die sich verzweifelt für die Einhaltung der Menschenrechte in ihrem Lande einsetzen, haben ausgesprochen, was aufhorchen lassen sollte: »Zehntausenden von Bürgern wird es nur deshalb unmöglich gemacht, in ihrem Fach zu arbeiten, weil sie Ansichten vertreten, die sich von den offiziellen Ansichten unterscheiden.«

Es ist nahezu von allen Politikern des Westens, die sich den Entspannungswogen überließen, immer wieder gesagt worden, »Berlin ist der Prüfstein« für diese Politik. Und das Ergebnis dieser Prüfung?

Fünf Jahre nach dem Abschluß des Viermächte-Vertrages[92] über die Zukunft Berlins liegen exakte Ergebnisse vor, verläßliche Beweise für die unveränderte taktische und strategische Zielsetzung der Gegenseite: Hunderte von Protesten gegen jeden Versuch, die Bindungen zwischen Berlin und dem Rest des freien Deutschland zu beleben. Verletzungen des vereinbarten Prinzips eines freien Zugangs. Verweigerung von Abschlußverträgen zu den ursprünglichen Abkommen wegen mangelnder Bereitschaft, Berlin einzubeziehen. Fortgesetzte Unmenschlichkeit gegen Familien, die von der Zerreißung Deutschlands unmittelbar betroffen sind. Östliche Aggressionen gegen unser Verfassungsprinzip der freien Meinung und der Pressefreiheit. Das sind die Prüfungsergebnisse!

Vordergründig mag bei dieser Sachlage zu verstehen sein, daß die Bereitschaft deutscher und ausländischer Unternehmer, sich in Berlin zu engagieren, nachließ. Appelle vom politischen Rednerpult werden daran kaum etwas ändern, vor allem dann nicht, wenn der Staat selbst nicht mit seiner politischen Präsenz und seinen wirtschaftlichen Eigenbetrieben mit gutem Beispiel vorangeht. In nur politisch-taktisch oder nur wirtschaftlich denkenden deutschen Köpfen ging die Einsicht verloren, daß der Verlust Berlins gleichbedeutend mit dem Verlust Deutschlands wäre.

Wer sich von Berlin abwendet, weil er jeden – auch den unvermeidlichen – Konflikt mit dem konfliktbereiten Osten scheut, muß wissen, daß er dem letzten aller dieser Konflikte erliegen wird. Jeder deutsche Unternehmer sollte so viel nationalen Impetus und so viel politischen Verstand aufbringen, zu erkennen, daß jede Berlin-Investition um so sinnvoller wird, je gefährdeter die Stadt ist. Der Verlust Berlins wäre der erste Schritt, auch auf dem Wege zum Verlust jeder unternehmerischen Freiheit in Deutschland, ja in Europa.

Die Prüfungsergebnisse, die Berlin vermittelt, zeigen nicht nur östliche Offensiv-Bewegungen gegen die alte Hauptstadt, sondern auch die Gefahr einer Kapitulation auf Raten im Westen. War nicht schon in der SPD-Zeitung »Vorwärts«[93] zu lesen, es sei »taktlos«, das Schießen auf Menschen an den innerdeutschen Grenzen offen auszusprechen? Wurde in diesem Blatt nicht schon geraten, mit Hilfe von wirtschaftlichen Leistungen ohne Gegenleistung für eine »starke DDR« und eine »selbstbewußte SED-Führung« zu sorgen[94]? Schrieb nicht ein Vorstandsmitglied der Industriegewerkschaft Druck und Papier, im Westen werde »lautstark von einer Wiedervereinigung unter kapitalistischen Vorzeichen geträumt«[95]? Und fuhr er nicht fort, durch den Begriff der »innerdeutschen Grenze« schimmere der Anspruch durch, »diese Grenze möglichst bald zu beseitigen, so, als handele es sich nicht um eine normale Grenze zwischen zwei selbständigen und souveränen Staaten«?

Man muß sich fragen, wie es um Berlin steht, wenn ein Vorstandsmitglied freier Gewerkschaften – und nicht ein FDGB-Funktionär – die Grenze, an der seine Landsleute ermordet und durch die Eltern von ihren Kindern getrennt werden, als »normal« bezeichnet.

In solchen, aller nationalen Würde, jedem Freiheitsgeist und jedem demokratischen Verfassungsverständnis hohnsprechenden Unterwerfungen liegen die Prüfungen, die uns um Berlin bangen lassen. Nicht der Wille sowjetischer Gewalt, das freie Berlin niederzuringen, ist die größte aller Gefahren, sondern die Anzeichen im eigenen Lande, vor diesem Willen im Staub zu kriechen.

Hat es Sinn, das alles auszusprechen? Wen interessiert es? Wieder einmal gibt es eine schweigende Mehrheit. Dieses Mal schweigt sie zu Berlin und weiß nicht, daß sie diese Stadt totschweigen könnte. Wer indessen für Berlin um Hilfe ruft, sieht sich in einer Minderheit, befindet sich nicht in Übereinstimmung mit dem »Zeitgeist«, der kurzsichtig die Unbequemlichkeiten von heute mehr scheut als den drohenden Verlust der Freiheit in der Zukunft.

Aber keiner von denen, die an Berlins Zukunft glauben, darf sich von diesen Erscheinungen entmutigen lassen. Wer da meint, es sei doch immer noch richtig, die Entspannungspolitik hochzuloben, den Gewinn von Helsinki zu preisen und östlicher Gewalt rote Teppiche auszurollen, der sei an ein Wort von Carl Jacob Burckhardt aus den dreißiger Jahren erinnert, das dem freien Berlin und seinen Menschen heute ins Goldene Buch geschrieben sein könnte:

»Es ist eine Regel, daß diejenigen, die sich an das Wesentliche halten, ihren Zeitgenossen oft als unzeitgemäß und begeisterungsunfähig erscheinen. Später wird dann allerdings die Rangordnung eine andere: Jene, die in allen Zwangsvorstellungen des Zeitalters aufgingen, gehören nun zu den Rhetoren, deren Rede verklungen ist, und einige Außenseiter, von wenigen bei Lebzeiten erkannt, sind nun die wirklich Lebendigen, nämlich jene, die auf das Dauernde gerichtet waren, die diesem Strom von Sucht und Wahn widerstanden, unter lauter Hingerissenen stehenblieben.«

Der große Schweizer Historiker litt schwer unter der Verblendung eines großen Teils des deutschen Volkes und vieler Politiker der Westmächte gegenüber der drohenden Katastrophe brauner, nazistischer Gewalt. Burckhardt wurde zu spät gehört und zu spät verstanden.

Heute ist die Welt von einer Gewalt anderer Farbe, aber erschreckend ähnlicher Art bedroht. Und wieder glauben politisch Taube und Blinde, es sei möglich und besser, sich zu arrangieren statt zu widerstehen. Das aber wäre das Ende der Freiheit, als deren Mahnmal heute wie gestern Berlin steht und stehen muß.

»Sie haben den Weg geebnet«

Am 5. Mai 1977 starb Altbundeskanzler Professor Dr. Ludwig Erhard im Alter von 80 Jahren. 27 Jahre hatte Erhard von der ersten Stunde an dem Bonner Parlament angehört[96]. Bundespräsident Scheel nannte in seinem Nachruf den Verstorbenen den erfolgreichsten Wirtschaftspolitiker der Bundesrepublik[97]. Den Dank des deutschen Volkes hatte Ludwig Erhard noch zu Lebzeiten entgegennehmen können. Drei Monate vor seinem Tod ehrte ihn Bundestagspräsident Carstens aus Anlaß seines 80. Geburtstages am 4. Februar 1977 im Bundestag. Zur Gratulationscour kamen 2000 Gäste aus dem politischen, wirtschaftlichen und kulturellen Leben. Axel Springer, dem »Vater des deutschen Wirtschaftswunders« eng verbunden, schrieb Ludwig Erhard nachstehenden Brief, der am 3. Februar 1977 in der »Welt« veröffentlicht wurde.

Verehrter, lieber Herr Professor Erhard,
es gibt Augenblicke, da man – ob man nun will oder nicht – pathetisch werden muß. Ihr 80. Geburtstag ist ein solcher Anlaß. Denn Sie sind ein Mann der Geschichte. Ohne Sie, ohne Ihre Glaubens- und Überzeugungskraft, ohne Ihr Staatsverständnis und Ihre wirtschaftswissenschaftlichen Erkenntnisse wäre die Entwicklung Deutschlands nach dem Kriege ganz sicherlich anders verlaufen. Es war Ihre soziale Marktwirtschaft, die uns die Wende brachte. Die Welt hat dafür das Wort »Das deutsche Wunder« geprägt.

Sie haben entscheidend dazu beigetragen, dieses Land in einem knappen Jahrzehnt aus trostloser Rationierungswirtschaft, aus astronomischer Inflation, sozialem Elend und Weltverachtung zu Wohlstand und Weltgeltung zu führen. Nicht durch Finanztricks und ökonomische Zauberei, sondern durch eine historische Leistung.

Sie schufen ein Wirtschaftsmodell, das über diskreditierte Systeme konservativer, liberalistischer und sozialistischer Provenienz hinausführt. Sie lieferten der Weltwirtschaft einen Beitrag von unschätzbarem Ausmaß für die industrielle Gesellschaftsordnung der Staaten des 20. Jahrhunderts. Man vergißt heute zu leicht, daß es damals, nach 1945, kein erprobtes Wirtschaftssystem gab, das sich als Alternative zu den ökonomischen Wirklichkeiten der beiden Siegerlager angeboten hätte. Sie entdeckten den dritten Weg.

Die soziale Marktwirtschaft brachte unser Land voran. Geist und Mechanismus Ihrer Idee zeitigten in optimaler Weise Leistungsanreiz wie Aufstiegsmöglichkeit. Wer wohl wagte vorauszusehen, daß drei Jahrzehnte nach dem totalen Zusammenbruch eines Staates und der völligen Zerstörung seiner Industrie, nach Demontage und schwindelnder Geldentwertung die neue D-Mark zu den härtesten Währungen der Welt gehören würde? Wer hätte geglaubt, daß die Löhne der deutschen Arbeiter einmal über denen der USA liegen und daß das Einkommen aller Schichten, der Zugang zu Eigentum, Vermögen und Verbrauchsgütern Weltmaßstäbe setzen würde?

Daß heute das freie Deutschland nicht vom »Kapitalismus«, also von zynischer Herrschaft des Geldes, geprägt ist, sondern von einer Wirklichkeit, die sozialer ist als die sozialistische, ist zuerst Ihr Verdienst. Die freiheitsfördernde Kraft des ethisch gebundenen Eigentums haben Sie uns gelehrt.

Ihre Konzeption hat sich als die beste erwiesen. Nicht nur, weil ihre Regeln und Grundsätze der Wirklichkeit und dem menschlichen Wesen entsprechen, sondern weil sie auf jene großen und alles tragenden Fundamente der christlich-abendländischen Ordnung gebaut sind, ohne die nichts Gutes gelingen kann: Freiheit und Menschlichkeit.

Das Wunder bestand darin, daß es Ihnen gelang, die Deutschen – Arbeiter wie Unternehmer, Handel, Handwerk wie Landwirtschaft – nach einer Epoche autoritärer Anarchie mit Hilfe demokratischer Grundwerte zu motivieren, zu aktivieren und den Weg freizugeben für die Tüchtigen.

Sie haben stets appelliert, daß die soziale Marktwirtschaft ein Ganzes sei, daß Gruppeninteressen ebenso ihre Todfeinde bedeuten wie die Verwechslung von Freiheit mit Zügellosigkeit. Zur sinnvollen Freiheit gehören die sinnvolle Ordnung und der Wettbewerb. Maß und Maßhalten sind elementare Tugenden sozial verpflichteter Wirtschaftspolitik. Sie haben sich nie gescheut, sie zu predigen, notfalls mit dem Zorn Ihres fränkischen Temperaments.

»Wir dürfen die Freiheit nicht annagen lassen, dürfen die Freiheit nicht vergessen, müssen sie verteidigen und erhalten«, so sagten Sie. Das gab Ihnen die Kraft und die Legitimation, alle Kollektive, vom Kartell bis zur Gewerkschaft, zu tadeln, wenn das Maß berechtigter Interessenvertretung überschritten wurde. Heute schießt diese Unsitte ins Kraut; und ich vermisse oft die zornigen Bußpredigten, mit denen Sie in den 50er Jahren die Gruppen zur Vernunft, die Hausfrauen zum Maßhalten und die ideologisch fanatisierten Überklugen an die einfachen, aber festen Wurzeln allen Wirtschaftens erinnerten: Redlichkeit, Vertrauen, Maßhalten, Ordnung, Leistung, sinnvoller Wettbewerb – Glauben an Freiheit und Gottes Wort.

Man muß immer wieder daran erinnern, weil Ihre Kernparole vom »Wohlstand für alle« von den Gleichmachern als utopische Glückseligkeitstheorie verschrien

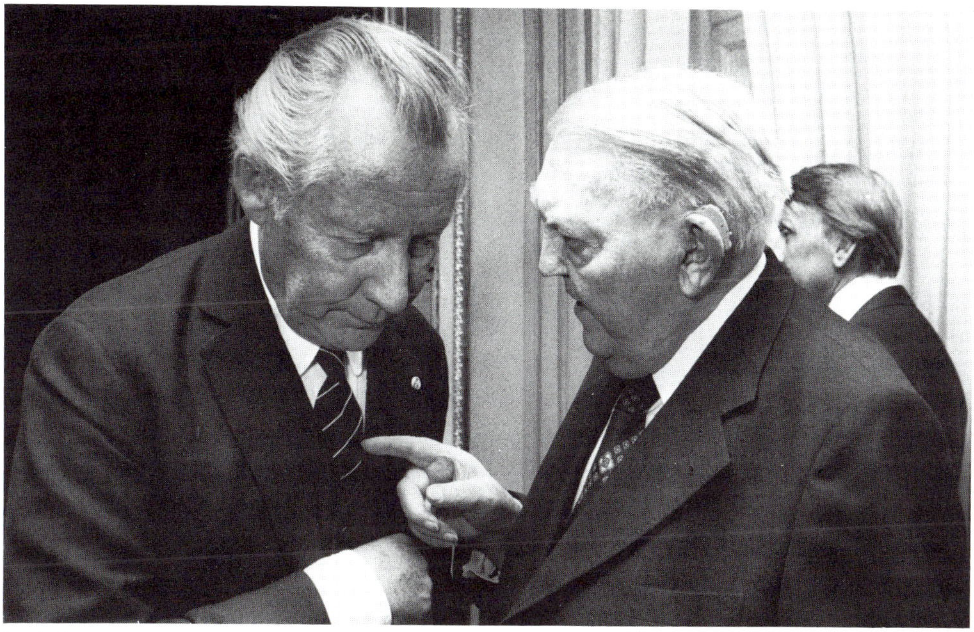

Ludwig Erhard und Axel Springer pflegten über Jahre hinweg einen intensiven Gedankenaustausch. Nach seinem 80. Geburtstag, einen Tag vor der Einlieferung in das Krankenhaus, schrieb Ludwig Erhard einen Brief an Axel Springer, den er nicht mehr fertigstellen konnte. In diesem Fragment, das eine der letzten handschriftlichen Hinterlassenschaften des früheren Bundeskanzlers ist, heißt es: ». . . So ist jeder von uns seinen Weg gegangen. Umso beglükkender werde ich mir dessen bewußt, daß wir uns in gleicher Geistes- und Sinnenart dennoch begegneten und in unseren Zielen übereinstimmten.«

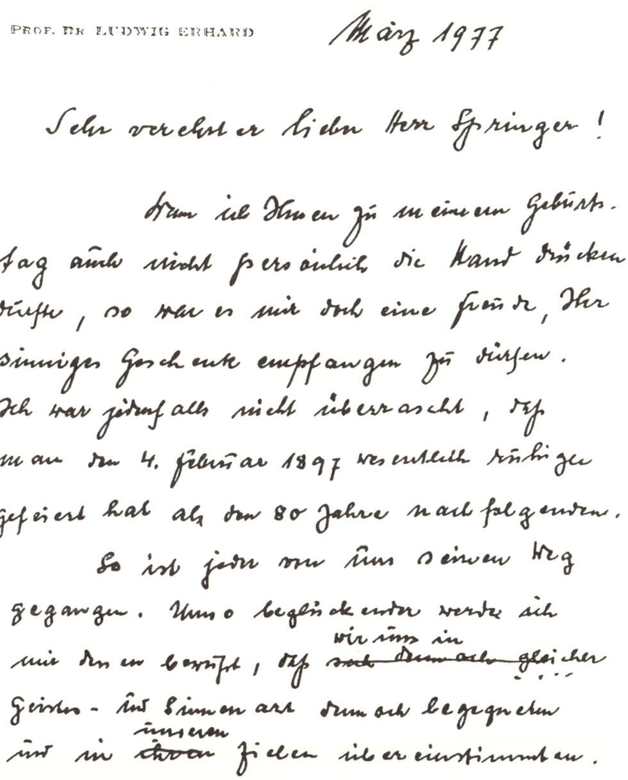

PROF. DR. LUDWIG ERHARD

März 1977

Sehr verehrter lieber Herr Springer!

Wenn ich Ihnen zu meinem Geburtstag auch nicht persönlich die Hand drücken durfte, so war es mir doch eine Freude, Ihr sinniges Geschenk empfangen zu dürfen. Ich war jedenfalls nicht überrascht, daß man den 4. Februar 1897 wesentlich rühriger gefeiert hat als den 80 Jahre nachfolgenden.

So ist jeder von uns seinen Weg gegangen. Umso beglückender werde ich mir dessen bewußt, daß wir uns in gleicher Geistes- und Sinnenart dennoch begegneten und in unseren Zielen übereinstimmten.

wird. In Wirklichkeit aber hat die freie, sittlich formierte Gesellschaft das Primat, für die der Wohlstand nur den Nährboden abgibt, auf dem sie sich entwickeln kann.

Heute heißt das Schlagwort »Reformen«. In Wahrheit jedoch wirken hier die Sünden jenes Geistes, der in der Verteilung statt in der Erzeugung das Heil sucht, der angetrieben wird von ideologischen Machtgruppen, der Gleichheit gewinnen will auf Kosten von Freiheit und Leistung. Das ist Marx, nicht Erhard!

Der Mensch lebt nicht vom Brot allein. Aber er lebt auch nicht nur von seinen Idealen. Materielle und ideelle Bedürfnisse bedingen einander. Satt, aber geistig geknebelt zu sein, ist unmenschlich. Der geistig freie, aber physisch hungernde Mensch wird der Freiheit nicht im vollen Sinne des Begriffes teilhaftig. Sie haben mit dieser Erkenntnis den Weg zur Freiheit nicht nur gewiesen, sondern geebnet. Er führte zum Ziel.

Soziale Marktwirtschaft, das ist der Dienst am Wohl des Ganzen und des Nächsten, das heißt Ordnungssystem für eine humane Wirklichkeit, bei dem Verantwortung, Markt und Wettbewerb die Triebfedern sind. Die Wirtschaft als Mittel zum menschlichen Glück – das, wie Sie einmal sagten, nicht käuflich ist, sondern verdient und erdient werden will.

Verehrter, lieber Herr Professor Erhard, es gab große Männer, die ihr Werk überlebten. Es gab bedeutende Männer, die sich nie erfüllt sahen. Sie aber gehören zu den wenigen, die noch zu Lebzeiten erfahren, daß sie unwiderrufliche Veränderungen in der menschlichen Gesellschaftsordnung bewirkt haben. Doch bei dieser Feststellung allein soll es nicht bleiben. Ich möchte an Ihrem 80. Geburtstag vielmehr unser Gelöbnis erneuern: Wir wollen weiter für die Freiheit kämpfen!

Bis Niko Hübner endlich aus dem Zuchthaus kam...

Im Oktober 1979 wurde der 23jährige Ostberliner Niko Hübner im Rahmen einer Amnestie zum 30. Jahrestag der »DDR« aus dem Zuchthaus Bützow-Dreibergen entlassen. Unter Berufung auf den entmilitarisierten Status von ganz Berlin hatte sich Hübner geweigert, einer Aufforderung zur Musterung für den Wehrdienst in der »Volksarmee« nachzukommen[98]. Am 14. März 1978 wurde er deshalb verhaftet und am 7. Juli vom Stadtgericht Berlin zu fünf Jahren Zuchthaus verurteilt. Immer wieder hatte sich Axel Springer für die Freilassung Hübners eingesetzt. Schon am 26. März 1978 machte er in einem in »Welt am Sonntag« veröffentlichten Appell die Öffentlichkeit auf das Schicksal Niko Hübners aufmerksam. Als dann der amerikanische Präsident am 14. Juli 1978 nach Deutschland kam, druckte die »Welt« in englischer und deutscher Sprache eine Grußadresse Axel Springers an Jimmy Carter, in der ebenfalls auf das Unrecht hingewiesen wurde, das Niko Hübner im Ostteil der ehemaligen deutschen Hauptstadt angetan wurde. Auch die Anwesenheit prominenter Amerikaner, an der Spitze der frühere Gouverneur von Texas, John B. Connally, im Berliner Verlagshaus im August 1978 nutzte Axel Springer, um an Niko Hübner zu erinnern. Als schließlich bekannt wurde, daß der junge Ostberliner in eines der berüchtigsten Zuchthäuser der »DDR« verlegt worden war, sandte Axel Springer Telegramme an Präsident Carter und Gouverneur Connally, in denen er noch einmal um Hilfe für Niko Hübner bat. Die gleiche Bitte sprach er in Briefen an den Bundeskanzler und an die Vorsitzenden der im Bundestag vertretenen Parteien aus.
Der am 26. März 1978 in »Welt am Sonntag« veröffentlichte Appell Axel Springers hat folgenden Wortlaut:

Es wäre gut, wenn alle Deutschen wüßten, wer Niko Hübner ist[99]. Der zweiundzwanzigjährige Berliner wird die Osterfeiertage hinter Schloß und Riegel verbringen, vor dem Blechnapf der Diktatur. Das wird wahrscheinlich sein Schicksal für einige Jahre werden. Der Haftgrund: Mut, Freiheitsliebe und Vaterlandstreue.

»Schaut auf diese Stadt!« hatte der unvergessene Bürgermeister Ernst Reuter ausgerufen, als Berlin der Welt ein Beispiel gab[100]. Schaut auf diese Stadt! – das gilt auch heute. Ein junger Deutscher, auf sich allein gestellt, setzte ein Zeichen des Widerstehens gegen das Unrecht der Teilung seines Vaterlandes und seiner Vaterstadt. Er verweigerte den Waffendienst für das SED-Regime.

Seine Begründung ist von höchster politisch-moralischer Qualität: Groß-Berlin sei aufgrund internationaler Abmachungen, die auch die Sowjetunion unterzeichnet hat, entmilitarisierte Zone; darüber hinaus wolle er einem Staat der Zwangsbürgerschaften, der blutigen Grenzen und der Freiheitsberaubung nicht als Soldat dienen. Er sei kein »DDR-Bürger«, sondern Berliner, und für ihn gebe es kein »sozialistisches«, sondern nur ein deutsches Vaterland.

Diese Haltung ist ein Appell gegen die Trägheit unserer Herzen, gegen die Bequemlichkeit unserer Gewissen, gegen die Würdelosigkeit einer Anpassungspolitik an das Unrecht.

Wie eine Garnisonsstadt wimmelt Ost-Berlin von uniformierten, bewaffneten Soldaten der SED-Armee. Kein Rekrut der Bundeswehr aber dürfte in Uniform auch nur eine Tasse Kaffee am Westberliner Kurfürstendamm trinken.

In das freie Berlin strömten diejenigen, die sich in der Bundesrepublik Deutschland sowohl vom Wehr- als auch vom Ersatzdienst zu drücken versuchen. Im anderen Teil Berlins aber schließen sich die Gefängnistore hinter denen, die nicht auf ihre Landsleute schießen wollen. Das ist das Kontrastbild des geteilten Berlin in den Ostertagen des Jahres 1978.

Die Hotels im freien Berlin sind über Ostern ausgebucht. Beim Blick über die Mauer sollte die Vorstellungskraft aller Gäste diesem jungen Berliner gelten, der stellvertretend für uns alle handelt und leidet.

Nicht Melancholie, nicht einen Verzicht auf die Segnungen der Freiheit gebietet sein Vorbild, sondern es fordert von uns, Einigkeit und Recht und Freiheit bewußter zu leben.

Die deutsche Automobilindustrie beweist in diesen Tagen eindrucksvoll ihr Berlin-Engagement. »Autos, Avus, Attraktionen«[101] heißt die Schau, an der wir uns – trotz und wegen des Schicksals dieses jungen Menschen – begeistern dürfen. Unter einer Voraussetzung, daß wir die Schatten nicht übersehen, die von der Mauer geworfen werden, und daß wir der Landsleute gedenken, die nur deshalb drüben in den Gefängnishöfen auf und ab gehen, weil sie die Freiheit begehren, die für uns selbstverständlich ist.

Der Opfergang dieses mutigen Berliners gilt denselben Zielen, die Ernst Reuter bewegten, als er Berlin beschwörend der Aufmerksamkeit der Welt empfahl. Niko Hübner ruft uns in Erinnerung, worum es zuerst und zuletzt geht: Freiheit und Menschenrecht, Selbstbestimmung, ein gemeinsames Vaterland der Deutschen. Das Bestehen im Konflikt zwischen Demokratie und Diktatur.

Dieser junge Mann war fünf Jahre alt, als die Mauer entstand, war ein Kind, als Peter Fechter vor unseren Augen verblutete[102]. Aber Niko Hübner ist ein Mann geworden. Sein Denken und Handeln beweist den Kleinmütigen und Trägen: Freiheitswille und Rechtsbewußtsein wachsen wieder heran. Jüngere stehen, wo Ältere wanken. Schaut auf diese Stadt!

Die am 14. Juli 1978 in der »Welt« veröffentlichte Grußadresse Axel Springers an den amerikanischen Präsidenten Jimmy Carter lautet in deutscher Übersetzung:

Willkommen in Deutschland, Herr Präsident!
Sie kommen in ein geteiltes Land. Wie alle Menschen, die nicht in einem solchen geteilten Land gelebt haben, konnte auch ich mir vorher nicht vorstellen, was das bedeutet. Diese Teilung ist auch dann nicht zu ertragen, wenn sie die Folge eigener Schuld ist; auch dann nicht, wenn wir im westlichen Teil unseres Vaterlandes nicht die direkt Betroffenen sind, sondern unsere Landsleute, die in jenem Teil Deutschlands wohnen, wo es keine Menschenrechte gibt, die Sie, Herr Präsident, uns alle mit Hoffnung erfüllend, so energisch gefordert haben.

Diese Zeitung, in der ich Sie begrüßen darf, erscheint in einem Verlagshaus, das seine Pflicht darin erblickt hat, zu Zeiten des Chruschtschow-Ultimatums[103] sein Hauptquartier in das ebenfalls geteilte Berlin zu verlegen, in die Stadt, die Sie morgen besuchen werden. Das Grundstück unseres Hauses liegt dort direkt an der berüchtigten Mauer, der grauenhaftesten Absurdität, die Europa aufzuweisen hat. Getreu dem Dekret der vier Besatzungsmächte, daß ganz Berlin demilitarisiert bleiben müsse, leben wir Deutschen auf unserer Seite ohne Waffen, während auf der östlichen Seite vertragswidrig eine rote deutsche Armee in Waffen starrt.

In diesen Tagen ist viel die Rede von einem jungen Menschen namens Niko Hübner. Weil er die Demilitarisierung ernst nahm, wurde er zum Symbol eines Deutschen, der sich nicht knechten läßt, der sich Unrecht unter Einsatz seines Lebens widersetzt und der unter Haftbedingungen leidet, wie sie in der Nazizeit Gültigkeit hatten. Niko Hübner hat seinen Widerstand zudem nicht zuletzt religiös motiviert.

Es ist das Zeichen eines neuen geläuterten Deutschlands, daß es die Einkerkerung eines jungen Mannes, der auf wohlverbrieften Rechten besteht, nicht mehr ohne Protest hinnimmt.

Meine Bitte, sehr geehrter Herr Präsident: Schenken auch Sie diesem Vorfall, der auch das Recht der Vereinigten Staaten im Ostteil unserer ehemaligen deutschen Hauptstadt verletzt, Ihre Aufmerksamkeit.

Sie mögen fragen, spricht so nicht letztlich ein deutscher Nationalist? Als mir vor Jahren Henry Kissinger bei einem Besuch dieselbe Frage stellte, antwortete ich: »Nein, ich bin für die Freiheit.« Und ich fügte hinzu: »Wenn es als Folge des Zweiten Weltkrieges einen zweiten deutschen Staat geben müßte, in dem aber jeder Bürger dieselben Freiheiten genießen könnte wie bei uns; wenn er lesen könnte, was er will; wenn er ohne Furcht seine Meinung sagen könnte; wenn er seinen Arbeitsplatz aussuchen und seine Partei wählen und jederzeit über die

Welcome to Germany, Mr. President!

You have come to a divided country. Like everybody who has not lived in such a divided land I could not imagine beforehand what this means. This partition is intolerable even when it is the result of our own fault. Not even when we in the western part of our homeland are not directly affected, as our compatriots in East Germany are. They live in the part of Germany where human rights are denied — the human rights which you, Mr. President, have demanded so energetically, thus filling us all with hope.

This newspaper, in which I am able to greet you, is published by a house which saw its duty, at the time of Khrushchev's Berlin ultimatum, to move its headquarters to that divided city, the city you will visit tomorrow. Our house stands directly at the infamous Wall, the most horrific absurdity which Europe has to show. Faithful to the ruling of the four occupying Powers that all Berlin must remain demilitarized, we Germans on our side live without arms, whereas on the east side a Red German army, in breach of the decree, bristles with arms.

There is much talk these days of a young man called Niko Huebner. Because he took demilitarization seriously he became the symbol of a German who refuses to be enslaved, resisting wrong with his life. He now suffers conditions of imprisonment such as prevailed under the Nazis. Not least, Niko Huebner resisted from religious motives.

It is the sign of a new, reformed Germany that the jailing of a young man who stood up for his firmly pledged rights no longer passes without protest.

I ask you, Mr. President: add your own attention to this case, which also infringes the rights of the United States in the eastern part of the former German capital.

You may ask, are these not the thoughts of a German nationalist? Years ago Henry Kissinger, on a visit to Berlin, put this same question. I replied: "No, I am for freedom." And I added: "If as a consequence of World War II there should be a second German state in which every citizen can enjoy all the freedom we have; if he can read what he wants to read; if he can utter his opinion without fear, choose his place of work and vote freely for his party, and cross the frontier when he wishes; and if he can be sure that a knock on the door at six in the morning is not the secret police: very well, I could accept such a second state."

These, dear Mr. President, are all ideas which are covered by the human rights which you ceaselessly demand. We desire nothing else at this juncture.

Thank you for coming to us and hearing our voice in this distress.

May God bless you!

AXEL SPRINGER

Seite 2: „Menschenrecht — nichts anderes begehren wir in dieser Stunde"

Grußadresse Axel Springers an Präsident Carter, veröffentlicht in englischer Sprache auf Seite 1 der »Welt« vom 14. Juli 1978

Grenze gehen könnte; und wenn er sicher sein könnte, daß es nicht der Staatssicherheitsdienst[104] ist, der morgens um sechs an der Tür klopft; einen solchen Staat könnte ich akzeptieren.«

Das, sehr geehrter Herr Präsident, sind alles Vorstellungen, die abgedeckt werden durch die Menschenrechte, die Sie nicht aufhören zu fordern. Nichts anderes begehren wir in dieser Stunde.

Unser Dank ist Ihnen gewiß, der Sie zu uns gekommen sind und uns in dieser Not zuhören.

Gott segne Sie.

Das Telegramm, das Axel Springer an den früheren Gouverneur von Texas, John B. Connally, sandte, lautet:

Lieber Gouverneur Connally,
als Sie uns die Freude Ihres Besuches in Berlin machten, trug ich Ihnen unsere Sorge um den jungen Landsmann Niko Hübner vor. Sie erinnern sich. Der 22jährige mußte deshalb für fünf Jahre ins Zuchthaus, weil er sich auf den entmilitarisierten Status von Berlin berufen hatte, um nicht Soldat in der illegalen östlichen Volksarmee zu werden.

Alle Proteste aus dem Westen blieben erfolglos.

Nun muß Niko Hübner noch mehr leiden. Man warf ihn jetzt in eines der schlimmsten Terrorgefängnisse von Ostdeutschland. Hier wurden schon viele Häftlinge zu Tode geprügelt. Wollen wir warten, bis auch ihn dieses Schicksal ereilt?

Nach der Feierstunde in meinem Berliner Verlagshaus weiß ich mich mit Ihnen zutiefst im Glauben an die Freiheit verbunden.

Auch Amerikas Ehre ist angesichts des Leidens eines jungen Menschen und der Verletzung amerikanischer Gesetze in Berlin berührt.

In großer Herzlichkeit und treuer Freundschaft – Ihr Axel Springer

An den amerikanischen Präsidenten telegrafierte der Verleger:

Sehr geehrter Herr Präsident,
heute schickte ich an Gouverneur Connally, der mich am 20. August 1978 in Berlin mit der amerikanischen Freundschaftsmedaille auszeichnete, ein Telegramm. Ich bitte auch Sie dringlich, sich des Falles Niko Hübner anzunehmen.

Ihr Axel Springer

Die Freiheit ist den Deutschen ins Blut gegangen

In Berlin, am Hauptsitz seines Unternehmens, erhielt Axel Springer am 20. August 1978 die American Friendship Medal der Freedoms Foundation in Valley Forge[105]. Diese höchste Auszeichnung der Stiftung wird an Ausländer verliehen, die durch Wort und Tat für die Sache der Freiheit eintreten. In Anwesenheit des Vorsitzenden des Kuratoriums der Freedoms Foundation, Frank Gard Jameson, von prominenten Industriellen aus Amerika und führenden Vertretern aus Politik, Kultur und Wirtschaft erklärte der langjährige Gouverneur von Texas, John B. Connally, der dem Verleger die Medaille überreichte: »Gerade in diesem großartigen Haus, das die schändliche Mauer überragt, werden wir immer wieder daran erinnert, wie klein der Zwischenraum zwischen Freiheit und Unterdrückung ist.« In seiner in englischer Sprache gehaltenen Dankesrede sagte Axel Springer:

Für diese festliche Stunde, die eine Feierstunde sein möge, bin ich außerordentlich dankbar. Es gibt kaum einen besseren Tag als heute, um der Freiheit zu gedenken. Denn auf den Tag genau vor zehn Jahren marschierten sowjetische Soldaten in Prag ein[106], um dort die Kräfte der Freiheit zu zermalmen, um den Traum zu zerstören, daß es Harmonie geben könne zwischen Kommunismus und Demokratie. Und mit den Sowjets kamen die Bulgaren, die Ungarn, die Polen und natürlich auch Soldaten aus der »DDR«.

Wir dürfen nie vergessen, was uns damals vorexerziert wurde: die Invasion kommunistischer Länder in ein anderes kommunistisches Land.

Ich danke Ihnen, daß Sie alle hierhergekommen sind. Dem Kuratorium und dem Vorstand der Freedoms Foundation in Valley Forge und Ihnen, die Sie diese hochangesehene Organisation heute hier vertreten, habe ich vielfältig zu danken. Sie haben mich für würdig befunden, neben den drei bedeutenden Männern zu stehen, denen Sie die American Friendship Medal vor mir verliehen hatten. Diese drei Männer waren Patrioten und gleichzeitig echte, bewährte Freunde der Vereinigten Staaten.

Da war zuerst der philippinische Präsident Ramon Magsaysay, jener Bauern-Soldat, der in seiner Heimat mit großem Erfolg den kommunistischen Huk-Aufstand niederschlug und gleichzeitig die Freundschaft mit Amerika festigte.

Da war Sir Winston Churchill, ohne dessen Mut und Entschlossenheit Hitler den Krieg möglicherweise gewonnen hätte. Churchill war der Mann, der die Allianz über den Atlantik schmiedete, der schon sehr früh ein Vereintes Europa forderte und der die Kommunisten als die roten Nachfolger der braunen Übeltäter unserer Zeit erkannte. Sir Winston war schließlich auch der Mann, der nach dem Sieg seine Hände ausstreckte zu den geschlagenen Deutschen.

Und da war schließlich Alexander Solschenizyn, der in Amerika seine Heimat in der Fremde fand, der Prophet, der Amerika warnt, weil er Amerika liebt.

Wenn ich an diese drei Männer denke, kann ich nur sagen: Ich bin außerordentlich stolz und fühle mich gleichzeitig unter ihnen sehr wohl. Ich danke Ihnen in Demut.

Daß ich die American Friendship Medal gerade hier in Berlin entgegennehmen darf, hat für mich besondere Bedeutung; hier in dieser Stadt, die ein internationales Symbol des Widerstands gegen Tyrannei geworden ist und ein Leuchtturm der Hoffnung für alle unterdrückten Völker im europäischen Osten.

Sie sind in eine geteilte Stadt gekommen und in ein geteiltes Land. »Diese Teilung ist auch dann nicht zu ertragen, wenn sie die Folge eigener Schuld ist«, schrieb ich vor wenigen Wochen in einem Grußwort für Präsident Carter und fügte hinzu: »Auch dann nicht, wenn nicht wir im westlichen Teil unseres Vaterlandes die direkt Betroffenen sind, sondern unsere Landsleute im kommunistischen Teil Deutschlands.«

Das Haus, in dem wir jetzt versammelt sind – ich zitiere weiter –, »steht direkt an der berüchtigten Mauer, der grauenhaftesten Absurdität, die Europa aufzuweisen hat. Getreu dem Dekret der vier Besatzungsmächte, daß ganz Berlin demilitarisiert bleiben müsse, leben wir Deutschen auf unserer Seite ohne Waffen, während auf der östlichen Seite vertragswidrig eine rote deutsche Armee in Waffen starrt.«

Und ich fuhr fort: »In diesen Tagen ist viel die Rede von einem jungen Menschen namens Niko Hübner. Weil er die Demilitarisierung ernst nahm, leidet er unter Haftbedingungen, wie sie in der Nazizeit Gültigkeit hatten.«

Ich bat den Präsidenten, dem Fall Niko Hübner sein Augenmerk zu schenken. Heute wende ich mich an Sie alle und besonders an Sie, Herr Gouverneur: Hier ist ein junger Mann, der sich auf seine Rechte beruft, die auch die Rechte der Vereinigten Staaten in Ost-Berlin betreffen. Bitte, helfen Sie uns, ihn freizubekommen; ihn und die Tausende anderen, die drüben in Gefängnissen schmachten.

Niko Hübners Foto steht hier auf dieser Staffelei. Ich habe für Sie auch noch drei andere Bilder bereitgestellt. Erlauben Sie mir dazu einige Erklärungen:

Dieses hier, aufgenommen während des letzten Krieges in Polen, zeigt einen jüdischen Jungen. Millionen Juden mußten den Weg in die Gaskammern bis zum Ende gehen. Ich zeige Ihnen dieses Foto, weil wir – wenn wir heute die Barbarei der Kommunisten anklagen – nie vergessen dürfen, was die Nazis gestern taten.

Berlin, 20. August 1978: Verleihung der American Friendship Medal an Axel Springer durch Gouverneur John B. Connally (links) und Frank Gard Jameson, Vorsitzender des Kuratoriums der Freedoms Foundation von Valley Forge (rechts)

Zwischen der amerikanischen und der deutschen Flagge erinnerten bei der Feierstunde im Verlagshaus vier Bilder an deutsches Schicksal: (von oben) der Ostberliner Niko Hübner, ein jüdisches Kind im Getto, ein Soldat der »DDR«-Volksarmee bei seinem Sprung in die Freiheit und Peter Fechter, der an der Mauer verblutete.

Noch Jahre nach dem Krieg schämte ich mich bei meinen Reisen ins Ausland immer wieder, meinen deutschen Paß vorzuzeigen. Der Grund: diese schreckliche deutsche Schuld gegenüber ungezählten Millionen, hauptsächlich gegenüber Juden.

Dabei denke ich nicht so sehr an den Krieg, so schrecklich er auch war. Andere haben Kriege angefangen, gerechte und ungerechte. Kriege wurden schon früher gewonnen und verloren. Die Geschichte ging darüber hinweg.

Nein, ich denke an den Neben-Kriegsschauplatz, an die Vernichtung von sechs Millionen Juden, an den Tod von Unschuldigen, von kleinen Kindern, ja Babys, die man so lange mit dem Kopf gegen die Wand schlug, bis sie ihr junges Leben aushauchten. Ich denke an den jüdischen Zahnarzt, der warten mußte, bis seine Glaubensgenossen auf das scheußlichste ermordet wurden, um ihnen dann das Gold aus dem Gebiß zu brechen, damit es auf den Altar der NS-Kriegsmaschinerie gelegt werden konnte, jener Zahnarzt, der selbst ermordet wurde, nachdem er seine furchtbare Aufgabe erfüllt hatte.

Dies sind nur zwei Beispiele. Ich könnte von vielen ähnlichen oder noch schlimmeren Grausamkeiten berichten. Ganz bewußt aber spreche ich davon in dieser Stunde, denn ich weiß: Diese Untaten haben mehr als irgend etwas anderes den Untergang Deutschlands herbeigeführt und auf diese Weise den Sowjets den Weg bis nach Berlin, ja noch weiter hinein in den Westen freigemacht.

Seit dem Ende des Zweiten Weltkrieges haben die Deutschen in der Bundesrepublik und ganz besonders in Berlin den Versuch einer Läuterung gemacht. Dabei ist ihnen die Freiheit ins Blut gegangen. Und das gilt für meine Landsleute im anderen Teil Deutschlands ebenso wie für uns.

Dieser Freiheitsdrang veranlaßte Tausende und aber Tausende, dem kommunistischen Teil Deutschlands den Rücken zu kehren und in den Westen zu fliehen – bis zum 13. August 1961, jenem Tag, an dem die Machthaber in Ost-Berlin zusammen mit ihren Herren aus Moskau die Grenze durch Deutschland abriegelten und die Berliner Mauer errichteten[107].

An jenem Augusttag vor siebzehn Jahren sprang ein junger Soldat der Volksarmee über den gerade errichteten Stacheldrahtzaun und lebt seitdem unter uns. Hier ist das Foto jenes historischen Sprungs in die Freiheit. Sein Gewehr übergab er damals der Westberliner Polizei. Die Trillerpfeife, mit der er seine Kameraden bei Zwischenfällen hätte warnen sollen, liegt als Kleinod in meinem Safe, hier im Berliner Büro.

Trotz der Mauer versuchen noch immer viele, in den Westen zu fliehen. Einigen gelang das; größer jedoch ist die Zahl derer, die scheiterten. Ich könnte hundert Geschichten erzählen von Tapferkeit, von Verzweiflung, von Tod. Aber ich möchte mich auf eine beschränken, denn sie ist symptomatisch wegen der Schuld, die wir alle zu tragen haben.

Ein Jahr nach der Errichtung der Mauer versuchte ein junger Bauarbeiter namens Peter Fechter, direkt unter den Fenstern unseres Hauses in die Freiheit zu gelangen. Er überwand die ersten Hindernisse und sprang auf die Mauer. Dort wurde er von mehreren Schüssen der erbarmungslosen Wachen getroffen und fiel hinunter auf eine Stelle, die noch zu Ost-Berlin gehört.

Ein amerikanischer Offizier stand damals in unmittelbarer Nähe und sah, wie der Mann verblutete. Der Offizier glaubte, daß er nicht eingreifen dürfe, weil er sonst internationale Verwicklungen heraufbeschworen hätte.

Auch mein Haus machte sich schuldig: Unser Beitrag zu diesem Akt der Unmenschlichkeit war das Fotografieren. Wir machten eine Reihe von Aufnahmen und gaben diese Bilder an die Zeitungen in der ganzen Welt weiter. Aber auch wir halfen nicht.

All das mag nach dem Buchstaben des Gesetzes in Ordnung gewesen sein. Aber Gottes Uhren ticken anders.

Genauso wie wir nie die sechs Millionen ermordeten Juden vergessen dürfen, müssen wir uns jeden Tag an die Peter Fechters erinnern und an alle, die auf die Freiheit warten – in Gefängnissen und Lagern und Irrenanstalten oder sonstwo in diesem riesigen Konzentrationslager, das hier an der Mauer beginnt und bis zum Pazifik reicht.

Nur noch einen möchte ich mit Namen nennen: Erst vor wenigen Tagen wurde Thomas Steffen, ein 20jähriger Werkzeugmacher aus Ost-Berlin, zu zwei Jahren Haft verurteilt[108]. Sein Verbrechen? Er bezog sich auf die Menschenrechtsakte von Helsinki[109], die auch die »DDR«-Regierung unterzeichnet hat, und demonstrierte für sein Recht, zu seiner in Westdeutschland lebenden Mutter zu ziehen. All dies geschah in einem Gerichtssaal nur wenige hundert Meter von hier entfernt, direkt an der Grenze zwischen Gut und Böse, was mich an eine Anekdote erinnert, die ich Ihnen erzählen möchte:

In einem meiner letzten Gespräche mit Konrad Adenauer sprachen wir ausführlich über den Ost-West-Konflikt, bis der Bundeskanzler plötzlich sagte: »In Wirklichkeit, Herr Springer, ist das ganz einfach. Hier treffen Gut und Böse aufeinander.«

»Das stimmt«, meinte ich. »Nur müssen wir wissen, daß wir hier alles andere als gut sind.« Sind wir gut? frage ich Sie, meine Damen und Herren. Und wenn wir nicht gut sind – denn kein Sterblicher kann gut sein –, sind wir denn zumindest klug? Ich glaube es nicht. So wie die ganze Welt vor Hitler dienerte, verbeugen wir uns vor den Sowjets, damit sie es um so leichter haben, uns zu vernichten.

Damals wie heute gibt es Mahner. Einer davon ist Wladimir Bukowski, der russische Regimegegner[110]. Ein anderer ist George Meany, der große alte Mann der amerikanischen Gewerkschaften. Beide fordern, daß die Olympischen Spiele 1980 nicht in Moskau stattfinden dürften.

Im Jahre 1936 wurden die Spiele in Berlin abgehalten. Ein anderer Amerikaner, Avery Brundage, kam damals in die deutsche Hauptstadt. Er ließ sich täuschen in diesem vermeintlichen Musterstaat der Ordnung.

»Weshalb sollen wir in ein Land gehen, das die Menschenrechte mißachtet?« fragt George Meany heute. »Was sollen wir in einem Land, wo Juden verfolgt werden?« so hatte die Welt 1936 gefragt.

Aber Hitler und Goebbels waren schlauer. Die antisemitischen Parolen wurden von den Häuserwänden abgewaschen. Der Unrechtsstaat trat vorübergehend leise. »Alles o. k. in Berlin!« kabelte Avery Brundage nach Hause, und seine Asse kamen zusammen mit den Großen des Sports aus aller Welt. »Wie herrlich und ordentlich und friedlich ist es doch in Deutschland«, berichteten sie nachher. Das war im Jahre 1936. Drei Jahre später herrschte Krieg.

Ich hoffe und bete, daß sich die Geschichte nicht wiederholt. Wenn wir aufpassen, wird sie sich nicht wiederholen. Wenn wir die Tausende Niko Hübners nicht vergessen, die in diesem Augenblick in ihren Gefängniszellen sitzen oder in ihren Gefängnishöfen auf und ab gehen, gedemütigt und gepeinigt an Kopf und Gliedern. Außer Gott sind wir ihre einzige Hoffnung.

Mein Haus, das nicht rein zufällig auf der Berliner Jerusalemer Straße steht – das heißt meine Zeitungen –, wird diese Unglücklichen nicht vergessen. Wir werden kein Wohlverhalten pflegen, während sie leiden und sogar sterben. Wir werden nicht vor unserer Verantwortung davonlaufen.

Als Präsident Carter nach Berlin kam, wollte er mich sprechen. In unserer kurzen Begegnung dankte ich ihm dreifach: einmal für seinen Besuch in Berlin, dann für die Unterstützung, die das amerikanische Volk Berlin zukommen läßt und ohne die es hier keine Freiheit gäbe, und schließlich für die Hilfe Amerikas an Israel, jenen Staat, dessen Gründung – zumindest zum Teil – auf deutsche Schuld zurückgeht.

Wir haben in meinem Haus für unsere Zeitungen einige Grundsätze aufgestellt, an die sich alle halten müssen. Einer davon lautet: Bemühen um die Versöhnung mit den Juden, was die Unterstützung der Lebensrechte des israelischen Volkes einschließt.

Auch Ihnen, meine amerikanischen Freunde, möchte ich heute nicht nur für Ihre Haltung gegenüber Berlin danken, sondern auch für Ihre Treue gegenüber Israel, gegenüber dem Volk, das ins Land seiner Väter zurückgekehrt ist, so wie es in der Bibel verheißen wurde.

Ich glaube daran, daß die folgenden Worte, die von einer frommen Frau namens Mutter Basilea Schlink stammen, die reine Wahrheit sind: »Welche Freude für den Vater im Himmel, daß Sein Volk nun endlich seine Gaben entfalten kann, wozu Er sie ihm schenkte, und zwar im eigenen Lande, auf eigenem Grund und Boden, was ihm jahrhundertelang verwehrt war.«

Meine Damen und Herren, eigentlich wollte ich Ihnen nur dafür danken, daß Sie mich mit der hochgeachteten American Friendship Medal auszeichnen. Diese Medaille ist für mich ein neuer Ansporn. Ich verspreche Ihnen heute: Ich und mein Haus werden nicht aufhören im Kampf gegen Ungerechtigkeit, im Kampf gegen Verfolgung und im Kampf für eine bessere Welt für alle Völker – getreu den Idealen, die sich die Freedoms Foundation in Valley Forge gestellt hat.

»town-meeting« in Berlin 1978: Präsident Carter stellt sich den Fragen der Bürger

Berlin, 15. Juli 1978, Kongreßhalle: Der amerikanische Präsident Jimmy Carter im Gespräch mit Axel Springer. Daneben Frau Friede Springer und Ernst Cramer, enger Mitarbeiter Axel Springers. Nach einem »town-meeting« mit eintausend Berlinern empfing Jimmy Carter den Verleger.

Dabei dankte Axel Springer dem Präsidenten nicht nur für seinen Besuch in Berlin, sondern auch für die tatkräftige Unterstützung Israels durch die amerikanische Regierung. Nach dem Gespräch fuhr Carter im Triumphzug über den Kurfürstendamm, von mehr als 200 000 Berlinern umjubelt.

Vierzig amerikanische Wirtschaftsführer besuchten im April 1976 Berlin. Bei einem Empfang in der Bibliothek seines Verlagshauses konnte Axel Springer auch den früheren US-Stadtkommandanten von Berlin, Generalmajor Robert G. Fergusson (rechts), und den Vorsitzenden der großen US-Firma Rockwell International, Willard F. Rockwell jr. (links), begrüßen. Der Verleger erklärte seinen Gästen, warum er das Verlagshaus an der Mauer baute und sagte: »Bitte sehen Sie dieses Haus, einen Steinwurf vom Checkpoint Charlie entfernt, als ein Zentrum der Entschlossenheit, allen Einschüchterungen, Drohungen und Versuchungen zu widerstehen.« Auf die Lage im geteilten Deutschland eingehend, fügte Axel Springer hinzu: »Ich glaube zutiefst an die Worte von Abraham Lincoln, der einst sagte, nichts sei endgültig entschieden, was nicht gerecht entschieden sei.«

Charlottenburger Kniefall

Der Vorgang ist nur eine Marginalie zur Berliner Nachkriegsgeschichte, aber er wirft ein bezeichnendes Licht auf das Geschichtsbewußtsein mancher Deutscher: In der Bezirksverordneten-Versammlung von Berlin-Charlottenburg lehnten es im Juni 1979 die Fraktionen von SPD und FDP ab, Hinweisschilder mit den Namen alter ostdeutscher Städte aufzustellen. In der »Berliner Morgenpost« vom 1. Juli 1979 schrieb Axel Springer dazu nachstehenden Kurzkommentar.

Ein Vorgang, der keine Schlagzeilen macht, weil er anscheinend nur regional und lokal ist und deshalb nie das Licht der ersten Zeitungsseiten erblickt, ist in Berlin berichtet worden: Hinweisschilder mit den Namen alter deutscher Städte des Ostens sollen in Charlottenburg[111] nicht aufgestellt werden. Sie waren schon fertig, und sie lagern in einer Berliner Werkstatt. Breslau, Danzig und Königsberg steht auf ihnen. Weg damit! Nur keine sichtbare Erinnerung.

Was in der Bezirksverordneten-Versammlung als eine Drucksache unter anderen mit dem Stichwort »Geplante Aufstellung von Hinweisschildern« von den Fraktionen der SPD und der FDP vom Tisch gewischt wurde, ist ein Stück Vaterland, ist der Wille, sich an Gebiete und Städte zu erinnern, deren Menschen – deutsche Landsleute, Bürger der unteilbaren deutschen Nation – heute unter uns leben, weil sie vertrieben worden sind. So wie jetzt war es schon damals, als man von den Messehallen am Funkturm die Namen Schlesien und Ostpreußen entfernte, als gelte es, einen Makel zu tilgen.

In Charlottenburg schlug die überstimmte CDU nun vor, die Städtenamen Prag, Budapest, Warschau und Auschwitz ergänzend anzubringen. Prag als Menetekel für die Besetzung und Drangsalierung der Tschechoslowakei. Warschau als Hinweis auf ein Volk, das in der Folge des Nazikrieges unter kommunistischem Würgegriff um den Atem der Freiheit ringt. Und Budapest in Gedanken an das Ungarn von 1956. Aber allein der Vorschlag »Auschwitz« wird unumstritten sein. Denn wer Königsberg, Breslau und Danzig verleugnet, tut das, um den östlichen Gewalthabern willfährig zu sein, und hat ganz gewiß nicht die Absicht, gegenwärtiges Unrecht der Freiheitsberaubung an unseren Nachbarvölkern in Erinnerung zu rufen.

Es soll wohl der Entspannung dienen, wenn Deutschland verleugnet wird. Es soll wohl dieses Zeichen der Preisgabe dessen, was uns nicht einmal die vier Mächte einst im Rausche ihres Sieges endgültig zu entreißen wagten, ein wenig Milde der Sowjets einbringen.

Die Haltungsschwäche der Fraktionen von SPD und FDP wird nie in einem Geschichtsbuch als »Charlottenburger Kniefall« verzeichnet werden. So etwas verläuft am Rande. Es wird bald vergessen sein, wie so vieles schon vergessen ist, was die Erinnerung peinigen müßte. Man wird zur Tagesordnung übergehen, ganz regional, und wird sich nicht bewußt machen, daß Charlottenburg in Berlin und Berlin in Deutschland liegt und Königsberg nicht aufhört, eine seiner Städte zu sein, nur weil eine Tyrannei es sich einverleibt hat.

Ende 1979 wurden Hinweisschilder mit den Namen alter ostdeutscher Städte auf dem Grundstück des Axel Springer Verlages in Berlin-Kreuzberg an der Kochstraße Ecke Lindenstraße aufgestellt.

Rechtsbruch in Berlin

Was Axel Springer vor und nach Unterzeichnung des Berlin-Abkommens 1971 warnend vorausgesagt hatte, wurde im Juni 1979 drastisch bestätigt: Im Einvernehmen mit der Sowjetunion unternahm die »DDR« einen neuen Anlauf, den Viermächte-Status von Berlin zu unterminieren. Unter Bruch der Berlin-Vereinbarungen[112] beschloß die Volkskammer, die 66 Ostberliner Abgeordneten in Zukunft direkt wählen zu lassen. Diesen Rechtsbruch und die westliche Reaktion auf den Vorgang, der als der schwerste Verstoß gegen den Viermächte-Status der Stadt seit dem Mauerbau 1961 gewertet wurde, kommentierte Axel Springer am 30. Juni 1979 in der »Welt«.

Die Sowjets und ihre deutschen Quislinge haben den seit langem schwersten Bruch der alliierten Viermächte-Abmachungen begangen. Die schlechteste Antwort auf diese Provokation wäre, auf westlicher Seite eine ähnliche Prozedur zu erwägen, d. h., nun auch die Berliner Abgeordneten für den Deutschen Bundestag nicht mehr zu »entsenden«, sondern direkt zu wählen. Man sollte festhalten, daß ausgerechnet Egon Bahr, der Antreiber der ganzen deutschen Ostpolitik, jetzt derartige gefährliche Gedanken ins Gespräch bringt[113].

Der Viermächte-Status der ehemaligen deutschen Hauptstadt muß erhalten bleiben. Er garantiert Rechte und lebenserhaltende Präsenz der Amerikaner, Briten und Franzosen in Berlin. Das gilt seit dem Ende des Krieges. Daran hat auch das unselige Berlin-Abkommen des Jahres 1971 nichts geändert. Mit anderen Worten: Gleichgültig, welche einseitigen Veränderungen die Kommunisten vornehmen – und sie haben schon eine ganze Menge verändert –, wir im Westen müssen nicht nur auf unbedingter Einhaltung der Viermächte-Vereinbarungen bestehen, sondern unsererseits auch ohne Einschränkung danach handeln.

Daß es irgendwann zu diesem neuen Versuch der Unterhöhlung der Berlin-Verantwortung der früheren Kriegsalliierten kommen würde, war vorauszusehen. Der Schreiber dieser Zeilen schrieb schon 1971: Der Osten werde die Verträge so auslegen, als habe damit »der Westen einen Viermächte-Status für West-Berlin« anerkannt »und zur gleichen Zeit auf seine Viermächte-Verantwortung für Groß-Berlin verzichtet«[114].

Die Einsicht, daß dieser neueste sowjetische Vertragsbruch nicht zu unüberlegten westlichen Reaktionen führen darf, bedeutet aber keinesfalls, daß er mit Fatalismus hingenommen werden sollte. Denn hier handelt es sich um einen Frontalangriff auf die Entspannung, die erst kürzlich in Wien mit einem unverständlichen Bruderkuß besiegelt wurde[115].

SALT II, von Carter und Breschnjew unterzeichnet und von seinen Befürwortern zugleich Kind und Garant der Entspannung genannt, ist noch lange nicht ratifiziert. Der amerikanische Senat scheint den jetzt in Berlin propagierten merkwürdigen Beweis Moskaus für seinen Entspannungswillen in der Debatte über SALT II bereits zu berücksichtigen. Das ist ein gutes Omen.

Außerdem sollte man bei uns doch einmal überlegen, ob es im innerdeutschen Verhältnis nicht Möglichkeiten gibt, wirtschaftliche Maßnahmen in die Waagschale zu werfen; selbst auf die Gefahr hin, daß die andere Seite versuchen könnte, mit ähnlicher Münze zurückzuzahlen.

Weltpolitik
aus deutscher Sicht

Die unveränderten Ziele des Kremls

Im Frühjahr 1972 erreichte die Diskussion um die Ostpolitik der Regierung Brandt/Scheel ihren Höhepunkt. Der Bundestag debattierte im Februar und Mai mit Leidenschaft über die Ostverträge[1]. Obwohl die Bedenken der CDU/CSU, die Bundesregierung habe mit diesen Verträgen fundamentale Rechte des deutschen Volkes preisgegeben, nicht ausgeräumt worden waren, enthielt sich die Mehrheit der Opposition bei der Schlußabstimmung am 17. Mai 1972 der Stimme. Die Frage aber, die letztlich hinter den Bedenken der Opposition stand, ist bis heute die gleiche geblieben: Haben die Sowjets ihre Ziele wirklich geändert? Ist ihre Rüstung heute wirklich defensiv, wie 1979 Herbert Wehner meinte? Vor der Deutschen Atlantischen Gesellschaft in Stuttgart[2] gab Axel Springer am 7. März 1972 eine Antwort aus seiner Sicht. Die Rede wird hier gekürzt wiedergegeben.

Ich weiß, daß das Ziel der Atlantischen Gesellschaft – laut ihren Statuten – mit meinem identisch ist: die Pflege der atlantischen Gemeinschaft.

Vor kurzem, am 26. Oktober des vergangenen Jahres, habe ich vor dem National Press Club[3] in Washington davon gesprochen, daß die Freiheit Europas steht und fällt mit dem atlantischen Bündnis, der engen Partnerschaft mit Amerika. »Steuern wir«, so fragte ich damals, »auf eine ›Pax Americana‹ oder auf eine ›Pax Sovietica‹ zu[4]?«

Die Gefahr, daß wir umschwenken in Richtung der »Pax Sovietica«, ist inzwischen noch deutlicher geworden. Darüber möchte ich heute vor diesem sachkundigen, interessierten und der Freiheit verschriebenen Forum sprechen.

Heute, da ich so heftig kritisiere, daß Wesentliches ohne Not aufgegeben wird, und da ich behaupte, daß wir zu einer Art letzten Schlacht für die Freiheit angetreten sind, die wir uns doch gerade erst wieder erworben und erarbeitet haben, mag die Frage wichtig sein, ob der Mann, der hier vor Ihnen steht, eigentlich immer so gedacht hat wie heute.

Die Frage also, ob mein Weg immer schon der war, der mich seit langer Zeit kennzeichnet und den ich, wie ich glaube, mit Konsequenz und ganz sicher um den Preis massivster Angriffe und damit zusammenhängend erheblicher wirtschaftlicher Erschwernisse gegangen bin.

Bei der Beantwortung ist mir ein Artikel behilflich, der sich auf mein Buch »Von Berlin aus gesehen« bezieht[5]. Dieser Artikel stand am 14. Januar in der

»Welt der Arbeit« – das ist nicht meine »Welt«, sondern die Welt des Deutschen Gewerkschaftsbundes – und ist eine, sagen wir, kuriose Denunzierung meiner Grundeinstellung gegenüber dem Kommunismus.

Der Verfasser dieses Aufsatzes[6] – übrigens ein Mitunterzeichner des Aufrufs »Macht das Tor auf!« – stellt die These auf, ich sei im Jahre 1958 nach einer Moskau-Reise plötzlich anderen politischen Sinnes geworden.

Und diese Sinnesänderung wird damit begründet, daß der empfindliche Verleger Springer es nicht hätte verwinden können, daß er von den Sowjets unfreundlich behandelt worden wäre und daß es zu dem gewünschten Gespräch mit Chruschtschow nicht gekommen sei.

Das ist eines jener Beispiele, wie mit Verdrehung der Wahrheit psychoanalytische Scheinthesen produziert werden.

Ich bin selten in einem Land mit so viel Aufwand empfangen worden wie 1958 in Rußland[7]. Man hat mir gesagt, daß ein solcher Aufwand oft in totalitären Ländern für private Besucher veranstaltet würde.

Die Unterhaltung mit Chruschtschow hat nicht nur stattgefunden, sie hat über zwei Stunden gedauert, und natürlich hat sie mir beachtliche Erkenntnisse gebracht. Es war das aufschlußreichste, niederschmetterndste und lauteste politische Gespräch, das ich je geführt habe. Ich kam zurück als ein Mann, der – um eine amerikanische Redewendung zu verdeutschen – seine Lektion gelernt hat.

Übrigens bin ich damals nicht als Pressemann nach Moskau gegangen, um ein Interview zu bekommen oder Stoff für Berichte zu sammeln. Ich bin nach Moskau gegangen als politisch denkender und handelnder und sich verantwortlich fühlender Bürger unseres Landes. Meine Legitimation, oder wenn Sie wollen, meine Beglaubigung war das deutsche Anliegen.

Es war 13 Jahre nach dem Ende des Krieges, und wie heute litt ich unter der Teilung unseres Vaterlandes.

17 Millionen Landsleute lebten – damals wie heute – praktisch in Sklaverei unter einem System, das sich vom Nationalsozialismus nur durch Namen und Couleur unterscheidet. Und wenn wir eins gelernt haben sollten aus der jüngeren Geschichte, dann das, daß man Minderheiten, besonders des eigenen Volkes, nicht im Stich lassen darf.

Auf der anderen Seite war mir wohl bewußt, daß es deutsche Truppen gewesen waren, die im Zweiten Weltkrieg Tod und Verderben nach Rußland hineingetragen hatten.

Und so glaubte ich damals noch, daß eine möglicherweise zu starke Beteiligung der Deutschen an der Verteidigung des Westens die Russen als Volk erschrecken und so eine billige Propagandawaffe für die kommunistischen Herrscher werden könnte.

Aus dieser Haltung heraus ging ich damals nach Moskau. Mit meinen Gesprächen hoffte ich, Argumente anbringen zu können, die dazu beitragen sollten, daß die Russen ihren Besatzungsstiefel aus größeren Teilen Deutschlands herausnähmen und daß unsere Landsleute in der Zone die Freiheit erhielten.

Meine Gesprächsargumente waren sorgfältig vorbereitet und politisch abgestimmt. Über die Einzelheiten zu sprechen, ist es noch nicht an der Zeit.

Bei Chruschtschow konnten alle Intelligenz und Bauernschläue nicht verdekken, daß mein Gesprächspartner Repräsentant und Organisator eines Unrechtsystems war, der in ganz anderen Kategorien dachte als wir im Westen; und für den ganz andere, für uns unannehmbare Regeln galten. Jedem Argument der Vernunft wurde entweder tote Ideologie oder blanke Macht entgegengestellt.

Ich traf jene harten Gesichter, die zwar, wenn es nützlich erscheint, strahlen und lachen können, hinter denen aber der eiserne Wille steht, die kommunistische »Heilslehre« über die Welt zu peitschen, wie eh und je!

Und mit schmerzender Bewunderung muß ich heute feststellen, daß das, was mir Chruschtschow damals vortrug, über all die Jahre hinweg trotz wechselnder Personen sowjetische Deutschlandpolitik geblieben ist. Die Politik, die jetzt vom deutschen Bundesparlament sanktioniert werden soll, war auch schon sein Ziel.

Meine Ernüchterung nach dem Moskau-Besuch war groß. Sie wurde zum Entsetzen, als Chruschtschow im selben Jahr, im November 1958, sein Ultimatum in die Welt setzte[8]. Jenes Ultimatum, mit dem der Kreml damals seine Drei-Staaten-Theorie ultimativ durchsetzen wollte, was heute, 14 Jahre später, mittels der Verträge und mit einem sowjetischen »keep smiling« erreicht werden soll.

Für mich steht unerschütterlich fest: Die Westpolitik der Sowjetunion hat sich seit dem Krieg in ihren Zielen nicht um ein Jota geändert.

Der erste Schritt zur Beherrschung Europas, die Konsolidierung der militärischen Eroberungen, wurde unter Mißachtung zahlreicher Kriegsabmachungen mit Brachialgewalt getan. Jegliche demokratische Regung wurde überall da im Keim erstickt, wo die russischen Armeen die Herrschaft übernommen hatten. Prag 1948 und Prag 1968 seien als symbolische Beispiele dieser Politik erwähnt[9].

Der zweite Schritt, die Sowjetisierung Deutschlands, konnte nur in dem Teil des Landes durchgeführt werden, in dem ebenfalls sowjetische Waffen jegliche freiheitliche Regung seit dem Jahre 1945 unterdrückt haben.

Daß der Plan, auch den westlichen Teil Deutschlands zu sowjetisieren, mißlang, verdanken wir nicht zuletzt der besonnenen Reaktion der deutschen Arbeiter, der Weisheit der damaligen sozialdemokratischen Parteispitze, vor allem Kurt Schumacher, dem Klarblick von Gewerkschaftsführern wie Hans Böckler und einigen einzelnen wie Ernst Reuter, Jakob Kaiser, Ferdinand Friedensburg, Franz Neumann und Ernst Lemmer.

Wesentliche Hilfe bei diesen ersten Entscheidungsschlachten war die Einsicht und die Unterstützung der westlichen Siegermächte, vor allem der Amerikaner.

Ohne diesen zweiten Schritt, die Sowjetisierung ganz Deutschlands oder zumindest die Neutralisierung des freien Teils Deutschlands und die Einverleibung der Bundesrepublik in das Einfluß- und Kontrollgebiet der Sowjetunion, ist die letzte Phase – die Hegemonie über ganz Europa – nicht zu erreichen.

Das also sind die Ziele des Kremls. Unverändert seit 1945. Unverändert auch seit jenen Januartagen im Jahre 1958, als ich in Moskau Tag für Tag in unbeugsame und harte, von dem sowjetischen Macht- und Herrschaftsstreben geprägte Gesichter sah.

Dieses Herrschaftsstreben wird den Deutschen heute in billiger Demagogie als Politik des Friedens hingestellt. Aber für die Sowjets ist es eine Politik, die die Eroberung Resteuropas vorbereiten soll.

Das ist das Gegenteil von Frieden und Sicherheit. Und deshalb halte ich es für so unqualifizierbar, wenn eine Partei in einer Anzeigenkampagne in Baden-Württemberg der Bevölkerung ihre Politik als einzig mögliche Friedenspolitik anpreist und damit alle Gegner dieser Politik zu unchristlichen Kriegstreibern stempeln will.

Der Mißbrauch des Wortes Frieden ist allerdings keine Erfindung der Herren vom Bundespresseamt. Mit der Friedenssehnsucht wurde schon immer Schindluder getrieben.

Peace in our time! Hoffnung und Appell. Aber was ist mit Appellen für den Frieden nicht alles schon angerichtet worden?

Gerade wir Deutschen sollten es wissen, denn wir wurden schon einmal aufgerufen: »Wer für den Frieden ist, stimme mit Ja!« Die Spekulation hat Zugkraft.

Wer wollte schon gegen den Frieden stimmen? Wer hatte schon damals die Einsicht in den Lauf der Dinge und auch noch den Mut, auf den Stimmzettel zu schreiben: »Nach Eurem Frieden sehne ich mich nicht.«

Ich hätte an den Mißbrauch des Friedensbegriffes durch die Nazis nicht erinnert, hätte Herbert Wehner bei der Bundestagsdebatte über die Ostverträge nicht seinen parlamentarischen Gegnern die demagogische Frage entgegengeschleudert: »Wollt Ihr den totalen Krieg?«

Frieden, das sollten wir gelernt haben, entspringt nicht einer Hoffnung, einem Wunschdenken. Frieden muß von denen, die ihn wollen, mit einer so hohen Risikoprämie versichert werden, daß denen, die sich vom Unfrieden etwas versprechen, die Lust zum kriegerischen Abenteuer vergeht.

General Frank Howley, der einstmalige amerikanische Stadtkommandant von Berlin, der kühle Verteidiger der Stadt in den Zeiten der Luftbrücke, schrieb mir vor einiger Zeit einen Brief und wies auf eine historische Parallele hin.

Es geht um das alte Exempel von Karthago. Karthago wird uns Deutschen gern als warnendes Beispiel vor Augen geführt. Bert Brecht lieferte dazu die ins Gehirn gehende Formel:

»Karthago führte drei Kriege. Es war noch mächtig nach dem ersten. Noch bewohnbar nach dem zweiten. Es war nicht mehr auffindbar nach dem dritten!«

Die jüngste Zitierung dieser deutschen Parabel von Brecht haben wir am 9. Februar im deutschen Bundesrat vernommen.

Der nordrhein-westfälische Justizminister Diether Posser beschwor das Dichter-Menetekel. Er machte nicht nur deutlich, auf wen es zielt, sondern legte uns auch die Nutzanwendung ans Herz: die Ostverträge zu ratifizieren, damit uns das Schicksal Karthagos erspart bleibe.

Es wird deshalb auch für Sie von Interesse sein, worauf mich der wackre General Howley aufmerksam gemacht hat.

Ich zitiere:

»Während fast 25 Jahren endete Cato alle seine Reden vor dem römischen Senat mit der feierlichen Mahnung: ›Ceterum censeo Carthaginem esse delendam‹ (Karthago muß zerstört werden).

Im Jahre 151 v. Chr. setzte er sich endlich durch: Rom erklärte Karthago den Krieg, und eine Streitmacht stach in See nach Afrika. Die inzwischen friedlich gewordenen und für einen großen Krieg unvorbereiteten Karthager versuchten verzweifelt, sich vom Kampf freizukaufen.

Ihre eilig abgesandten Delegierten erreichten von den Römern die Zusage, Karthago in Frieden zu lassen, wenn 300 Kinder aus prominenten Familien als Geiseln übergeben würden. Mit großem Unbehagen folgten die Karthager dieser Auflage.

Es blieb jedoch nicht dabei: Als nächstes wurde den Unterhändlern Karthagos die Forderung Roms vorgetragen, die noch vorhandenen Schiffe ihres Stadtstaates und alle Kriegsausrüstung den Römern zu übergeben. Auch dies geschah.

Darauf forderten die Römer die Evakuierung Karthagos, damit die Stadt, der angebliche Herd der Kriegstreiber, niedergebrannt werden könnte. Als die Karthager diese schreckliche Forderung hörten, wußten sie, daß sie getäuscht worden waren, und zwar durch einen der perfidesten Akte der Geschichte. Wild vor Scham und Zorn versuchten sie verzweifelt, ihre Verteidigung wiederaufzubauen.

Zu wenig und zu spät! Nach einer erbitterten dreijährigen Belagerung brachen die Römer durch die Mauer und töteten fast die ganze Bevölkerung mit dem Schwert. Die Stadt wurde dem Boden gleichgemacht, das Land durch Salz zur Unfruchtbarkeit verdammt.«

Daran erinnerte General Howley in seinem Brief.

Und so wie die Römer damals die Karthager täuschten, so wollen die Sowjets Deutschland und das übrige Europa täuschen, schwächen und zur Übernahme vorbereiten – natürlich wenn irgend möglich ohne Krieg.

Das bleibt übrig von der Lehre, die Posser von Brecht geborgt hat, um die Verträge von Moskau und Warschau zur Ratifizierung zu empfehlen.

Diese Ostpolitik der augenblicklichen Regierung bedeutet für unser Land, für unser Volk eine tödliche Gefahr; und ich halte sie gleichzeitig für eine Gefährdung Europas und der ganzen freien Welt.

Erst vor kurzem bestätigte mir das ein englischer Freund, der sagte:

»Was mit Deutschland geschieht, könnte mir eigentlich gleichgültig sein. Aber ich bin besorgt und aufgeregt, weil der Tod der Freiheit in Deutschland nur die Ouvertüre zum Tod der Freiheit in ganz Europa wäre.«

Das glaube ich auch, und deshalb bin ich gegen den Kommunismus, und wenn mich das zum Anti-Kommunisten macht, gut so!

Der NATO-Generalsekretär Joseph Luns hat kürzlich vor dem National Press Club in Washington, an derselben Stelle, an demselben Pult, von dem aus ich im Oktober meine Warnung vor einem außenpolitischen Kurswechsel der Bundesrepublik begründete, den Satz gesprochen:

»Das Wachstum der sowjetischen Militärmacht übersteigt alle vernünftigen Erfordernisse der Selbstverteidigung.«

Er hat zweifellos recht: Die Sowjetunion rüstet im Zeichen der Entspannungspolitik nicht ab, sie rüstet auf. Vor allem im Bereich der konventionellen Waffen. Sie formiert neue mächtige Panzerstreitkräfte, und sie setzt alles daran, die NATO[10] auch in der See-Rüstung zu überholen. Im Bauprogramm modernster U-Boote liegt die Sowjetunion, d. h. ohne ihre Verbündeten, in einem Verhältnis von 4:1 vor der ganzen NATO. Zum erstenmal seit mehr als zehn Jahren finden zur Zeit auch wieder Verlegungsübungen sowjetischer Fernflieger in mitteldeutsches Gebiet statt, Übungen allergrößten Stils.

Ich könnte noch stundenlang weiter aufzählen, aber das ist ja überall nachzulesen – es wird nur nicht zur Kenntnis genommen.

Ebenso bezeichnend ist, daß die Spionage der Sowjets und der übrigen Warschauer-Pakt-Staaten in den Ländern der atlantischen Allianz Rekordausmaße angenommen hat.

Und genau zu dieser Zeit werden bisher nicht dementierte Informationen verbreitet, daß die Bundesregierung ihren eigenen Aufklärungsdienst in Osteuropa im »Zeichen der Entspannung« drastisch einzuschränken im Begriff ist.

Die »DDR« schließlich verkündet nicht Annäherung, sondern proklamiert die Politik der sogenannten Abgrenzung, das heißt der Feindschaft. Der Ostberliner SED-Chef Honecker prägte zum Jahresbeginn das Wort:

»Die imperialistische Bundesrepublik mußte sich unter dem Druck der militärischen Überlegenheit des Sozialismus in Europa zu Entspannungsschritten und Übereinkommen bequemen. Aber in unserem Feindbild hat sich nichts geändert.«

Nichts geändert! Ziel bleibt, »den Feind«, das heißt uns, so oder so zu überwältigen.

Der Grund dafür ist einleuchtend: Weil der Kommunismus in der Zone erst dann unangefochten bestehen kann, wenn die Demokratie in der Bundesrepublik beseitigt ist; sonst hört ihre magnetische Anziehungskraft auf die 17 Millionen Deutschen unter dem roten Joch nicht auf. Deshalb ist es für den sowjetischen Imperialverband so wichtig, überall in seinem Vorfeld die ewige Versuchung der Freiheit aus der Welt zu schaffen. Deshalb stört das freiheitliche Berlin so sehr.

Dieses Ziel verfolgt der Osten auf verschiedenen Wegen. Der eine ist auf politische Kapitulation des Westens angesetzt. Ein wichtiger Markstein dazu sind die Ostverträge. Über diese Verträge ist in der letzten Bundestagsdebatte viel gesagt worden.

Einen Punkt aber möchte ich in diesem Kreise noch besonders hervorheben: Solange die Amerikaner in Europa engagiert bleiben, erreichen die Sowjets ihr Ziel nicht. Abzug der Amerikaner ist deshalb vordringlichstes Fernziel der sowjetischen Europapolitik. Abzug der Amerikaner ist das tatsächliche Hauptziel der immer wieder propagierten Europäischen Sicherheitskonferenz, die zu unterstützen von deutscher Seite im Moskauer Vertrag versprochen wird.

Sind aber die US-Truppen weg, ist die NATO nur noch eine Schimäre, dann sind die entscheidenden Voraussetzungen zur sowjetischen Hegemoniestellung über Europa geschaffen.

Der Ruf nach einem Rückzug der amerikanischen Truppen kommt, wie wir wissen, nicht nur aus Moskau. Auch amerikanische Beschwichtigungs-Politiker erheben ihn, weil doch »eine Bedrohung aus dem Osten nicht mehr gegeben« sei. Hier wird der Wunsch zum Vater einer politischen Forderung.

In Deutschland werden derartige Äußerungen, verbunden mit einer völligen Fehleinschätzung Amerikas, von manchen Politikern – bis hinein in die höchsten Ämter – so mißdeutet, als hätten die Vereinigten Staaten nicht mehr die Kraft, ihre Verpflichtungen in Europa zu erfüllen. Deshalb, so wird gesagt, sei es unumgänglich, sich auf eine pro-sowjetische Politik umzustellen. Ein solcher Flirt mit den Sowjets stärkt wiederum die Hand der amerikanischen Rückzugspolitiker, und das geht so weiter, ein Kreislauf ohne Ende.

Falls die Amerikaner Europa aber verlassen, so rechnet der Kreml nach glaubwürdigen Informationen damit, daß dann keine zehn Jahre nötig wären, um Westeuropa nach einer neutralistischen Zwischenperiode unter sowjetische Hegemonialgewalt zu bringen. Am Ende dieser zehn Jahre könnte dann die direkte Bolschewisierung beginnen.

Innerhalb der nächsten Jahre sollen die sowjetischen Ziele in Gesamteuropa in erster Linie durch Aushöhlung der bestehenden Ordnungen verfolgt werden. Wie anders wäre sonst die Tatsache zu erklären, daß gerade jetzt auch die Agenteneinsätze in der Bundesrepublik verstärkt werden? Die Unterwanderung in der Bundesrepublik nimmt rapide zu.

Gebiete mit bestimmten industriellen Schwerpunkten sind Zielpunkte massierter Infiltration. Agitationsgruppen der extremistischen Organisationen und Vereinigungen werden drüben im Zuge von Freundschaftsreisen zu subversiver Arbeit ausgebildet; andere Gruppen werden hier in unseren vier Mauern von Agentenspezialisten, die von drüben kommen, geschult.

Es sind, lassen Sie mich das noch einmal sagen, ganz eindeutige Zeichen dafür vorhanden, daß im Westen Bürgerkriegskader, Spezialisten in Terror und Gewaltanwendung, zum Einsatz vorbereitet werden.

Die sich immer wiederholende kommunistische »Taktik-Kette« bei der Unterwerfung von Ländern oder Landesteilen wird auch in einer erst vor kurzem erschienenen Broschüre des amerikanischen Gewerkschafts-Dachverbandes AFL-CIO[11] gebrandmarkt.

Diese Kette der Machtübernahme wird dort so dargestellt: Demonstration – Agitation – Infiltration – Einschüchterung – Täuschung – Betrug – Untergrabung der Gesellschaft und schließlich Kontrolle.

Lassen Sie mich an dieser Stelle zu dem Geschäft zurückkehren, das ich von Berufs wegen betreibe, nämlich der Weitergabe der Nachricht, der Information, der Zeitung in ihres Wortes ursprünglichster Bedeutung. Über Meinungen kann man streiten, man kann sie vom Tisch wischen. Mit Nachrichten muß man sich auseinandersetzen.

Ich möchte Ihnen deshalb heute abend einige sehr bedeutsame Informationen übermitteln, die über die militärischen Zielsetzungen und Pläne der Sowjets bekanntgeworden sind.

Es handelt sich um Material von zwei tschechischen Generalstabsoffizieren, die in den höchsten Kommandostellen des Warschauer Paktes saßen, in die größte Geheimhaltungsstufe eingeweiht waren und erst in jüngster Zeit die Front gewechselt haben.

Ich kann annehmen, daß auch die Bundesregierung über das Material unterrichtet worden ist. Ich frage mich, warum aber die Bevölkerung über solche Informationen nicht informiert wird. Vor allem, wenn daraus lebenswichtige Schlüsse in einem Augenblick zu ziehen sind, da entscheidende Kursänderungen der deutschen Politik zur Debatte stehen.

Diese Informationen stellen Beweise gegen die These dar, daß die Ostverträge in ihrer jetzigen Form die drohenden Gefahren einer militärischen Erpressung oder gar Gewaltanwendung gegen uns beseitigen. Sie belegen im Gegenteil, daß der Kreml kriegerische Aktionen auch weiterhin als Mittel der Politik mit dem Ziel der Unterwerfung ganz Deutschlands einkalkuliert, ja gerade im Schatten der Ostverträge vorantreibt.

Die beiden ehemaligen Generalstabsoffiziere haben Informationen mitgebracht, die ein schon vorher vermutetes strategisches Umdenken der Sowjets beweisen: Der große allgemeine Krieg, der sowohl als europäische wie auch als weltweite Auseinandersetzung konzipiert war, wird heute im Denken sowjetischer Militärs überlagert von zwei anderen Kriegsvorstellungen, die seit 1965 zunehmend an Bedeutung gewonnen haben: Es sind dies der begrenzte und der lokale Krieg.

Diese Kriegsformen sind konzipiert, um den Einflußbereich des Kommunismus mit geringstmöglichem Risiko zu vergrößern und die geopolitische Lage notfalls mit militärischen Mitteln um einige hundert Kilometer in Richtung Westen zu verbessern. Das Tempo dieser Lageverbesserung wäre: 40 Kilometer pro Tag – also zehn Tage bis zum Rhein.

Von Bedeutung ist ferner, daß die sowjetische Führung, wie die Berichte lauten, es für denkbar hält, daß erstens ein solcher Krieg auf Europa zu beschränken sei und zweitens eine Beendigung mit politischen Mitteln vor Ausweitung zu einem Weltkrieg für möglich angesehen wird. Das soll dadurch bewirkt werden, daß der begrenzte und lokale Krieg ausschließlich mit konventionellen Waffen geführt wird.

Die Nuklearwaffen behalten lediglich die Funktion der Abschreckung. Aufgrund der panischen internationalen Angst vor einem atomaren Krieg glauben die roten Marschälle, eine militärische Intervention unter Kontrolle halten zu können.

Besser gesagt: Der begrenzte Krieg soll unter der Glocke des atomaren Gleichgewichts geführt werden und nicht zum Weltbrand ausarten.

Die Nachrichten besagen weiter, daß die Form von begrenzten bzw. lokalen Kriegen seit der Berufung Marschall Gretschkos zum Verteidigungsminister der Sowjetunion in den Vordergrund der Überlegungen gerückt ist. Die Informanten belegen dies mit Angaben über die Veränderungen in der Organisation, der Ausrüstung und der Ausbildung der Truppe.

Von besonderer Bedeutung für die Bundesrepublik ist die Doktrin über den sogenannten lokalen Krieg. Sie besagt, daß er möglichst nur von einem einzelnen Land des Blocks direkt militärisch geführt werden soll. Den anderen Ländern fällt die Aufgabe zu, die Aktion gegen Hilfsmaßnahmen der Verbündeten des Opfers abzudecken: diplomatisch – vor allem in der UNO – und ideologisch.

Größte Bedeutung wird natürlich auch der ideologischen Vorbereitung eingeräumt. Beim Aufbau von Widerstandsorganisationen, Guerillagruppen und Diversantenorganisationen im potentiellen Angriffsland sollen keine Mühe und keine Mittel gescheut werden. Dabei soll sich die innere Aktion vor Ausbruch offener Kampfhandlungen eines lokalen Krieges zuerst gegen führende Personen des öffentlichen Lebens richten, gegen sogenannte militante Personen. Alles ist heute schon vorbereitet, diese Leute am Tage X zu »neutralisieren«, wie der Terminus lautet.

Erst an zweiter Stelle steht auf dem Einsatzplan der Untergrundkämpfer, die Verwaltung, die Wirtschaft, die Massenmedien und das Transportwesen lahmzulegen.

Vor Beginn der Kampfhandlungen sollen auch »sympathisierende« Gruppen gebildet werden, zu denen möglichst bekannte nichtkommunistische Persönlichkeiten gehören sollen. Diese Gruppen sollen vor dem eigentlichen militärischen Angriff der Öffentlichkeit eine scheinbar annehmbare politische Lösung des Konflikts präsentieren, um dadurch die zum Widerstand bereiten Kräfte zu desorientieren und zu spalten.

Besonderes Ziel der Angriffe sollen die Kräfte sein, die die Strategie des kommunistischen Blocks gefährden. Man nennt sie, wie schon erwähnt, »militante« Kräfte. Ich und mein Haus gelten zum Beispiel als solche »militanten« Kräfte.

Sie werden mir zugeben, daß dies erregende und beängstigende Informationen sind.

Der Kern der Sache ist jedoch nicht die Einzelheit. Ich bin auch kein Mann des militärischen Details. Es kommt mir auf das Prinzipielle an.

Nämlich dies, daß die angebliche Entspannungs- oder Koexistenzpolitik der Sowjets nach außen ihnen im Innern die Möglichkeit verschafft, einen fast totalen und bisher in Friedenszeiten nie dagewesenen Ausbau der Militärmaschinerie zu betreiben.

Siehe Luns in Washington.

Das ist des Pudels Kern der gegenwärtigen sowjetischen Westpolitik, die von der Bundesregierung als deutsche Ostpolitik ausgegeben wird. Es tut mir leid, dies sagen zu müssen.

Die Ostpolitik der Bundesregierung ist alles andere als Sicherheitspolitik. Es gäbe übrigens nur ein Kriterium, das sie in die Nähe der Glaubwürdigkeit bringen könnte: Wenn eine deutsche Bundesregierung gleichzeitig energisch, sichtbar und wirkungsvoll jene Voraussetzungen bekämpfen würde, die nach den vorliegenden Informationen bereits als Vorstufe der Unterwerfung der Bundesrepublik unter das sowjetische Joch angesehen werden müssen:

Ich meine den entschiedenen Kampf gegen die DKP und ihre politischen Spielarten, z. B. die Etablierung ausländischer KP-Dependancen in der Bundesrepublik. Ich meine auch den Kampf gegen die bewußten und die unbewußten Agenten, die die Vortrupps der Intervention sind; den Kampf gegen die Zerstörer unserer freiheitlichen Ordnung, gegen die Verderber unseres Gesellschaftssystems, wo immer sie auftreten – auch an den Universitäten, und gegen die offenen und verdeckten Feinde der Allianz mit dem Westen.

»Wo die ordnenden Kräfte nicht tragen« – so hat es Reinhold Schneider einmal gesagt –, »da nehmen die Mächte der Tiefe die Last auf sich und schleppen sie dem Abgrund zu.«

Die Bundeswehr auf Gut Schierensee: Anläßlich einer Kommandeurstagung der 6. Panzergrenadier-Division (Neumünster) besuchte im Juni 1976 der damalige Divisions-Kommandeur, Generalmajor Hans Poeppel (oben links), mit seinen Offizieren Axel Springers Landsitz in Holstein.

Rechts: Der Verleger im Gespräch mit Hubschrauberpiloten.

Klare Haltung gegenüber den Feinden im Innern könnte eine Basis schaffen für neue, vernünftige Ostverträge.

Was wir heute erleben, ist eine deutsche Ostpolitik, die unter anderem auch vom Wunschdenken spätmarxistischer Heilsbringer diktiert ist.

Was wir heute erleben, ist außerdem eine Politik des geopolitischen Umdenkens: Statt eines freiheitlichen Europas, das in einer transatlantischen Gemeinschaft mit Amerika verbunden bliebe, spukt in vielen Köpfen die Idee von einem sozialistischen Europa, versteckt unter dem Begriff »Gesamteuropäische Friedensordnung«.

Was wir heute erleben, ist schließlich auch wieder einmal der Versuch einer Beschwichtigungspolitik. Und das alles – man traut seinen Augen und Ohren kaum – wieder einmal unter der Devise des Friedens!

Aber wer sich weigert, diesen Pseudofrieden hinzunehmen, wird nicht nur beschuldigt, den Frieden zu gefährden; sogar mit dem Krieg wird gedroht:

Erst vor wenigen Tagen hat auf einer Veranstaltung der »Gesellschaft für deutsch-sowjetische Freundschaft« in West-Berlin ein prominenter sowjetischer Deutschland-Experte, Valentin Bereschkow, die Katze aus dem Sack gelassen. Im Falle einer Ablehnung der Ostverträge durch das Bonner Parlament drohte er mit »schlimmen Folgen«, besonders für Berlin. Auf einen möglichen Regierungswechsel in Bonn angesprochen, meinte er, daß dann alles zerstört wäre, »was wir schon zustande gebracht haben«. Es werde einen neuen Kalten Krieg geben, und selbst »ein heißer Krieg ist möglich«. Aber die Beschuldigung, daß die Gegner der Ostverträge den Frieden gefährden, kommt nicht nur aus dem Osten. Daran sind wir schließlich gewöhnt.

Schwarz auf weiß war es z. B. in der Zeitschrift »Neue Gesellschaft«[12] zu lesen, daß die Gegner solcher Anerkennungen einem Kriege zusteuerten. Und das, weil wir uns weigern, von einer »Gesamteuropäischen Friedensordnung« zu sprechen, ehe nicht geklärt ist, daß sie ihren Namen nur dann verdiente, wenn das Selbstbestimmungsrecht aller europäischen Völker – also selbstverständlich auch des deutschen Volkes – wiederhergestellt und garantiert wäre.

Zur Erkenntnis des Friedens gehört weiter, sich nicht darüber zu täuschen, daß die Bewaffnung der aggressiven Feinde Israels, die militärische Erdrosselung der tschechoslowakischen Freiheitssehnsucht, die Teilung Deutschlands durch Blut, Eisen und Beton, die gewaltsame Entmündigung Polens, Ungarns, Rumäniens und Bulgariens, die militärische Expansion der Sowjetunion im Mittleren Osten und in Ost-Asien und all die anderen Tatbestände eines »Friedens gegen die Freiheit« mit unserem Friedensbegriff unvereinbar sind.

Wenn wir Frieden sagen, dann darf kein Zweifel sein, daß wir ihn nicht eher für vollendet halten, ehe er nicht auch Freiheit und Recht bedeutet.

Die Politik, die heute in Bonn gemacht wird, führt nicht zu diesem Frieden.

Frieden, dieses größte aller großen Ziele – das müssen wir wissen –, darf nicht zudem eine billige Wahlparole sein.

Lassen Sie mich zum Schluß meine Gedanken auf Berlin richten.

Es ist bestimmt kein Zufall, daß die Drohung des sowjetischen Funktionärs Bereschkow gerade in Berlin gemacht wurde. Sowenig mich selbst diese als Erpressung gedachte Äußerung oder ähnliche Formulierungen in der »Prawda«[13] überraschen oder gar beeindrucken, so entsetzt bin ich, daß man von seiten der Bonner Koalition derartige Drohungen benutzt, um damit die eigene Politik in die Scheuer zu fahren.

Also wieder einmal Politik mit der Furcht!

Es war in Berlin vor mehr als 25 Jahren. Im Herbst 1946 wurden dort, im ganzen Berlin, die ersten und bisher einzigen freien, geheimen und direkten Wahlen nach dem Kriege abgehalten. Einige Tage vor dem Wahlgang schrieb Hans Wallenberg, damals Chefredakteur der »Neuen Zeitung«[14] und amerikanischer Offizier, einen noch heute bedeutungsvollen Leitartikel mit dem Titel: »Fürchtet Euch nicht!«

»Wäre die Furcht in Deutschland«, heißt es da, »nicht von jeher ein Element des Regierens gewesen, so hätte sie ihren satanischen Triumph unter Hitler nicht so bis zur letzten Neige auskosten können.«

In dem Leitartikel wandte sich Wallenberg gegen die von der Sowjetunion und ihren Wahlhelfern in jenen Tagen ausgestreuten Gerüchte, die Mißtrauen gegen Amerikaner und Engländer schürten und so Furcht und Sorge bei den Berlinern aufkommen lassen sollten.

»Wenn die Berliner Bevölkerung der Furcht eine entscheidende Absage erteilt«, heißt es in dem Artikel zum Schluß, »dann leistet sie den größten Beitrag zur Wiedererrichtung der Demokratie in Deutschland.«

Die Berliner überwanden die Furcht. Die Wahlen vom 20. Oktober 1946 brachten eine überwältigende Entscheidung für die Freiheit[15].

Wenn heute trotz allen Entspannungsgeredes von den Sowjets wiederum mit Drohungen operiert wird, und wenn das gar mißbräuchlich aufgegriffen wird von einzelnen Politikern in unserem Lande, so muß dem entgegengehalten werden, daß solche Methoden heute noch weniger stechen können als damals in der trostlosen Zeit kurz nach dem Kriege.

Keine Wahl unter Furcht!

Noch ist unser atlantisches Bündnis intakt, und wenn Demokraten, wenn freie Menschen zusammenhalten, ist heute wie damals der stolze Ruf an die Zaghaften gerechtfertigt:

»Fürchtet Euch nicht!«

Gestern am Suez, morgen an der Elbe

Als der nachfolgende Artikel am 1. Februar 1974 in der »Welt« erschien, waren seit dem vierten Nahostkrieg[16], dem sogenannten Jom-Kippur-Krieg[17], mehr als drei Monate vergangen. Aber nur wenige Politiker im Westen hatten begriffen, daß es Zeit für Europa war, aus dem Nahostkrieg Konsequenzen zu ziehen. Axel Springer stellte seinen Artikel unter das Motto: Was am Suezkanal und auf den Golan-Höhen geschah, muß für Europa eine Lehre sein.

Berlin ist und bleibt ein wichtiges Etappenziel der Sowjets bei ihren viel weiter reichenden Absichten, die beherrschende Macht Europas zu werden. Es gibt keinerlei Anzeichen dafür, daß sie diesen Plan aufgegeben hätten oder jemals aufgeben würden. Im Gegenteil.

Die beste Garantie gegen eine Ausweitung der sowjetischen Macht über ihre bisherige Einflußsphäre hinaus war und ist das atlantische Verteidigungsbündnis und daneben eine möglichst enge Gemeinschaft wirtschaftlich starker und sozial gesunder europäischer Länder.

Auf dem Wege zu dieser Gemeinschaft Europa sind aber in letzter Zeit keine Fortschritte zu verzeichnen, sondern Rückfälle in kleinstaatliches, egoistisches Denken, was genau den Intentionen des Kremls entspricht. Und militärisch stehen einer in ihrem Ausmaß von der Öffentlichkeit kaum zur Kenntnis genommenen Aufrüstung der kommunistischen Staaten auf der Seite des Westens, wenn auch noch nicht der Zerfall, so doch eine Schwächung und Infragestellung der NATO gegenüber.

Es waren im wesentlichen wirtschaftliche Probleme, die Risse und Sprünge im Gebäude der Europäischen Gemeinschaft sichtbar werden ließen. Was jahrelanges Bemühen der Sowjets und ihrer Hilfstruppen im Westen nicht erreichte, der Ölboykott der Araber[18] oder auch nur die Angst vor einem möglichen Mangel an dem »schwarzen Gold« hat es zuwege gebracht: In vielen Fällen steht erneut engstirniger nationaler Eigennutz vor den Überlegungen der Gemeinsamkeit. Die Gemeinschaft der europäischen Staaten, aus der ein vereintes Europa erwachsen soll, hat ihre erste schwere Belastungsprobe nicht bestanden. Öl war der Sprengstoff.

»Wurden Machiavellis Werke ins Arabische übersetzt?« fragt der französische Publizist Jean-Jacques Servan-Schreiber in einer besorgten Analyse in der Zeitschrift »L'Express«[19]. Aber eine solche Übersetzung war gar nicht nötig, denn auf einer entscheidenden Geheimtagung, die Ende 1972 in Bagdad abgehalten wurde und auf der man Pläne für einen »Öl-Krieg« gegen die westlichen Industrienationen schmiedete, war Machiavelli persönlich anwesend, führte allerdings den Namen A. S. Dsasokow. Sein Beruf: sowjetischer Ölexperte; seine vorgesetzte Behörde: der KGB. In einer Grußbotschaft der sowjetischen Regierung, die Dsasokow seinen arabischen Gastgebern vorlas, hieß es, diese werde den »wichtigen Kampf des arabischen Öls gegen den Imperialismus« unterstützen.

Die damals in Bagdad unter sowjetischer Anleitung ausgearbeitete Strategie verfolgt einmal das Ziel, die westlichen Ölförderungskonzerne aus dem Nahen Osten zu vertreiben; weiter durch willkürliche und rigorose Preissteigerungen Sand in das Wirtschaftsgetriebe der Industrieländer zu streuen und schließlich die arabischen Besitzer der durch das Öl erzielten Riesenvermögen zu veranlassen, durch koordinierte Börsentransaktionen gezielt wirtschaftliche und währungstechnische Schwierigkeiten größten Umfangs zu provozieren.

Das war zehn Monate vor Ausbruch des letzten Nahostkrieges, der ja zeigte, daß die Unterstützung der Araber durch die Sowjets nicht nur in machiavellistischen wirtschaftlichen Ratschlägen, sondern auch in der Lieferung modernsten Kriegsgeräts und in weltpolitischer Schützenhilfe bestand.

Es waren diese hochentwickelten Waffen, besonders neueste Flugzeug- und Panzerabwehrgeräte, neben einer von den Sowjets entworfenen und von den Arabern exakt durchgeführten Angriffstaktik, die Ägyptern wie Syrern in den ersten Tagen des Oktoberkrieges zu ihren Erfolgen verhalfen.

Was dort am Suezkanal und auf den Golan-Höhen geschah, muß für Europa eine Lehre sein. Denn in einem gewissen Sinne war der Nahostkrieg des vergangenen Herbstes besonders für die Sowjetunion auch eine wichtige Probe für den eigenen Ernstfall, so wie es der Spanische Bürgerkrieg für die Armeen Hitlers war. Deshalb sei hier ausführlicher auf die dort gemachten Erfahrungen eingegangen.

Ihren Überfall am heiligsten jüdischen Feiertag begannen die Araber mit einem Großangriff aus dem Stand. Es gab keinen über Routinemanöver hinausgehenden Aufmarsch mit daraus resultierender Vorwarnzeit von Belang; ein Tatbestand, der die bisherige Verteidigungsstrategie der Israelis über den Haufen warf. Sie wurden von der neuen operativen Kunst überrascht, auf die die Warschauer-Pakt-Mächte[20] seit den Erfahrungen von Prag trainiert werden.

Am Suezkanal bekam Europa ein Lehrstück dieser Kunst vor Augen geführt: Modernste Pioniereinheiten mit Wurfbrücken, Unterwasserstegen und Faltbrükken bewerkstelligten den schnellen Sprung über ein Wasserhindernis. Schwimm-

und Watpanzer kamen lautlos und unsichtbar unter Wasser von Ufer zu Ufer. Kampfhubschrauber sicherten unterhalb der Radarschirme den ersten Nachschub. Und die SAM-6- sowie die simplen und handlichen SAM-7-Raketen schützten die Brücken und Übersetzstellen erfolgreich vor den israelischen Jagdfliegern.

Zwei ägyptische Armeen wurden in wenigen Tagen über den 150 bis 200 Meter breiten Suezkanal geworfen. 1000 Panzer sowjetischer Bauart, mit Nachtzielgerät und großkalibriger Kanone, standen zwölf Stunden nach Angriffsbeginn auf der Ostseite zum Kampf bereit.

Um ein Haar wäre das Kunststück geglückt. Wären die Araber mit ihrer zehnfach überlegenen Panzerstreitkraft und ihren wirksamen Luftabwehr- und Panzerabwehrwaffen auf einen etwas weniger erfahrenen, weniger entschlossenen, weniger vom archaischen Kampfgeist befeuerten Gegner gestoßen, sie hätten den Sinai, die Golan-Höhen und das Land Israel überrollt.

Gestoppt wurden die hervorragend ausgerüsteten Aggressoren nur von besseren Soldaten. Der Geist der Todesverachtung, gewachsen aus der Gewißheit eines jeden Israelis, daß es für ihn nur Halten oder Fallen geben konnte, hat im Bunde mit guten Waffen aus amerikanischen Beständen die Rettung bewirkt und die drohende Katastrophe abgewandt.

Dem heißen Krieg um Israel folgte getreu den sowjetischen Vorstellungen der Wirtschaftskrieg der meisten ölexportierenden Länder gegen die Industriestaaten des Westens. Auch wenn einige Ölpotentaten einzulenken versuchen, weil starke Rückschläge im Westen sich auch für sie nachteilig auswirken würden und einige Staatsmänner unter ihnen sich von Anfang an nicht beteiligten, ist dieser Ölkrieg noch keineswegs beendet. Und er hat, was oft vergessen wird, neben wirtschaftlichen, von allen Bürgern verspürten Auswirkungen auch gravierende militärische Bedeutung.

Eine moderne Armee und ihr Luftschutz sind ohne Treibstoff nicht einsatzfähig. 56 Tage reichen die Benzinreserven der NATO; am 57. Tag muß gewonnen sein. Wenn nicht, was ist am 58. Tag? Es ist legitim, eine solche Frage zu stellen.

Die Armeen des Warschauer Paktes befinden sich in voller Kriegsstärke und können innerhalb von 24 Stunden ohne größere Vorbereitungen zu einer begrenzten Offensive über die Elbe antreten. Nur wenige Tage sind nötig, um eine Großoffensive gegen Westeuropa zu starten.

Es muß nachdenklich stimmen,

– wenn in der »DDR« die Zahl der Manöver im Divisionsverband von 16 im Jahre 1972 auf 32 im vorigen Jahr verdoppelt wurde;

– wenn die Nachschubleistung der sowjetischen Streitkräfte in der »DDR« durch Zuführung neuer 7-Tonnen-Lkw um die gleiche Zahl erhöht wurde;

– wenn die Luftstreitkräfte Pankows[21], die bisher auf Verteidigung ausgerichtet waren, durch Aufstellung neuer Jagdbomber-Divisionen auf offensive Strategie umgestellt wurden. Innerhalb einer Stunde können diese Jagdbomber zum Kampfeinsatz mit taktischen Atombomben umgerüstet werden.

Die Lagerbestände an taktischen Atomwaffen im Sicherheitsbezirk eines jeden Fliegerhorstes, auf dem Jagdbomber-Geschwader stationiert sind, sind in letzter Zeit erhöht worden. Und Transportbataillone der Nationalen Volksarmee üben ständig mit Attrappen den Transport von taktischen Atomraketen aus den Depots in die Feuerstellungen.

Und die immer zahlreicher werdenden Divisionen zwischen Elbe und Oder?

Neben den sechs eigenen Divisionen stehen in der »DDR« fünf sowjetische Armeen mit 21 Divisionen; darunter Elite-Verbände wie die 2. Garde-Armee im Raum Fürstenberg und die 3. Stoß-Armee im Raum Magdeburg-Stendal. Bedenkt man weiter, daß im europäischen Rußland sowie in der CSSR, in Polen und Ungarn neben den nationalen Streitkräften weitere acht Sowjetarmeen mit mindestens 36 Divisionen stehen, die alle auf verbesserte offensive Waffensysteme umgerüstet werden, und bedenkt man ferner, daß die Sowjetunion die Dauer des Wehrdienstes für alle Waffengattungen um ein Jahr verlängert hat, dann begreift man, warum führende NATO-Generale in diesen Tagen offen davon sprechen, daß für sie das vielgerühmte Programmwort Entspannung einen anderen als den ursprünglichen Gefühlswert bekommen hat – nämlich den der drückenden Sorge und der Unsicherheit. Das ist auch die Entzauberung eines deutschen Wahlschlagers innerhalb eines Jahres.

Am Suezkanal wurde bewiesen, daß ägyptische Bodentruppen ein breites Wasserhindernis im Eiltempo überwinden und den Luftraum über ihren Angriffskräften und Brückenköpfen sichern konnten. Die Panzerdivisionen jenseits der Elbe sind ausgerüstet mit jenen Wat- und Tauchpanzern, die unter Wasser den Suezkanal durchquerten; an der Elbe liegt das gleiche modernste Brückengerät; und rund 10000 T-62-Panzer mit der großkalibrigen Kanone und dem Infrarot-Nachtzielgerät befinden sich in Lauerstellung.

SAM-Raketen und Panzerabwehrraketen vom Typ Frog, wie sie am Suezkanal Militärgeschichte machten, warten hinter der Elbe; Fallschirmjägerbrigaden, Kampfhubschrauberstaffeln, Einzelkämpferkommandos sind auf Kriegsstärke; Jagdbomberstaffeln zur Unterstützung der Infanterie stehen in wohlversteckten Hangars startklar und können 30 Minuten nach Alarm in der Luft sein.

Dazu kommt noch, daß die Sowjets in jüngster Zeit ihre Pioniertruppen in der »DDR« zur Überwindung von Wasserläufen beachtlich verstärkt haben. Nach Wittenberg, Magdeburg, Rathenow und Frankfurt an der Oder wurden neue Pionierregimenter verlegt. Ihre Plattenbrücken, die dem Übersetzen von Panzern und Artillerie über Wasserläufe dienen, sind im vergangenen Jahr auf 600 Meter verlängert worden – und bei Hamburg ist die Elbe 500 Meter breit.

Es paßt nicht in das Klima unserer eine Vogel-Strauß-Politik liebenden Zeit, offen über Eroberungspläne und -vorbereitungen der Sowjetunion zu schreiben oder zu sprechen. Der Verharmloser wird mehr geschätzt als der Warner.

Die Schikanen auf den Zufahrtsstraßen nach Berlin waren interne Sicherheitsmaßnahmen; die Drohungen von »DDR«-Politikern sind nicht ernst zu nehmende, für den Hausgebrauch bestimmte Routineäußerungen; der Nahostkrieg brach gegen den Willen und die Absichten der Sowjets aus; und die Aufrüstung wird, wenn überhaupt, nur betrieben, um bei Abrüstungsgesprächen mit großzügigen Angeboten aufwarten zu können.

Auch so kann man es sehen. So – oder ähnlich – hat das Ausland auch jahrelang alles gesehen, was in Deutschland nach 1933 geschah – bis es zu spät war.

Es gilt, die Dinge richtig zu sehen, ehe es wieder zu spät ist. Was bedeutet das?

Es bedeutet, darauf zu achten, daß auch nicht ein einziges weiteres Stück von der Lebensfähigkeit West-Berlins abgeschnitten wird; wir sind schon viel zu weit gegangen. Darüber hinaus müssen die Bindungen zum übrigen Teil der Bundesrepublik ausgebaut werden.

Die Dinge richtig sehen bedeutet auch, Rückschläge beim Bau der europäischen Einheit wieder wettzumachen und wirtschaftlichen Bedrohungen gemeinsam – und deshalb stark – zu widerstehen, statt ihnen einzeln – und deshalb geschwächt – nachzugeben.

Die Dinge richtig sehen bedeutet außerdem, sowohl Europas eigene Verteidigungskraft zu mehren als auch die Bande mit Amerika wieder fester zu knüpfen. Man muß es offen aussprechen, daß jeder, der für einen Abbau der amerikanischen Präsenz in Europa eintritt, damit ein Fürsprecher für die Vorherrschaft Rußlands in Europa wird.

Die Dinge richtig sehen bedeutet schließlich, sich dort nicht neutral zu verhalten, wo einerseits, scheinbar fernab, die eigene Position bedroht wird und andererseits das Herz engagiert ist, besonders das Herz der Deutschen – in Israel.

Die Dinge richtig sehen und danach handeln ist der Weg, der einzige Weg, die Katastrophe zu vermeiden.

Nur wenn Berlin trotz aller Einsprüche Unberufener im engen Zusammenwirken mit Bonn weiter ausgebaut wird, kann es lebensfähig bleiben.

Nur wenn Europa umkehrt vom Weg des Streits und der Eigensucht, wird es dem Druck aus dem Osten widerstehen können.

Nur wenn die NATO stark und aktionsfähig ist, wird sie die Sowjets daran hindern, unter Drohung oder gar Anwendung von Waffen ihre Ziele zu erreichen.

Nur wenn sich die ganze freie Welt ihrer großen Verantwortung gegenüber Israel bewußt ist und danach handelt, wird es möglich sein, einen Weg zur Befriedung im Nahen Osten zu finden, der alle Beteiligten in eine bessere Zukunft führt.

Es ist sehr spät – aber nicht zu spät!

Von Jalta bis Helsinki

In Jalta[22] stellten im Februar 1945 Stalin, Roosevelt und Churchill die Weichen für die Nachkriegszeit. Die Aufteilung Deutschlands in Besatzungszonen und die Abtretung deutscher Ostgebiete wurden beschlossen. Stalin gelang es, seine Einflußsphäre nach Westen auszudehnen, auch wenn dies völkerrechtlich nicht abgesichert war. Das sollte Jahrzehnte später mit Hilfe einer »Konferenz für Sicherheit und Zusammenarbeit in Europa« (KSZE) legalisiert werden[23]. Die Sowjets erreichten ihr Ziel, ohne einen Preis dafür zu zahlen: Mit dem Gipfeltreffen der Staats- und Regierungschefs von 35 Staaten am 30. Juli 1975 in Helsinki sollten zwar nach offizieller Lesart die Ost-West-Beziehungen »verbessert« werden, doch es blieb bei verbalen Absichtserklärungen, ohne jegliche Garantien für Gewaltverzicht und mehr Freizügigkeit. Vor dieser Entwicklung warnte Axel Springer in einem Artikel in der »Welt« vom 8. Juli 1975: »Von Jalta bis Helsinki – immer gibt der Westen nach«.

Sowjetrußland wirbt, lockt und läßt Drohung ahnen. Es drängt zum Abschluß der »Konferenz für Sicherheit und Zusammenarbeit in Europa«. Fragen sind unwillkommen. Kaum jemand stellt sie.

Von vertrauensbildenden Maßnahmen war in Genf die Rede[24]. Manöver sollen möglichst dem, den sie beunruhigen könnten, zuvor gemeldet werden. Kontrollen scheinen weniger erwünscht, weil sie nicht vertrauensbildend, sondern mißtrauenerweckend seien. Mehr Freizügigkeit für Informationen, Menschen und Güter wurde von Westen her vorgeschlagen, und der Osten zeigte sich kühl. Sein »Entgegenkommen« mündet und endet wie so oft in Papieren, die solche Ziele auslegungsfähig umschreiben. Schließlich darf niemand »alles oder nichts« verlangen, wenn er das Ganze nicht verderben will. Moskau schrieb diese Warnung zwischen die Zeilen.

Wer wollte die Ungeduld des Kremls riskieren? Der Kreml bittet nachdrücklich, den Termin nicht zu verzögern. In Helsinki, der Hauptstadt Finnlands, soll die Sache besiegelt werden. Die Wirklichkeit, um die es geht, sieht nicht verlokkend aus. Nach der Anerkennung von Tatbeständen, die nicht einmal die vier Mächte im Rausche des Sieges dem deutschen Volke zumuteten, nach den deutsch-östlichen Verträgen also, soll nun ganz West-Europa mit amerikanischem Segen diese Bestätigung sowjetischer Gewalt-Resultate nachvollziehen.

Das wußte jeder am Konferenztisch von Genf. Aber es wäre sowohl von sowjetischer als auch von westlicher Seite taktlos und undiplomatisch erschienen, das auszusprechen. Es hätte zu Konfrontationen geführt, und die sind unbequem. Also spielt man das Spiel des Als-ob, steuert man das Schiff, das die Flagge der Freiheit einst stolz und fordernd zeigte, in Richtung auf die Sirenengesänge, die vom Osten herüberwehen.

Die Gefahr des Schiffbruches ist groß und nahe. Im Schutze kaum noch zählbarer Abrüstungskonferenzen rüstete der Ostblock auf. 800 000 NATO-Soldaten stehen 1 260 000 Soldaten des Warschauer Paktes gegenüber. 6200 Kampfpanzer hat der Westen, 22 300 rollen im Zeichen des Sowjetsterns. 2900 taktische Kampfflugzeuge nennt die NATO ihr eigen, das Imperium Moskaus verfügt über mehr als doppelt so viele. Auch die Anzahl der Luftabwehrraketen der Kreml-Streitkräfte ist in Europa der des Westens um 20 Prozent überlegen. Das ist die Wirklichkeit.

Die Wirklichkeit, um die in Helsinki ein Bogen gemacht werden soll, hält jedoch auch nichtmilitärische Tatbestände bereit, die zu einer Einladung zur Umarmung auf offener finnischer Bühne nicht taugen. Die Sowjetunion war die einzige Macht der Welt, die der Zerstörung der Demokratie in Indien offen Beifall spendete. Und während in Genf die Teilnehmer der KSZE über Sicherheit sprachen und Zusammenarbeit erstrebten, rollten Kettenfahrzeuge des Kreml durch Afrika. Sie hatten Waffen geladen, die für Idi Amin[25] bestimmt waren, den wahnsinnigen Diktator, der Adolf Hitler verehrt und der – mit dem Leben eines krebskranken Briten als Geisel spielend – England zu demütigen beliebt[26]. Amins Sicherheit dient diese »Zusammenarbeit« mit der Sowjetmacht.

In Vietnam gewann der Kommunismus einen Angriffskrieg. Das »Weltfriedenslager« der roten Fahnen, dem westliche Politiker seine Friedensliebe wortreich und blauäugig bestätigten, hat sich dort den Weg der Eroberung freigeschossen. Von »Sicherheit und Zusammenarbeit« war da nicht die Rede.

Vor allem sowjetische Waffen bedrohen auch die Existenz des Staates Israel. Die Moskauer Imperialisten sind bemüht, ihre Macht im Nahen Osten auszudehnen, indem sie die Kriegsgefahr wirken lassen, in der einen Hand das Löschgerät, in der anderen die Lunte. Hinter den Feinden Israels stehen übergroß die Feinde des freien Europa.

An Berlin, dem »Prüfstein der Entspannung«, erweisen die Sowjets Vertragsuntreue; z. Z. haben sie die Lockung durch Drohung abgelöst. Aber wenn mit dem Berlin-Vertrag nicht geglückt ist, was der Westen erträumte, dann wird es mit einem neuen Vertrag versucht, mit dem von Helsinki. Es müßte doch mit dem Teufel zugehen, wenn sich nicht – nach dreißig Jahren verlustreichen Rouletts, bei dem die Kugel immer auf Rot fiel – das Glück einmal den Verlierern im Westen zuneigte.

Es scheint aber tatsächlich mit dem Teufel zuzugehen, denn nichts spricht dafür, daß sich die Sowjetunion im finnischen Sommer plötzlich, nach weiterer Erfüllung ihrer Forderungen, gewandelt haben sollte. Dennoch haben die Außenminister der Europäischen Gemeinschaft den baldigen Abschluß der KSZE »wünschenswert und möglich« genannt. Möglich schon – aber wünschenswert unter diesen Umständen? Einen »Ausgangspunkt neuer Möglichkeiten« nannte der SPD-Vorsitzende die KSZE[27]. Neue Möglichkeiten im Sinne sowjetischer Weltherrschaftspläne? Die Formulierungen der Papiere werden darüber keine schlüssige Auskunft geben. Moskau wird sie anders auslegen als der Westen. Das lehrt die Erfahrung.

An Erfahrungen hat es in den vergangenen drei Jahrzehnten nicht gefehlt. Sie reichen von Jalta bis zur Gegenwart. Und täglich werden sie ergänzt. Wenn sie aber nicht erkannt, aus ihnen nicht gelernt wird, dann werden die Historiker später – falls sie noch frei dazu sein sollten – die naheliegende Frage stellen, ob es denn keine Warnungen gegeben habe? Ob denn niemand, der erfahren und klarsichtig genug war und der diese Wirklichkeiten an eigenem Geist und eigenem Leibe erlitten hatte, ob denn keiner, der des Gedankens und des Wortes mächtig war, seine Stimme erhoben habe, um die Schlafenden zu wecken?

An Warnungen hat es jedoch nie gefehlt. Schon vor über 125 Jahren schrieb der spanische Gesandte in Berlin, Juan Donoso Cortés, bevor Rußland imstande sei, einen allgemeinen Krieg zu entfesseln, müßten drei Ereignisse eintreten:
1. Dem revolutionären Geist müsse es gelungen sein, nicht nur die gesellschaftliche Ordnung, sondern auch die stehenden Heere aufzulösen;
2. dem Sozialismus müsse es gelungen sein, seine Lehre in die Tat umzusetzen, also den Eigentümer auszuplündern und damit den Patriotismus zu vernichten;
3. dem Panslawismus müsse es gelungen sein, im Osten seine Idee zu verwirklichen, die slawischen Völker also müßten unter die Herrschaft Rußlands geraten sein:

»Dann hat die große Stunde Rußlands geschlagen ... dann werden die Russen durch unser Europa spazieren. Dann wird die Welt ein Strafgericht erleben, das alle Erinnerungen der Geschichte hinter sich läßt ...«

Auch der größte unter den Mahnern der Gegenwart hat unlängst wieder beschwörend Einhalt zu bieten versucht: Alexander Solschenizyn. Er schrieb: »Noch zwei oder drei glorreiche Jahrzehnte dieser Art von friedlicher Koexistenz, und selbst der Begriff des ›Westens‹ wird von der Erdoberfläche getilgt sein.«

Von dem Philosophen und Staatsmann Carl Jacob Burckhardt schließlich ist das Wort: »Es gehört zum Schwierigsten, was einem denkenden Menschen auferlegt werden kann, wissend unter Unwissenden den Ablauf eines historischen Prozesses miterleben zu müssen, dessen unausweichlichen Ausgang er längst mit Deutlichkeit kennt. Die Zeit des Irrtums der anderen, der falschen Hoffnungen, der blind begangenen Fehler wird dann sehr lang.«

In diesen Worten klingt nur scheinbar Resignation. In der Wehmut dieser Gedanken steckt der Aufruf zum Widerstehen. Es geht um die Sicherheit der freien Völker vor dem Zugriff kommunistischer Großmacht und um die Zusammenarbeit aller Länder der freien Welt zur Verteidigung der Grundrechte ihrer Bürger. In diesem Sinne wären die Buchstaben »KSZE« zu lesen. Wer sie aber kyrillisch buchstabiert und die Sowjetsterne zur Orientierung seiner politischen Navigation macht, wird das Schiff zerschellen sehen. Es wäre dann ein Narrenschiff gewesen.

Die Stärke, die allein den Frieden sichert

Entspannung (Détente) war in der Ost-West-Politik jahrelang das Schlagwort, mit dem die Sowjetunion ihre wahren Absichten maskierte. Am 1. März 1976 sagte der amerikanische Präsident Gerald Ford: »Ich gebrauche das Wort ›Détente‹ nicht mehr. Was wir sagen müssen, ist, daß sich die USA mit Supermächten – der Sowjetunion, China und anderen – treffen, um eine Minderung der Spannungen zu suchen, damit wir eine Politik des Friedens durch Stärke fortsetzen können[28].« Axel Springer, der immer vor einem leichtfertigen Umgang mit dem schillernden Begriff »Entspannung« gewarnt hatte, nahm die Äußerung des amerikanischen Präsidenten zum Anlaß, in einem Artikel die weltpolitische Szene im Frühjahr 1976 zu beschreiben. Der Beitrag erschien am 7. März 1976 in »Welt am Sonntag«.

In wenigen Tagen traf vieles zusammen, was zu einem einzigen großen Thema gehört: dem Sein oder Nicht-mehr-Sein der freien Welt.

In Amerika trennte sich der Präsident von dem Köder in der Falle des sowjetischen Imperiums, dem Begriff »Détente«, zu deutsch »Entspannung«, und proklamierte dafür wieder eine »Politik des Friedens durch Stärke«.

In London sagte Alexander Solschenizyn: »Der Westen steht am Rande des Zusammenbruchs, den er mit eigener Hand bewerkstelligt. Die Sowjetunion braucht keinen Atomkrieg zu führen, um den Westen zu erobern – sie kann ihn sich so nehmen.«

Im sowjetisch besetzten Teil Berlins beging die SED-Armee paradierend, auftrumpfend und waffenklirrend den 20. Jahrestag ihrer militaristischen Existenz.

In Bonn und im freien Berlin wurde darüber gegrübelt und gehadert, ob es wohl erlaubt und zu wagen sei, daß der Ältestenrat des deutschen Parlaments im Reichstag eine Sitzung abhalte.

Während in Bonn der Regierungssprecher eingestand, daß West und Ost sich niemals darüber geeinigt haben, was unter dem »schillernden Begriff Entspannung« zu verstehen sei, sprang ein junger Deutscher aus dem Bereich der sowjetischen Bajonette auf einen fahrenden Güterzug und entkam glücklich in die Freiheit.

Zur gleichen Zeit, in der auf dem sowjetischen Parteitag in Moskau der Mann, nach dem die »Breschnjew-Doktrin«[29] benannt ist, den Einmarsch seiner kubanischen Söldner und den Sieg seiner Waffen in Angola[30] von den jubelnden Delegierten feiern ließ, rüsteten sich die Helfer seines Imperiums in Mozambique, Rhodesien zu erobern und das ganze südliche Afrika unter das Brandmal des Sowjetsterns zu stellen. Der deutsche Bundeskanzler aber läßt die kommunistische Eroberung Angolas nicht als Gegensatz zur Entspannungspolitik gelten[31].

Sein oder Nichtsein: Über Südostasien wehen die roten Fahnen der kommunistischen Eroberer.

Deutsche Parlamentarier, Intellektuelle und Journalisten zerstreiten sich darüber, ob Kommunisten Lehrer und Richter, Ministerialbeamte und Universitätsrektoren werden dürfen[32].

In Rom und in Paris rüsten die kommunistischen Parteien im Schutze einer Maskerade der Eigenständigkeit zur Machtergreifung auf dem Wege der Volksfront mit den Sozialisten oder des »historischen Kompromisses« mit den Christlichen Demokraten.

In Sibirien aber ziehen die Sträflinge weiterhin bei klirrendem Frost aus ihren Baracken zur Sklavenarbeit. Und in den Gefängnissen des unbefreiten Deutschlands warten die Häftlinge hinter Schloß und Riegel, die einen Fluchtweg aus dem kommunistischen Joch gesucht hatten.

In der Tschechoslowakei stehen die Invasionstruppen des Jahres 1968 nun schon im achten Jahr, und um das Grab des jungen Jan Palach, der sich in der Not seines Volkes verbrannt und geopfert hatte, ist es still.

In der Sowjetunion rollen die Panzer vom Fließband, laufen die Atom-U-Boote vom Stapel, füllen sich die Arsenale der Nuklearwaffen, mehren sich die Raketenrampen und ihre Geschosse.

Die amerikanischen Weizenschiffe nehmen weiterhin Ostkurs und speisen das imperialistischste Land der Erde, in dem zehn Kolchosbauern nach mehr als einem halben Jahrhundert sowjetischer Herrschaft noch immer weniger erarbeiten als ein amerikanischer Farmer.

Die Bundesregierung dehnt die Ideologie der Ostpolitik auf die Dritte Welt aus und macht sich bereit, auch Ländern kommunistischer Prägung Entwicklungshilfe zu leisten. Und die Bundesrepublik wird auch die Erneuerung der Autobahn nach Berlin bezahlen, für deren Benutzung aus westdeutschen Steuergeldern auch danach Gebühren von mehreren hundert Millionen Mark jährlich entrichtet werden müssen.

Eilfertig und devot pilgert die Diplomatie Westeuropas, angeführt von Frankreich, nach Luanda, der Hauptstadt Angolas, um dem neuen Satelliten Moskaus Anerkennung und Anerbietung zu servieren. Der Kreis schließt sich.

Das ist die Szenerie, in der Präsident Gerald Ford dem Entspannungskult den Abschied gab, weil er erkannte, daß seinem Volk eine Fortsetzung der weltweiten Begünstigung des Ostblocks durch den Westen nicht mehr zugemutet werden kann. Wenn die Bürger wählen, werden die Modekünstler der weltweit geschei-

terten Politik des »Peace-Movement« und des »Bridge-Building« ausgezählt werden – im doppelten Sinne des Wortes.

Die freie Welt beginnt umzudenken. Spät, kurz vor dem Punkt, an dem es keine Umkehr mehr gegeben hätte, weithin verirrt in die schutzlosen Bereiche zerstörten Urteilsvermögens und eines erkrankten, gelähmten Willens zur Selbstbehauptung.

Wer nicht taub war gegen das Triumphgeheul kommunistischer Siegesgewißheit, wer nicht blind war gegen die Vermehrung des Unrechts und die Verminderung westlicher Willenskraft, hatte darauf gewartet, daß ein Staatsmann der freien Welt Alarm geben, den Kapitulationszug stoppen, die Weichenstellung korrigieren würde, ehe es zu spät war.

Die Verschrottung des Entspannungsbegriffes durch Präsident Ford kann ein solches Signal sein. Sein Appell, endlich wieder die Wirklichkeit zu erkennen, kann das »Halt« für den Zug in die Niederlagen bedeuten. Sein Wort vom »Frieden durch Stärke« ist auf jeden Fall eine Korrektur der politischen Gleisführung.

Daß Männer wie der Gewerkschaftsführer George Meany, der ehemalige Verteidigungsminister James Schlesinger, die Präsidentschaftskandidaten Senator Henry Jackson und Gouverneur Ronald Reagan, daß die erwachenden Bürger seines Landes ihn dazu gebracht haben, ist wahrscheinlich. Wichtig ist, daß der Präsident zu verstehen beginnt, worum es geht. Und entscheidend wird sein, daß seine Worte in die Tat umgesetzt werden.

Der Frieden solle »sicherer gemacht« werden, wurde gesagt, als die hochmütigen Vorreiter und Herolde der verhängnisvollen Entspannungspolitik die Warnenden und Mahnenden als »Kalte Krieger« zu verteufeln versuchten. Aber der Frieden wurde nicht nur nicht sicherer, er nahm schweren Schaden. Es brannte in aller Welt, und die Sowjetmacht pflanzte ihre Siegeszeichen in die Felder, auf denen der Westen gesät hatte, aber der Osten die Ernte einbrachte.

Die Schwäche der freien Welt war vor allem auch eine Schwäche ihres Gedächtnisses – vergessen der Einfall in Südkorea vor 26 Jahren[33]; vergessen der deutsche Volksaufstand von 1953[34]; vergessen die blutige Zerstörung des ungarischen Freiheitswillens 1956[35]; vergessen die Knebelung der Tschechoslowakei 1968[36]; vergessen die polnischen Arbeiterdemonstrationen 1970, die vom Feuer der Miliz zusammengeschossen wurden[37]. Vergessen auch die sowjetische Beteiligung am Angriffskrieg gegen Israel 1973. An Lehren hat es nicht gefehlt, aber an der Bereitschaft zum Lernen.

»Eure Partner«, rief Alexander Solschenizyn in London dem Westen zu, »haben einen so schweren Stein in der Hand, daß sie euch mit einem Schlage töten könnten.« Der neue amerikanische Verteidigungsminister Donald Rumsfeld hatte gewarnt, der Osten sei in der Lage, den Westen jederzeit in einem Blitzkrieg zu überfallen.

Jahrelang wurden alle, die sich nicht täuschen ließen, dem Hohn der Mitläufer empfohlen, wurden ihre Stimmen unter den Federkissen der Entspannungspolitik fast erstickt. Jetzt ist das Wort von der Stärke, die allein den Frieden sichert, wieder aus dem Weißen Haus erklungen. Aber es wird abermals verhallen und verfallen, wenn die Völker des Westens nicht bereit sind, wozu ihnen Solschenizyn rät: für die Freiheit Opfer zu bringen.

Eine Bitte an den Papst

Zu einer einstündigen Privataudienz empfing Papst Paul VI. am 28. April 1977 Axel Springer. Der Verleger unterbreitete dem Papst seine aus der Erfahrung und aus dem Erlebnis des geteilten Deutschland sowie des gespaltenen Europa gewonnenen Erkenntnisse. Er wies dabei auf die großen Erwartungen hin, die von seiten der Christen und der Vorkämpfer für Menschenrechte in allen der Freiheit beraubten Ländern in die moralische Autorität und öffentliche Wirkung der höchsten Instanz der katholischen Kirche gesetzt werden. Den nachstehenden Text überreichte der Verleger dem Papst.

Ich bin zutiefst davon überzeugt, daß der Mensch darauf angelegt ist, seinem Auftrag, Ebenbild Gottes zu sein, gerecht zu werden. Zu diesem Auftrag gehört nicht nur die Bereitschaft zum Martyrium, sondern das im Alltag praktizierte Credo zur Würde, zur Freiheit, zum Menschenrecht. Dieses Menschenrecht ist nach meiner festen Überzeugung weder opportunistisch noch prinzipiell manipulierbar. Es ist ein Pfeiler bester abendländischer Tradition in den Wechselfällen der Geschichte. Es ist Bestandteil der Frohen Botschaft. Es ist gelebtes und verteidigtes Christentum.

Zusammen mit anderen europäischen Staaten, den USA und Kanada hat auch der Heilige Stuhl die Schlußakte von Helsinki[38] feierlich unterschrieben. Im sogenannten Korb 3 wurden viele Absichtserklärungen beschworen: freiere menschliche Kontakte, Austausch von Menschen, Meinungen und Informationen, ein großzügigerer Reiseverkehr, Familienzusammenführung in humanitärem Geist, Eheschließung zwischen Bürgern verschiedener Staaten, mehr Begegnungen der Jugend über alle Staatsgrenzen hinweg, verbesserte Arbeitsbedingungen für Journalisten und ähnliches.

Die Botschaft von Helsinki hat die Welt vernommen, doch der rechte Glaube will sich nicht einstellen. Die sogenannte KSZE-Nachfolgekonferenz[39] findet im Juni in Belgrad statt, auf der die Teilnehmerstaaten untersuchen wollen, ob inzwischen nach den Maßstäben der Schlußakte von Helsinki verfahren worden ist. Wir alle wissen, daß dies vor allem im Ostblock nicht der Fall war, daß dort, im Gegenteil, die Berufung auf die in Helsinki beschworenen Menschenrechte kurzerhand als »Einmischung in innere Angelegenheiten« anderer Staaten denunziert wird.

Von der hervorragenden Ausnahme des amerikanischen Präsidenten Jimmy Carter abgesehen, bildet sich in der westlichen Welt die kleinmütige Lehrmeinung heraus, man solle die Belgrader Konferenz nicht zum Tribunal für die Verächter der Menschenrechte machen. Man sagt, das Engagement für die Bürgerrechtler gefährde die Entspannung. Doch niemand sagt, wie Entspannung möglich sein kann mit der Preisgabe der Menschenrechte. Die zivilisierte Menschheit wartet auf eine glaubwürdige Antwort, auch und gerade auf die der Kirchen Christi.

Als engagierter evangelischer Christ mache ich es mir schwer, sehr schwer, wenn ich bekenne, daß die römisch-katholische Kirche in den kommunistischen Staaten Europas nicht jene Irrwege beschritten hat wie andere christliche Glaubensformationen. Der Vatikan hatte und hat die »ultramontanen«, internationalen, völkerrechtlich abgesicherten, von einer großen Tradition geprägten Freiräume, im Gegensatz zu den regional, allenfalls national inspirierten Sprengeln evangelischer Bischöfe. Gerade deshalb fließt dem Heiligen Stuhl eine besondere Verantwortung zu.

Wenn Petrus der Fels ist, auf dem Jesus Christus, der Sohn Gottes, seine Kirche gebaut hat, dann muß dieser Fels auch das Plädoyer für die Rechte der Menschen, der Kinder Gottes tragen. Ich glaube, ein weites Aufatmen ginge durch die Welt, in Ost und West, wenn sich der Apostolische Stuhl in Belgrad demonstrativ zum ersten Sachwalter der Menschenrechte machte. Ich kenne keine irdische Institution, die dazu berufener und fähiger wäre, weil sie ihre Kraft von einer Omnipotenz bezieht, die nicht von dieser Welt ist.

Mir sind die Bedenken gegen ein vorbehaltloses Credo der römisch-katholischen Kirche zum Menschenrecht und dessen Verfechtern hinter dem Eisernen Vorhang wohl vertraut. Ich weiß um die Qual einer aufrichtigen Güterabwägung zwischen den jeweiligen pastoralen Verantwortlichkeiten und dem Bewahren der Grundsatztreue. Doch ich warne mit aller Entschiedenheit vor kirchenpolitischen oder allgemeinpolitischen Vorleistungen.

Die Freigabe des Fürstprimas und ungarischen Patrioten Mindszenty[40] zur persönlichen und priesterlichen Passion hat die Situation der Katholiken in Ungarn keineswegs fühlbar gebessert. Daß sich der Vatikan schweigend hinter die Kirche der CSSR stellte, hat dort den Religionskrieg nicht gemildert, sondern eher institutionalisiert. Als deutscher Staatsbürger muß ich auch mit allem Nachdruck festhalten, daß eine solche Politik päpstlichen Schweigens gegenüber den Problemen der Katholiken in der »DDR« langfristig das Todesurteil für die römische Kirche in meinem Vaterland – und nicht nur im sowjetisch okkupierten Teil – bedeuten könnte.

Im Sommer 1975 stattete Erzbischof Agostino Casaroli der »DDR« einen Besuch ab[41], in der Hoffnung, die Lage der 1,3 Millionen Katholiken in Mittel-

Vatikan, 28. April 1977: Privataudienz des Papstes für Axel Springer. Eine Stunde sprach Paul VI. in seiner Bibliothek mit dem Verleger über Christentum und Menschenrechte.

deutschland zu verbessern. Das SED-Regime bedankte sich bei dem Gast mit Wünschen, die eine Angleichung der Bistumsgrenzen[42] an die innerdeutsche Demarkationslinie und die Errichtung einer eigenständigen Bischofskonferenz in der »DDR«[43] betrafen.

Inzwischen hat der Apostolische Stuhl zwar kein grünes Licht für die Etablierung eines Nuntius in Ost-Berlin und damit für eine weitere Aufwertung des atheistischen »DDR«-Regimes gegeben, aber immerhin der Etablierung einer Berliner Bischofskonferenz zugestimmt. Eine Gegenleistung der »DDR«-Regierung blieb aus. Der Druck auf die Kirche, auf Priester und Laien, insbesondere aber auf die Jugend hält mit unverminderter Wucht an.

Verglichen mit dem Wirkungsbereich etwa des polnischen Primas Stefan Kardinal Wyszynski halte ich die Position von Alfred Kardinal Bengsch für geradezu tragisch exponiert. Kardinal Wyszynski kann sich auf eine fast nahtlose Identität von Kirche und Nation verlassen. Kardinal Bengsch amtiert in einer geteilten Nation, in einem durch politische Willkür zerrissenen Bistum, mit einer bedrängten religiösen Minderheit. Er verdient meines Erachtens ein Höchstmaß an helfendem Verständnis.

Warum, so frage ich mich unablässig, erweckt die Kirche Christi den Eindruck, als argumentiere sie nur noch aus der Defensive heraus? Ich vermag nicht zu glauben, daß der Vatikan zum Gefangenen apokalyptischer Visionen geworden ist. Christen sind in Gott gefangen und in sonst nichts. Ich warne leidenschaftlich davor, vor der Vorstellung zu kapitulieren, der Kommunismus werde die Weltregie übernehmen. Ich warne vor Überlegungen, die Kirche könne sich durch rechtzeitige taktische Arrangements mit dem Materialismus einen Platz zum Überleben auch unter ihren Verfolgern sichern.

Eine Volksfront des Christentums mit den Kommunisten wäre der sicherste Weg zur atheistischen Weltdiktatur. Die Kirche, meine ich, sollte sich nicht auf die Katakombe einrichten, sondern wieder streitbar werden in der Schlacht um die Seelen. Sie sollte die ausgestreckte Hand Gottes ergreifen und nicht jene, die das Los über ihn wirft, die den Menschen vermarktet und verstaatlicht. Der Gegensatz zum verstaatlichten Menschen ist der freie, glaubensstarke Christ, ist das Individuum im Vollbesitz seiner Menschenrechte.

Träte der Heilige Stuhl auf der Belgrader Konferenz nicht als entschlossener und unbeirrbarer Anwalt der Menschenrechte auf, dann hätte er nicht einen historischen Kompromiß geschlossen, sondern einen folgenschweren historischen Irrtum begangen, der vor Gott und den Menschen kaum zu verantworten ist.

Europa muß in Belgrad Flagge zeigen

Am 4. Oktober 1977 wurde in der jugoslawischen Hauptstadt Belgrad die KSZE-Folgekonferenz von Helsinki über Sicherheit und Zusammenarbeit in Europa eröffnet. An ihr nahmen 33 Staaten Europas sowie die USA und Kanada teil, die im Sommer 1975 in der finnischen Hauptstadt die KSZE-Schlußakte unterzeichnet hatten. In Belgrad sollte geprüft werden, ob die Beschlüsse von Helsinki – vor allem hinsichtlich der Menschenrechte – beachtet würden. Doch schon vor Beginn der Vorbereitungskonferenz für das Belgrader Treffen am 15. Juni 1977 zeigte sich im Westen eine Scheu, die Zustände in sowjetischen Straflagern mit dem gebotenen Freimut in Belgrad zu erörtern. Axel Springer appellierte daraufhin an die Bundesregierung, in Belgrad »furchtlos Flagge zu zeigen«. Sein Artikel erschien am Vorabend der Konferenz, in »Welt am Sonntag« vom 12. Juni 1977.

»In den Lagern und Gefängnissen der Sowjetunion werden die Bedingungen wieder so, wie sie unter Stalin waren. Gesetze bedeuten nichts mehr. Nur Sonderanweisungen des Innenministeriums werden ausgeführt. Wenn ein Gefangener einen Paragraphen des Gesetzbuches erwähnt, um seine Rechte zu verteidigen, wird ihm gesagt, das Gesetz sei durch eine ›interne Anweisung‹ überholt worden...

Ich bitte alle Menschen, die sich angesprochen fühlen, und alle zuständigen internationalen Organisationen, die Schaffung einer Sonderkommission ins Auge zu fassen, die die Zustände in den Lagern und Gefängnissen der UdSSR untersuchen soll. Und ich bitte darum, einen internationalen Gerichtshof einzuberufen, der in Abwesenheit alle diejenigen aburteilt, denen man Grausamkeiten gegenüber Gefangenen, geistigen und physischen Terror, Ermordung politischer Gefangener nachweisen kann.

Gleichzeitig bitte ich alle diejenigen, die mich kennen oder an meinem Schicksal Anteil nehmen, sich um meine Familie zu kümmern, falls ich hier zugrunde gehen sollte. Ich bitte alle Christen in der Welt, für die Rettung meiner Seele zu beten. Möge Gott mir vergeben!«

Diese Sätze stammen von Juri Fedorow[44], dem Insassen eines Sonderlagers in der Mordwinen-Republik (UdSSR). Sie sind Teil eines Briefes, den Alexander Solschenizyn zusammen mit anderen Zeugnissen über die Realitäten im heutigen Rußland in diesen Tagen der Öffentlichkeit zugänglich machte[45].

Daß das wenige Tage vor Beginn der Belgrader Vorbereitungskonferenz für die nächste KSZE-Runde geschah, war alles andere als Zufall. Besser als viele andere weiß Solschenizyn, daß derjenige Teil der in Helsinki auf der Konferenz über Sicherheit und Zusammenarbeit in Europa getroffenen Abmachungen, der sich mit den Menschenrechten befaßt, von den Sowjets und ihren osteuropäischen Kolonialländern nur widerstrebend und mit der Absicht unterzeichnet wurde, sich nicht daran zu halten. Dabei ging und geht es den Vertretern der freien Welt bei den KSZE-Gesprächen trotz der Wichtigkeit der anderen Punkte zuerst und zuletzt um die Menschenrechte.

Der Weg der KSZE – ursprünglich ein Plan der Sowjets, Europapolitik ohne die Amerikaner zu machen und ihr im Krieg erobertes Territorium vertraglich festschreiben zu lassen – begann in Helsinki. Seine nächste Station soll Belgrad werden. Wieso eigentlich gerade diese beiden Städte? Beide gebieten als Tagungsorte für die Erörterung der Freiheit ernste Zweifel.

Finnland, dessen innere Freiheit angesichts der drohenden Gewalt des Sowjetimperiums nur durch tragische Einschränkungen seiner Freiheit nach außen bewahrt werden kann, hat sich einst heldenhaft gegen kriegerischen sowjetischen Angriff gewehrt. Die der Not gehorchende Selbstbeschränkung seiner Souveränität soll nicht verspottet werden. Aber dieses Land und seine Hauptstadt bieten doch ein Beispiel dafür, wie die Würde eines Volkes verletzt werden kann, wenn sie sich einer freiheitsfeindlichen Übermacht beugen muß.

Daß eine »Finnlandisierung«[46] West-Europas eine um so ernstere Gefahr bedeutet, je größer die Macht Moskaus ist, kann gar nicht bestritten werden. Also war Helsinki aus unserer Sicht ein besonders fataler Platz für den Versuch, Menschenrechten zur Geltung zu verhelfen.

Und jetzt Belgrad. Anfang dieses Jahres sagte der jugoslawische Systemkritiker Milovan Djilas[47], selbst in den schlimmsten Tagen der Repression zu Zeiten der Monarchie habe es nicht so viele politische Gefangene in seinem Land gegeben wie heute. Die Verfolgung Andersdenkender habe zugenommen. Und nun soll Belgrad die geeignete Stätte sein, die Verweigerung und die Gewährung von Menschenrechten in allem gebotenen Freimut zu erörtern!

Das eigentümliche politische Signalement dieser beiden Konferenzorte weist vielmehr auf die Versuchung der nichtkommunistischen Teilnehmerstaaten hin, bruchstückhafte Einschränkungen der Freiheit des einzelnen und einen Verzicht auf die Selbstbestimmung der Völker hinzunehmen, statt die Verwirklichung der menschlichen Grundrechte konsequent anzustreben.

Es hat finnische Anklänge und jugoslawische Nebentöne, wenn Politiker, die in Bonn regieren, schon seit Monaten davor warnen, die Ostblockländer in Belgrad »auf die Anklagebank« zu setzen, ein »Tribunal« zu veranstalten oder auch nur »zuviel zu verlangen«.

Wladimir Bukowski hat in Berlin dazu eine schlichte Wahrheit ausgesprochen, als er die Frage nach dem »zuviel« oder »zuwenig« als unangemessen zurückwies und antwortete: »Nicht mehr, aber auch nicht weniger, als in der Schlußakte der KSZE steht[48].«

Es hat nach der Konferenz in Helsinki, deren Erfolge und Mißerfolge in der praktizierten Politik nun in Belgrad erörtert werden sollen, erwartete und unerwartete Entwicklungen gegeben.

Die erwarteten Entwicklungen waren die fortgesetzte schwere Verletzung der Menschenrechtsbeschlüsse durch den Kreml und dessen befreundete Regierungen und die hasenherzige Handhabung des Dokumentes durch westeuropäische Regierungen.

Das – für viele – Unerwartete war: Die Bürgerrechtsbewegungen in der Sowjetunion, in der Tschechoslowakei und in Polen bedienten sich der Schlußakte der KSZE mit aufopfernder Vehemenz und beispielhafter Entschiedenheit. Sie forderten unter Berufung auf geschriebene und unterschriebene Vereinbarungen ihr Recht, nicht mehr und nicht weniger.

Herbert Wehner hat auf die Frage, ob er das eigentlich habe kommen sehen, geantwortet, er habe es »befürchtet«.

Heißt das, er hat befürchtet, daß die Staaten im Osten Europas sich nicht an die Abmachungen halten würden? Oder heißt es gar, er habe befürchtet, daß die betroffenen Bürger in den kommunistisch regierten Ländern die Beschlüsse von Helsinki tatsächlich für sich in Anspruch nehmen würden?

Wir werden auch von einem Teil der Presse im eigenen und in anderen westlichen Ländern mit der widersinnigen Zumutung konfrontiert, es schade der Verwirklichung der Beschlüsse von Helsinki, wenn wir uns textgetreu auf sie beriefen und den Menschenrechtsbewegungen im Osten offen unsere Solidarität bekundeten. Nachdem der amerikanische Präsident das überzeugend und unbeirrt getan hatte, erschien in einer deutschen Zeitschrift ein Artikel unter der Überschrift »Präsident Carter auf Irrwegen«.

Nun, Jimmy Carter hat sich dadurch nicht beirren lassen. Sein Bericht an das amerikanische Parlament[49] beschuldigte die Sowjetunion offen, die Menschenrechtsabmachungen von Helsinki »aufzuweichen«. In diesem am 6. Juni veröffentlichten Bericht hat Carter expressis verbis Berlin aufgenommen und damit die deutsche Hauptstadt wieder einmal zum Prüfstein für die Entspannung gemacht.

Der allzufrüh verstorbene Karl Theodor Baron von und zu Guttenberg schrieb in seinem letzten Buch: »Heißt es nicht resignieren, wenn man seine Schritte nach dem Willen des Gegners statt nach dem eigenen richtet?« Und an anderer Stelle: »Man hat für die Politik der Hinnahme der Unterdrückung der Hälfte Europas einen wohlklingenden Namen gefunden: ›Friedenspolitik‹. Und schon hat man eine Waffe in der Hand, die Kritiker dieser Politik als Friedensstörer hinzustellen[50].«

Was er beklagte, wurde fortgesetzt. Wer heute dafür plädiert, Moskau beim Wort zu nehmen und vor allem die in Helsinki beschworene »Freiheit für Menschen, Informationen und Ideen« einzuklagen, wird – nicht nur im Osten, sondern auch im Westen – als Unfriedenstifter denunziert.

Seit der Helsinki-Konferenz sind in der Sowjetunion, in der Tschechoslowakei, in Polen und im unterdrückten Teil unseres eigenen Vaterlandes Menschen eingekerkert worden, weil sie sich auf die Bestimmungen der Schlußakte berufen haben: Mitglieder der »Orlow-Gruppe« in Rußland[51], Mitglieder der »Komitees zum Schutze der Arbeiter« in Polen[52], Mitglieder der Bewegung »Charta 77« in der Tschechoslowakei[53] und Bürger der »DDR«, die ihre Ausreise- und Ausbürgerungsanträge mit den Freizügigkeitsklauseln der KSZE-Beschlüsse begründeten.

Was nun eingetreten ist und sich auf der Belgrader Konferenz abzuspielen droht, ist, daß es den Menschen in den kommunistischen Ländern überlassen bleibt, die Erfüllung der Dokumente anzumahnen und dafür in die Gefängnisse zu gehen, während die Politiker West-Europas sich den wortbrüchigen Repräsentanten des Kreml-Imperiums flüsternd und schonungsvoll nähern.

Was würde eigentlich Schlimmes geschehen können, wenn die westlichen Regierungen in Belgrad, so wie Carter es vorhat, »nicht mehr und nicht weniger« energisch verlangten, als in den Texten steht? Was begründet die Angst der Leisetretenden?

Würden die kommunistischen Länder im Osten Europas sich dann vielleicht weigern, unsere Vorzugskredite in Anspruch zu nehmen? Würden sie sich dagegen sträuben, technologisches Wissen des Westens zu übernehmen? Würden sie nicht mehr länger bereit sein, Lastkraftwagen, industrielle Produktionseinrichtungen und Getreidelieferungen zu empfangen? Ist es das, was die nahezu hypnotische Furcht auf unserer Seite auslöst? Oder meint gar jemand, die Sowjets würden bei uns einmarschieren, wenn wir standhaft blieben?

Aus der Sicht eines Deutschen und im vollen Bewußtsein dessen, was im mißbrauchten Namen unseres Landes an Unheil über die Welt gebracht wurde, als einer, der sich daran erinnert, wie ängstlich und irritiert der Westen seinerzeit allzu spät auf das Unrechts-Phänomen des deutschen Nationalsozialismus reagierte, warne ich – nicht erst heute – vor der Wiederholung selbstbetrügerischer Beschwichtigungen gegenüber gegenwärtigem Unrecht.

Ein prominenter russischer Bürgerrechtler hat mir einmal gesagt: »Um uns braucht Ihr Euch nicht unbedingt zu kümmern, wir stehen das auch allein durch. Aber kümmert Euch wenigstens um Eure eigenen Landsleute in der SED-Tyrannei!«

Wir müssen das Wort Carters aufnehmen, Amerika behalte sich das Recht vor, sich zu äußern, wo es sich betroffen fühle – und in der Frage der Menschenrechte fühle es sich betroffen! Und die europäischen Völker?

Fühlen wir uns etwa nicht betroffen? Ist unsere Vorstellungskraft zu schwach, uns die bleichen Gesichter der Inhaftierten oder in die Irrenanstalten Verbannten vorzustellen, ihren trostlosen Rundgang im Gefängnishof, ihr Grübeln auf den harten Pritschen ihrer Zellen, ihre stumme, kräfteverzehrende innere Auflehnung, ihre Hoffnung, daß wir aussprechen, was sie aussprachen, obwohl es sie hinter Gitter brachte?

Wir wissen doch, daß ein Teil unseres eigenen Volkes gemeinsam mit anderen Völkern in Verzweiflung zu leben gezwungen ist und daß diese Verzweiflung unmenschliches Unrecht, die Verweigerung der Menschenrechte zur Ursache hat. Wer da nicht Solidarität übt, sagte Wladimir Bukowski, gibt auch seine eigene Freiheit auf.

Von Alexander Solschenizyn sind die Worte: »Die menschliche Natur ist voller Rätsel und Widersprüche. Eines dieser Rätsel lautet: Wie kommt es, daß Menschen, welche die Last schierer Sklaverei zermalmt und in den Abgrund gestoßen hat, dennoch in sich selbst die Kraft finden, sich zu erheben und zu befreien, erst im Geiste, dann auch im Fleische – wohingegen jene, die unbehindert über die Gipfel der Freiheit schweben, plötzlich den Geschmack an der Freiheit verlieren, den Willen auch, sie zu verteidigen, und sich hoffnungslos und desorientiert beinahe nach der Sklaverei zu sehnen beginnen?«

Und Andrej Sacharow sagte in seiner Dankrede für den Nobelpreis, die seine Frau in Oslo verlas, die Zusammenarbeit zwischen Ost und West dürfe nicht auf der Furcht der Demokratien vor ihren totalitären Nachbarn beruhen. Eine solche Politik würde das Übel nur hinausschieben, das dann durch eine andere Tür zehnfach wiederkehrte. Entspannung könne nur dann erfolgreich sein, wenn sie mit einem geschärften Sinn der öffentlichen Meinung, mit freiem Informationsaustausch und einem absoluten Respekt aller Länder und Regierungen gegenüber den bürgerlichen und politischen Rechten Hand in Hand gehe.

Diese Worte sind wie eine moralische Direktive für die Vorbereitungskonferenz von Belgrad. Während sie tagt, werden vierundzwanzig Jahre vergangen sein, seit unsere Landsleute in Ost-Berlin und der Zone in einem opfervollen Selbstbefreiungsversuch sich gegen die Gewalt erhoben haben.

In Belgrad besteht die Pflicht deutscher Politiker darin, Partei zu ergreifen, furchtlos Flagge zu zeigen. Und nicht zu fragen, ob die Adressaten des politischen Ostens unsere Appelle mit Groll aufnehmen würden. Was verlangt werden muß, ist, was in der Schlußakte von Helsinki steht: Menschenrecht.

Präsident Carter will das zum zentralen Thema der Belgrader Konferenz machen, das ist gerade in den letzten Tagen ganz klar geworden. Die Sowjets versu-

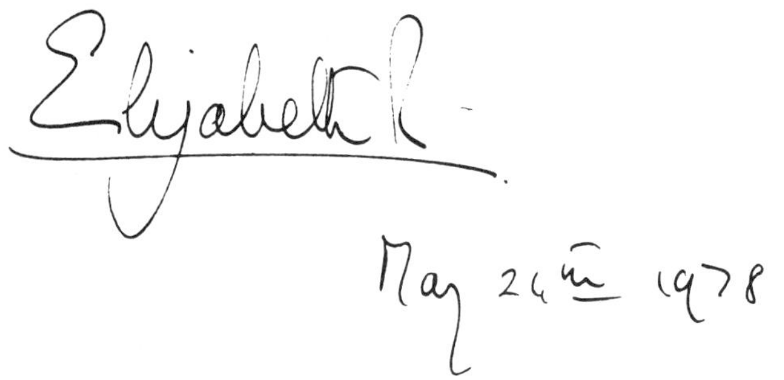

Eintragung in das Gästebuch des Gutes Schierensee

Dressurvorführung vor königlichem Publikum

Königin Elizabeth II. auf Gut Schierensee

Während ihres Deutschland-Besuches im Mai 1978 stattete Königin Elizabeth II., von Berlin kommend, auch Schleswig-Holstein einen Besuch ab. Auf Gut Schierensee wurde sie von Ministerpräsident Gerhard Stoltenberg begrüßt. Er stellte im Katharinensaal des Herrenhauses, das 1968 von Axel Springer erworben und restauriert wurde, den Gästen aus England sein Kabinett vor. Anschließend sah die Queen eine Vorführung holsteinischer Pferde und Dressuren (Foto oben: rechts hinter der Königin der britische Botschafter Sir Oliver Wright, Hausherr Axel Springer und Gastgeber Ministerpräsident Gerhard Stoltenberg. Links neben der Königin Friedrich-Christian Graf von Kielmansegg). Danach betrachtete sie die berühmte Fayencen-Sammlung des Hauses und trug sich in das Gästebuch ein. Axel Springer dankte der Königin als Berliner Bürger für ihren Besuch in der alten deutschen Hauptstadt und schloß mit den Worten: »Wie gern hätten auch meine Berliner Mitbürger von der anderen Seite der Mauer an dieser Demonstration der Dankbarkeit teilgenommen.«

Von der Terrasse des Herrenhauses Schierensee herab verfolgten die Königin und ihre Begleitung die Vorführung holsteinischer Pferde. Viererzüge galoppierten an der Terrasse vorbei. Als der Zuchthengst »Marmor« vorgeführt wurde, klatschte die Königin, die mit Pferden aufgewachsen ist, begeistert Beifall.

chen in den westeuropäischen Ländern auf den verschiedensten Ebenen – offiziell, offiziös, über die Publizistik und privat – die Amerikaner in dieser Frage zu isolieren.

Würden wir das zulassen, würden besonders wir Deutsche das zulassen, dann bliebe uns nur eine entsetzliche Alternative, ein unerträglich beschämender Preis: daß wir träge und belastungsscheu in Wohlstand und freiheitlicher Geborgenheit lebten, während Millionen anderer – darunter unsere Landsleute auf der Schattenseite der deutschen Teilung – in Sklaverei leben und Zehntausende in Gefängnissen leiden müßten. Das wäre ein schreckliches Schicksal für die anderen – aber schließlich auch für uns selbst.

Die Deutschen und die Juden

Fest an der Seite Israels

Am 14. Mai 1948 um 16 Uhr (am fünften Tag des Jahres 5708 jüdischer Zeitrechnung) wurde im Museumsgebäude am Rothschild-Boulevard in Tel Aviv der moderne, unabhängige jüdische Staat unter dem Namen Israel proklamiert. Erster Ministerpräsident des neuen Staates wurde David Ben Gurion. In der Proklamationsurkunde heißt es: »In Erez Israel stand die Wiege des jüdischen Volkes; hier wurde sein geistiges, religiöses und politisches Antlitz geformt; hier lebte es ein Leben staatlicher Selbständigkeit; hier schuf es seine nationalen und universellen Kulturgüter und schenkte der Welt das unsterbliche ›Buch der Bücher‹. Mit Gewalt aus seinem Lande vertrieben, bewahrte es ihm in allen Ländern der Diaspora die Treue und hörte niemals auf, um Rückkehr in sein Land und Erneuerung seiner politischen Freiheit in ihm zu beten und auf sie zu hoffen...«
Das jüdische Volk baute das neue Israel auf. Aber es mußte noch große Opfer bringen, bis es im Mai 1973 den 25. Jahrestag der Gründung seines Staates begehen konnte. Zu diesem Jubiläum schrieb Axel Springer in der »Welt« vom 7. Mai 1973 nachstehenden Artikel.

»Auf Deutschland, seine Menschen, seine Kultur, hatten wir Juden in Osteuropa jahrzehntelang unsere ganz besonderen Hoffnungen gesetzt. Wie konnte das Schreckliche gerade in Deutschland geschehen?« Es gab und gibt keine Antwort auf diese Frage, die mir – stellvertretend für Millionen jüdischer Menschen in aller Welt – vor einigen Jahren der erste israelische Ministerpräsident David Ben Gurion in seinem Haus in der Negev-Wüste gestellt hatte.

Aber statt einer Antwort gibt es eine Haltung. Für jeden Deutschen, der nicht einfach in den Tag hineinlebt, sondern Verantwortung fühlt für sein Land und sein Volk, gilt der Satz: »Israel ist nicht irgendein Staat.«

Es ist dies eine Haltung, die glücklicherweise interfraktionell gilt. Die Freunde Israels – seien sie es aus echter Zuneigung oder nur aus geschichtlicher Verantwortung – sind überall zu finden: in allen demokratischen Parteien, in allen gesellschaftlichen Gruppierungen, in den Städten und auf dem Land, bei alt und jung.

Gerade unzählige junge Menschen gehören zu den besten Freunden des jüdischen Volkes. Man sollte das auch dann nicht vergessen, wenn Nachrichten über deutsche Jugendorganisationen bekanntwerden, die sich von der arabisch-sowjetischen Einheitsfront täuschen lassen oder deren Sympathien offen den Feinden Israels gelten.

Für einen Deutschen darf nichts an dem Staat Israel wie an anderen Staaten sein, nicht die Vergangenheit, nicht die Gegenwart, nicht die Hoffnung der Zukunft. Das gilt heute ebenso wie vor 25 Jahren.

Nach dem Zweiten Weltkrieg sah sich Israel, bald nachdem es gegründet worden war, zwar einem deutschen Volke, aber zwei deutschen Regierungen gegenüber. Die beiden gingen allerdings in dem, was man »die Bewältigung der Vergangenheit« nannte, verschiedene Wege.

Ost-Berlin fühlte sich nicht »haftbar«, sondern beanspruchte Titel und Rang einer »antifaschistisch-demokratischen Ordnung«. Statt einer ideellen und praktischen Auseinandersetzung mit der Vergangenheit, statt jeglicher Wiedergutmachung blieb nur ein Fingerzeigen auf die Bundesrepublik Deutschland, die allein mit den Hypotheken der jüngsten deutschen Geschichte belastet werden sollte.

Auch im freien Teil Deutschlands war die Auseinandersetzung mit der Vergangenheit oft unvollkommen und mit bequemen Verdrängungen behaftet. Aber sie war wesentlich auch vom Bemühen um Wiedergutmachung bestimmt.

Es gab die Kriegsverbrecherprozesse, so umstritten manche Urteile bleiben mögen; es gab den Versuch einer geistigen Durchdringung von Schuld und Sühne gegenüber den Juden; es gab das von allen Parteien getragene Gesetz über die materielle Wiedergutmachung, die, über alles Ethische hinaus, für Hunderttausende eine praktische Überlebenshilfe bedeutete und noch heute bedeutet; und es gibt schließlich die »besonderen« Beziehungen zu Israel, die weit über das »Diplomatische« hinausreichen und gleichzeitig weit unter dem »Normalen« bleiben müssen.

Manchmal, besonders in neuerer Zeit, schien deutsche Politik in Widerspruch zu geraten zu der tiefen Verpflichtung gegenüber den Juden in aller Welt. Kurz bevor die deutsche Bundesregierung einen Vertrag mit Warschau[1] schloß, waren Tausende von polnischen Juden vor dem roten Antisemitismus geflohen. Und während die Bundesregierung sich um Übereinstimmung mit Moskau bemühte, kämpften russische Juden einen verzweifelten Kampf um ihre Ausreise, um einen Ausweg also aus der Bedrängnis judenfeindlicher sowjetischer Politik.

Wem das in Deutschland nicht auf die Seele schlug, der muß vergessen haben, was Menschen deutscher Zunge den Juden angetan haben. Wen das nicht Partei ergreifen ließ, der versteht nicht, was wir den Überlebenden schulden: Solidarität, die der Versuchung zu unparteiischer Distanz zu widerstehen hat. Es ist die Aufgabe unserer Generation, fest an der Seite Israels zu stehen, selbst wenn das unserer Politik anderswo Schwierigkeiten bringt.

Das israelische Volk ringt um den Bestand seines kleinen, dem Wüstensand abgetrotzten Staates, kämpft unter sengender Hitze um sein Lebensrecht – hinter sich das Meer und rundherum den Haß seiner Feinde. Und wir?

DIE WELT **25 Jahre Israel** **Eine Dokumentation**

David Ben Gurion und sein Enkel Uri. Das Foto, aufgenommen von Axel Springer jr., entstand 1969 in der Nähe von Herzliya. Es war das farbige Titelbild einer Dokumentation, die am 7. Mai 1973 der »Welt« zum 25. Jahrestag der Staatsgründung Israels beilag (oben rechts eine Widmung von David Ben Gurion an Axel Springer).

Man erlebt heute bei uns oft ein anmaßendes Naserümpfen über die Härte, mit der Israel seine Existenz verteidigt. Dabei wird auch weitgehend das Vokabular der Feinde Israels akzeptiert. Die Entschlossenheit, die Lebensrechte zu verteidigen, wird gleichgesetzt mit die Tatsachen ins Gegenteil verkehrenden Schlagworten wie »Aggressionspolitik gegen die Araber«. Wie falsch das ist, zeigt jedes Gespräch mit führenden Israelis, sei es Golda Meir, Abba Eban, Moshe Dayan oder wem auch immer.

Einst hat es bei uns vielen an Verständnis gefehlt für die Leidensfähigkeit der Juden, für die Gottergebenheit, mit der jahrhundertelang so viele von ihnen ihren Weg in den Tod gingen. Jetzt schütteln die Besserwisser ihre Köpfe über die kompromißlose Entschiedenheit, mit der dieses alte Volk der Israeli seinen jungen Staat verteidigt.

Viele, die das Recht Polens und der Sowjetunion auf dauernde Besitznahme deutscher Gebiete propagieren, ereifern sich gegen die derzeitige Besetzung der von Israel kontrollierten arabischen Gebiete. Daß aber ein Rückzug aus diesen Territorien vor einem Friedensschluß und ohne eine Garantie der Unverletzlichkeit Israels einem Selbstmord gleichkäme, wird ignoriert.

Rückblickend können wir Deutschen an diesem 25. Jahrestag der Gründung Israels mit Dankbarkeit sagen, daß unser Bemühen um das Abtragen der Schuld die Bereitschaft zur Verständigung im Staate der Juden gefördert hat. Wir können aber nicht sagen, daß unser Volk die Prüfung nach dem Ende des Schreckens voll bestanden hat und neuen Gefahren gerecht wird. Denn in unserem Lande berühren sich jetzt die Extreme von rechts und links auch in übereinstimmender Abneigung gegen Israel: Neben dem heute meist nur hinter der vorgehaltenen Hand geflüsterten Antisemitismus der Rechtsradikalen steht lauthals der Antizionismus der radikalen Linken. Und die Repräsentanten unseres Staates schweigen, von wenigen Ausnahmen abgesehen.

Vorausschauend bleibt immer noch und immer wieder die Aufgabe der Verständigung und die Hoffnung auf Versöhnung. Es ist eine Aufgabe auf lange Sicht, die auch die Generation der auf beiden Seiten Betroffenen überdauern wird.

Von deutscher Seite sehe ich dazu nur einen möglichen Beitrag, den ich schon oft skizziert habe: Dem Staat Israel fest durch alle Fährnisse zur Seite zu stehen, dem Staat, den sich die Kinder und Brüder derer gebaut haben, die von Deutschen gemordet wurden. Diesem Staat und seinen Menschen zur Seite zu stehen in praktischer Mitarbeit, in einer keine Gegenseitigkeit fordernden Treue, ganz einfach in Liebe.

Die Sünde, die Gott nie vergibt

In Anwesenheit des israelischen Staatspräsidenten, Professor Ephraim Katzir, wurde Axel Springer am 27. Juni 1974 die Ehrendoktorwürde eines Dr. phil. der Bar-Ilan-Universität in Ramat Gan[2] verliehen. In der Urkunde, die Axel Springer überreicht wurde, heißt es: »Man achtet Sie als einen Mann der Gerechtigkeit, und Sie haben sich einen Ehrenplatz verdient in der tapferen neuen Welt, die Israel aufbauen will. Von Beruf sind Sie Verleger. Philosophisch gesehen sind Sie ein Mann, der die öffentliche Meinung beeinflußt, ein Architekt, der das Denken und den Geschmack formt. Aus Veranlagung lieben Sie die Welt und die Menschen, die in ihr wohnen. In Ihren Meinungen sind Sie ohne Furcht, sogar bereit, Ihr eigenes Land zurechtzuweisen und zu tadeln. Heldenhaft sind Sie in Ihrem Mut, auch unpopuläre Ansichten zu vertreten und für sie zu kämpfen, wenn Sie von ihrer Gerechtigkeit überzeugt sind. Es ist leichter, die Mordopfer von gestern zu beklagen, als sich zu den Mordopfern von heute zu bekennen. Das haben Sie gesagt, und der Geist, der dahintersteckt, war die innere Antriebskraft, die Sie zwang, während des Jom-Kippur-Krieges[3] zu Ihren Freunden in Israel zu kommen. Das jüdische Volk wird das lange nicht vergessen. So grüßen wir Sie als einen Freund Israels, als einen Freund Jerusalems, der Stadt Gottes, und von heute an auch als einen treuen Freund der Bar-Ilan-Universität.«
Axel Springer dankte mit nachstehender Ansprache.

Ich bin tief bewegt und empfinde es als ein außerordentliches Privileg, daß mir, einem Deutschen, an diesem Nachmittag diese Ehrung zuteil wird. Dankbar und in aller Bescheidenheit nehme ich den Gradus honoris causa der Bar-Ilan-Universität an. Ich bin mir bewußt, daß diese Ehrung fast dreißig Jahre nach dem Ende des Zweiten Weltkrieges stattfindet, auf dessen grausamem und beispiellosem zweiten Schlachtfeld der Versuch unternommen wurde, die Juden in Europa auszurotten. Dafür muß mein Vaterland die Schuld tragen und die Verantwortung in Ewigkeit annehmen.

In Ihrem Lande habe ich viele Zeichen der Freundschaft erhalten, die ich nie vergessen werde. An eines davon erinnere ich mich in diesem Augenblick besonders lebhaft. Ich denke an den Text einer Schriftrolle, die mir der Bürgermeister von Jerusalem bei der Einweihung der Bibliothek des Israel-Museums im März 1969 schenkte[4]. Der Text beginnt – ich zitiere: »Als wir allein standen in dunklen

Ramat Gan, 27. Juni 1974: Verleihung der Ehrendoktorwürde an Axel Springer durch die israelische Bar-Ilan-Universität (oben). Mit dem Ehrendoktor der Philosophie wurde ebenfalls der britische Nobelpreisträger Sir Ernst Boris Chain (Foto rechts, 2. v. r.) ausgezeichnet; hier im Gespräch mit Axel Springer. Ganz rechts: der Kanzler der Universität, Joseph H. Lookstein.

Axel Springer jr., der sich unter dem Pseudonym Sven Simon einen international anerkannten Namen als Fotograf gemacht hat, während des Jom-Kippur-Krieges im Oktober 1973. Links Holger Diezemann, heute stellvertretender Chefredakteur von »Bild«.

Tagen, kam Axel Springer zu uns. Er ist ein wahrer Freund Israels. Beweise dafür sind sein nimmermüdes Auftreten in der Öffentlichkeit und seine großzügigen Schenkungen ...«

Und jetzt lese ich in einem Bulletin dieser Universität, das meine distinguierten Kollegen und mich als Empfänger des Gradus honoris causa verzeichnet (und ich zitiere wieder): »Freimütiger Verfechter der Sache Israels. Besuchte dieses Land während des Jom-Kippur-Krieges, um unserem Volk in seiner Stunde der Not beizustehen.«

Dazu möchte ich zwei Bemerkungen machen: Erstens, zuviel wird aus dem gemacht, was für mich selbstverständlich ist. Und zweitens, hier in der Universität kommt der Name Gottes leicht über meine Lippen. Was für ein Segen ist es doch, daß ich über Jahre hinweg manches tun konnte, das mein Herz, das heißt, der Herrgott, mir befahl.

Erlauben Sie, daß ich Ihnen eine kleine Geschichte erzähle: Im vorigen Jahr war mein Sohn Axel Kriegskorrespondent und durchlebte schwierige Stunden auf den Golan-Höhen und am Suezkanal. Eines Tages lag er mit einigen israelischen Soldaten in einem Graben versteckt auf dem Westufer des Suezkanals, das ich einige Tage später auch besichtigte. Die jungen Männer begannen sich zu unterhalten, und bald kamen sie auf die unglaubliche Entscheidung der Bundesregierung, israelische Schiffe, die mit amerikanischen Waffen beladen waren, am Verlassen des deutschen Hafens Bremerhaven zu hindern[5]. Die jungen Soldaten hielten mit ihrer Kritik nicht zurück.

Aber dann sagte einer von ihnen, sehr leise:

»Aber es gibt einen Deutschen, dem wir vertrauen können. Er hat in guten und in schlechten Zeiten gezeigt, daß er unser Freund ist.«

Mein Sohn Axel fragte, wer dieser Mann sei, und mein Name wurde genannt. Und dann sagte er seinen Freunden, daß ich sein Vater bin.

Ich erzähle diese Episode nicht aus Eitelkeit, noch will ich sie dramatisieren.

Ich gestehe aber, daß ich glücklich war, daß von allen Menschen ausgerechnet mein Sohn auf diese Weise von den Früchten meiner Bemühungen hörte.

Diese Bemühungen, die Ziele unserer Arbeit, haben auch in den vier Hauptgrundsätzen meines Unternehmens ihren Niederschlag gefunden, die für alle meine Zeitungen, alle meine Mitarbeiter verbindlich sind.

Der hier gültige Grundsatz lautet: Herbeiführen einer Aussöhnung zwischen Juden und Deutschen. Das schließt ein: Unterstützung der Lebensrechte des israelischen Volkes.

Aber der Hauptgrund, warum ich Ihnen die Episode mit meinem Sohn erzählte, ist folgender: So schmeichelhaft die Bemerkungen des jungen Soldaten über mich sind, er hat – glücklicherweise – ganz unrecht. Sehr viele Deutsche, die Mehrheit, denken wie ich.

Oktober 1973: Mit dem Schauspieler Chaim Topol auf der Westseite des Suezkanals

Auf der Pontonbrücke nach Ägypten: Chaim Topol, Axel Springer, Ernst Cramer

Es stimmt, daß die jetzige Bundesregierung, zu meinem großen Leid, sich in dieser Frage zurückhält. Oder lassen Sie es mich anders formulieren: Indem sie eine besondere Beziehung zum Staate Israel bestreitet, spielt meine Regierung keine positive Rolle, um die Haltung des deutschen Volkes zu beeinflussen. Ich spreche von der Verpflichtung, jeden zur Einsicht zu bringen, daß Gott auch nach dreißig Jahren eine Schuld von solcher Brutalität nicht tilgt.

Gott hat uns Deutschen die Chance gegeben, vor der Geschichte zu bestehen, uns wieder zu bewähren. Und Gott gebietet uns, nie wieder die eine Sünde zu begehen, die nie vergeben wird. Die Sünde, die Gleichgültigkeit des Herzens heißt.

Nach seiner Rückkehr nach Berlin an diesem Wochenende verspricht Ihr neuer Doktor der Philosophie honoris causa der Universität Bar-Ilan, seine Arbeit für dieses Ziel fortzusetzen, solange Gott es ihm erlaubt.

Möge Er Sie alle segnen, Ihre Universität und Ihr Heimatland.

Dem Falschen die Tür geöffnet

Am 10. November 1975 faßte die Vollversammlung der Vereinten Nationen eine Resolution, die den Zionismus als »eine Form von Rassismus und Rassendiskriminierung« verurteilt. In Israel wurde dieser Beschluß als »tiefe Beleidigung des Judentums und als antisemitische Deklaration« empfunden. Der israelische Chefdelegierte bei der UNO, General Chaim Herzog, gab nach der Abstimmung seiner Empörung mit den Worten Ausdruck, Hitler würde sich im Gebäude der Vereinten Nationen zu Hause fühlen. Die Bundesrepublik Deutschland stimmte gegen die Resolution; die »DDR« dafür. Die Haltung der »Repräsentanten des anderen Deutschland« gegenüber dem Judentum charakterisierte Axel Springer in einem Artikel, der am 15. November 1975 unter der Überschrift »Dem Falschen die Tür geöffnet« in der »Welt« erschien.

Auf dem Boden Amerikas, dort also, wo Abraham Lincoln die Sklaverei abschaffte und seine Nachfolger in unserer Zeit die Gleichheit der Rassen mit Gesetzeskraft vollenden, dort, wo Hunderttausende verfolgter Juden eine Zuflucht und ein Leben in Freiheit fanden, dort ereignete sich Entsetzliches: Im Hochhaus am East River beschloß eine Mehrheit der UNO-Vollversammlung, den Zionismus als Rassismus zu erklären und zu verurteilen.

Die Vereinten Nationen, die vor dreißig Jahren gegründet wurden, um »die Achtung der Menschenrechte ... für alle ohne Unterschied der Rasse, des Geschlechts, der Sprache oder der Religion zu unterstützen und zu fördern«, haben einen großen Schritt auf dem Weg zur Wiederholung des unwürdigen Niedergangs der früheren Weltorganisation, des Völkerbundes, getan. Die UNO bestätigte, was Alexander Solschenizyn sagte, als er sie eine »unmoralische Institution« nannte[6].

Der Zionismus war die teils national, teils religiös motivierte Bewegung von Juden aus aller Welt, die eine Rückkehr zum Erbe und zur Erde ihrer Väter suchten. Rassenexzesse – Pogrome im zaristischen Rußland und der millionenfache Mord durch den Nationalsozialismus – haben den Zionismus von einer romantischen Träumerei zu einer Notwendigkeit für das Überleben werden lassen. Heute ist er identisch mit dem Selbstbestimmungsrecht des jüdischen Volkes. Wer den Zionismus mit dem Rassismus gleichsetzt, negiert das Lebensrecht Israels.

Die Vereinten Nationen waren, getreu ihrer selbstgestellten Aufgabe, vor 27 Jahren Paten bei der Wiedergeburt einer jüdischen Heimstatt auf dem geweihten, historischen Boden von Palästina. Die Sowjets waren damals verärgert, daß die

Amerikaner und nicht sie den neuen Staat als erste anerkannt hatten. Heute ist der Vertreter des Kremls einer der Wortführer bei dem Tiefschlag gegen Israel, der noch mehr ein Tiefschlag gegen die Institution der Vereinten Nationen ist. Die Würde dieser Weltorganisation, nicht die Würde Israels, wurde durch die Annahme dieser Resolution zutiefst irreparabel verletzt.

Wo immer in der Welt heute den Juden, ihrem Glauben oder ihrem Land das Lebensrecht bestritten wird, kann die Frage nach der Haltung der Deutschen nicht unerörtert bleiben. Die Delegation der Bundesrepublik Deutschland hat gegen die Resolution des Ungeistes gestimmt, die der amerikanische UNO-Chefdelegierte Pat Moynihan einen »infamen Akt« nannte, der »den Mördern von sechs Millionen europäischer Juden eine symbolische Amnestie« gewähre. Der deutsche UNO-Botschafter Rüdiger von Wechmar sprach von einem »schwarzen Tag der Vereinten Nationen«.

Die Verdammung geht einhellig durch alle im Bundestag vertretenen Parteien. Der Bundeskanzler, der Außenminister und der Chef der Opposition haben keinen Zweifel daran gelassen, daß es in dieser Frage keine Uneinigkeit gibt.

Ganz anders war die Reaktion aus Ost-Berlin. Schon am 9. November hatte der Vorsitzende der Jüdischen Gemeinde zu Berlin, Heinz Galinski, im Rahmen einer Gedenkstunde für die Opfer der »Kristallnacht« des Jahres 1938 »mit Abscheu und Empörung« darauf hingewiesen, daß zu den Agitatoren, die sich in den Gremien der Vereinten Nationen mit besonderem Nachdruck für die Rassismus-Resolution einsetzten, »auch die DDR gehört«.

Die Repräsentanten des anderen Deutschland, die, wie in Hitlers Tagen, in die Tschechoslowakei einmarschiert waren, die in Ost-Berlin arabische Terroristen ausbilden, die sich weigern, Juden in Israel oder anderswo Wiedergutmachung für nationalsozialistisches Unrecht zu leisten, haben nun auch vor den Augen der Welt auf offener Bühne in der schrecklichen Pantomime des neuen Antisemitismus ihre Hände erhoben. Ich spreche mit Absicht von den »Repräsentanten des anderen Deutschland«. Denn man weiß aus unzähligen Briefen und durch die Berichte vieler Besucher, daß unsere Landsleute im unfreien Teil unseres Vaterlandes mehrheitlich über die Juden und über Israel ebenso denken, wie es die überwältigende Mehrheit in der Bundesrepublik tut.

Wenn man in tiefer Scham Deutsche, Diplomaten der »DDR«, als Antisemiten vor dem Forum der Vereinten Nationen agieren sieht, dann fragt man sich erneut, weshalb Bonn in der Euphorie der Ostpolitik dem SED-Staat den Weg in die UNO geebnet, ja geöffnet hat.

Unter dem Titel »Kann man sich den Weg in die UNO freischießen?«[7] mahnte ich im August 1972 in der »Welt«, sich der Mitgliedschaft Ost-Berlins bei den Vereinten Nationen entgegenzustellen, und zwar »im Namen der Menschenrechte, um die es geht. Oder geht es darum nicht mehr? Worum geht es dann? Die

›DDR‹ hinein in die UNO – die Menschenrechte hinaus –, das kann nicht der Auftrag des freien Teils unseres Vaterlandes sein.«

Als es vor einem Jahr darum ging, den Führer der PLO[8], der Palästinensischen Befreiungs-Organisation, Arafat, auf das Podium der Vereinten Nationen zu rufen, stimmten die Delegierten des SED-Staates selbstverständlich dafür. Die Bundesrepublik Deutschland enthielt sich damals der Stimme, wohl mit einem scheuen Seitenblick auf den großen Protektor des arabischen Terrorismus, die Sowjetunion.

Inzwischen hat das UNO-Forum, das eigentlich der Völkerfreundschaft dienen soll, aber jetzt Völkerfeindschaft verbreitet, beschlossen, die PLO zu allen Gremien und Sitzungen zuzulassen. Und die Emissäre aus Ost-Berlin sind die eifrigsten, die beflissensten, die schärfsten Parteigänger derer, die heute wie gestern den Staat Israel vernichten wollen. Ein Moderhauch des tausendjährigen Reiches wird wahrnehmbar, wenn die deutschen Wiederentdecker der Wachtürme, des Stacheldrahtes und der politischen Verlogenheit am lautesten in die Schlacht- und Schlachterrufe gegen den Zionismus, das heißt gegen die Heimat der Überlebenden von Maidanek[9], Theresienstadt[10] und Auschwitz[11] einstimmen.

Was vor drei Jahren scheinbar auf dem Altar der Verständigung dargebracht wurde, kehrt sich nun nicht mehr nur gegen das freie Deutschland, sondern auch gegen das seit dem Tag seiner Gründung gefährdete Israel, dem wir Deutsche wie kein anderes Volk der Erde verpflichtet sind.

Ein Bau für den Frieden

»Hadassah ist dankbar für die Spenden von 26927 Deutschen, die zum Bau dieser Behinderten-Klinik beigetragen haben. Die Spenden kamen über die Axel Springer Stiftung[12] und die Jerusalem Foundation.« Diese Inschrift steht in englischer Sprache auf der Stiftungsplakette im Haupteingang der Versehrten-Klinik. Sie gehört zum Hadassah-Hospital auf dem Skopus-Berg in Jerusalem. Nach einem Besuch in Israel während des Jom-Kippur-Krieges[13] hatte Axel Springer in Deutschland über die »Axel Springer Stiftung« zu Spenden für den Bau der Klinik aufgerufen.
Zur Eröffnung des Rehabilitations-Zentrums am 15. Juni 1976 konnte Axel Springer nicht nach Jerusalem kommen.
Deshalb wurde der Text seiner geplanten Ansprache an die Gäste der Einweihungsfeier verteilt.

Ich spreche heute zu Ihnen nicht so sehr als Axel Springer, sondern vielmehr als Vertreter von 26 000 Landsleuten. Lassen Sie mich erzählen, wie es geschah.

Wie ich es schon im Sechs-Tage-Krieg[14] getan hatte, kam ich auch während des Jom-Kippur-Krieges nach Israel, noch ehe sich der Pulverdampf von den Schlachtfeldern verzogen hatte. Mit Ausnahme der israelischen Fluggesellschaft EL-AL, die Reservisten nach Israel brachte, um die Armee zu verstärken, flog keine einzige ausländische Fluggesellschaft nach Lod.

Unglücklicherweise kam ich als Reservist nicht in Frage. Deshalb nahm ich mein eigenes Flugzeug. Als wir auf dem Ben-Gurion-Flughafen ankamen, dachte ich zunächst, wir seien ganz allein. Die Start- und Landebahnen waren leer. Doch weit entfernt, in einer teilweise versteckten Ecke des Flugfeldes, sah ich bald Geschäftigkeit: Riesige Flugzeuge wurden entladen.

Später stellte ich fest, daß es amerikanische Groß-Transport-Flugzeuge vom Typ »Galaxy«[15] waren. Sie brachten dringend notwendige Munition, Waffen und Ersatzteile für die israelischen Streitkräfte. Seither habe ich immer wieder zu amerikanischen und deutschen Freunden gesagt, und ich werde es hier heute noch einmal sagen:

Danke, Amerika. Dank dem amerikanischen Volke für die Hilfe an Israel in der Stunde der Not. Ich schäme mich, wenn ich mich daran erinnere, wie fast alle anderen Länder zu jener Zeit gehandelt haben, mein eigenes Land nicht ausgenommen.

Bald, nachdem ich auf israelischem Boden gelandet war, in jenen schicksalhaften Tagen im Spätherbst 1973, wurde es mir ermöglicht, die Schlachtfelder des Sinai zu besuchen, die mit den Trümmern des Krieges übersät waren, sowie den

Brückenkopf westlich des Suezkanals, das biblische Land Goschen, von wo wir die eingekesselte Dritte ägyptische Armee beobachteten. Wir sahen viele Verwundete, entlang des Kanals auch zahlreiche Tote.

Ich war erschüttert, beeindruckt und tief bewegt, als ich nach Jerusalem zurückkehrte, in die Hauptstadt, die durch den vorhergehenden Krieg wiedervereinigt worden war. Ich sagte Bürgermeister Kollek, daß nicht nur ich, sondern viele von meinen Landsleuten helfen wollten, um das Elend zu lindern, das der Krieg geschaffen hatte.

Er schlug unverzüglich vor, bei der geplanten Klinik für körperlich Behinderte im Hadassah-Hospital auf dem Skopus-Berg mitzuhelfen. Diese Klinik sollte jenen helfen, die im Kriege verwundet worden waren, aber auch anderen, die bei Unfällen verletzt worden oder durch Krankheit behindert waren – Juden ebenso wie Arabern. Eine Einrichtung für gegenseitige Hilfe, für Wiederherstellung der Gesundheit, zur Heilung – im engeren und weiteren Sinne des Wortes – kurz gesagt: ein Bau für den Frieden.

Als ich nach Deutschland zurückgekehrt war, rief die »Axel Springer Stiftung« in Zeitungsanzeigen in allen Teilen des Landes auf, zu spenden. Und wie erwartet kamen Tausende diesem Aufruf nach. Wir brachten viel mehr als eine Million Mark zusammen. Das meiste davon kam in kleinen Beiträgen von fünf, zehn oder zwanzig Mark. Ein großer Teil dieser Spenden kam von einfachen Leuten in Berlin, der immer noch geteilten ehemaligen Hauptstadt meines Vaterlandes, wo ich mehr Verständnis und Sympathie für Israel finde als in irgendeiner anderen Stadt, die ich kenne.

Alle diese Leute, die keine großen Summen geben konnten, aber dennoch helfen wollten, waren von dem Wunsche beseelt, jenem Israel beizustehen, das trotz der Schrecken des Krieges eine Klinik für körperlich Behinderte baute, um Juden und Arabern in gleicher Weise zu helfen.

Juden und Arabern in gleicher Weise zu helfen – das ist für mich in Ihrem Falle die Erfüllung des wichtigsten Gebotes aus dem Alten und aus dem Neuen Testament: Liebe deinen Nächsten wie dich selbst.

Immer wenn ich nach Jerusalem kam, war ich tief beeindruckt, zu sehen, daß das Leitwort für Teddy Kolleks Arbeit und Überzeugung unverändert geblieben ist, was auch immer geschah: das Leitwort »Zusammenarbeit«. Dies gilt auch für die israelische Regierung.

Ich weiß, daß diese Zusammenarbeit immer schwieriger wird, je mehr die radikalen Gruppen unter den Arabern in Israel und in den besetzten Gebieten durch internationale Anerkennung und wachsendes Ansehen ermutigt werden. Jeder Besuch eines westlichen Politikers bei Arafat macht die Zusammenarbeit in Israel schwieriger. Jede Eröffnung eines PLO-Büros in einer westlichen Hauptstadt hilft den Radikalen und entmutigt die Maßvollen unter den Arabern in Israel und außerhalb Israels. Und ich weiß auch, daß, je schwieriger die Lage wird, desto härter und unbeliebter die Gegenmaßnahmen sein müssen, die ergriffen werden müssen und die – wie ich nur zu gut verstehen kann – kein Israeli gern sieht. Aber sie müssen ergriffen werden, ob es die sogenannte »aufgeklärte« Welt nun mag oder nicht.

Letzten Endes aber sehe ich keinen anderen Weg, als sich an den Geist des Gebotes zu halten: Liebe deinen Nächsten wie dich selbst. Was wiederum ein Glaubensgrundsatz ist. Ich bin zutiefst überzeugt, daß dieser Geist sich schließlich durchsetzen wird.

Und in diesem Sinne bin ich glücklich und dankbar, daß meine Landsleute und ich persönlich an der Schaffung der Klinik für körperlich Behinderte beteiligt sein durften. Mein Wunsch und meine Hoffnung sind, daß diese Klinik immer weniger gebraucht wird, um Kriegsveteranen wiederherzustellen, sondern mehr und mehr für solche Menschen da ist, die im Zivilleben verletzt wurden.

Für diese Versehrten-Klinik und ihre Ärzte und Krankenschwestern, für die Hadassah und ihre Helfer und Helferinnen, für Jerusalem, für Israel und sein Volk habe ich nur ein Wort der Hoffnung und der Zuversicht, und ich will es in vier beziehungsvollen Sprachen sagen:

Friede – Peace – Salam – Schalom.

Den Freund im Stich gelassen ...

Am 28. Oktober 1977 stimmte der Vertreter der Bundesrepublik Deutschland bei den Vereinten Nationen einer Resolution zu, in der Israels Siedlungspolitik in den besetzten Gebieten als »Hindernis bei den Bemühungen um einen gerechten und dauerhaften Frieden« verurteilt wurde. In einem Artikel in der »Welt« vom 5. November 1977 beklagte Axel Springer die Haltung der Bundesregierung.

Israel sorgt sich um seine Zukunft. Wer sorgt sich mit ihm? Es sind viele einzelne in vielen Ländern der Welt, die am Schicksal dieses unvergleichlichen Landes und seines Volkes Anteil nehmen, mitleiden, mithoffen. Auch deutsche Bürger wenden sich Israel in Verbundenheit zu, empfinden die besondere Pflicht, erkennen die einzigartige Chance zur Treue, zu einer Wiedergutmachung, die sich nicht nur in Zahlen messen läßt.

Das ist nicht wenig, aber es ist nicht genug. Israel braucht neben der Mitsorge der vielen einzelnen auch die Freundschaft und die Hilfe von Staaten, von Regierungen, Parlamenten der freien Welt. Das schien lange selbstverständlich, jetzt aber ist es einsamer geworden um Israel. Es sieht sich von ganzer Feindschaft und halber Freundschaft umgeben. Wenn es Ausschau hält nach entschiedener geistig-moralischer Weggefährtenschaft, findet es sich weithin vergessen, verlassen oder gar verraten. Es wäre ein historischer Sündenfall von bestürzendem Ausmaß, wenn Israels Hoffnungen sich auch im freien Deutschland als enttäuscht erwiesen.

Nach den israelischen Siegen im Sechs-Tage-Krieg und im Jom-Kippur-Krieg erkannten die Wissenden, daß man die Freunde Israels eines Tages an ihrer Haltung im Alltag messen würde, wenn das Aufatmen der Erleichterung und der Rausch gemeinsamer Freude vergessen sind.

Nun haben die Staaten der Europäischen Gemeinschaft einschließlich der Bundesrepublik Deutschland in den Vereinten Nationen einer Resolution[16] zugestimmt, in der Israel wegen seiner Siedlungspolitik in den besetzten Gebieten verurteilt wurde. Aber der Protest darüber, daß eine deutsche Delegation dabei mitgewirkt hat, den Staat der Juden – wenig mehr als drei Jahrzehnte nach Auschwitz – in den Anklagestand zu versetzen, blieb in unserem Lande aus. Amerika und eine Handvoll anderer Staaten enthielten sich der Stimme. Deutschland aber stimmte mit den Feinden Israels.

Der Einwand, Europa sollte, wenn immer es möglich ist, mit einer Stimme sprechen, gilt hier nicht. Er wäre in diesem Falle zynisch und falsch. Hat sich die Bundesregierung denn darum bemüht, ihre europäischen Verbündeten von dieser schlimmen Denunziation abzuhalten? Hat es einen deutschen Versuch gegeben zu verhindern, daß Europa Israel in den Rücken fiel? Nichts davon ist bekannt. Wenn es diesen Versuch gegeben hätte und er erfolglos geblieben wäre, dann hätte es der Bundesrepublik Deutschland zur Ehre gereicht, sich dennoch an diesem Schlag nicht zu beteiligen.

Siedlungen in besetzten Gebieten. Wovon ist eigentlich die Rede? In einem Israel gegenüber recht kritischen Artikel stellt die »New York Times«[17] fest, daß es sich einschließlich der Frauen und Kinder im Jordan-Tal und auf den judäischen Hügeln, also in der am meisten erwähnten sogenannten »West Bank«, um 2500 Menschen handle – gegenüber etwa 750000 dort lebenden Arabern.

Außerdem wird immer wieder das Gerücht verbreitet, die neuen Siedlungen stünden auf Boden, der arabischen Bauern oder Grundbesitzern weggenommen worden sei. Das Gegenteil ist richtig. In fast allen Fällen handelt es sich um öffentliches Land, das oft jahrhundertelang brach lag und das die jungen israelischen Pioniere nun landwirtschaftlich erschließen wollen. In den wenigen Fällen, in denen Land aus Privatbesitz zur Arrondierung erworben werden mußte, geschah der Kauf strikt nach den dort noch immer gültigen jordanischen Gesetzen. Welch ein Gegensatz zu der Expropriation jüdischen Grundbesitzes in vielen arabischen Ländern!

Zur Frage der Siedlungen sagt übrigens der israelische Außenminister Moshe Dayan: »Sie haben keinen Einfluß auf die endgültigen Grenzen. Die werden vielmehr festgelegt in Verhandlungen zwischen Israel und seinen Nachbarn.«

Die westliche Welt aber ist der arabischen Propaganda auf den Leim gegangen und hat sich – gegen besseres Wissen – die Behauptung zu eigen gemacht, die Gründung einiger israelischer Siedlungen im besetzten Westjordanien und im Gaza-Streifen präjudiziere die Frage der eventuellen Räumung dieser Gebiete und gefährde deshalb den Frieden in Nahost. Die demagogische Forderung, ein Verzicht auf diese Siedlungen und eine Rückgabe der besetzten Gebiete werde beinahe automatisch den dauerhaften und gesicherten Frieden im Nahen Osten bringen, fand ein willfähriges westliches Echo. Auch Amerika, die einzige Schutzmacht Israels, hat sich in diese Falle locken lassen.

Aber was da behauptet wird, ist historisch widerlegt. Als Israel zwischen 1948 und 1967 in seinen alten Grenzen lebte, als es keine einzige Siedlung jenseits dieser alten Grenze besaß, war auch kein Frieden. Im Gegenteil: Es gab dauernd Grenzzwischenfälle, ja, es wurden Kriege gegen Israel entfesselt. Von eigener Aggression ablenkend, bezeichneten die arabischen Staaten und die Länder des sowjetischen Imperiums Israel als »Aggressor« und tun das heute noch. Sie und alle Welt wußten aber, daß Israel sich nur gewehrt hatte. Wenn aber vor der Besetzung der umstrittenen Gebiete durch Israel kein Frieden im Nahen Osten war, warum sollte er kommen, wenn die Besetzung endet?

Vielmehr wäre eine völlige Rückkehr zu den für Israel lebensbedrohenden alten Grenzen eine Einladung an die Feinde Israels zu einem neuen Angriff. Das ist der Grund für Israels Weigerung, sich zurückzuziehen, bevor nicht glaubhafte und verläßliche Garantien für seine freie und friedliche Existenz gegeben sind. Dieser Grund ist ernst zu nehmen – von jedem, der Frieden meint, wenn er Frieden sagt.

Nicht einige israelische Siedlungen jenseits seiner alten Grenzen gefährden den Frieden im Nahen Osten, sondern die arabische Begehrlichkeit und die arabischen Aggressionen. Araber haben Araber bekämpft, das Blutvergießen im Libanon war friedenszerstörend und todbringend. An der irakisch-syrischen und der irakisch-kuwaitischen Grenze schossen Araber auf Araber. Im Jemen vergossen Araber arabisches Blut. Was hat die UNO dagegen getan? Welche Resolutionen gab es, die das verurteilten, vom Vernichtungskampf gegen die Kurden ganz zu schweigen? Wenige Tage nach der UNO-Abstimmung gegen Israel forderte Zuheir Mohsen, der Chef der Guerillagruppe Saika[18], zu einer Mobilmachung der arabischen Länder als Vorstufe für einen neuen Krieg gegen Israel auf. Die Vereinten Nationen werden das schweigend übergehen.

Was den Frieden im Nahen Osten auf die furchtbarste Weise zerstörte, war und ist der arabische Terrorismus. Die PLO (die Palästinensische Befreiungsfront) ging diesen Weg, den eine Blutspur zeichnet. Die Antwort der Vereinten Nationen war donnernder Applaus für den Ober-Terroristen der PLO, Yassir Arafat, der pistolenbewaffnet vor diese Institution trat, die sich angeblich um den Frieden sorgt, aber jene verherrlicht, die ihn brechen.

Die politische Aufwertung der PLO – Willy Brandt hat erst vor zwei Tagen einen Vertreter dieser Organisation in Bonn offiziell empfangen[19] –, ihre »Legitimierung« als Sprecherin »berechtigter arabischer Anliegen« wäre schon eine Schande gewesen, wenn sie sich auf die Dritte Welt beschränkt hätte. Die westliche Mitwirkung an der Kapitulation vor dieser Mörderorganisation war aber ein politisch-moralisch schuldhaftes Verhalten jenseits allen Begreifens.

Wenn dieser Sündenfall schon bisher nicht begriffen wurde, obwohl die PLO immer wieder das Blut Unschuldiger vor aller Augen vergossen hat, warum wird es dann immer noch nicht verstanden, seit der Terrorismus mit seinen arabischen Wurzeln und Verflechtungen auch über Europa und vor allem über Deutschland gekommen ist? Spätestens nun, da der gemeinsame Feind erkannt wurde, müßte die Gemeinsamkeit der Abwehr die Bundesrepublik mit Israel verbinden – nunmehr auch im Sinne eigenster Interessen. Die Opfer derer, die den Frieden bedrohen, sind auf den Friedhöfen zu finden. Es genügt indes noch immer nicht. So, als wäre das alles nicht gewesen, als hätte es keine Nazi-Barbarei der Vergangenheit und keinen mörderischen Terror der Gegenwart gegeben, verurteilte die Bundesrepublik Deutschland Israel wegen einiger Grenzsiedlungen. Kurz zuvor haben wir den Flugkapitän Jürgen Schumann beerdigt, den arabische Terroristen ermordeten[20]. Dem verschlagenen Arafat, der sich taktisch schlau »distanziert« hatte, galt deutscher Dank – Israel gilt deutscher Schuldspruch.

In seinem vergeblichen Appell an das Forum der Vereinten Nationen hat der Vertreter Israels, Botschafter Chaim Herzog, einige erschütternde Tatsachen ausgesprochen, die es verdienen, im Wortlaut festgehalten zu werden:

»Ein Jude soll also, weil er Jude ist und aus keinem anderen Grunde, nicht auf einem Grundstück siedeln dürfen, das ihm und seiner Familie gehört – seit Jahren, oft seit Jahrhunderten ... Was die schnell zusammengestellte und dumme Resolution fordert, ist recht einfach: Ich soll nicht auf einem Grundstück in Masuoth Yitchak, einem Dorf bei Hebron, siedeln dürfen, das nach meinem verstorbenen Vater benannt ist und das jüdischen Eigentümern gehört; ich darf das nicht aus einem einzigen Grund, weil ich zu dem jüdischen Volk gehöre. Das ist die bösartige antisemitische Nazi-Philosophie, die hinter dieser Resolution steckt. Das ist die Falle, in die leichtgläubige westliche Delegationen durch diese scheinbar legalistisch formulierte, harmlose Resolution gelockt werden.

Man faßt sich an den Kopf: Die Vertreter der Europäischen Gemeinschaft ... sollen für eine Resolution stimmen, die man als eine Neuauflage der Nürnberger Gesetze[21] ansehen muß, weil darin gesagt wird, daß ein Jude Land, das ihm gehört, nicht bebauen und bewohnen darf, weil er ein Jude ist. So einfach und so unheimlich ist das.«

Dem ist eigentlich nichts mehr hinzuzufügen.

Es war verhängnisvoll genug, daß die USA gemeinsam mit Moskau die »legitimen« Rechte der Palästinenser entdeckten und verkündeten. Deutschland durfte darin nicht folgen.

Zwar haben die Vereinigten Staaten von Amerika Israels konsequente Weigerung, die PLO als Verhandlungspartner zu akzeptieren, hingenommen. Aber sie taten es nur zähneknirschend, obwohl niemand außer der PLO selbst einen Palästinenser-Staat unter ihrer Anführerschaft will. Israel kann ihn nicht wollen; Amerika will ihn nicht, Jordanien will ihn nicht. Syrien fürchtet ihn. Ägypten mag ihn nicht kommen sehen. Was, in aller Welt, hat dann die PLO als Verhandlungspartner auf einer Genfer Nahost-Konferenz[22] zu suchen, was soll sie überhaupt zur Lösung des Problems und gar zum Frieden beitragen können, da Israels Vernichtung ihr erklärtes Ziel ist?

Vor dem Generalrat des Jüdischen Weltkongresses hat vor wenigen Tagen Präsident Jimmy Carter in Washington dankenswerterweise Israel der andauernden Freundschaft Amerikas versichert. Er hat aber auch gesagt, die arabischen Regierungen bestritten Israel nicht mehr das Recht, innerhalb von sicheren und anerkannten Grenzen zu leben. Aber keiner der Nachbarstaaten des jüdischen Landes hat bisher das immer wieder von Jerusalem kommende Angebot angenommen, eine derartige Haltung auch in bilateralen Verhandlungen festzulegen oder gar diplomatische Beziehungen anzustreben. Gäbe es eine solche Entwicklung, könnten und würden auch die Israelis zu Konzessionen bereit sein.

Ein Jerusalemer Bürger sagte unlängst zu einem deutschen Freund: »Es mag anmaßend klingen, aber das ist es nicht: ›Immer wenn es den Juden schlecht ging, dann ging es auch der übrigen Welt schlecht‹.« Jetzt geht es Israel nicht gut und der Welt auch nicht. Sie ist vom Kommunismus herausgefordert von Sibirien bis Leipzig, von Rom bis Paris, von Afrika bis Asien. Sie ist vom Terrorismus heimgesucht, dessen Mordspuren im wahrsten Sinne des Wortes grenzenlos zu werden beginnen.

Warum begreift die Welt nicht, daß Israels Sicherheit einer der Schlüssel zum Frieden dieser Welt ist? Für keinen denkenden Menschen kann es schwer sein zu verstehen, daß Israel nicht durch einen Rückzug auf seine alten Grenzen Selbstmord begehen will, daß es die PLO, die ihm Vernichtung ansagt, nicht als Verhandlungspartner anerkennt und daß es sich dagegen wehrt, dauernd zu Vorleistungen gedrängt zu werden.

Die westliche Welt ist durchaus in der Lage, das zu begreifen. Aber da ist ein anderes Motiv, das sie hindert, fest zu Israel zu stehen: das arabische Öl. Westeuropa hat sich unterworfen, statt sich gegen die Erpressung zu wehren. Gäbe es große Ölquellen in Israel, wäre ihm Unterstützung in seinen Lebensfragen gewiß.

Unter allen beteiligten Nationen ist dieser Tatbestand für Deutschland am beschämendsten. Die Bundesregierung hat Schuld und Sühne im Sinne des Versuchs einer Bewältigung der Vergangenheit gegenüber den Ländern Osteuropas in masochistisch anmutender Weise demonstriert. Aber gegenüber Israel versagt die aus dem Schuldbewußtsein resultierende Bereitschaft zur politischen Hilfe. Es ist bestimmt kein Zufall, daß noch kein deutscher Kanzler in Jerusalem auf die Knie gefallen ist.

Natürlich bedarf es solcher dramatischen Gestik nicht. Israel braucht Zuspruch, Ermutigung, Verständnis und diplomatische Schützenhilfe. Selbst, wenn niemand auf der Welt das für den Staat der Juden aufbrächte, müßten wir Deutschen es tun.

Was die Gegenwart uns auferlegt, ist geistige und praktische Abwehr der Gewalt. Das ist auch Israels Überlebensfrage. Findet es Deutschland darin nicht an seiner Seite, dann versagt Deutschland vor der Geschichte. Es gibt historische Prüfungen, die nicht allein in eigener Sache zu bestehen sind.

Aber dann hört man, daß im freien Berlin ein Vertreter der PLO auf einer kommunistischen Veranstaltung sagt, »die Beseitigung des zionistischen Gebil-

Ein Geschenk für das Jüdische Gemeindehaus in Berlin: Seit Januar 1979 steht dort ein siebenarmiger Tempelleuchter, Menorah genannt, den Axel Springer auf einer Londoner Auktion erworben hatte. Der Vorsitzende der Jüdischen Gemeinde, Heinz Galinski, bedankte sich mit einem Porzellanteller, auf dem das Berliner Gemeindehaus dargestellt ist.

Baronin Alix de Rothschild bei Axel Springer in Berlin: Baronin Rothschild ist die Weltpatronin des jüdischen Kinderhilfswerks »Alijah«

Ehrung in Jerusalem: Die Hebräische Universität verlieh am 5. Juli 1976 die Ehrendoktorwürde u.a. an Daniel Moynihan (links), Axel Springer sowie an den Rechtsanwalt Zvi Shwarz

des Israel« sei die »einzige Lösung für das Nahost-Problem«[23]. Das wurde auf deutschem Boden gesagt, im Zentrum deutscher Würde und Selbstbehauptung. Man braucht wenig Phantasie, um sich vor Augen zu führen, wie eine solche Nachricht in Jerusalem wirken muß.

Der Abstimmungsskandal in New York zu Lasten Israels ist, was unser Land anbelangt, von den in Bonn Regierenden zu verantworten. Sie gaben die entsprechende Direktive. Und doch handelt es sich um ein Versagen aller. Denn die Opposition versäumte den notwendigen Einspruch. Sie erkennt nicht, daß die Haltung gegenüber Israel sie dann ganz besonders in die Pflicht nimmt, wenn die Koalitionsparteien versagen. Die Opposition unterläßt es, diesem Thema, an dem die Moral unserer Nation gemessen wird, im Parlament den Rang zu geben, der ihm gebührt.

Israel braucht internationale Freunde. Dürften wir es sein, trotz und nach allem, was vor wenigen Jahrzehnten geschah? Wir haben diese Möglichkeit der Bewährung. Israel streckt seine Hand nach der unseren aus. Aber wir ergreifen sie nicht, sondern lassen den Vertreter der Bundesrepublik Deutschland in dem New Yorker Weltforum seine Hand zur Abstimmung gegen Israel erheben. Wer darüber nicht zutiefst erschrickt, hat keinen Sinn für das Vergangene, keinen Verstand für das Gegenwärtige und kein Gefühl für das Zukünftige.

Ein neuer Anfang im Nahen Osten

Das Unvorstellbare wurde Ereignis: Ägyptens Präsident Anwar el-Sadat kam am 21. November 1977 nach Jerusalem und sprach mit Israels Ministerpräsident Menachem Begin. Nach drei Jahrzehnten permanenten Kriegszustandes gaben sie einander das Versprechen: Zwischen Ägyptern und Juden soll es keinen Krieg, kein Blutvergießen und keine gegenseitigen Drohungen mehr geben. Gemeinsam wollen Sadat und Begin den Weg zu einer dauerhaften Sicherung des Friedens im Nahen Osten suchen. Axel Springer kommentierte dieses Ereignis in einem Leitartikel in der »Welt« vom 22. November 1977.

Die Welt hat den Atem angehalten, dann hat sie aufgeatmet – das Ereignis hat historischen Rang: Begin, der Israeli, und Sadat, der Araber, haben sich die Hände gereicht. Wenn wir die geschichtliche Kraft dieser Begegnung erkennen, meinen wir, daß sie prägend in die Zukunft wirkt.

Jedoch – wir wissen nicht, wie diese Zukunft sein wird, welche Kräfte hinter dem Tor auftreten werden, das geöffnet wurde. Sicher ist nach diesen Tagen nur, daß nichts mehr so sein wird, wie es vorher war.

Wenn Geschichte gemacht wird, dann sind es Menschen, die sie machen, außergewöhnliche Menschen mit ungewöhnlichem Format. Hatten nicht die Besserwisser und Wahrsager prophezeit, die Wahl des konservativen Begin zum israelischen Ministerpräsidenten werde die Fronten verhärten, die Aussöhnung erschweren? Sie haben sich alle geirrt.

Beide, Begin und Sadat, diese Politiker, die Staatsmänner sind, haben mit der Kraft ihrer Herzen und ihres Verstandes eine Selbstüberwindung vollbracht, die in der neuen Geschichte ohne Beispiel ist.

Der Ägypter hat großen Mut bewiesen. Er wußte, als er nach Israel aufbrach, daß arabischer Fanatismus ihn als Verräter denunzieren, der arabische Terrorismus sein schlimmster Feind werden würde[24]. Aber er ging seinen Weg. Sein Land aus der Umklammerung der Sowjetunion gelöst zu haben, war seine erste imponierende Tat[25]. Der Weg nach Jerusalem war die größere – und für ihn weitaus gefährlichere.

Es schmälert nicht das Verdienst dieses Mannes um den Frieden, wenn wir erkennen, daß er den Interessen seines Landes auf diese Weise am besten diente. Er hatte wohl erkannt, daß Israel nicht zu besiegen war und daß allein in der Verständigung eine Chance für sein eigenes Volk lag. So handelte er nicht nur mutig, sondern auch klug.

Ministerpräsident Begin aber hatte den längeren Schatten zu überspringen. Ihm mußte der Entschluß, Sadat zu empfangen, noch schwerer fallen, als Sadat der Flug nach Israel fiel; denn sosehr auch beide Männer heute unsere Bewunderung verdienen, so kann doch nicht verkannt werden, daß es um eine Begegnung zwischen ehemals Angegriffenen und ehemaligen Angreifern ging. Daß der Defensor dem Aggressor die Hand reichte, läßt die noch größere Kraft erkennen.

Kraft aber brauchten sie beide. Sie konnte nicht aus dem Verstand allein kommen. Hier haben die Formate der Charaktere mitgewirkt, hier haben auch ethische Motive die Schritte gelenkt. Die Stärke des Glaubens mag das Fundament gewesen sein, von dem der gläubige Jude und der gläubige Mohammedaner aufeinander zugingen. Beide Männer haben in Jerusalem gebetet. Jeder nach seinem Glauben. Es bedeutet keine unangemessene Verklärung des Geschehens, wenn wir Religiosität als die Macht wahrnehmen, die Feindschaft in Vertrauen wandelte. In Jerusalem scheint in diesen Tagen ein Wunder geschehen zu sein. Selbst Skeptiker vermögen das Wunderbare dieser Tat nicht zu leugnen.

Wer das Gewicht der Begegnung in Israel ganz ermessen will, darf seinen Blick nicht vor der Vergangenheit verschließen. Begin und Sadat reichten sich die Hände über Gräber hinweg. Die Erinnerung an die Toten der arabisch-israelischen Kriege, an die Gefallenen beider Seiten hätte diesen großartigen Friedensversuch verhindern können. Es scheint ihn aber – dank der seelischen Stärke der Handelnden – eher ermöglicht zu haben.

Als in diesen vergangenen drei Tagen Wirklichkeit wurde, was als Traum schon vermessen schien, wurden in Israel Tränen vergossen. Wo Tränen fließen, sprechen Seelen. Der Tapferste ist, wenn er weint, am glaubwürdigsten.

Sprach hier allein das Gefühl, das – nach Meinung nüchterner und ernüchternder politischer »Sachverständiger« – in der Politik nichts zu suchen hat, sie sogar verdirbt, weil ja doch nur »Emotion« zu nennen wäre, was in menschlichen Herzen vorgeht? Nein. Verstand und Gefühl tragen beide auch in der Politik zur Urteilsbildung der Menschen bei. Wo nur Verstand waltet, gedeiht nichts. Wo nur Gefühl spräche, mißlänge alles. Denken und Fühlen gehören zusammen, wo Menschen Zielen zustreben, Wege suchen, Orientierung finden. Klugheit und Liebe sind ebenso abhängig vom Denken und Empfinden wie Dummheit und Haß. Und wer das Wesen der Begegnung zwischen Begin und Sadat nur »verstehen« will und es nicht auch erfühlen kann, wird es nie erjagen.

Natürlich löst der große Tag von Jerusalem noch nicht die Probleme, die auf Israelis und Arabern in scheinbarer Ausweglosigkeit lasten. In die Harmonie des

Besuches tönten nicht überhörbare, allzu schrille Mißklänge: Aus Libyen, Syrien, Algerien, dem Irak und besonders aus Kreisen der Palästinensischen Befreiungsfront kommen nicht zu überbietende Worte der Verdammung gegen den Mann, der es gewagt hatte, den Teufelskreis des Hasses zu durchbrechen; Verdammung nur, weil er ins Land der Juden gegangen war, denn sachlich ist er ja von keiner einzigen arabischen Forderung gegen Israel zurückgewichen.

Wie zu erwarten war, erhalten die Radikalen im arabischen Lager lautstarke Schützenhilfe aus den kommunistischen Ländern des europäischen Ostens, besonders aus der Sowjetunion, die sich nicht einmal scheute, die Kurzwellen-Übertragung der Rede Sadats vor der Knesset durch Heultöne ihrer Störsender an den Stellen unverständlich zu machen, an denen der Ägypter vom »Frieden in den arabischen Ländern und in Israel« sprach. Dieser Friede wäre eben die endgültige Niederlage der Politik des Kremls im Nahen Osten.

Nur Träumer erlaubten sich zu hoffen, daß der Konflikt zwischen Israel und seinen Nachbarn durch den Besuch Sadats über Nacht aus der Welt geschafft werden könnte. So einfach ist das nicht. Aber der Boden ist bereitet, auf dem Lösungen keimen und wachsen können. Die Luft ist gereinigt, die zum Atmen notwendig ist, um Gegeneinander in Nebeneinander und schließlich in Miteinander zu verwandeln.

Die Völker und Regierungen der westlichen Welt haben jetzt viel dazuzulernen. Ihre Politik hatte sich bisher an der Unversöhnbarkeit zwischen Israelis und Arabern orientiert, hatte die Kräfte der Zerstörung und des Hasses umworben, ja auf die Podien internationalen Ansehens gehoben.

Die Angst vor dem Terror diktierte die politischen Entscheidungen, die Sorge um das Öl ließ viele westliche Regierungen zu Kollaborateuren mit dem Unrecht werden. Besonders Europa hat immer wieder versagt. Und daß es in diesen Tagen wegen des französischen Einspruchs zu keiner gemeinsamen europäischen Unterstützung der historischen Begegnung im Heiligen Lande kommen konnte, ist eine zugleich schmerzhafte und beschämende Erfahrung[26].

Die Angst des Westens war aber nicht die Angst Begins und nicht die Sadats. Diese beiden Männer waren mutiger als ein Dutzend europäischer Kabinette, waren weiser sogar als der Mann im Weißen Haus in Washington.

Dem Versuch zum Frieden, den Begin und Sadat unternahmen, werden Versuche anderer folgen, deren Ziel Zerstörung, Totschlag, ja Krieg ist. Das muß man wissen. Es wird Rückschläge geben und Zweifel daran, ob der Keim der Hoffnung zur Frucht der begründeten Zuversicht gedeihen kann.

Amerika und auch das freie Europa müssen wachsam bleiben. Besonders Israel wird auch künftig Freundschaft brauchen, Hilfe, Beistand, Ermutigung. Es kommt darauf an, weiter fest an der Seite Israels zu stehen – aufrecht, aber seit diesen historischen Tagen nun auch mit einer Verbeugung gegenüber dem Mann in Kairo, der den Mut aufbrachte, seine eigene Vergangenheit abzuschütteln um einer besseren Zukunft willen. Menschen aller Nationen und aller Religionen, die die Aussöhnung im Nahen Osten ersehnen, sollten sich nicht scheuen, für diesen Frieden zu beten, so, wie Begin und Sadat getrennt und doch gemeinsam in Jerusalem gebetet haben.

Daß die Vergangenheit nicht untergeht ...

Das Leo Baeck-Institut in New York[27], der Bewahrung und Erforschung der Geschichte der Juden in Deutschland verpflichtet, zeichnete am 8. Oktober 1978 Axel Springer mit der Leo Baeck-Medaille aus. Mit der Verleihung der goldenen Plakette, die das Bildnis des verstorbenen Berliner Rabbiners[28] zeigt, würdigte das Institut »die Verdienste des deutschen Verlegers um das Institut und sein Verständnis dafür, daß die Erinnerung an eine große Vergangenheit nicht untergehen darf«. Rabbiner Dr. Max Gruenewald dankte dem Gast aus Deutschland für seinen Beitrag zur Erhaltung der Zeugnisse jüdischen Schaffens. Axel Springer antwortete mit nachstehender Rede.

Ich bin bewegt und dankbar, daß ich jetzt der erste Empfänger der Leo Baeck-Medaille bin.

Wann immer ich hierherkomme – und dies ist mein fünfter Besuch[29] –, bin ich erschüttert und voller Dankbarkeit. Erschüttert, weil ich hier, mehr als an irgendeinem anderen Ort, sehe, was wir Deutschen verloren haben, als wir zuließen, was in unserem Namen vor vier Jahrzehnten geschah. Ich bin voller Dankbarkeit, weil Sie, meine lieben Freunde vom Leo Baeck-Institut, hier einen Geist bewahren, der heute in Deutschland fast unbekannt ist.

Ich bin dankbar, daß Sie hier die vielen Zeugnisse deutsch-jüdischer Leistungen aus den 150 besten und schöpferischsten Jahren deutscher Geschichte erhalten. Und ich bin auch dankbar in dem Bewußtsein, daß Ihre Mühe nicht nur von Interesse für die Menschen von gestern, für die Rentner, für die Alten ist, die nicht vergessen können, was sie verloren haben, sondern daß die Jungen – Studenten, Wissenschaftler und einfache Menschen – hierherkommen, um von der Vergangenheit zu lernen, damit in der Zukunft nicht die gleichen Fehler gemacht werden.

Heute, lassen Sie mich das wiederholen, bin ich natürlich besonders dankbar für die Leo Baeck-Medaille.

Ich habe schon eine Reihe von Medaillen, Auszeichnungen und anderen Ehrungen erhalten. Aber keine hat mich tiefer berührt als diese Medaille, benannt nach jenem verehrungswürdigen Mann, der in meiner Heimatstadt Berlin der letzte große Repräsentant der deutschen Juden war; der ein Symbol alles dessen wurde, was gut und bewundernswert am Judentum ist; und der durch Ihr Institut eine Brücke schlug, die die jüdische Schöpferkraft stärkt – nicht nur in Israel, sondern überall in der Welt, auch, wie ich hoffe, in meinem eigenen Land.

Ich nannte Israel. Sie alle wissen, daß das Wohlergehen und die Sicherheit Israels und seiner Menschen meinem Herzen nahe sind; ebenso nahe wie meine Sorge um die Sicherheit und die Freiheit und die Zukunft und die moralische Kraft meines eigenen Landes und Volkes.

Als die Knesset vor zehn Tagen grünes Licht für die Friedensverhandlungen mit Ägypten gab, schickte ich folgendes Telegramm an Ministerpräsident Begin, einen Mann, den ich verstehe und bewundere: »Seit 1914 hat es für viele Deutsche nur wenige glückliche Tage gegeben. Zumindest für mich wird der Tag des Friedens zwischen Israel und Ägypten solch ein wahrhaft glücklicher Tag sein. Gott segne Sie und alle die, die auf dieses große Ziel hinarbeiten.«

Lassen Sie mich hier wiederholen: Ich bete zum Herrn, daß das Volk der Bibel, das auch das Volk des Friedens ist, endlich Frieden im Land der Bibel findet.

Sie mögen fragen: Ist dieser Mann Axel Springer ein Einzelgänger in Deutschland? Glücklicherweise kann ich antworten: nein. Die Unterstützung Israels hat in meinem Lande breiten Rückhalt.

Lassen Sie mich von einem Beispiel der jüngsten Vergangenheit berichten: Eine meiner Publikationen, eine Wochenzeitschrift mit einer Auflage von über vier Millionen Exemplaren, untersuchte kürzlich, welchen Anklang ihre Serien und Reportagen bei ihren Lesern finden. Unter zahlreichen Themen – sie reichten von volkstümlicher Unterhaltung, Reisen, Pop-Musik bis zu politischen Ereignissen – nannte eine überraschend große Mehrheit als das interessanteste eine Serie, die Israel, sein Volk, seine Leistungen und seine Sorgen schilderte. Das ist eine sehr positive Entwicklung unter den Deutschen, und man fragt sich gelegentlich, ob die Menschen in Deutschland nicht oft besser und anständiger sind als diejenigen, die für sich beanspruchen, in ihrem Namen zu sprechen.

Von einem bin ich überzeugt: Jenseits von Wiedergutmachung, jenseits der Debatte über Kollektivschuld und Kollektivverantwortung, jenseits der oberflächlichen Debatten über Tagesereignisse – jenseits davon sitzt ein tiefes Gefühl für die Juden, und insbesondere für Israel, in den heutigen Deutschen, alt oder jung.

Doch lassen Sie mich zum Leo Baeck-Institut zurückkommen. Kurz vor meiner Abreise nach Amerika sprach ich mit Bundespräsident Walter Scheel. Er bat mich, Ihnen allen seine herzlichsten Grüße zu überbringen, und Ihnen zu sagen, daß er niemals Ihre großzügige Gastfreundschaft und die interessanten Stunden vergessen wird, die er in diesen Räumen verbringen konnte.

Einige Wochen zuvor äußerte sich ein anderer prominenter Politiker meines Landes voller Enthusiasmus über Ihr Institut. Es war in meiner Berliner Wohnung, von der aus man den Kurfürstendamm überblickt und wo man an einem Regentage glaubt, durch das Fenster Szenen zu sehen, wie Lesser Ury sie gemalt hat. Ohne von meiner Verbundenheit mit dem Leo Baeck-Institut zu wissen, sprach dieser führende Oppositionspolitiker voller Begeisterung über seinen Besuch in diesem Hause und konnte kaum aufhören, über die Dokumentation jüdischer Beiträge zur Kunst und Wissenschaft in Deutschland zu reden, die er hier einsehen konnte. Er beendete seinen Bericht mit den Worten: »Im Leo Baeck-Institut habe ich das gute Deutschland gefunden.«

Der Mann war der CDU-Vorsitzende Helmut Kohl, der mit seinen Kindern immer wieder auf den uralten jüdischen Friedhof in Worms[30] geht. Und der die Lehrer immer wieder mahnt, ihre Schüler dorthin zu führen, um ihnen die jahrhundertealte Bindung vor Augen zu führen, die einst zwischen Juden und Deutschen bestand.

Ähnlich wie Kohl äußerte sich Richard von Weizsäcker, der CDU-Kandidat für das Amt des Berliner Bürgermeisters, erst vor wenigen Tagen über das Leo Baeck-Institut. Wie Sie sich vielleicht erinnern, war Weizsäcker zusammen mit Kohl hier im Institut.

Am 20. August wurde mir in meinem Berliner Büro die Freundschaftsmedaille der American Freedoms Foundation in Valley Forge überreicht. Bei dieser Gelegenheit dankte ich den zahlreichen amerikanischen Freunden, die sich aus diesem Anlaß eingefunden hatten, für dreierlei: einmal für die Ehre, die mir zuteil ge-

worden war; zum anderen für die amerikanische Unterstützung Europas und besonders Berlins; und zum dritten für die andauernde amerikanische Unterstützung Israels.

Und ich fuhr fort: Ich glaube daran, daß die folgenden Worte, die von einer frommen Frau namens Mutter Basilea Schlink stammen, die reine Wahrheit sind. »Welche Freude für den Vater im Himmel, daß Sein Volk nun endlich seine Gaben entfalten kann, wozu Er sie ihm schenkte, und zwar im eigenen Lande, auf eigenem Grund und Boden, was ihm jahrhundertelang verwehrt war.«

Mehr möchte ich heute nicht sagen, nur noch einmal wiederholen: Ich bin Ihnen aus tiefstem Herzen dankbar.

Darf Mord verjähren?

Eine der ethisch bedeutsamsten, aber auch juristisch strittigsten Entscheidungen des Jahres 1979 war die Antwort des Deutschen Bundestages auf die Frage: Darf Mord, begangen während der NS-Zeit, verjähren oder nicht? 1969 hatte der Bundestag die Verjährungsfrist um zehn auf dreißig Jahre, also bis zum 31. Dezember 1979 verlängert. Bevor die Frist ablief, entschied das Parlament am 3. Juli 1979 mit 255 Stimmen gegen 222 Stimmen: Mord verjährt nicht. Monate zuvor hatte sich Axel Springer in einem Artikel in »Welt am Sonntag« vom 7. Januar 1979 gegen eine Verjährung ausgesprochen.

Darf Mord im heutigen freien Deutschland verjähren oder nicht? Das ist eine Schicksalsfrage. Die Antwort allein den Parlamentariern zu überlassen, denen sie schwerfällt, wäre ein allzu leichter Ausweg. Das Volk, jeder, hat die Pflicht, sich ein Urteil zu bilden. Jeder Bürger dieses Landes muß sich durchringen zu einem Ja oder einem Nein.

Ich bin, das sei hier einmal schwarz auf weiß festgehalten, dagegen, daß in unserem Lande Mord verjähren kann. Aber ich weiß: Gute Gründe gibt es für Ja wie für Nein, so wie es für beide auch sehr schlechte gibt. Wer sich aber nach sorgfältiger Prüfung für die eine oder für die andere Antwort entscheidet, verdient die Achtung derer, die nach ebenso bedächtigem Abwägen die Gegenposition einnehmen. Wer innerlich vor der Hürde stockt, geltendes Recht[31] noch ein zweites Mal zu ändern, nachdem das vor zehn Jahren schon einmal im Sinne einer Verlängerung der Verjährungsfrist geschah, erleichtert seine Entscheidung, wenn er Vorstellungskraft entfaltet:

Vor unseren geistigen Augen müssen die Opfer sichtbar werden, die nackt in die Gaskammern getrieben wurden. Die Kinder, die in den Armen ihrer Mütter starben. Die Ehepaare, die in einer Umarmung dem Tod entgegensahen. Die Männer, die, nachdem sie ihre eigenen Gräber geschaufelt hatten, am Rande der Grube stehend die Todesschüsse erwarteten.

Auch an die Täter an den Schreibtischen und den Telefonen der Vernichtungsbürokratie müssen wir uns erinnern; an die Mörder in den Schaftstiefeln, die Henker mit Tressen und Litzen.

Und nicht zuletzt müssen wir mit seelischer Kraft und Phantasie die Hinterbliebenen der Opfer umfassen: die Witwen und Waisen, die Eltern, deren Kinder dahingemeuchelt wurden, die Überlebenden also, die seit jener finsteren Zeit ihr Leid mit sich getragen und die Last geschleppt haben und die nicht vergessen konnten und können.

Auch eine andere Vorstellung dürfen wir uns nicht ersparen: Täter, Massenmörder, die – wenn es eine Verjährung gäbe – ihre Tarnung aufgeben würden, mit gleichen Rechten in unsere Mitte kämen und ungesühnte Schuld zu einer Memoiren-»Literatur« der Rechthaberei und der Spurenverfälschung verarbeiten könnten.

Wer angesichts solcher Konsequenzen eine Verjährung von Mord für unerträglich hält, hat moralische Motive genug. Es bedarf nicht der fragwürdigen Entscheidungshilfe, darüber nachzudenken, welche Wirkung wohl eine Verjährung bei Mord im freien Deutschland auf das Ausland hätte. Was draußen gesagt und geschrieben wird, kann uns nicht gleichgültig lassen, aber ausschlaggebend für unsere Haltung darf es nicht sein. Würde die Verjährung nur aus Furcht vor dem Auslandsecho und ohne die fundierte eigene Einsicht in die Notwendigkeit aufgehoben, dann käme zu den Schreckenstaten von einst ein neuer Verlust hinzu: der Verlust an Würde.

Aus dem kommunistisch beherrschten, von den Untaten Deutschlands unter dem nationalsozialistischen Regime besonders hart betroffenen Polen kam die Ermahnung, Mord nicht verjähren zu lassen[32]. Sie kam mit ideologischer Feindseligkeit gegen das demokratische Deutschland von heute. Auch Moskau meldete sich zu Wort. Lew Smirnow, der Vorsitzende des obersten sowjetischen Gerichtes, das schon viel Unrecht und Unglück über Bürger des eigenen Landes brachte, hat uns belehren wollen. Anklagend überfiel er alle, die aus Gewissensgründen für die Verjährung von Mord eintreten. Und er sagte, Verbrechen gegen die Menschheit dürften niemals und in keinem Falle verjähren.

Bei aller Einsicht in vergangene Schuld, die keine Kollektivschuld ist, aber eine Kollektivhaftung gebietet, hat unser Volk von Morddiktaturen der anderen, der roten Färbung weder Schelte noch Ratschläge entgegenzunehmen. Und trotzdem ist interessant, was jener Herr Smirnow als oberster Richter seines Unrechtsstaates sagte.

Denn wenn Verbrechen gegen die Menschheit und Menschlichkeit nicht verjähren dürfen – wovon ich zutiefst überzeugt bin –, dann kann es auch keine Verjährung für die politische Kriminalität des Kreml-Imperiums geben. So wie es nach dem Zweiten Weltkrieg das Nürnberger Gericht[33] gab, wird es eines Tages einen neuen internationalen Gerichtshof geben. Dort wird über alle Gewaltverbrechen verhandelt werden, die von Menschen begangen worden sind, welche »heute noch in Amt und Würden sind«, um den französischen Politologen Alfred Grosser zu zitieren.

Sowenig wie es eine Verjährung der Untaten in den deutschen Konzentrationslagern geben soll, sowenig dürfen die Verbrechen ungesühnt bleiben, die noch heute im GULag-Archipel[34] begangen werden, der von der Elbe bis zum Pazifik reicht.

Es wird über die Schreibtischmörder zu richten und zu rechten sein, die wehrlose Flüchtlinge den Todesschüssen der Scharfschützen, den Mordautomaten[35] und dem Sterben in den Minenfeldern preisgeben. Nicht verjähren darf, daß in Polen demonstrierende, Freiheit und Recht begehrende Arbeiter von der Miliz niedergeschossen wurden. Nicht verjähren darf die Untat jener Moskauer Bürokraten, die Bürgerrechtler in die Todeslager Sibiriens verbannten oder in psychiatrischen Anstalten einer medizinischen Kriminalität auslieferten.

Die überlebenden Schuldigen werden zu bestrafen sein, die das ungarische Volk – als es aufstand um seiner Freiheit und Würde willen – mit Panzern und Granaten niederwarfen, und jene, die den freiheitlichen Selbstbehauptungswillen der Völker der Tschechoslowakei mit Waffen des Krieges brachen[36].

Eigentlich kann nur derjenige guten Gewissens und mit überzeugender moralischer Konsequenz gegen die Verjährung von Mord in Deutschland auftreten, der auch die vergleichbaren Verbrechen kommunistischer Unmenschlichkeit als unverjährbar erkennt und das offen ausspricht.

Es hat – man erinnert sich und andere nicht ohne Schamröte daran – Politiker der Bundesrepublik Deutschland gegeben, die Nikita Chruschtschow[37] mit »Genosse« anredeten und die Leonid Breschnjew umarmten und küßten[38]. Die Toten, die auf die Schuldkonten dieser beiden Männer fielen, wurden dabei verdrängt. Solche Politiker haben eigentlich ihr Mitspracherecht bei der Frage der Mordverjährung verwirkt. Denn von ihnen kam niemals auch nur ein Wort über die tödliche Schuld derer, mit denen sie sich verbrüderten.

Trotz juristischer Bedenken keinen Schlußstrich unter das politische Kapitalverbrechertum der Vergangenheit zu ziehen, zwingt geradezu dazu, das schwerverbrecherische Unrecht von heute mit gleicher moralisch fundierter Strenge zu beurteilen. Denn der schicksalhaften Schuld, die uns Deutsche von damals her unverjährbar begleitet und die uns, wenn wir ihr zu entrinnen versuchen, einholt, stehen neue Verbrechen gegen Menschheit und Menschlichkeit gegenüber. Auch Deutsche, aber in ihrer Mehrheit andere, haben sie begangen. Sie ebenfalls nicht verjähren zu lassen, bedeutet auch eine Wiedergutmachung gegenüber dem, was damals war.

Am Frieden mitwirken

Nach 31 Jahren Feindschaft herrscht seit dem 26. März 1979 Frieden zwischen Israel und Ägypten. An diesem Tag setzten vor 1600 Gästen im Garten des Weißen Hauses in Washington der ägyptische Präsident Sadat, der israelische Premier Begin und – als Zeuge – US-Präsident Carter ihre Unterschriften unter den Friedensvertrag. Er sieht die vollständige Räumung des Sinai durch Israel innerhalb von drei Jahren und Verhandlungen über eine Autonomie in Westjordanien und im Gaza-Streifen vor. Die Einigung über den Friedensvertrag war nur möglich geworden durch den persönlichen Einsatz des amerikanischen Präsidenten, der nach Kairo und Jerusalem geflogen war, um einen Kompromiß herbeizuführen. Als der Erfolg seiner Mission bekannt wurde, schrieb Axel Springer in der »Welt« vom 16. März 1979 nachstehenden Kommentar.

Das, was vor einigen Tagen noch kaum jemand für möglich gehalten hat, ist nun Wirklichkeit geworden: In Kürze wird ein Friedensvertrag zwischen Kairo und Jerusalem[39] unterzeichnet, das erste derartige Abkommen zwischen dem modernen Staat Israel und einem seiner Nachbarn, ein wahrhaft säkulares Ereignis.

Als vor nunmehr achtzehn Monaten die beiden führenden Staatsmänner Israels und Ägyptens, Menachem Begin und Anwar el-Sadat, jeweils über ihren Schatten sprangen, als mit dem Besuch des ägyptischen Staatspräsidenten in der israelischen Hauptstadt der erste Schritt getan war, da konnten nur Träumer glauben, daß über Nacht der Friede ausbrechen werde. Viele Klippen galt es noch zu umsegeln, viel gegenseitiges Mißtrauen war abzubauen. Allzu viele neue Probleme türmten sich auf, kaum daß die alten gelöst waren.

Der Prozeß der Annäherung, der im November 1977 begann, wurde immer wieder unterbrochen, ja zurückgeworfen. Oft glaubte man sich dem Ziel nahe, öfters aber noch schien es, als gäbe es keine Möglichkeit mehr, die aufgetretenen Gegensätze zu überbrücken, die Meinungsverschiedenheiten aus der Welt zu schaffen.

Der Wille von drei Männern, die im Ringen um die Aussöhnung zwischen Ägypten und Israel zu Staatsmännern von historischem Format reiften, hat das Wunder schließlich doch zuwege gebracht. Drei Männer waren es. Denn ohne Jimmy Carter wäre das Werk nie gelungen.

So gilt es zunächst Dank zu sagen, ehe man sich Gedanken macht über die nächsten Schritte und die noch zu überwindenden Schwierigkeiten. Dank zunächst dem amerikanischen Präsidenten, der um des Friedens zwischen Ägyptern und Israelis willen das Prestige seines hohen Amtes in die Waagschale warf und seine eigene politische Zukunft aufs Spiel setzte. Man fragt sich, was man mehr bewundern soll, Jimmy Carters Mut, seine Ausdauer und Geschicklichkeit oder sein Vertrauen in die gerechte Sache und in Gott, dessen Führung er sich ebenso anvertraute wie Sadat und Begin.

Dank auch dem Ägypter, der sich trotz der Drohungen und Erpressungsversuche seiner ehemaligen Verbündeten und Freunde und trotz der zu erwartenden politischen Isolierung im arabischen Lager schließlich doch nicht von dem Weg abbringen ließ, den er einmal als richtig erkannt hatte. Richtig für sein Land und sein Volk, aber auch richtig und richtungweisend für den ganzen Nahen Osten.

Dank und Bewunderung schließlich dem Premierminister Israels, der sich nicht nur von eigenen Vorstellungen trennen mußte, die aus jahrzehntelangem Leid erwachsen waren, sondern der mutig und tapfer für sein Land und sein Volk Risiken auf sich nahm, die vielen seiner besten Freunde noch heute untragbar und unerträglich erscheinen, Risiken um des Friedens willen. Denn eines muß klar gesagt werden: In dem Vertrag, der nun unterzeichnet wird, gibt Ägypten überhaupt nichts auf. Israel aber sehr viel, nämlich in einem Verteidigungskrieg erworbene Territorien, die größere Sicherheit garantierten. Territorium gegen Frieden also – nur wenn der Friede hält, ist das ein annehmbarer Tausch.

Ob der Friede hält, ob er sich eines Tages sogar ausweitet auf andere Länder im Vorderen Orient, ist eine Frage, die nicht allein von den direkt Betroffenen beantwortet werden kann. Amerika hat trotz eigener Sorgen sowohl Ägypten als auch Israel großzügige wirtschaftliche und notwendige militärische Hilfe zugesagt[40]. Die Länder Europas dürfen da nicht zurückstehen. Eine offene und aktive Unterstützung der Kräfte, die den Frieden wollen, ist die einzig wirksame Antwort an die nahöstlichen Fanatiker und ihre Hintermänner in Moskau und sonstwo, die mit verstärktem weltweitem Terror und mit neuem Ölboykott drohen.

Gäben wir da klein bei, wäre das nicht nur der sicherste Weg zu einer tödlichen Bedrohung der beiden Länder, die sich jetzt anschicken, miteinander in Frieden zu leben, sondern auch zu einer Überlebenskrise der freien Welt. Carter hat das erkannt. Er darf nicht allein gelassen werden.

Um des Öls willen Verrat an Israel?

Öl statt Moral? Dieser Verdacht belastete im Sommer 1979 die deutsch-israelischen Beziehungen. Israel registrierte besorgt, daß Bonn – das Gespenst einer Energiekrise im Nacken – trotz aller offiziellen Dementis, ähnlich wie Washington, immer zielstrebiger die Annäherung an das arabische Lager suchte und dafür in Kauf nahm, daß sich die mit großer Geduld aufgebauten deutsch-israelischen Beziehungen abkühlten. Genährt wurde dieser Verdacht vor allem durch ein Treffen des SPD-Vorsitzenden Willy Brandt mit dem PLO-Führer Yassir Arafat und durch die immer wieder aufgeschobene Reise von Bundeskanzler Helmut Schmidt nach Israel. In dieser Situation schrieb Axel Springer nachstehenden Artikel, der am 5. August 1979 in »Welt am Sonntag« und in der »Berliner Morgenpost« veröffentlicht wurde.

In den vergangenen Tagen ist viel darüber geschrieben und geredet worden, daß die Beziehungen der Bundesrepublik Deutschland zu Israel sich verschlechtert hätten, daß Bonn von einer ausgewogenen Nahost-Politik auf einen pro-arabischen Kurs umgeschwenkt sei. Es gab besorgte Worte aus dem Mund der Israelis und der Freunde Israels in unserem Land. Und es gab Bonner Versuche der Beschwichtigung, die aber die neue Linie eher bestätigten als dementierten.

Das ist schlimm, denn die Deutschen, mehr als jedes andere Volk auf der Erde, haben den Israelis gegenüber ganz besondere Verpflichtungen. Schon »ausgewogen« ist fatal. Es sollte immer das Wort gelten, das der Berliner Regierende Bürgermeister Dietrich Stobbe kürzlich ehemaligen jüdischen Bürgern der alten Hauptstadt, die zu Besuch gekommen waren, zurief: »Im Zweifel immer für Israel[41]!«

Die Veränderung der Haltung Bonns zu Jerusalem ist eine bedauerliche politische Realität. Und dazu wird noch einiges zu sagen sein. Aber es geht in diesem Augenblick um viel mehr als lediglich um die deutsch-israelischen Beziehungen. Es ist Zeit, Alarm zu schlagen, denn nicht nur das Friedenswerk, das die beiden mutigen Staatsmänner Menachem Begin und Anwar el-Sadat begonnen haben, ist in Gefahr, sondern die Existenz Israels ist in einem Maße bedroht wie selten seit der Gründung des jüdischen Staates vor 31 Jahren[42].

Israels Existenz ist politisch gefährdet durch die von allen westlichen Staaten mehr oder weniger geübte Politik der Beschwichtigung und Anpassung an das radikale arabische Lager, ausgelöst durch die Sorge um das Erdöl. Israel wird auch militärisch immer verwundbarer dank einer bisher noch nie erlebten Aufrüstung seiner Nachbarn, an der die Sowjets ebenso beteiligt sind wie die Westmächte.

Besonders die sogenannten arabischen Frontstaaten erhalten Waffen in großen Quantitäten. Dabei ist festzustellen, daß diese Länder heute aus dem Westen bessere Waffen beziehen als aus dem Osten. Und finanziert wird das meistens noch durch langfristige Niedrigzinskredite oder durch Zahlungen aus Saudi-Arabien.

So soll Jordanien jetzt 275 moderne britische Chieftain-Panzer oder 310 amerikanische M-60-Panzer erhalten. Frankreich hat größere Mengen Jagdflugzeuge vom Typ Mirage bereits geliefert oder fest zugesagt. Bezahlt werden die jordanischen Bestellungen von Saudi-Arabien.

Sowohl der Irak als auch Syrien erhalten aus der Sowjetunion modernste taktische Raketen von Typ Scud. Am Persischen Golf überläßt Bagdad den Sowjets den Marinestützpunkt Umm Qasr und erhält dafür mit SS-N-9-Raketen bestückte Nanuschka-Fregatten, von denen Algerien schon etliche besitzt. Mit Damaskus hat Bagdad ein gemeinsames militärisches Oberkommando gebildet.

Ebenso wie Jordanien soll aber auch der Irak zusätzlich zu der großen MiG-Flotte Mirage-Flugzeuge erhalten. Die Waffenwünsche Bagdads, die an Frankreich gerichtet sind und dort auf willige Ohren stoßen, gehen in Milliardenhöhe. Libyen hat bereits eine riesige Mirage-Flotte.

Syrien erhält mehr und mehr der in deutsch-französischer Gemeinschaftsarbeit entwickelten und produzierten Milan-Panzerabwehrraketen, die von syrischen Truppen schon in Beirut gegen christliche Wohnviertel eingesetzt wurden. Und während Syrien der engste Verbündete Moskaus in der ganzen Region bleibt, wird die verbesserte Elektronik dafür aus dem Westen bezogen. Wiederum bezahlt Saudi-Arabien die Rechnungen.

(Nur am Rande sei folgendes bemerkt: Dieses Syrien, das, bis an die Zähne bewaffnet, im Libanon als Schutzherr der terroristischen PLO[43] auftritt und dort als arabische »Schutz«-Macht gegen die Christen Stellung bezieht, erhält von Bonn weitere Kredithilfe. In diesem Jahr 130 Millionen Mark. Gewiß, das ist für ein Kraftwerk und für die Modernisierung der Landwirtschaft gedacht. In der Bundeshauptstadt bekommt man zu hören, man müsse Syrien umwerben, damit es eines Tages am Friedensprozeß teilnimmt. Bis jetzt ist allerdings das Gegenteil der Fall. Wann werden wir endlich einmal aufhören, unsere Millionen in die Rachen von solchen Ländern zu werfen, die die Vernichtung unserer Freunde zum Ziel haben? Oder ist Israel nicht mehr unser Freund?)

Obwohl Saudi-Arabien nicht zu den Frontstaaten zählt, muß auch die dortige gewaltige Aufrüstung Sorge bereiten. So wie einst im Iran pumpt Washington jetzt in Saudi-Arabien die Armee und die aus Beduinen bestehende Nationalgarde (insgesamt 70 000 Mann) mit modernsten Waffensystemen voll.

In Flugreichweite Israels bauen westliche Firmen unter deutscher Beteiligung in Saudi-Arabien drei riesige Militärbasen mit Flugplätzen, unterirdischen Waffendepots und allen Versorgungseinrichtungen. Die Militärstadt Tabuk im Nor-

Jerusalem, 16. September 1979: Teestunde beim israelischen Premierminister Menachem Begin (links) mit (von rechts) Axel Springer, Ernst Cramer, Friede Springer und Francis Ofner.
Zuvor hatte der Verleger Siedlungen in Samaria sowie neue

arabische Wohnviertel in Jerusalem besucht. Begin berichtete über das letzte ägyptisch-israelische Gipfeltreffen und erklärte, Sadat sei vom »friedlichen Nebeneinander von Juden und Arabern« in Haifa beeindruckt gewesen.

den des Landes ist fast fertig, Karj in der Nähe der Hauptstadt Riad ist ebenso im Bau wie Batin im Nordosten des Landes.

Zwar weiß man in Saudi-Arabien, daß man das moderne Kriegsgerät, wie etwa die Jagdflugzeuge vom Typ F-15, in den nächsten fünf bis zehn Jahren gar nicht einsetzen, ja nicht einmal selbst warten kann. Es fehlen nicht nur die Piloten, sondern jede Staffel der F-15 (18 Maschinen) benötigt technisch hochqualifiziertes Wartungspersonal, insgesamt 273 Mann. Das alles stellen zunächst die Amerikaner, und dementsprechend ist auch das schlaue Kalkül:

Sollte es zu einem neuen Krieg der arabischen Frontstaaten gegen Israel kommen, dann schützen die anwesenden amerikanischen Experten bis hin zu den Piloten Saudi-Arabien durch ihre bloße Präsenz vor israelischen Vergeltungsschlägen. Andererseits kann Saudi-Arabien ungestraft modernstes Waffenmaterial aus eigenen Beständen an die kriegführenden Staaten liefern.

Wenn Saudi-Arabien, wie beabsichtigt, nun ebenfalls Mirage-Flugzeuge erhält, wäre das ein riesiges potentielles Nachschublager für Syrien, Jordanien, Libyen und den Irak. Aus den Vereinigten Staaten hat Saudi-Arabien bisher seit dem Jom-Kippur-Krieg des Jahres 1973[44] für 10 Milliarden Dollar Waffensysteme bezogen; neue Aufträge in ähnlicher Höhe sind bereits vergeben.

So finanziert Saudi-Arabien seine eigene unverhältnismäßig starke Aufrüstung ebenso wie die der arabischen Frontstaaten. Aber die Kairo von Washington zugesagten Jagdbomber vom Typ F-5 können nicht geliefert werden, weil Saudi-Arabien jede finanzielle Unterstützung Ägyptens eingestellt hat; im Endeffekt also eine Teilhabe des Westens an den panarabischen Boykottbemühungen gegenüber dem einzigen Staat, der das Wagnis des Friedens mit Israel einging[45].

Die unverhältnismäßig starke Aufrüstung der Gegner Israels – relativ vergleichbar mit der jedes Maß überschreitenden Aufrüstung in den Warschauer-Pakt-Staaten[46] – zwingt natürlich auch Jerusalem zu einer immer größeren Eskalation des militärischen Engagements. Das ist der Hauptauslöser der galoppierenden Inflation, von der die Wirtschaft des Heiligen Landes heimgesucht wird[47].

Noch ist Israel allerdings seinen Nachbarn und potentiellen Kriegsgegnern militärisch überlegen, hauptsächlich dank einer wie ein Uhrwerk funktionierenden Organisation, besser ausgebildeter Soldaten aller Grade und Waffengattungen und der höheren Kampfmoral. Aber die Gewichte verschieben sich, und die Gefahr wird von Tag zu Tag größer.

Statt militärischer Unterstützung der potentiellen Gegner braucht Israel politische Hilfe aus dem Westen, und gerade die bekommt es nicht. Kritik wird von allen Seiten wohlfeil angeboten, und gleichzeitig werden die Gegner Israels politisch aufgewertet.

In besonderem Maße trifft das für die PLO zu, die Tag für Tag Terrorakte gegen Israelis begeht – und sei es »nur« eine Katjuscha-Rakete auf die Städte Metulla oder Beit Shean, abgeschossen von in Dörfern versteckten Militäranlagen in Jordanien und im südlichen Libanon, jener Gegend, von der die UNO-Soldaten bewaffnete Palästinenser fernhalten sollten.

Die Aufwertung der PLO, von Frankreich in besonderem Maße betrieben und auch von vielen Beamten im amerikanischen Außenministerium immer wieder propagiert, wurde durch das Wiener Treffen zwischen Bundeskanzler Bruno Kreisky, Willy Brandt (in seiner Eigenschaft als Vorsitzender der Sozialistischen Internationale) und dem PLO-Chef Yassir Arafat zu einem weltweiten Spektakel erhoben[48]. Diese Aktivität des Vorsitzenden der SPD ließ natürlich die Herren von der kleineren Koalitionspartei nicht ruhen. Deshalb muß jetzt schnell auch ein prominenter Nachwuchsmann der FDP den offiziellen Kontakt zu Arafat aufnehmen. Nach den Besuchen des Außenministers und FDP-Chefs Hans-Dietrich Genscher in Libyen, Saudi-Arabien und im Irak nun also Direktkontakt des Herrn Jürgen Möllemann mit Arafat in Beirut, unter Beihilfe des dortigen deutschen Botschafters, versteht sich[49].

Mit christlichen Politikern will Möllemann in Beirut allerdings nicht zusammentreffen, obwohl gerade sie ihm Erlebnisberichte darüber geben könnten, wie die PLO im libanesischen Bürgerkrieg als Partner der Linksfront kämpfte, wie die Palästinenser das Gleichgewicht zwischen Moslems und Christen in dem früher demokratischen Libanon zerstörten und wie sie heute noch einen Vernichtungskampf gegen die christlichen Bewohner im Süden des Landes führen.

Es wäre gar nicht falsch, wenn Herr Möllemann im Libanon diesen Anschauungsunterricht bekäme. Denn dem gutwilligen Zuhörer aus dem Westen wird ja immer wieder vorerzählt, daß das politische Ziel der PLO ein toleranter arabischer Staat, ein Vielvölker- und Vielreligionen-Staat sei. Wie eine derartige Toleranz aussieht, das ist im Libanon demonstriert worden. Toleranz und PLO schließen sich eben gegenseitig aus. Das muß man wissen und danach handeln.

Trotzdem gehen also die beiden Regierungsparteien Hand in Hand bei der Aufwertung der PLO, während sich die Regierung noch zurückhält. Klaus Bölling, der offizielle Sprecher, meint, Gespräche auf Regierungsebene seien solange nicht möglich, wie die PLO nicht zweifelsfrei zu erkennen gibt, »daß sie im Prozeß des Aushandelns einer umfassenden Friedensregelung die Existenz Israels anzuerkennen bereit ist«[50]. Als ob es da etwas zum Aushandeln gäbe? Die Erklärung Böllings hätte vielmehr lauten müssen:

»Solange die PLO das Existenzrecht des Staates Israel nicht anerkennt und die sogenannte Nationale Palästinensische Charta, in der die Zerstörung Israels der wesentlichste Programmpunkt ist, nicht ausdrücklich außer Kraft setzt, werden wir keinerlei Kontakte zu dieser Organisation aufnehmen, und die Regierung mißbilligt auch die Kontakte, die prominente Mitglieder der Regierungsparteien aufgenommen haben.«

Aber solch klare Worte sind aus Bonn nur zu hören, wenn es gegen Israel, nicht wenn es gegen dessen Feinde geht.

Liest man all das nach, was in letzter Zeit zur Frage der Nahost-Probleme gesagt und geschrieben wurde, so kann man es auf die einfache Formel bringen: Israel soll seine Siedlungspolitik[51] aufgeben und sich aus allen besetzten Gebieten zurückziehen. Dann entsteht ein Palästinenser-Staat in Cis-Jordanien und im Gaza-Streifen, und daraufhin treten Ruhe und Frieden ein.

Niemand erinnert sich daran, daß es noch niemals einen Palästinenser-Staat gab. Und niemand stellt auch die Gegenfrage, wieso denn kein Friede war, als diese Gebiete in arabischer Hand waren, das heißt bis zum Sechs-Tage-Krieg vom Juni 1967[52]. Oder wieso damals kein Palästinenser-Staat gegründet wurde, die arabischen Bewohner Palästinas vielmehr sowohl von Jordanien als auch von Ägypten als Bürger zweiter Klasse behandelt wurden. Oder gar, ob es irgendeinen Hinweis darauf gibt, daß die PLO ihr immer wieder verkündetes Ziel, den Staat Israel zu zerschlagen, aufgegeben hat, aufgeben will, ja: aufgeben kann.

Westliche Gesprächspartner glauben immer wieder, in Kontakten mit PLO-Vertretern Nuancen der Verständigungsbereitschaft zu erkennen. Alle derartigen Vermutungen werden aber stets in den arabischen Medien dementiert. Im innerarabischen Gebrauch gilt nach wie vor und unverändert der Paragraph zwei der Nationalen Palästinensischen Charta[53], wo es heißt: »Palästina ist innerhalb der Grenzen, die es zur Zeit des britischen Mandats hatte, eine unteilbare territoriale Einheit.« Mit anderen Worten: Es geht gar nicht lediglich um die besetzten Gebiete, es geht um das ganze ehemalige Mandatsgebiet, das heißt, es geht auch um das Territorium des Staates Israel.

Es muß eben immer wieder festgehalten werden: Nicht das sogenannte Palästinenser-Problem und schon gar nicht die Siedlungen Israels sind die Ursachen der andauernden Nahost-Krise und aller bisherigen Kriege, sondern die Nichtanerkennung Israels und seines Lebensrechtes als Staat in sicheren und vor allem anerkannten Grenzen durch seine Nachbarn. Deshalb ist Sadats Politik der Anerkennung und des Friedensschlusses so bedeutsam, deshalb auch wurde der ägyptische Friedensnobelpreisträger mit dem allgemeinen arabischen Bann belegt.

Statt um des Öls willen die Feinde Israels und die Gegner Ägyptens zu favorisieren, sollte der Westen immer wieder von allen Arabern verlangen: Erkennt das Lebensrecht des Staates Israel an. Dann, aber erst dann ist es Zeit, über die »legitimen Rechte« der Palästinenser zu reden.

So müßte der ganze Westen handeln. Im besonderen aber und aus gutem Grunde wäre das die Aufgabe für uns Deutsche. Es ist die einzige für uns mögliche Haltung.

Aus der Arbeit des Verlegers

Bomben im Hamburger Verlagshaus

In Frankfurt[1], Augsburg[2], München[3], Karlsruhe[4] und Heidelberg[5] explodierten im Mai 1972 Bomben. Es waren Anschläge auf das Leben nichtsahnender Menschen – auf Männer und Frauen in Behörden, am Steuer eines Autos, am Arbeitsplatz, auf dem Kasernenhof. Die Welle heimtückisch geplanter Verbrechen erreichte am Freitag, 19. Mai 1972, auch das Axel Springer Verlagshaus in Hamburg[6]. Zwei Bomben explodierten; 17 Mitarbeiter wurden verletzt. Am Samstag besuchte Axel Springer die Schwerverletzten in den Krankenhäusern. In einer Sonderausgabe des hausinternen Informationsdienstes »Springer aktuell« wandte er sich mit nachstehender Erklärung an die Mitarbeiter. In einem ZDF-Interview, das am 24. Mai 1972 ausgestrahlt wurde, sprach der Verleger über die Hintergründe des Anschlages.

Nach den hinterhältigen und gemeinen Anschlägen vom 19. Mai galten meine ersten Gedanken und meine Sorge den Verletzten. Wir werden alles nur Mögliche tun, den Betroffenen zu helfen, ihren Familien beizustehen, äußere Not von ihnen fernzuhalten.

Heute möchte ich allen, die an den Pfingsttagen in Hamburg tätig waren und mehr als ihre Pflicht getan haben, danken: für ihre Besonnenheit, ihre Umsicht und Einsatzbereitschaft. Dank sagen möchte ich auch für die großartige Zusammenarbeit aller untereinander und mit den vielen Helfern, die von draußen zu uns kamen. Allein dieser Geist der Gemeinschaft und Zusammengehörigkeit hat es verhindert, daß Schlimmeres geschah. Die Attentäter hatten Tod und Chaos eiskalt einkalkuliert.

Unser Verlag war von Anfang an ein offenes Haus. Jeder sollte zu uns kommen, uns besuchen, mit uns sprechen können. So haben wir es mehr als zwei Jahrzehnte gehalten. Sie werden Verständnis dafür haben, liebe Mitarbeiterinnen und Mitarbeiter, daß wir uns jetzt, nachdem die Anarchisten mit Bomben argumentieren, zu Ihrer eigenen Sicherheit anders orientieren müssen.

Mit Recht haben viele von Ihnen gefragt, wie sich das Unternehmen auf diese neue Situation einstellen wird:

Notwendig sind jetzt verstärkte Sicherungsmaßnahmen für Sie, für Ihre Gesundheit, für Ihre Arbeitsplätze, für unser ganzes Haus. Die ersten Maßnahmen sind, wie Sie es bereits selbst erlebt haben, in Kraft getreten und werden auch künftig in dieser oder anderer Form durchgeführt. Darüber hinaus habe ich ver-

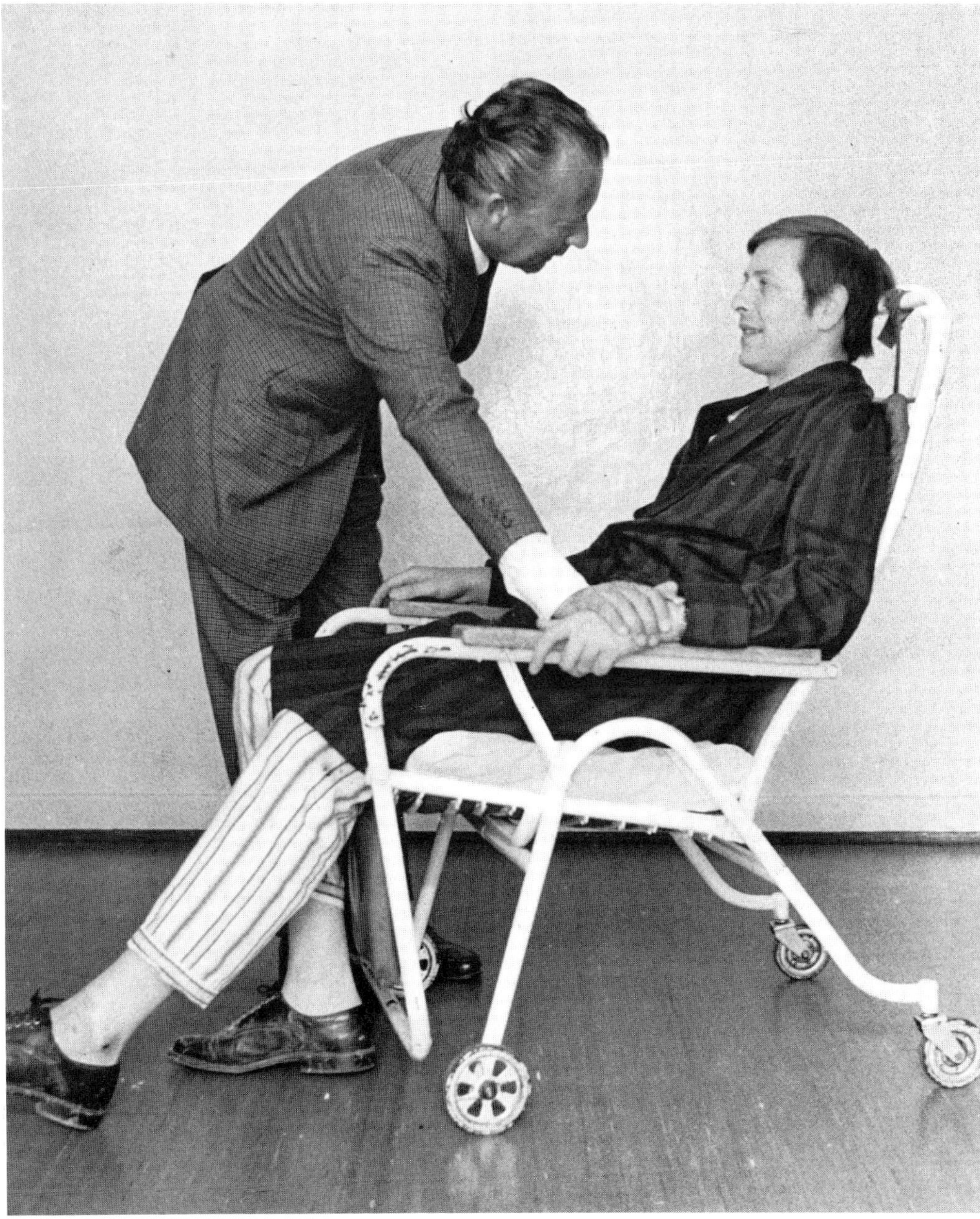

Hamburg, 19. Mai 1972: Bombenexplosionen im dritten und sechsten Stock des Axel Springer Verlagshauses verwüsteten die Korrektur, wo gerade die Druckfahnen für die Pfingstausgaben gelesen wurden, und Teile der Setzerei. Wände wurden eingedrückt, das Mobiliar zerfetzt. Am nächsten Tag besuchte der Verleger die Verletzten in den Krankenhäusern, so auch den Verlagsassistenten Klaus Horster im Hafenkrankenhaus.

anlaßt, daß umgehend weitere Warneinrichtungen installiert werden, mit denen wir Sie an jedem Arbeitsplatz erreichen können. Alle Nachrichten- und sonstigen technischen Mittel sind bereitgestellt worden, um Sie bei Gefahr schnellstens zu verständigen.

Die leitenden Herren unseres Hauses haben mir ferner einen Katalog weiterer Sicherheitsmaßnahmen vorgelegt, dem ich voll zugestimmt habe. Über Einzelheiten möchte ich hier aus verständlichen Gründen nichts sagen.

An Sie alle richte ich in diesem Zusammenhang die dringende Bitte, die Augen offenzuhalten, für die Sicherheitsmaßnahmen Verständnis aufzubringen und sie aktiv zu unterstützen – in Ihrem eigenen Interesse.

Weiterhin versichere ich Ihnen ausdrücklich:

Mitarbeiter meines Hauses, die durch Anschläge am Arbeitsplatz Schaden erlitten haben oder in Zukunft erleiden sollten, brauchen sich für ihre eigene Person und für ihre Angehörigen keine Sorgen zu machen. Es wird ausreichend und großzügig für sie gesorgt werden.

Das Interview Gerhard Löwenthals mit Axel Springer
hatte folgenden Wortlaut:

GERHARD LÖWENTHAL: Am vergangenen Freitag haben Terroristen einen Bombenanschlag auf Ihr Hamburger Verlagshaus verübt. Was war Ihre persönliche Reaktion darauf?

AXEL SPRINGER: Ich habe ja in unseren Zeitungen schon etwas gesagt. Natürlich zuerst über das Mitgefühl mit den verletzten Mitarbeitern. Dann aber habe ich daran erinnert, daß innerhalb einer Woche in München, Karlsruhe, Augsburg, Frankfurt und dann in Hamburg eine Kette von Anschlägen stattgefunden hatte und wir eben nur ein Glied in dieser Kette sind. Ich habe nicht verschwiegen, daß ich der Meinung bin, nunmehr sei die Teufelssaat der Linksradikalen aufgegangen, und daß es unsere Zeitungen in den letzten Jahren waren, die auf diese Gefahren unaufhörlich, leider ohne Ergebnis, hingewiesen haben.

GERHARD LÖWENTHAL: Es war sicher kein Zufall, daß Ihr Verlagshaus von diesen Terroristen als Ziel ausgesucht wurde. Sie haben gesagt, »die Teufelssaat sei aufgegangen«. Wie meinen Sie das im einzelnen?

AXEL SPRINGER: In diesen Tagen hat das Bundeskriminalamt bekanntgegeben, daß im Jahre 1971 allein 30 Prozent politischer Verbrechen mehr begangen worden sind als im Vorjahr. Wer in der »Welt« die Chronologie der Eskalation in der Bundesrepublik Deutschland nachlas, weiß, wie in der letzten Zeit diese Verbrechen zugenommen haben.

GERHARD LÖWENTHAL: Die Öffentlichkeit ist schockiert über den Terror, und es gab zahllose Reaktionen, vor allem auch von Politikern. Eigentlich alle haben sich zu Wort gemeldet. Sicher haben Sie auch viele Meinungsäußerungen aus der Bevölkerung erhalten. Wie ist da die allgemeine Grundstimmung?

AXEL SPRINGER: Wir haben eine Riesenflut von Telegrammen, Briefen, Anrufen, sonstigen Bekundungen der Anteilnahme und der Empörung erhalten. Ich darf unterscheiden zwischen Bevölkerung, Politikern und Publizisten.

Der rote Faden, der sich durch die Bekundungen der Bevölkerung zieht, ist, daß man sagt, zu viele hätten jahrelang weggesehen und den Kopf in den Sand gesteckt, wenn nicht gar sympathisiert mit diesen Leuten.

Dann gab es eine ganze Reihe Zuschriften von Politikern und Publizisten. Viele davon haben mich erfreut, haben mich bewegt. Aber ich möchte hinzufügen, daß auch Briefe von solchen Leuten darunter waren, die jahrelang diese Herren hochgelobt haben oder, als Staatsmann verkleidet, die Dinge mehr oder weniger haben laufen lassen.

Wenn Sie mir erlauben, ein Telegramm aus dieser ganzen Flut der Bekundungen herauszunehmen, dann deshalb, weil ich glaube, das trifft ins Schwarze. Es heißt:

»Lieber Herr Springer, ich bin entsetzt über Gewalttaten, die an 1932 erinnern, als die deutsche Bevölkerung nicht wahrhaben wollte, welche Folgen der Radikalismus hat. In Verbundenheit und Mitgefühl mit den Opfern und Ihnen. Hermann Lewy, Chefredakteur der Allgemeinen Jüdischen Wochenzeitung.«

GERHARD LÖWENTHAL: In einem Brief sollen Androhungen weiterer Terroranschläge enthalten sein. Womit ist im einzelnen gedroht worden?

AXEL SPRINGER: Es gibt eine ganze Reihe von Drohungen, so wie Drohungen jetzt das ganze Land überschwemmen, nicht nur bei uns. Ein Brief hat auch mich persönlich erreicht und den finde ich hochinteressant. Er ist unterzeichnet: »Kommando 2. Juni«. Experten wissen, das ist eine terroristische Gruppe. In dem Brief heißt es: »Wir fordern von Springer, daß seine Zeitungen die antikommunistische Hetze«, wie sie sich ausdrücken, »gegen die neue Linke, gegen solidarische Aktionen der Arbeiterklasse bei Streiks, gegen die kommunistischen Parteien hier und in anderen Ländern einstellen.«

Dann heißt es weiter, »daß der Springer-Konzern die Hetze gegen die Befreiungsbewegungen in der Dritten Welt einstellt, besonders gegen die arabischen Völker, die für die Befreiung Palästinas kämpfen; daß er seine propagandistische und materielle Unterstützung für den Zionismus und die imperialistische Politik der herrschenden Klasse Israels einstellt.«

Sie wissen, daß wir eine ganze Menge materieller Unterstützung für Israel geleistet haben. Noch mehr ideelle Unterstützung. Wir werden darin auch nicht nachlassen. Ich habe nichts gegen die Araber, aber wer die leidvolle Geschichte unseres Volkes kennt, weiß wohl, welche Verpflichtungen wir haben, dem Volk von Israel treu zur Seite zu stehen.

Dann heißt es in dem Brief weiter – und das ist eine abendfüllende Frechheit –, die Springer-Presse solle die ausländischen Arbeiter nicht mehr mit rassistischen Lügenberichten überschütten. Also ausgerechnet wir, die wir in unseren Zeitungen unaufhörlich dieses »Seid nett zueinander« gegenüber den Gastarbeitern propagiert haben! Sie merken auch hier die böse Absicht.

Schließlich steht in dem Brief: »Wir verlangen, daß die Springer-Presse diese Erklärung abdruckt. Wir werden unsere Aktionen gegen die Feinde des Volkes erst einstellen, wenn unsere Forderungen erfüllt sind.«

Nun, wir drucken Briefe von solchen Verbrechern nicht ab, aber wir lassen unsere Leser dennoch nicht zu kurz kommen und teilen ihnen das mit.

GERHARD LÖWENTHAL: Eine letzte Frage: Worin sehen Sie die entscheidenden Mittel, um der weiter um sich greifenden Radikalisierung wirksam entgegenzutreten?

AXEL SPRINGER: Das ist in erster Linie Sache der politischen Parteien als Träger des Willens der Bevölkerung. Besonders die Regierungskoalition muß Mittel und Wege finden, mehr durchzugreifen als bisher. Ich will nicht verhehlen, daß auch an uns alle der Appell gerichtet ist, auf die kleinsten Kleinigkeiten zu achten, Sympathisanten aufzuspüren, und daß es eine Solidarität der Demokraten geben muß, die wissen, daß dieser Staat nur bestehen bleiben kann, wenn jedenfalls in diesem Punkte Einigkeit herrscht.

Wissen Sie, ich habe vor kurzem mit einem Mann gesprochen, sehr ranghoch – erlauben Sie mir daher, daß ich den Namen verschweige. In dieser Unterhaltung sollte ich immer wieder zum Mitleid mit den verführten Leuten gebracht werden, die wir ja jetzt getrost Verbrecher oder Mörder nennen können.

Nun, als Christ angesprochen, weiß ich eine ganze Menge von Schuld und Vergebung. Aber in diesem Fall habe ich nur Mitgefühl für die Majorität, die sich in Deutschland jetzt nicht nur verunsichert fühlt, sondern zutiefst beunruhigt ist. Ich glaube, wir müssen erst einmal dieser Majorität helfen. Und wenn Sie mich steinigen, ich bin der Meinung: Wir brauchen mehr Staat! Selbstverständlich Staat aus einer inneren, echten Autorität heraus geboren.

Ohne freie Presse keine freie Wirtschaft

Vor dem Versuch, Verlegern und Journalisten die Freiheit zu nehmen, ohne die eine Presse nicht existieren kann, warnte Axel Springer auf einer Unternehmertagung der Landesvereinigung industrieller Arbeitgeberverbände Nordrhein-Westfalens am 21. März 1972 in Düsseldorf. Immer wieder gab es in den folgenden Jahren Vorstöße von Sozialdemokraten, Gewerkschaftern, aber auch von Freien Demokraten, die Richtlinienkompetenz der Verleger zu beschneiden – bis im April 1979 Bundesinnenminister Gerhart Baum (FDP) vor dem Bundestag erklärte, die Bundesregierung habe »zur Zeit nicht die Absicht, den Entwurf eines Presserechtsrahmengesetzes vorzulegen«. Auf diese Feststellung reagierte die SPD-Fraktion mit der Ankündigung, sie werde einen eigenen Gesetzentwurf einbringen, weil »Mitbestimmung auch im Pressebereich unerläßlich und längst überfällig« sei. Angesichts solcher Bekundungen haben die Ausführungen, die Axel Springer 1972 in Düsseldorf machte, nichts an Aktualität eingebüßt.

Das Leitwort »Die Freiheit ist unteilbar« unterschreibe ich aus ganzem Herzen. Auf einer Kundgebung unter diesem Leitmotiv fühle ich mich sehr zu Hause.

Es genügt nicht, für die Freiheit bei Gelegenheit mit Worten einzutreten. Jeder ist verpflichtet, die Freiheit der Gesellschaft immer dort zu verteidigen, wo ihre Grundlagen bedroht werden.

Sie wissen vielleicht, daß wir uns in meinem Verlagshaus Richtlinien, Grundsätze gegeben haben. Alle haben mehr oder weniger mit Freiheit zu tun. Einer dieser vier Grundsätze verpflichtet mich, meine Blätter und alle meine Mitarbeiter zur Verteidigung des Systems der sozialen Marktwirtschaft.

Vor wenigen Tagen hatte ich in meinem Berliner Haus den großen Vorzug, von dem Schöpfer des Systems dieser sozialen Marktwirtschaft in Deutschland, von Professor Ludwig Erhard, besucht zu werden. Die Sorge darum, daß in unserem Land wieder einmal die verschiedensten Bereiche der Freiheit mehr und mehr eingeengt werden sollen, erfüllte unser Gespräch. Es ging dabei, wenn auch nicht ausschließlich, so doch hauptsächlich um die Wirtschaft. Ein Satz Professor Erhards zu der Gefahr, daß unsere freie Wirtschaft in eine Zwangswirtschaft umformiert werden könnte, ist mir wörtlich im Gedächtnis geblieben. Er lautete:

»Die wirtschaftlichen Fehl- und Minderleistungen kollektiver Wirtschaftssysteme treten gegenüber marktwirtschaftlichen Ordnungsformen so überzeugend zutage, daß fast ein frecher Mut und ein Höchstmaß an ideologischer Verblendung dazu gehören, den freien Völkern die Preisgabe eben dieser Freiheit anzuempfehlen.«

Ich weiß wohl, daß ich einem Teil von Ihnen eigentlich erst so recht bekannt geworden bin, als vor Jahren, beinahe über Nacht, an Mauern und Hauswänden und sonstwo die Parole »Enteignet Springer«[7] sichtbar wurde.

Eine solche Parole war neu. Sie erregte Aufmerksamkeit. Man schrieb viel darüber. Die scheinbar nicht direkt Betroffenen haben sich nicht allzusehr darüber aufgeregt. Ich mußte mich natürlicherweise etwas mehr darum kümmern.

Was war eigentlich damals geschehen? Ein Mann, ein Unternehmer, sollte enteignet werden. Fast wie ein Blitz aus heiterem Himmel kam diese Forderung. Man forderte ganz simpel und natürlich ohne jede gesetzliche Stütze die Enteignung, so wie das nach kommunistischen Umstürzen oder auch nach der nationalsozialistischen Machtergreifung möglich gewesen ist.

Man könnte fragen: Warum gerade Springer? »Warum Springer enteignen?« fragte wörtlich im Herbst 1967 die Bandenführerin Ulrike Marie Meinhof und gab selbst die Antwort: »Weil jeder Versuch der Redemokratisierung dieses Landes, der Wiederherstellung von Volksherrschaft ... an Springer scheitern muß.«

Übersetzt man diesen Revolutionsjargon ins Alltagsdeutsch, so heißt das: Axel Springer und seine Zeitungen sind ein Hindernis auf dem Weg zur revolutionären Veränderung der staatlichen und gesellschaftlichen Grundordnung der Bundesrepublik Deutschland.

Im selben Jahr äußerten sich auch andere der »jungen Heißsporne«, wie man sie damals noch gern halb freundschaftlich nannte, zu diesem Thema. Niemand kann sagen, sie hätten es nicht deutlich gesagt, nicht schwarz auf weiß niedergelegt, was sie damals beabsichtigten – und was auch heute noch keineswegs zu den Akten gelegt ist. Im Gegenteil.

Der »Sozialistische Deutsche Studentenbund«[8], ursprünglich eine Gliederung der SPD, schließlich außerhalb von ihr operierend und 1970 aufgelöst – der SDS also sagte es direkt: In einer Resolution vom September 1967 sprach er von der Notwendigkeit der »Befreiung der Presse vom Meinungsmonopol und vom Diktat des Profitinteresses durch ihre Entflechtung und Überführung in öffentliches Eigentum und demokratische Kontrolle«.

»Mit innerer Notwendigkeit«, so hieß es in der Resolution weiter, »hat sich der beginnende Kampf ... für eine Demokratisierung der Gesellschaft an der Parole ›Enteignet Springer‹ kristallisiert.« Denn: der »Kampf gegen Springer ist ein Kampf gegen das spätkapitalistische Herrschaftssystem selbst«. Ist dieser Kampf erfolgreich, wird er auch – wie es im schönsten Soziologendeutsch, aber unmißverständlich heißt – »die Disziplin in der kapitalistischen Produktion treffen«.

Dies also sind die Dominosteine solch linker, solch revolutionärer Ziele: Zerschlagt das Verlagshaus Axel Springer, sozialisiert die privatwirtschaftlich organisierte Presse, und im Gefolge dessen wird dann die freie Wirtschaft selbst fallen. Töne von 1967 und 1968? Verklungene Melodien? Nein, gewiß nicht. Es sind noch heute höchst aktuelle Töne, die damals angeschlagen wurden.

Es war im selben Jahr 1967, in dem der »Republikanische Club« in Berlin[9] die revolutionären Parolen in die Form eines Gesetzesvorschlages goß. Der Club, Sammelstätte linker Revolutionäre und träumerischer Reformer, veröffentlichte im Oktober 1967 eine »Materialsammlung über den Springer-Konzern« und darin den »Entwurf eines Bundesgesetzes zur Wahrung der Informationsfreiheit«. Darin war zum ersten Mal von Auflagenbegrenzungen, Entflechtungsverfahren und Anzeigengenossenschaften die Rede, die durch Gesetz dekretiert werden sollten.

Eine Stimme aus dem Grabe? Jugendsünden irregeleiteter Jungsozialisten? Keineswegs. Fast wörtlich ziehen sich seitdem solche und ähnliche Formulierungen durch eine Fülle von Gesetzes- und Verordnungsvorschlägen. Ich nenne nur die Vorschläge der von der Bundesregierung 1967 berufenen Pressekommission, die Entwürfe eines Arbeitskreises von Professoren verschiedener Disziplinen, einen Entwurf von SPD-Autoren, Vorschläge linker FDP-Leute, weiter auch zahl-

Johannes Binkowski, Präsident des Bundesverbandes Deutscher Zeitungsverleger, und Axel Springer im Verlagshaus an der Kochstraße in Berlin

reiche Anträge, die dem Sonderparteitag der SPD im November vergangenen Jahres vorlagen und die im SPD-offiziellen Medienpapier – dem Ergebnis dieses Parteitages – nur dürftig kaschiert sind.

Man kann das auch anders ausdrücken: Die radikalen Parolen, die vor fünf Jahren von der APO, der außerparlamentarischen Opposition, auf den Straßen gebrüllt wurden, haben heute Eingang gefunden in Professorengutachten und Parteitagsanträge. Oder, um mit Professor Schelsky zu sprechen: statt Kampf auf den Barrikaden der Marsch durch die Institutionen!

All diese Entwürfe, Vorschläge und Anträge zielen auf die freie Presse in ihrer jetzigen, unserem Gesellschaftssystem gemäßen Form. Alle wollen der freien Presse – das heißt, Verlegern und Journalisten – ein Korsett verpassen, ihr die Freiheit nehmen, ohne die die Presse nicht existieren kann. Und die Presse ist dabei nur Vorreiter für die gesamte Wirtschaft, der ein ähnliches Schicksal zugedacht ist.

1967 war in der Tat ein ominöses Jahr. Es lohnt sich schon, einen Augenblick darüber nachzudenken, warum es ausgerechnet dieses Jahr war, in dem so viele Weichen gestellt wurden. Ist es Zufall, daß nur ein Jahr vorher, im April 1966, Walter Ulbricht am 20. Jahrestag der SED-Gründung davon sprach, es sei »von besonderer Bedeutung, Zeitungskonzerne wie den Springer-Konzern und andere unter Kontrolle zu nehmen ... Es ist notwendig«, so ließ sich der SED-Chef vernehmen, »die Macht der Herren solcher Meinungsmonopole wie des Springer-Konzerns zu beseitigen.«

Zufall oder mehr: Wer die kommunistische Kunst, Kampagnen zu entfesseln, kennt, wer weiß, wie das läuft über Gesinnungsgenossen, Sympathisanten, Mitläufer und sogar bezahlte Helfer hinter den Fronten der Gegner – wer das weiß, der wird an mehr glauben als an Zufall.

Das Haus, das ich an der Kochstraße, im alten Zeitungsviertel von Berlin, gebaut habe und dessen hellerleuchtete Buchstaben seit dem Herbst 1966 als Wahrzeichen und Menetekel der Meinungsfreiheit weit hinein nach Ost-Berlin sichtbar sind, dieses Haus und was es symbolisiert sollte zerstört werden. Die Idee kam von drüben. Die Handlanger fanden sich hier.

Es sollte zerstört werden. Denn ebenso wie es unumstritten ist, daß freie Meinung und freie Gesellschaft einander bedingen, so ist klar, daß jede unfreie Gesellschaft den Austausch freier Meinung, freier Gedanken, den Fluß unzensierter Information mehr fürchten muß als den Tod.

Damals, vor fünf, sechs Jahren, war ich – nolens volens – zur Symbolfigur geworden. Für unser Gesellschaftssystem, aber ebenso für das System der freien, privatwirtschaftlich betriebenen Presse, wie wir es seit 1945 aufgebaut hatten.

Man sagte Springer und meinte das ganze Pressewesen. Nicht alle Verlegerkollegen hatten das sofort erkannt. Manch einer glaubte, da werde lediglich einem ob seiner Größe manchmal unbequemen Kollegen der Schneid abgekauft. Andere Verleger – übrigens alle aus Hamburg – haben sich nicht nur selbst an der Anti-Springer-Kampagne beteiligt, sondern den Neo-Anarchisten und deren studentischen Mitläufern auch noch die wesentlichsten Scheinargumente gedruckt mit auf den Weg gegeben und finanziell geholfen. Nun, wir haben uns, wie Sie wissen, nicht einschüchtern lassen. Mein Haus steht, unsere Redakteure schreiben, und unsere Zeitungen wirken weiter.

Es ist jedoch, im Rückblick auf die damaligen Demonstrationen, auch noch folgendes festzustellen: Es waren die Blätter meines Hauses gewesen, die früher als viele andere, früher als all die unruhigen Studenten und als die meisten »progressiven« Professoren vernünftige Hochschulreformen gefordert haben. Dennoch wurde die Anti-Springer-Kampagne den Studenten damals auch dadurch schmackhaft gemacht, daß man ihnen die Mär erzählte, unsere Blätter widersetzten sich jeglicher Reform.

Wahr ist allerdings, daß es auch die Zeitungen unseres Hauses waren, denen zuerst jener radikale Kern unter den studentischen Demonstranten und Agitatoren aufgefallen war, dem es gar nicht um Hochschulreformen ging, sondern der lediglich die Umfunktionierung der Universität als Vorstufe zum Umsturz der Gesellschaft anstrebte.

Inzwischen sind die lauten, spektakulären »Enteignet Springer«-Stürme abgeklungen, der Rauch der Brandstiftung und der grölenden Demonstrationen hat sich verzogen. Der ehemalige Rechtsanwalt Mahler, 1968 Anführer der Osterstürmer auf mein Verlagshaus in Berlin, sitzt, als Rädelsführer einer kriminellen Vereinigung dringend verdächtig, hinter Schloß und Riegel[10]. Ein krimineller Kern der damaligen APO fristet als Mahler/Baader/Meinhof-Bande[11] oder als »Rote-Armee-Fraktion«[12] ein Leben im Untergrund.

Aber es wäre ein Trugschluß zu meinen, damit sei auch die Kampagne gegen mich, meine Zeitungen und damit im weiteren Sinne gegen die freie Presse als ganzes abgeblasen worden. In Wirklichkeit haben sich nur die Methoden gewandelt; die Argumentation hat sich verfeinert. Geblieben ist das Ziel: die freie, die kritische Presse, als deren Prototyp mein Verlag angesehen wird, Schritt für Schritt zurückzudrängen und damit einen Lebensnerv der freien Gesellschaft, der freien Wirtschaft zu treffen.

Die Radikalen vieler Schattierungen sind auf ihrem vielzitierten »langen Marsch durch die Institutionen« nicht stehengeblieben. Sie sind vielmehr gut vorangekommen. Ihr Einfluß macht sich besonders an der Basis der Bonner Koalitionsparteien, bei den Jungsozialisten, den Jungdemokraten sowie in einigen gewerkschaftlichen Kreisen bemerkbar. Das Ziel ist letztlich die Umstülpung der bestehenden Gesellschaft und Wirtschaft – der freien Wirtschaft. Und hier sind wir alle in einem Boot: wir von der Presse, Sie von der Wirtschaft – wobei diese

Unterscheidung gar nicht stimmt; denn auch ein Zeitungshaus ist ja zunächst einmal ein Wirtschafts-Unternehmen.

Täuschen wir uns nicht: Heute liegt in den Schubladen von Politikern der Sprengstoff, der noch vor ein paar Jahren an die Fundamente von Verlagsgebäuden gelegt werden sollte. Und der Sprengstoff der Gesetze kann weit wirksamer sein, als es die oft kindischen Versuche der Revoluzzer vergangener Tage waren.

Was in den Schubladen liegt, sind Gesetze gegen den Unternehmer, zunächst gegen den Presse-Unternehmer. Manch einer in der Wirtschaft fühlt sich nicht betroffen, wenn es gegen einen Presse-Unternehmer geht. Es liegt ja in der Natur des Menschen, gerne die Augen zu verschließen vor drohenden Entwicklungen; gerne zu glauben, daß Bedrohungen, die man wahrnimmt, nur anderen gelten, daß man selbst nicht betroffen ist.

Zur Erklärung dessen, was ich meine, ein die gesamte Wirtschaft angehendes Beispiel: In der Diskussion um die paritätische Mitbestimmung sind viele kleinere und mittlere Unternehmer der Meinung, das gehe sie wenig an, weil zunächst nur von den großen die Rede ist.

Wie falsch das ist, zeigt eine Bemerkung, die ein Mitarbeiter des der SPD angehörenden Hamburger Wirtschaftssenators Kern schon im Jahre 1969 gemacht hat. In einem Podiumsgespräch sagte dieser Mann damals wörtlich: »Das Endziel der heutigen Mitbestimmungspläne ist die totale Erfassung aller Unternehmen der gewerblichen Wirtschaft, aller Rechtsformen und aller Betriebsgrößen.«

Die Katze ist aus dem Sack. Alle werden betroffen sein, denn der Kampf gilt der Gesellschaft in ihrer jetzigen Form. Lassen Sie mich es deshalb noch einmal ganz deutlich machen: Es wäre ein verhängnisvoller Irrtum anzunehmen, daß eine Veränderung des unternehmerischen, des privatwirtschaftlichen Fundaments der Presse ohne Auswirkung auf die Unternehmensstruktur unserer gesamten Wirtschaft bleiben könnte.

Ich nenne Ihnen nur ein Beispiel für das, was geplant ist: Seit der Regierungserklärung im Oktober 1969, in der Willy Brandt ein Pressegesetz der Bundesregierung angekündigt hat, seit jener Erklärung arbeiten ministerielle Experten an einem solchen Gesetz. Vor kurzem war nun zu erfahren, daß die Regierungsparteien damit eine entscheidende Amputation verlegerischer, das heißt unternehmerischer Rechte vornehmen wollen: Dem Verleger soll es nicht mehr erlaubt sein, den Redaktionen seiner Zeitungen Richtlinien für die publizistische Behandlung neu auftauchender Fragen von wesentlicher Bedeutung zu geben. Solche Fragen zu entscheiden, soll nicht länger Sache des Verlegers sein.

Beispiele für solche Fragen von wesentlicher Bedeutung sind etwa die Frage der Wiederbewaffnung, die 1952 akut wurde; die Frage der Aufwertung aus den Jahren 1968/69; die Frage des Paragraphen 218 oder die Frage der neuen Ostpolitik, die sich seit 1969 stellt. Für die Behandlung all solcher Fragen soll ein Verleger seinen Redaktionen keine Richtlinien mehr geben dürfen – eine schlichtweg aberwitzige Vorstellung für jeden Verleger, der seine Verantwortung ernst nimmt, der als Publizist mit seiner Zeitung wirken will und der sich auch als Unternehmer für seine Zeitung verantwortlich fühlt.

Dem Verleger wäre so die Möglichkeit genommen, das publizistische Profil seiner Zeitung mitzuprägen und zu verantworten. Davon hängt aber auch Erfolg oder Mißerfolg ab. Wie soll man, frage ich, die finanzielle, die unternehmerische Verantwortung für ein Objekt tragen, auf dessen Gestaltung man keinen Einfluß hat?

Nur ein unabhängiger, das heißt ein wirtschaftlich starker Verleger, kann seiner Aufgabe voll gerecht werden. Er ist es doch auch, der den Journalisten, die mit ihm arbeiten, den Freiheitsraum schafft, in dem sie wirken können – unbeeindruckt von Pressionen und Versuchungen, die von vielen Seiten auf Journalisten zukommen können.

Staats- und Regierungsstellen sind es in erster Linie, die immer wieder direkten oder indirekten Einfluß auf Journalisten nehmen wollen. Interessenverbände, gesellschaftliche Gruppierungen, Wirtschaftsunternehmen – sie alle haben Anliegen und Wünsche, denen sie Nachdruck verleihen möchten.

Der Verleger ist es, der Journalisten vor den damit verbundenen Anfechtungen schützt – beispielsweise, indem er sie anständig bezahlt, indem er ihre Arbeitsplätze, ihre Zukunft, ihr Alter sichert – kurz, indem er ihnen die Basis für eine echte Unabhängigkeit schafft. Wehe den Journalisten, die solchen Schutzes entraten müssen. Wehe denen, die sich auf die schützende Hand des Staates verlassen müssen. Sie würden bald die Abhängigen des Staates, sie würden seine Diener sein.

Entzöge man dem Verleger die Richtlinienkompetenz, so wäre das außerdem ein eindeutig verfassungswidriger Akt. Publizistische Wirksamkeit im Rahmen der vom Grundgesetz jedermann zugesprochenen Pressefreiheit wäre ausgerechnet dem Verleger unmöglich gemacht. Er, der Verleger, wäre dann nur noch ein entmündigter und amputierter Kaufmann, ein Unternehmer ohne Einfluß auf die Gestaltung seines Produkts.

So etwas ist nicht etwa eine Utopie lebensfremder Weltverbesserer, sondern es ist die Absicht der Regierungsparteien, dies Gesetz werden zu lassen. In keinem Land der freien Welt, in keinem Land, das sich einer freien Presse erfreut, werden ähnliche Überlegungen angestellt, werden ähnliche Absichten formuliert.

Man muß dem Präsidenten des Bundesverbandes Deutscher Zeitungsverleger, Dr. Johannes Binkowski, zustimmen, wenn er mit den geplanten Maßnahmen der Bundesregierung die Existenzfrage einer privatwirtschaftlich organisierten Presse angesprochen sieht; wenn er Ansatzpunkte zur Sozialisierung der Redaktionen und damit letzten Endes zur Sozialisierung der Verlage erkennt; wenn er der Meinung ist, die Regierung solle lieber ehrlich sagen, daß sie die Presse zu sozialisieren gedenke, als daß sie den langsamen, den kalten Weg beschreite, der Freiheit hier ein Stück und da ein Stück aus den Rippen zu schneiden.

Es stellt sich die Frage, warum das ausgerechnet bei uns geschieht – in einem Land, in dem die Zeugen der Unfreiheit noch am Leben sind? In dem Land, in dem diejenigen noch Auskunft zu geben vermögen, die die Tragödie einer zum Propagandainstrument des Staates degradierten Presse noch mit angesehen haben? In dem Land, in dessen kommunistischem Teil auch heute noch Tag für Tag das Beispiel einer unfreien Presse vorexerziert wird.

Warum wohl? Die Antwort auf eine solche Frage suchen immer mehr nachdenkliche Geister in unserem Land. Es ist wohl politische Philosophie, die hier antworten müßte, und das ist heute nicht mein Thema.

Ein Satz aber scheint mir richtig und passend zu sein. Ich fand ihn im Vorwort, das der österreichische Nationalökonom Friedrich A. von Hayek zu der gerade herausgekommenen Neuauflage seines vor 25 Jahren in England erschienenen Buches »Der Weg zur Knechtschaft« geschrieben hat:

»Nach einer liberalen Periode, die Deutschland einen Aufstieg seines Wohlstandes ermöglicht hat, den kaum jemand vorauszusagen gewagt hätte, und während derer auch die sozialistische Partei sich zur Marktwirtschaft bekannte, sind nun unter der Jugend die alten Ideen des Sozialismus wiederauferstanden.

Ein Teil der Jugend glaubt wieder, der Freiheit zu dienen, indem sie eine Wirtschaftsordnung befürwortet, die tatsächlich die Freiheit des einzelnen auf das engste beschränken würde.

Sie wissen nicht mehr aus eigener Erfahrung, was eine Regierungsform bedeutet, in der die Herrschenden unbeschränkte Macht über alle Mittel ausüben, die der einzelne zur Verfolgung seiner Ziele braucht.«

Jener Teil der Jugend, von dem Hayek spricht, schickt sich an, in den Parteien, in den Institutionen des Staates, an Universitäten und Gymnasien, aber auch in den Redaktionsstuben in Schlüsselpositionen aufzurücken.

Wer daran Kritik übt, ist ein Störenfried. Auch die Regierung reagiert immer allergischer auf jegliche Kritik. Und als Wissenschaftler getarnte politische Handlanger predigen den Haß gegen solche Zeitungen, die ihre Kontrollfunktion auch gegenüber dieser Bundesregierung ernst nehmen. Aus welch anderem Holz war doch Konrad Adenauer, der nicht selten auch das Angriffsziel unserer Blätter war.

Der russische Dichter Wladimir Bukowski sagte, als er sich 1967 vor dem Moskauer Stadtgericht verteidigen mußte: »Rede- und Pressefreiheit bedeuten in erster Linie Recht auf Kritik. Niemand hat jemals verboten, eine Regierung zu loben.«

Uns ist das auch noch nicht passiert.

Nur eine freie Presse ist der Garant dafür, daß auch solche Dinge veröffentlicht werden, die den Regierenden unangenehm sind. Ich denke da an den Druck der Vietnam-Dokumente in Amerika ebenso wie an die verschiedenen Veröffentlichungen im Zusammenhang mit der deutschen Ostpolitik in unserem Land.

In einem demokratischen Staatswesen ist öffentliche Kritik unabdingbar. Die Pressefreiheit ist konstituierend für die Demokratie. So hat es das Bundesverfassungsgericht ausgedrückt. Die Presse muß frei sein und bleiben.

Ich habe mich gefragt, warum gerade mir die Ehre erwiesen wurde, hier zu sprechen. Hat vielleicht dabei der Glaube mitgewirkt, in mir, dem Inhaber des größten deutschen Zeitungshauses, einen Mann von angeblich großem Einfluß zu vermuten?

Darf ich dazu eine Anekdote, eine kleine Begebenheit erzählen, die sich vor noch nicht allzu langer Zeit zugetragen hat: In einer Gesprächsrunde fragte mich eine Journalistin, ob ich ihr sagen könne, weshalb meine Mutter mir den zweiten Vornamen Cäsar gegeben habe. Kaum war die Frage gestellt, wurde ein Zwischenruf laut: »Cäsar ist gar kein Name, das ist eine Berufsbezeichnung!«

Der Zwischenrufer meinte wohl auch, ich sei so etwas wie ein Cäsar der veröffentlichten Meinung, ein Mann jedenfalls mit einer beherrschenden Stellung auf seinem Gebiet. Da kann ich als Neuberliner nur sagen: »Denkste!«

Längst schon bedienen sich die veröffentlichte Nachricht und Meinung nicht mehr nur der Presse. Noch zu Kaisers Zeiten war die Zeitung der einzige Übermittler der Überlegungen und Taten seiner Majestät und der Ereignisse auf der Straße. Wer zum Beispiel krank war, und wem dann keine helfende Hand eine Zeitung ans Bett brachte, der wußte ganz einfach nicht, was in der Welt geschah. Inzwischen aber hat die Presse sich mit einem mächtigen, vielfach schon übermächtigen Konkurrenten abfinden müssen, dem Hörfunk und Fernsehen.

Neben dem gedruckten Wort und Bild stehen heute das gesendete Wort und Bild – Konkurrenten, die sich ihrer wachsenden Macht zunehmend bewußt werden. Die Presse ist dadurch zu einem Segment des »gemeinsamen Marktes der Kommunikationsmedien« geschrumpft. Und ich selbst – weit davon entfernt, beruflich ein »Cäsar« zu sein – habe mit meinem Verlag bestenfalls eine energische Stimme auf diesem Marktplatz der Medien, keinesfalls aber eine Vorherrschaft, ein Monopol, oder wie die schmückenden Beiwörter sonst heißen mögen.

Ich bin, wie alle meine Kollegen der Presse, festgenagelt auf das gedruckte Wort und Bild – das gesendete ist uns nicht zugänglich. Wie oft habe ich das schon gesagt, und wie oft werde ich es noch wiederholen müssen: Im Zeitalter Marconis sind wir, die Zeitungsleute, in unserem Land an das »Dampfroß« des Gedruckten gefesselt, während andere, die öffentlich-rechtlich organisierten Rundfunkanstalten, sich der »Düsenmaschinen« der Elektronik bedienen können.

Der Ihnen das sagt, ist nicht jemand, der auf seinem eigenen Gebiet nicht genug zu tun hätte. Das Springer-Fernsehen, mein angeblicher Griff nach dem elektronischen Medium, ist eine Legende, eine von vielen, die mir angedichtet werden. Wofür ich mich seinerzeit einsetzte, war ein Verleger-Fernsehen, ein privatwirtschaftlich organisiertes Fernsehen, getragen von der Gemeinschaft der Zeitungsverleger, neben den öffentlich-rechtlichen Anstalten. Denn die Zeitungsverleger sind es doch, deren Beruf es ist, Nachrichten und Materialien zur Meinungsbildung auf den Markt zu bringen. Wer anders als sie wäre besser geeignet, sich auch auf dem Gebiet des gesendeten Wortes und Bildes zu betätigen?

Die Frage der Zweckmäßigkeit und der größtmöglichen Effektivität ist aber in eine Frage der Ideologie umgeformt worden! Es ist kein Zweifel, daß die öffentlich-rechtliche Konstruktion der Rundfunkanstalten als Provisorium der Nachkriegszeit gedacht war.

Die Besatzungsmächte wünschten begreiflicherweise, jeden staatlichen Einfluß auf den neu zu errichtenden Rundfunk unmöglich zu machen. Deshalb wählten sie die öffentlich-rechtliche Form mit Aufsichtsgremien, in denen die Gesellschaft als Ganzes repräsentiert sein sollte.

Aus diesen guten Absichten, geboren in einer Notlage, als es weder Fachleute noch Geld für einen privaten Rundfunk gab – aus diesem Provisorium ist inzwischen ein wohletablierter Dauerzustand geworden. Über die Parteien, deren Mitglieder in den Gremien der Anstalten parteipolitisches Taktieren eingeführt haben, holten sich die Anstalten gewissermaßen durch die Hintertür den Staat ins Haus.

Linke Kommunikations-Ideologen mögen hier nun ein Modell erkennen, wie auch Presse organisiert sein könnte: ohne Unternehmer, aber parteipolitischen, staatlichen Einflüssen offen. Setzen sich diese Zielvorstellungen durch, wäre dies das Ende der überkommenen Presse- und Meinungsäußerungsfreiheit, welche die Bundesrepublik in mehr als einem Vierteljahrhundert zu einem wahrhaft freien Staatswesen gemacht hat.

Eines ist allerdings jenseits jeden Streites um ideologische Positionen sicher: Der gemeinsame Markt der Medien, auf dem sich jedermann nach seinen Bedürfnissen und seinen Wünschen jederzeit bedienen kann, dieser gemeinsame Markt hat die Fülle der täglich und stündlich zur Verfügung stehenden Informationen gigantisch vermehrt.

Aber auch im Teilbereich der Presse selbst stößt man auf kein Monopol. Die journalistische Vielfalt ist vorhanden. Knapp tausend Zeitungstitel sind in der Bundesrepublik auf dem Markt; sie werden von etwa 140 Vollredaktionen erstellt. Das nimmt sich im internationalen Vergleich hervorragend aus.

Von diesen 140 selbständigen Zeitungen entfallen, nebenbei bemerkt, fünf auf unser Haus, dazu zwei Sonntagsblätter.

Ich sprach von der gewaltigen Vermehrung der Menge an Informationen, die heute der Öffentlichkeit angeboten werden. Das sagt aber noch nichts aus über die Qualität dieser Fülle.

Was wird denn in der Unzahl von Nachrichten und Kommentaren mitgeteilt? Wie steht es denn mit der Tendenz dessen, was da auf das Publikum losgelassen wird? Ich könnte mich hier ausführlich verbreiten über das »Linkskartell« einer Vielzahl von Massenmedien, von Zeitungen, Zeitschriften, Hörfunk- und Fernsehsendungen. Ich könnte Beispiele dafür nennen, wie im linken Lager Ereignisse verdreht, Vorgänge verfälscht und einseitig interpretiert werden – und ich müßte Sie lange damit aufhalten.

Ein zuverlässiger Führer durch solch linke Wildnis ist das Deutsche Industrie-Institut[13], dessen zuständige Abteilungen mit beispielhafter Akribie und immensem Fleiß beobachten, was hier vor sich geht. Dort weiß man, wie gering beispielsweise der Anteil von Fernsehsendungen ist, die sich für die soziale Marktwirtschaft aussprechen, und wie groß andererseits der Anteil der Beiträge ist, die entschlossen jenes Wirtschaftssystem diskreditieren, das uns allen einen bisher nicht gekannten Wohlstand, eine bisher nicht gekannte Freiheit gebracht hat.

»Freiheit, dieses göttliche Instrument – um alles in der Welt, vertraut es nicht den Mechanikern an, den Technikern und Fachleuten. Sie werden Euch versichern, es bedürfte einer gründlichen Überholung, sie müßten es auseinandernehmen; ja, sie werden es auseinandernehmen, werden es in seine kleinsten Teile zerlegen und es nie wieder zusammensetzen.«

Diese Worte, vor Jahrzehnten von dem französischen Dichter Bernanos niedergeschrieben, haben eine bestürzende Aktualität in unseren Tagen.

In der Tat: Die Freiheit ist in Gefahr, zerlegt und nie wieder zusammengesetzt zu werden. Im Namen einer falsch verstandenen Freiheit will man unsere Gesellschafts- und Wirtschaftsordnung in ihr Gegenteil verkehren.

Um Presse- und Informationsfreiheit zu schützen – so soll uns eingeredet werden –, müßte der Staat gesetzliche Maßnahmen ergreifen, deren Ergebnis nur die Einschränkung bestehender Freiheiten sein kann.

Die Veränderung des Bewußtseins durch Interpretation und geschickte Wortwahl läßt sich eindrucksvoll nachweisen am Wandel der Bedeutung, die dem Wort Freiheit beigemessen wird.

»Die Geister scheiden sich.« Unter diesem Motto habe ich vor kurzem einen Vortrag in Stuttgart gehalten[14], in dem ich die Fabel zerstörte, die Ostverträge brächten mehr Sicherheit für Deutschland und Europa.

Die Geister scheiden sich auch im Innern. Es geht wieder einmal um die Freiheit, um nicht mehr und um nicht weniger.

Heute abend werde ich wieder in Berlin sein, in meinem Büro, von wo ich mit einem Blick in zwei Welten schauen kann: in die Welt der Freiheit und des Erfolges und in die Welt der Unterdrückung und des wirtschaftlichen Mißerfolges.

Lassen Sie mich schließen mit den anfangs schon erwähnten Worten, die mir Ludwig Erhard in der vorigen Woche mit auf den Weg gab:

»Die wirtschaftlichen Fehl- und Minderleistungen kollektiver Wirtschaftssysteme treten gegenüber marktwirtschaftlichen Ordnungsformen so überzeugend zutage, daß fast ein frecher Mut und ein Höchstmaß an ideologischer Verblendung dazu gehören, den freien Völkern die Preisgabe eben dieser Freiheit anzuempfehlen.«

Lassen wir uns diese Freiheit nicht rauben!

Auf den Spuren des Dr. Goebbels?

Der Entmachtung des Verlegers folgt die Auslieferung des Journalisten an den Machtanspruch der Politiker – auf diese Formel brachte der Bonner Journalist Klaus Besser in einem in der Zeitschrift »Bonn Journal«[15] im März 1973 veröffentlichten Artikel seine Kritik an den Pressegesetzentwürfen der SPD. Der Artikel trug die Überschrift »Auf den Spuren des Dr. Goebbels?« Klaus Besser war früher Chefredakteur der »Neuen Ruhr Zeitung« und des DGB-Zentralorgans »Welt der Arbeit«. Hier Klaus Bessers kritischer Artikel und ein Brief Axel Springers an den Verfasser.

Stellen wir uns einmal vor, Axel Springer käme zu der Überzeugung, er habe sich bei der Beurteilung von Willy Brandts Politik geirrt und wolle von Stund an einen SPD-freundlichen Kurs steuern. Er dürfte es nicht – wären die Vorstellungen der SPD-Presseexperten, die das Presserecht ändern wollen, bereits Gesetz.

Danach soll ein Verleger die allgemeine Linie seiner Zeitungen festlegen und – man höre und staune! – öffentlich bekanntgeben. Ist das geschehen, darf er diese Linie ohne Zustimmung der »mitbestimmenden« Redaktionskommission nicht mehr verlassen. Das gleiche soll praktisch für den Chefredakteur gelten, der ebenfalls dazu verurteilt werden soll, an seiner Meinung von gestern festzuhalten. Meinungsänderungen darf sich demnach wohl nur ein Redaktionskollektiv erlauben.

So stellen sich Medienexperten in Bonn die Sicherung der Meinungsvielfalt und der Unabhängigkeit des Journalisten vor! Offenbar können sie nicht anders als in parlamentarischen Kategorien denken, wobei sie die Funktion des handelnden Politikers mit der des kritisch informierenden und kommentierenden Journalisten verwechseln.

Der Teufel, der einige Bonner Medienexperten reitet, an der inneren Struktur der Presse herumzufummeln, heißt Axel Springer, obwohl sich inzwischen herausgestellt hat, welch ein ohnmächtiger Meinungsbildner der angeblich allmächtige Konzernherr ist: Rund 60 Prozent seiner »Bild«-Leser wählten SPD. Die Springer-Hysterie war also unbegründet.

Als Buhmann aber lebt Springer munter fort und dient als Vorwand für die Notwendigkeit eines Bundespressegesetzes. Weil man seine Macht über den von

Bundespräsident Heinemann just gefeierten »mündigen Bürger« weit überschätzt hat, sollen nun alle Verleger entmachtet werden.

Der absurde Gedanke, daß sich ein Verleger auf eine Linie festlegen muß, stammt übrigens nicht von unseren Bonner Experten, sondern von Dr. Goebbels. Im Schriftleitergesetz vom 4. Oktober 1933 sprach auch er dem Verleger nur eine einmalige allgemeine Richtlinienkompetenz zu, nahm ihm aber gleichzeitig jede Weisungsbefugnis gegenüber der Redaktion.

Der, wie man sieht, sehr progressive Dr. Goebbels war mit unseren modernen Linken der Ansicht, daß der Verleger als Exponent privatwirtschaftlicher Interessen von der »öffentlichen Aufgabe« des Journalisten ausgeschlossen werden müsse. So wurde also der Verleger von der Redaktion gesetzlich getrennt und gegenüber den Organen der Öffentlichkeit unmittelbar verantwortlich gemacht.

Mit diesem alten Trick kann man in jedem Gesellschaftssystem die gesamte Presse an die Leine legen.

In allen kommunistischen und faschistischen Diktaturen sind die Organe der Öffentlichkeit Partei und Staat, allenfalls noch ein paar berufsständische Einrichtungen.

In der pluralistischen Demokratie, wie wir sie noch haben, sind es Aufsichtsgremien, Kommissionen also, in denen die großen Parteien und Verbände, die Kirchen und Gewerkschaften das Sagen haben.

Indem der Redakteur von seinem Verleger getrennt wird, wechselt er nur den Herrn. An die Stelle des Verlegers als letzter, interner Entscheidungsinstanz treten nun Kommissionen und berufsständische Einrichtungen wie Presseräte und Schiedsgerichte, in denen die organisierten Großgruppen mehrheitlich entscheiden.

Welch aberwitziger Irrtum zu glauben, daß damit der Journalist auch nur einen Deut mehr Unabhängigkeit gewänne!

Man schaue sich doch nur das Proporz-Gerangel in den öffentlich-rechtlichen Rundfunkanstalten an! Dort werden inzwischen nicht nur die führenden Positionen, sondern auch die niederen Ränge nach Partei-, Gesang- und Gewerkschaftsbuch besetzt!

Der Journalist hat in diesen verbürokratisierten Anstalten genau die Freiheit, das zu vertreten, was von einer dieser Gruppen gedeckt wird. Hat er jedoch weder eine Partei, noch eine Kirche oder eine Gewerkschaft im Rücken, verschwindet er rasch in der Versenkung, falls es ihm überhaupt gelungen war, ohne deren Förderung einen Führungssessel zu erklimmen.

Welch glücklicher Zufall, wenn ein leitender Anstaltsmensch auch noch etwas von seinem Metier versteht!

Die Entschließung der SPD zur Medienpolitik – und in noch stärkerem Maße das Presse-Papier der südhessischen Genossen[16] – zielt nun genau darauf ab, diese »öffentlich-rechtlichen« Mißstände auch auf die freie, bisher unkontrollierte Presse zu übertragen.

Unleugbar, daß bis zur Stunde der Redakteur von seinem Verleger »abhängt«. Dafür aber kann er sich den Verlag aussuchen, mit dessen Linie er übereinstimmt. Zu behaupten, es gäbe nicht Verleger mit den verschiedensten politischen Auffassungen, ist glatter Unsinn. Man kann streiten, ob es deren mehr geben sollte.

Für den Journalisten jedenfalls ist es immer noch leichter, sich mit einem Verleger, mit einem Chefredakteur zusammenzuraufen als mit notwendigerweise bürokratischen Ausschüssen, Kommissionen oder Presseräten, die automatisch zum Tummelplatz frustrierter Besserwisser werden müssen, denen es aufgrund mangelnder Leistung versagt war, ihren Ehrgeiz in ihrer Zeitung zu befriedigen.

Wenn die Bundesregierung ehrlich um die Vielfalt der Meinungen und die Unabhängigkeit des Journalisten besorgt sein sollte – mit innerer Rührung denke ich an diese edle Selbstverleugnung –, so sollte sie sich lieber Gedanken machen, mit welchen wirtschafts- und finanzpolitischen Maßnahmen man auch kleinen und mittleren Verlagen die Existenz ermöglicht.

Wie schwierig das ist, davon kann Alfred Nau, Schatzmeister der SPD, ein garstig Lied singen. Seine Partei nämlich hat vor der Aufgabe, mittlere Zeitungen am Leben zu halten oder gar neue ins Leben zu rufen, restlos kapituliert.

Um dieses Problem drücken sich auch die bisherigen SPD-Papiere herum. Die langfristig planenden linken Gesellschaftsveränderer dürften außerdem gar nicht an einer Vielfalt mittlerer und kleiner Verlage interessiert sein. Großverlage und Verlagskonzerne eignen sich schließlich am besten für eine Sozialisierung.

Wer den Verleger entmachtet und zum Papierverkäufer degradiert, schlachtet die falsche Kuh. In Wahrheit ermöglicht nur der wirtschaftlich starke Verleger die freie Meinungsäußerung auch gegenüber mächtigen Großgruppen. Nur in seinem Schutz können auch jene Informationen publiziert werden, die möglicherweise einmal allen organisierten politischen Gruppen nicht in den Kram passen.

Die Journalisten schließlich sollten sich fragen, ob sie in ihren Redaktionen Zustände haben wollen, wie sie heute an den Universitäten herrschen.

Selbstverständlich wird niemand den Bonner Medienexperten unterstellen, sie hätten bei ihren Entwürfen ganze Passagen aus dem Gesetz des Dr. Goebbels entlehnt. Sicher aber ist eines: Die Nazis wußten, daß man erst einmal den Verleger entmachten muß, will man die Journalisten dem Machtanspruch der Politiker ausliefern.

Wissen es die Bonner Medienexperten auch?

Oder wollen einige von ihnen sogar dasselbe?

Der Brief, den Axel Springer am 21. März 1973 an Klaus Besser schrieb, lautet:

Sehr geehrter Herr Besser,
mit großem Interesse habe ich Ihren Kommentar zu den Plänen verschiedener Medienexperten gelesen. Weil es mißverstanden werden könnte, habe ich bisher Formulierungen wie die, die Sie für die Überschrift verwendet haben, in der Öffentlichkeit nicht benutzt. Sie scheint zugespitzt, und dennoch stimmt sie genau.

Sie schreiben, man müsse sich vorstellen können, daß Axel Springer sich eines Tages Willy Brandt politisch nähern würde.

Unser Haus hat lange Zeit beharrlich neben Professor Weichmann in Hamburg gestanden[17]. Und zwischen Willy Brandt und unserem Hause gab es beinahe eine Allianz, etwa in den Tagen, als er in Altena seinen großartigen Appell an die deutsche Industrie richtete[18].

Sie sprechen vom »ohnmächtigen Meinungsbildner« Axel Springer. Ich kann dem nicht widersprechen.

Auch in der Vergangenheit waren Zeitungen nie ausschlaggebend; sie konnten maximal einen Trend fördern oder Entwicklungen verlangsamen. Jetzt, neben den vielen politischen Zeitschriften, den Illustrierten, der Fachpresse und vor allen Dingen dem Hörfunk und dem Fernsehen, ist die Rolle der Zeitung noch schwächer geworden.

Denken Sie an die Informationsflut, die heute in Deutschland über jeden hereinbricht. Denken Sie besonders daran, daß wir es heute nicht mit einem Zeitungsmarkt zu tun haben, sondern mit einem »gemeinsamen Markt der Kommunikationsmittel«.

Worum es mir immer ging, war die Unabhängigkeit des Hauses. Wir haben uns immer wieder dem Druck von allen Seiten widersetzt und, wenn nötig, Millionenverluste dafür eingesteckt.

Erst vor kurzem gab man mir in einem Wirtschaftsmagazin den Titel »Brandenburger Tor«[19]. Die Begründung: Ich sei bereit, wegen meiner eigenwilligen Politik wirtschaftliche Einbußen hinzunehmen. Dazu kann ich nur sagen: Wenn wir glauben, auf dem richtigen Weg zu sein, bleiben wir dabei und werden unseren Kurs nicht ändern, selbst wenn uns das Geld kostet.

Glücklicherweise können wir uns eine derartige Haltung erlauben, denn ich habe mein Haus bewußt so konzipiert, daß es auf vielen Beinen steht. Das ermöglicht uns, auch Publikationen herauszubringen, die keinen Gewinn bringen.

In aller Bescheidenheit möchte ich anfügen, daß in früheren Jahren eine solche Haltung auch Anerkennung gefunden hat.

Gelernt habe ich das von Fritzi Massary. Deren Satz »Ich liebe das Geld, weil es Freiheit mir schafft« ist eine Art Maxime für mich geworden – im oben angedeuteten Sinne.

Erst vor kurzem stand ein langjähriges Mitglied der SPD in einer Parteiversammlung bei der Diskussion über Medienprobleme auf und legte dar, was unser Haus, das Verlagshaus Axel Springer, für die wirtschaftliche Besserstellung seiner Mitarbeiter, besonders der Redakteure, getan habe. Das immer mehr zu verbessern, bleibt mein Ziel.

Mit den besten Empfehlungen bin ich

Ihr

Axel Springer

Sprung in ein neues Druckzeitalter

Eines der modernsten Druckhäuser Europas steht in Kettwig[20], hart am Südrand der Ruhrstadt Essen. In diesem Haus gibt es kein Bleisatzregal, keine Bleisatzmaschine mehr, statt dessen Hochleistungs-Fotosetzmaschinen. Gedruckt wird auf Vier-Farben-Rollen-Offset-Maschinen, insgesamt 85 Meter lang, 9,70 Meter hoch; 78 Druckwerke. Eingeweiht wurde das neue Druckhaus, für das Axel Springer am 5. September 1972 den Grundstein gelegt hatte, am 5. Juni 1973. Die Rede des Verlegers wird hier gekürzt wiedergegeben.

Dies ist nicht nur ein praktisches, in die Zukunft weisendes, sondern auch ein schönes, in die Landschaft passendes Gebäude geworden. Mehr noch: Das Bautempo und die Planungsgenauigkeit sind eine großartige Leistung. Vor einem guten Jahr blühten hier noch Wiesenblumen. So schnell ist kaum je ein Industriebau errichtet worden.

Der Zufall will es, daß heute, am Tag der Einweihung dieses Druckhauses, die »Woche des Umweltschutzes« beginnt. Dazu kann ich mit Stolz und Dankbarkeit sagen: Die Anforderungen, die mit Recht an einen neu errichteten Betrieb gestellt werden, haben wir in Zusammenarbeit mit den zuständigen Behörden erfüllen können.

Dieses Druckhaus wird mit Erdgas und dem flüssigen Gas Butan geheizt. Was aus dem Schornstein kommt, ist reiner Wasserdampf – ohne Schwefelrückstände. So gibt es keine Luftverschmutzung. Die Abwässer werden über eine Neutralisationsanlage in die Sielleitung abgelassen. Alle Säurerückstände werden dem Abwasser entzogen. Außerdem sorgt ein Rückkühlwerk dafür, daß das in den Anlagen erwärmte Wasser abgekühlt und wieder verwendet werden kann. Es gibt keine Wasserverschmutzung. Der Neubau schmiegt sich innerhalb des Gewerbegebietes Kettwig Nord unaufdringlich in die Landschaft. Darüber hinaus ist das Druckhaus so in den Hang gelegt, daß das Gebäude selbst die Geräusche vom Versandhof schluckt. In die anliegenden Wohngebiete dringt kaum ein Laut. Es gibt also auch keine Lärmbelästigung.

Mein Gruß und mein Dank gelten deshalb zunächst den Planern, voran dem Architekten, unserem verehrten Herrn Koppenhöfer, und seinen Mitarbeitern;

dann den vielen beteiligten Behörden, ohne deren unbürokratische Kooperation wir heute noch nicht in diesem fertigen Gebäude sein könnten; weiter den verschiedenen Ingenieuren, Mechanikern und Arbeitern, die all die technischen Wunderwerke einer modernen Zeitungsherstellung in diesem Haus zusammengefügt haben.

Schließlich gilt mein Dank aber ganz besonders auch all den vielen Köpfen und Händen in unserem eigenen Haus, die in vorbildlicher Zusammenarbeit am Gelingen dieses großen Gemeinschaftsprojektes mitgewirkt haben. Ich erwähne bewußt keine Namen, denn würde ich einen nennen, müßte ich Hunderte nennen. Nur eines will ich sagen: Hier ist von allen Beteiligten ein Stil der Zusammenarbeit entwickelt worden, auf den wir stolz sein können und der unsere einzelnen Häuser enger zusammengeschmiedet hat. Dafür danke ich besonders. Für alle, die ich meine, möge ein Name stehen: Peter Tamm.

Darüber hinaus will ich diese Gelegenheit benutzen, um einmal aller Mitarbeiter aus unserem Essener Haus zu gedenken. Seit über einem Vierteljahrhundert wurde dort mit überdurchschnittlicher Aufopferung gearbeitet. Da war zunächst der Aufbau aus den Trümmern des Krieges, und da war seitdem immer die loyale Mitarbeit aller trotz oft widriger Umstände, trotz räumlicher Beengtheit. Ich bin froh und glücklich, daß gerade unsere Essener Mitarbeiter hier vor den Toren ihrer Stadt diese neue, moderne, großräumige Wirkungsstätte finden werden.

Mit der Errichtung dieses Druckhauses haben wir einen Sprung in ein neues Druckzeitalter getan. Ich habe schon öfters gesagt, daß ein Blatt wie die »Bild-Zeitung« die gedruckte Antwort auf das Fernsehen ist; oder anders ausgedrückt, das gedruckte Pendant zum Fernsehen. Aber erst die Technik, die uns hier in diesem Druckhaus zur Verfügung steht, wird uns wirklich eine derartige Möglichkeit geben. Diese Druckerei ist für Massenproduktion konstruiert. Offsetrotationsmaschinen und das Fotosatzverfahren eröffnen völlig neue verlegerische Perspektiven, unter denen die zeitgerechte Verwendung von Farbe besonders hervorsticht. Wir alle, Redakteure, Verlagsleute und Anzeigenkunden, werden umlernen müssen.

Die im Offsetverfahren hergestellten Zeitungen werden leichter lesbar sein. Besonders aber wird sich die Bildqualität erhöhen. Texte, Anzeigen und Bilder, gleichgültig ob schwarz auf weiß oder in Farbe, können von nun an in einem Arbeitsgang gedruckt werden. Das Zeit und Geld kostende Insettingverfahren kann weitgehend der Vergangenheit angehören. Durch den von Computern gesteuerten Fotosatz gewinnen wir Geschwindigkeit und Übersicht. Ohne diesen Fotosatz wäre der Übergang vom konventionellen zum Offset-Druckverfahren überhaupt nicht denkbar.

Wenn ich heute mit dem Stolz des Bauherrn diese schöne Druckerei einweihen darf, so tue ich das nicht ohne Beklemmung. Wir leben in einer Zeit, in der es als

Kettwig, 5. September 1972: Grundsteinlegung für das neue Offset-Druckhaus Rhein-Ruhr (links). Die Kassette, die in den Grundstein eingemauert wurde, enthält neben einer Urkunde alle Zeitungen aus dem Springer Verlag vom 5. September 1972, einen Satz gültiger Münzen, eine Fotomontage der gültigen Geldscheine sowie ein Exemplar des Buches »Von Berlin aus gesehen« von Axel Springer (oben). Nach der Grundsteinlegung (rechts): der Bauherr im Gespräch mit den leitenden Mitarbeitern Dr. Hansjörg Frühwald (rechts) und Gerhard Kripahle (links).

schick gilt, den Unternehmer zu verdammen oder zumindest zu verdächtigen; in der man dem Unternehmer zwar das Risiko lassen, aber die Entscheidung wegnehmen möchte. Wer heute als Unternehmer plant und baut, muß sich vorkommen wie ein Kapitän, der sein Schiff auf die Fahrt ins Ungewisse steuert und befürchten muß, daß man ihm jenseits der 30-Meilen-Zone das Kapitänspatent nimmt. Und wenn der Unternehmer gar Verleger ist, sind die Aussichten besonders düster.

Trotzdem haben wir das Wagnis auf uns genommen. Am 5. September 1972 habe ich dafür hier bei der Grundsteinlegung drei Gründe genannt. Lassen Sie mich zwei davon wiederholen. Erstens: Auch im Zeitungsgewerbe darf man nicht bei den Methoden von gestern stehenbleiben. Der Kunde, Leser ebenso wie Inserent, hat ein Recht darauf. Ein Unternehmen, das sich nur auf alten Lorbeeren ausruht, geht zugrunde. Zweitens: Ich bin Optimist genug, um nicht an den endgültigen Erfolg der demagogischen und ideologischen Systemveränderer zu glauben.

Ich glaube vielmehr, daß der Ausspruch Voltaires nach wie vor Gültigkeit besitzt, der die philosophische Begründung jeglicher Pressefreiheit ist. Ich meine den Satz: »Ich mag verdammen, was du sagst; aber ich werde mein Leben dafür einsetzen, daß du es sagen darfst.« Das alles habe ich damals gesagt. Heute möchte ich noch eines hinzufügen. Seit ich vor über einem Vierteljahrhundert die Chance bekam, in unserem wieder frei gewordenen Land Zeitungen zu machen, das heißt diesen Verlag zu errichten, habe ich nur an Aufbau und Ausbau gedacht, nie an Resignation oder Kapitulation. Das galt bisher. Das gilt weiter.

Trotz aller Schwierigkeiten, die sich vor dem Unternehmer und seit einiger Zeit besonders vor dem Verleger auftürmen – ich denke nicht an Kapitulation. Unser Verlagshaus wird heute und morgen wie eh und je die Maßnahmen treffen, die für die weitere Existenz unserer Blätter notwendig sind. Ich denke dabei sowohl an eine Intensivierung unserer bisherigen Tätigkeiten als auch an die Entwicklung neuer Projekte und damit eine Expansion in ganz andere Richtungen.

Nur weil unser Haus stark und unabhängig ist, haben wir auch in der heutigen Zeit das Wagnis unternehmen können, hier in Kettwig mit enormen Investitionen den Weg in die Zukunft zu beschreiten. Hier wie bei allen Investitionsvorhaben oder anderen unternehmerischen Maßnahmen sind wir uns auch immer bewußt gewesen, daß nach wie vor der Mensch im Mittelpunkt unserer gemeinsamen Arbeit steht. Ihm gilt unsere ganze Aufmerksamkeit. Deshalb kam und kommt den Sozialleistungen gerade in der heutigen Zeit besondere Bedeutung zu.

Schon vor zwei Jahrzehnten haben wir in unserem Hause mit der Einführung freiwilliger sozialer Vergünstigungen Pionierleistungen erbracht. Diese Leistungen wurden bis heute ständig verbessert. Erst vor wenig mehr als zwei Jahren habe ich für unsere Mitarbeiter ein neues, erweitertes Altersversorgungswerk geschaffen. Dabei wurden sowohl die Leistungen in der Zukunft als auch die laufenden Pensionen spürbar verbessert. Der Gesamtbetrag der freiwilligen sozialen Zuwendungen, die wir zusätzlich zu den beträchtlichen und jährlich rasant steigenden gesetzlichen Sozialleistungen erbringen, erreichte 1972 mehr als 34 Millionen DM und damit 10 Prozent der Löhne und Gehälter.

Besonders die wirtschaftliche Sicherstellung der Journalisten scheint mir die wichtigste Aufgabe eines Verlegers zu sein. Darüber hinaus sollte die Diskussion über das Verhältnis des Verlegers zum Redakteur geführt werden, in dem Sinne, in dem wir in unserem Hause schon auf vielen Gebieten Vorreiter sind. Eine der wichtigsten Forderungen für die Sicherstellung des Journalisten ist zum Beispiel der Ausbau des Versorgungswerkes der deutschen Presse. Ich meine die Einbeziehung aller bei den Rundfunkanstalten tätigen Journalisten. Dadurch würde das Hinüberwechseln von einem zum anderen Medium erleichtert werden.

Wirtschaftliche Sicherheit muß angestrebt werden, denn sie ist die eigentliche Freiheit. Diese Sicherheit des einzelnen bleibt allerdings nur gewahrt, wenn der Staat die Freiheit nicht antastet. Jeder Versuch, den Raum der Freiheit einzuschränken, muß deshalb mit aller Schärfe zurückgewiesen werden.

In einem freien Land bestimmt jeder über sich selbst, also auch darüber, was er lesen will. Er hat das Recht darauf, informiert zu werden, aber auch, seine Meinung bestätigt oder widersprochen zu finden. Der Leser, nicht der Gesetzgeber, entscheidet in einem freien Land über Erfolg oder Mißerfolg einer Zeitung. Diesem Leser bleiben die Blätter meines Hauses verpflichtet, auch die, die hier auf diesen Maschinen gedruckt werden.

Wie am Tag der Grundsteinlegung möchte ich auch heute an die Worte in der Urkunde erinnern, die wir in den Grundstein der Zentrale unseres Hauses in Berlin eingemauert haben. Sie lauten: »Wir bekennen uns in dieser feierlichen Stunde und an diesem Ort zu dem hohen Wert, der hier gepflegt wurde und der auch in Zukunft verteidigt werden soll: zur heiligen Unverletzlichkeit des freien Wortes, aus dem die Presse lebt und aus dem sie ihre Würde empfängt.«

BERLINER

FREITAG, 26. SEPTEMBER 1952 **15 Pfg.** AUSWÄRTS 20 PFENNIG

MORGENPOST

Die Berliner Morgenpost erscheint täglich außer nach Sonn- und Feiertagen. Abonnementspreis bei Lieferung frei Haus monatlich 3,45 DM oder wöchentlich 80 Pf., auswärts bei Postbezug monatlich 2,91 DM zuzüglich 54 Pf. Zustellgeld. Bei unverschuldetem Ausfall der Lieferung kein Ersatzanspruch. Verlag, Redaktion, Anzeigen und Vertrieb: Ullstein A.G., Berlin-Tempelhof, Mariendorfer Damm 1/3.

BERLINER ANZEIGER

** 55. Jahrgang — Nummer 1 **

Tel. 75 02 31. Fernschreiber 028 508. Abonnements- und Anzeigenannahme im Verlagshaus und in allen Morgenpost-Filialen, u. a. Badstr. 45/46, Tel. 46 27 32, Müllerstr. 54/55, Tel. 46 05 56, Reinickendorf, Residenzstr. 2, Tel. 49 52 02, Tegel, Berliner Straße 5a, Tel. 45 91 57, Hermsdorf, Hermsdorfer Damm 208, Tel. 40 85 35. Bankkonto: Berliner Bank AG., Dep.-K. 27, Postscheck: Berlin West 123.

Großer Berliner Roman von Thea v. Harbou / Seite 4

Europa-Rat fordert Kolonial-Union

Gemeinsame Erschließung unentwickelter Gebiete

Associated Press/dpa **Straßburg,** 26. Sept.

Mit dem Ziel, Westeuropa von jeder Dollar-Unterstützung unabhängig zu machen, hat die Beratende Versammlung des Straßburger Europa-Rates eine gemeinsame Erschließung der Übersee-Gebiete durch alle europäischen Staaten vorgeschlagen. Die Versammlung nahm gestern mit 84 Stimmen bei sechs Enthaltungen einen vom deutschen CDU-Abgeordneten Dr. Semler vorgelegten Bericht über eine Kolonial-Union an, in dem der Ministerausschuß des Europa-Rates aufgefordert wird, Verhandlungen über die Gründung einer europäischen Investierungsbank und über den Abschluß von langfristigen Lieferverträgen für Rohstoffe zu führen. Eine Verwirklichung dieses Planes würde es der Bundesrepublik und anderen Mitgliedstaaten des Europa-Rates, die keine Kolonien haben, ermöglichen, aktiv an der Schaffung neuer Rohstoffquellen in wirtschaftlich rückständigen überseeischen Gebieten mitzuarbeiten.

In dem ersten der vier Punkte des „Straßburger Planes" ist vorgesehen, die Übersee-Gebiete wirtschaftlich zu erschließen, um die Lebensbedingungen in den Kolonien zu heben. Punkt 2 sieht gemeinsame europäische und amerikanische Investitionen sowie die Bildung internationaler Gesellschaften vor. Bei der Besiedlung der Gebiete durch alle Mitgliedstaaten der Kolonial-Union sollen eine Politik der „Offenen Tür" betrieben und Absatzmärkte für die überseeischen Erzeugnisse in Westeuropa geschaffen werden. Punkt 3 ... bank, Punkt 4 Vorzugszölle für die europäischen Teilnehmer.

Dr. Semler sagte, das wirtschaftliche Potential der Europa-Rat-Staaten und der mit ihnen verbundenen Übersee-Gebiete sei ebenso groß wie die Wirtschaftskraft der USA oder des sowjetischen Blocks. An Naturschätzen seien diese Gebiete sogar reicher. Wenn die westeuropäischen Staaten mit den Gebieten in Übersee, vor allem aber mit den britischen Dominien, eng zusammenarbeiteten, dann könnte die kritische Wirtschaftslage Europas überwunden werden.

... vor, an Stelle einer deutschen Wiederbewaffnung die Hilfsquellen der Bundesrepublik zur wirtschaftlichen Entwicklung der Überseeländer zu verwenden.

U-Boot „Sybille" ist verloren

Deutsche Presse-Agentur/AP

Paris, 26. Sept.

Ein großer Ölfleck, eine losgerissene Sicherheitsboje und Wrackteile kenn-

Berlin grüßt die MORGENPOST

Der Name der „Berliner Morgenpost" ist für viele Berliner in ihrer Erinnerung mit den glanzvollen Jahren des Berliner Aufstiegs in Wirtschaft, Kultur und geistigem Leben verbunden gewesen. Daß dieser Name unter unseren Berliner Zeitungen wieder erscheint, bedeutet daher ein Anknüpfen an eine durch jähe Gewalt und Katastrophen unterbrochene Tradition. Das Alte und das jetzt aus den Trümmern entstehende Neue miteinander zu verbinden, ist unsere Aufgabe, und es wird auch die Aufgabe der alten und doch neuen „Berliner Morgenpost" sein. Ich hoffe, daß der alte Name mit seinem bewährten Klang für Berlin ein Symbol dafür ist, daß trotz der harten Gegenwart das Vertrauen in unsere Zukunft unerschütterlich bleibt.

Ich begrüße die wiedererstandene „Berliner Morgenpost" als ein Zeichen dafür, daß Berlin wiederkommt, und daß Berlin imstande ist, das Wertvolle von einst zu erhalten und in neuen Formen wieder zu gestalten.

Ernst Reuter

Der Regierende Bürgermeister von Berlin

26. September 1952: Ernst Reuter schrieb das Grußwort zum Wiedererscheinen der BM

Heiligabend 1973: Axel Springer in der Rotationshalle beim Andruck der »Morgenpost«

Zeitungen werden täglich neu geboren

Am 20. September 1898 wurde den Berlinern eine neue Zeitung in die Hand gedrückt: die »Berliner Morgenpost« mit dem Untertitel »Neues Berliner Lokalblatt«. Ihr Gründer Leopold Ullstein erlebte nur noch die ersten Erfolge; ein Jahr nach der Gründung starb er. Die »Berliner Morgenpost« aber konnte am 20. September 1973 ihr 75jähriges Jubiläum feiern. Aus diesem Anlaß gab Axel Springer einen Empfang in seinem Verlagshaus im alten Berliner Zeitungsviertel. Der Regierende Bürgermeister, der Präsident des Abgeordnetenhauses, Senatoren und Abgeordnete, die Stadtkommandanten, Minister und Gesandte, Professoren, Präsidenten und Direktoren waren gekommen, um der Urberliner Zeitung zu gratulieren. Axel Springer widmete dem Jubiläum den folgenden Beitrag in der »Berliner Morgenpost«.

Eine Urberlinerin wird 75 Jahre alt. In Deutschlands Hauptstadt wurde sie geboren – hier wuchs, gedieh und blühte sie, hier ist sie alt geworden und jung geblieben, hier hat sie geliebt und gelitten, hat sie Freundschaft geboten und gefunden, Neid erweckt, Krisen überstanden.

Sie gab nicht auf, und sie wurde nicht aufgegeben. Die Zuneigung ihrer Freunde, die Gunst ihrer Verehrer und selbst die Abneigung ihrer Gegner beweisen nun, da sie ein Dreivierteljahrhundert alt geworden ist: Sie blieb gesund und geistig frisch, sie blieb begehrenswert.

Die »Berliner Morgenpost«, der unsere Glückwünsche gelten, ist keine Greisin und kein Teenager. Zeitungen werden täglich neu geboren. Ob sie unreif bleiben oder altern, ob sie leben oder nur vegetieren, ob sie sterben oder überleben, darüber entscheiden ihre Leser. Die Leser der »Berliner Morgenpost« haben zugunsten der Jubilarin entschieden.

Als am 20. September 1898 die Morgenpost mit dem Untertitel »Neues Berliner Lokalblatt« zum erstenmal erschien, stand am Schluß des Premieren-Leitartikels[21] der Satz: »Wir brauchen viel mehr Parteinehmer und viel weniger Parteigänger.« Diese Formulierung hätte auch heute, nach 75 Jahren, so in der »Berliner Morgenpost« stehen können: Sie nimmt Partei, aber sie ist keine Parteigängerin.

An jenem 20. September 1898 stand die Dreyfusaffäre[22] in Frankreich kurz vor der Wende zum Guten. Die Morgenpost schrieb damals: »... daß die Gerechtigkeit wieder eine Stätte finden wird, in der die Stärke einer Nation beruht.«

Auch das könnte heute und auf unser Vaterland bezogen in dieser Zeitung so geschrieben worden sein.

Als ihr Verleger bekunde ich Dankbarkeit, nicht nur und nicht einmal zuerst für den Erfolg, der diesem Blatt auch treu blieb, seit es mir anvertraut ist, sondern heute vor allem für seine Haltung, für die Festigkeit seines Standortes, für seine Verfassungstreue, Staatsloyalität, Unbeirrbarkeit, Courage, für seinen Charme, seine Zuversicht und nicht zuletzt für seinen kämpferischen Geist.

Treue zu Berlin, Standhaftigkeit für die Freiheit und Einheit unseres Vaterlandes, in dessen einstiger und künftiger Hauptstadt sie erscheint, klares Bewußtsein vergangener deutscher Schuld, Streben nach Wiedergutmachung und Eintreten für das Recht ohne Anbiederung an jene, die es verletzen. Das sind Tugenden dieser großen Berliner Zeitung.

Als das Haus Ullstein 50 Jahre bestand – das war 1927 –, schrieb der populäre Journalist Sling: »In diesem Hause wird geistig gekämpft, nicht nur nach außen hin, mit der Front gegen politisch anders Gerichtete. Aber der Kampf gegen außen und innen ist nicht diktiert von einem egoistischen Haß. Dahinter steckt die Liebe zur Sache.« So ist es geblieben.

Auch hat sich nichts an dem geändert, was Arthur Bernstein am 25. Geburtstag der Morgenpost aufzeichnete: »Sie hat mancherlei Anfechtungen erfahren, aber ihr einzig in der deutschen Zeitungsgeschichte dastehender Erfolg hat das Vertrauen zu dem Geist der Nation gerechtfertigt.«

Das Vertrauen in den Geist der Nation – es trägt auch heute die Überzeugung und den Erfolg aller, die der »Berliner Morgenpost« Inhalt und Form geben. Und nichts wird sich ändern an der Zuversicht, der diese Berlinerin dient: Auch jenes Unrecht wird überwunden werden, das sich in unmittelbarer Nachbarschaft zu ihrem Geburtsort, an dem sie wiedererstand, etabliert und markiert hat. Vorausgesetzt, daß der Geist der Nation lebendig bleibt und gesund.

Die Jubilarin trug ihren Anteil dazu bei. Sie wird es weiter tun.

Erinnerung an Hans Zehrer

Am 22. Juni 1974 wäre Hans Zehrer 75 Jahre alt geworden. Zur Erinnerung an diesen engagierten Publizisten, der dreizehn Jahre Chefredakteur der »Welt« war, bis ihm am 23. August 1966 der Tod die Feder aus der Hand nahm, veröffentlichte die »Welt« eine Sonderseite mit Auszügen aus Aufsätzen und Leitartikeln Hans Zehrers. Dazu hieß es in der »Welt«: »Die Qualität dieser Arbeiten hat man oft mit dem Adjektiv ›prophetisch‹ zu kennzeichnen versucht. Kein Zweifel: Wer sich in die Jahre von Zehrers Tätigkeit zurückliest, wird feststellen, wie unverwelkt, gerade wegen dieser Kraft der Vorausschau und Weitsicht, die Hauptlinien des Zehrerschen Denkens und Schreibens geblieben sind.« Axel Springer, mit Hans Zehrer ein Vierteljahrhundert in Freundschaft verbunden, schrieb dazu diesen Gedenkbeitrag.

In seinem ersten Artikel, der am 12. Oktober 1923 in der »Vossischen Zeitung« unter dem Titel »Die Krise des Parlamentarismus« veröffentlicht wurde, spricht Hans Zehrer von dem »abnehmenden politischen Interesse der Massen«. Mit dem Problem der Massen – auf nationaler wie internationaler Ebene – hat er sich zeit seines journalistischen Lebens in vielen Variationen immer wieder beschäftigt. Und noch in seinem allerletzten Beitrag, der am 7. August 1966, knapp drei Wochen vor seinem Tod, in der »Welt am Sonntag« erschien, spricht er von der Notwendigkeit für jeden Politiker, die Massen faszinieren zu müssen.

Hans Zehrer war gleichzeitig ein grübelnder Philosoph und ein engagierter Journalist. Er vermochte es, die verwirrendsten Geschehnisse aus der Niederung der Tagespolitik herauszuheben und in größere Zusammenhänge einzubauen. Besonders in den Jahren seit 1953, als ich ihn an meine Seite holte und zum Chefredakteur der »Welt« berief, waren seine Leitartikel und Glossen für eine immer größer werdende Lesergemeinschaft zugleich Worte des Aufklärens und des Deutens, des Aufrüttelns und des Trostes.

Früh, sehr früh schon sah Hans Zehrer die Schwächen der parlamentarischen Demokratie und warnte im selben Atemzug vor den Gefahren der Diktatur. Immer wieder kommt er in seinem Denken und Schreiben auf dieses Thema zurück. Er ist auf der Suche nach einer Elite, denn »die Masse ist nur zu erziehen durch den Stil einer führenden Schicht, durch nichts anderes«. Aber er sagt auch resignierend, daß die »Berufenen nicht in den Schlüsselstellungen sitzen werden«. Die Masse werde immer wieder den Demagogen eher folgen als solchen, die auf dem Boden der Tatsachen bleiben und wie Winston Churchill nur »Blut, Schweiß und Tränen« versprechen.

Hans Zehrer war ein deutscher Patriot von der Art, wie sie immer seltener werden. Gleichzeitig war er von tiefer Skepsis erfüllt gegenüber dem deutschen Volk.

Es ist kein Zufall, daß er zu der Handvoll Männer gehörte, die in letzter Minute die Weimarer Republik vor Hitler durch ein Bündnis zwischen der Reichswehr und den Gewerkschaften retten wollten. Noch weniger ist Zufall, daß er nach dem Kriege zu einem der wortreichsten Rufer nach der Wiedervereinigung Deutschlands wurde. Daß es eine Wiedervereinigung in Freiheit sein muß, war für ihn eine Selbstverständlichkeit. Den Auftrag zur Freiheit bezog der Gottsucher Hans Zehrer aus seiner tiefen Gläubigkeit.

Berlin, den Berlinern, allen Berlinern gehörte seine große Liebe. Der letzte Satz, den er schrieb, ehe er sich aufs Totenbett legte, lautet: »Es wird unserer ganzen Wachsamkeit und Entschlossenheit bedürfen, um das Minuskonto, das gerade hier von Jahr zu Jahr gewachsen ist, nicht noch größer werden zu lassen.« Das war im Hochsommer 1966, lange vor der sozial-liberalen Koalition, vor der verhängnisvollen Wende in der Ostpolitik, vor der Aufwertung und Anerkennung des kommunistischen Regimes in Ost-Berlin.

So sehr er uns allen, mir aber ganz besonders fehlt, so bin ich oft auch bei dem Gedanken froh, daß er diese Entwicklung nicht mehr miterleben mußte. Aber sein Vermächtnis bleibt als Aufgabe für uns Lebende.

Hans Zehrer (1899–1966)

Über die Vormacht des Bildschirms

Ihren 20. Kongreß hielt die internationale Vertriebsorganisation DISTRIPRESS[23] am 20. Oktober 1975 in Hamburg ab. DISTRIPRESS hat Mitglieder in 60 Ländern. Zu den Repräsentanten dieser Organisation sprach Axel Springer. In seiner Rede, die hier in Auszügen wiedergegeben wird, ging der Verleger auch auf das Verhältnis von Presse und Fernsehen ein.

DISTRIPRESS hat das hohe Ziel, zwischen den Kontinenten und ihren Völkern das freie Hin und Her von gedruckten Informationen und Meinungen, also von Zeitungen, Zeitschriften und Büchern, im Sinne der berühmten Entschließung der Vereinten Nationen oder auch des Artikels 10 der Europäischen Menschenrechts-Konvention[24] zu ermöglichen.

Der Aktionsradius von DISTRIPRESS, der freie Vertrieb von Gedrucktem, reicht heute in meinem Lande allerdings nur bis zur Zonengrenze – wenige Kilometer von hier – und schließlich, fast 200 Kilometer der Unfreiheit überspringend, bis West-Berlin und dort, exakt lokalisiert: bis an die Grenze meines Verlagsgrundstückes an der Berliner Kochstraße. Dort, an der Berliner Mauer, hört Ihr Wirkungsfeld auf.

An der Grenze zwischen der Freiheit und dem Sowjetblock endet die Wirkungsmöglichkeit der DISTRIPRESS. Nichts zeigt klarer als das, welch eine Farce der von den politischen Traumtänzern so überschwenglich gepriesene sogenannte Korb 3 des Vertrages über Sicherheit und Zusammenarbeit in Europa in Helsinki[25] ist. Der freie Austausch von Gedanken, Informationen und Meinungen zwischen den Bewohnern aller Unterzeichnerländer sollte angeblich ermöglicht und garantiert werden. Und wie ist die Wirklichkeit?

Vor kurzem las ich, das Leben sei eine Nervensäge, deren schärfste Zacken die Sorgen sind. Mehr und mehr gewinne ich den Eindruck, daß die Nervensäge all der Menschen, die es heute mit Zeitungen und Zeitschriften und Büchern zu tun haben, überhaupt nur noch aus scharfen Zacken besteht. Es sieht manchmal so aus, als ob die Regierenden – hier im Lande und auch anderswo – den mündigen Bürger nach der Art jenes Naturburschen einschätzen, den der Walzerkönig Johann Strauß im »Zigeunerbaron« singen läßt: »Ja das Schreiben und das Lesen ist nie mein Fall gewesen!«

Dem entspricht es, daß ein sehr führender Politiker der Bundesrepublik

Deutschland im Laufe dieses Jahres und bis etwa Mitte September 19 Interviews an Zeitungen, 8 an Zeitschriften, 2 an Nachrichtenagenturen, aber 59 an Fernsehen und Hörfunk gegeben hat. Die Meinung des betreffenden Politikers über Zeitungsleute – ich zitiere: »Ihr könnt noch so viel Dreck über mich schreiben, die Leute lesen das doch nicht!«

Männer machen die Geschichte – nun auf dem Fernsehschirm? Wer ankommt, hat recht? Eine schlimme Vorstellung!

Bedenklich ist allerdings die Vorliebe der Politiker in aller Herren Länder für die elektronischen Medien, wenn man sich erinnert, daß Adolf Hitler seine totale Macht im damaligen Deutschen Reich zu wesentlichen Teilen dadurch gewann, daß er sich das erste elektronische Medium, den Hörfunk, dienstbar machte.

Bedenklich ist diese Vorliebe, wenn man in unseren Tagen sieht, wie die Kommunisten in Portugal in erster Linie über die Besetzung der Rundfunk- und Fernsehanstalten dieses Land in eine Volksdemokratie umzufunktionieren suchten – und das auch noch lange nicht aufgegeben haben.

Und bedenklich ist diese Vorliebe zum Bildschirm auch, wenn man beobachtet, wie in vielen Ländern – auch in dem meinigen – die Systemveränderer sich eine Position nach der anderen beim Fernsehen erobern und wie das die Meinungsbildung langsam aber sicher in eine ganz bestimmte Richtung treibt.

Über die Vormacht des Bildes gegenüber dem Gedruckten oder Gesprochenen hat sich schon Goethe geäußert; er sagt: »Dummes Zeug kann man viel reden, kann es auch schreiben, wird weder Leib noch Seele töten, es wird alles beim alten bleiben. Dummes aber vors Auge gestellt, hat ein magisches Recht, weil es die Sinne gefesselt hält, bleibt der Geist ein Knecht[26].«

Trotz alledem bekenne ich mich nach wie vor zu dem gedruckten Wort. Und obwohl die Zeitung das Primat der Information, der Nachricht an Funk und Fernsehen verloren hat, bin ich doch unwiderruflich von folgendem überzeugt: Das wesentliche Medium für Information und Meinungsbildung ist und bleibt die Presse.

Und wem der von mir strapazierte Goethe zu fern vom Bildschirm ist, dem seien ein paar Sätze aus einer Rede entgegengehalten, die vor etwa vier Wochen der deutsche Bundespräsident bei der 250-Jahr-Feier einer Lokalzeitung, des »Hanauer Anzeigers«, gehalten hat. Bundespräsident Scheel verglich die Nachrichten und Kommentare des Hörfunks und Fernsehens – ich zitiere – mit einem »Brei, den man, ohne zu kauen, schlucken muß«. Nur die Presse stelle sicher, daß man sich mit Informationen und Meinungen »ernsthaft auseinandersetzen kann«. Und dann wörtlich weiter: »Das Fernsehen macht uns zu Zeugen und zu Mitdenkenden, die Zeitung zu Urteilenden und zu Nachdenkenden.«

Erlauben Sie mir, diesen Satz kurz zu interpretieren: Nur die Schrift verleiht dem Gesprochenen und Gehörten einen festen und dauerhaften Charakter. Sie gibt dem Menschen die Chance des Verstehens und des Nacherlebens. Sie erzeugt Stabilität in der menschlichen Gesellschaft.

Wir erleben es doch an uns selbst, an jedem Kind, das langsam heranwächst: Im Leben des Kleinkindes spielen Bilder und Laute die entscheidende Rolle. Erst wenn es diese begriffen hat, kann der Unterricht mit dem Lesen und Schreiben beginnen und damit das Erwachsenwerden.

Mündig wird der Mensch dann, wenn er fähig ist, Geschriebenes und dessen Konsequenzen zu verstehen und durch Unterschrift zu einem verbindlichen Vertrag mit anderen zu erheben. Schreiben zu können, Geschriebenes zu verstehen und Geschriebenes und Gedrucktes zu besitzen, gehören also zum eigentlichen Wesen des erwachsenen Menschen. Nur Bilder über sich ergehen zu lassen, nur Sehen macht dumm.

Fassen Sie diese Bemerkungen bitte nicht als die Überlegungen eines enttäuschten Zeitungsmannes auf. Ich bin kein Bilderstürmer, kein Gegner des Fernsehens, das übrigens Fluch und Segen sein kann. Fußballspiele sehe ich mir genauso gern auf dem Bildschirm an wie wahrscheinlich viele von Ihnen. Zudem verdiene ich auch noch etwas Geld mit zwei Hörfunk- und Fernsehzeitschriften. Die Tiefen- und Fernwirkungen des Fernsehens sind allerdings nur sehr ungenügend erforscht – trotz mancher intelligenter Bücher. Es wäre eine erstrangige Aufgabe wirklich zeitgemäßer Medienpolitik, diese weithin unerforschten Gebiete mit dem Ziel einer gegenseitigen Ergänzung von Presse und elektronischen Medien auszuloten.

»Bild«-Verkäufer beim Distripress-Kongreß in Hamburg, Distripress-Präsident Kai Olsen und Axel Springer

Statt dessen ist der Zentralpunkt staatlicher Medienpolitik, wenigstens bei uns zulande, noch immer ein politischer, ein gesellschaftspolitischer: die Abgrenzung von öffentlich-rechtlichem Hörfunk und Fernsehen gegenüber der privatwirtschaftlich organisierten Presse. Die Zementierung dieser Trennung, ja die Ausweitung des Öffentlich-Rechtlichen, des Staatsnahen, auf die Gebiete der Privatwirtschaft – das haben die meisten unserer Medienpolitiker vorrangig im Sinn. Dabei wäre es an der Zeit, endlich auch in meinem Land über ein sinnvolles Miteinander von elektronischen und Druckmedien nachzudenken.

Ich habe schon 1963, also vor mehr als zwölf Jahren, von der Notwendigkeit einer angemessenen Mitbeteiligung der Verleger am Fernsehen gesprochen, um – ich zitiere mich selbst – »in der Bundesrepublik eine wirtschaftlich gesunde, möglichst vielgestaltige Zeitungslandschaft zu erhalten«.

Das ist heute so aktuell, nein, noch weit aktueller als damals, und zwar aus zwei Gründen: Zum einen ist es die wirtschaftliche Gesundheit der Presse, die sich – wir alle wissen das – in den letzten Jahren ganz entscheidend verschlechtert hat, und zwar weltweit; zum anderen sind es die neuen Entwicklungen – Kabelfernsehen, gefunkte Zeitung, Bildschirm-Zeitung, später Satellitenfernsehen –, die den Fächer der elektronischen Konkurrenz beträchtlich erweitern werden und die Frage einer Beteiligung Privater, der Verleger in erster Linie, ganz und gar unausweichlich machen.

Gestatten Sie mir, mich noch einmal selbst zu zitieren. Vor neun Jahren habe ich vor der Universität Kiel folgendes gesagt: »Die Presse ist für die Infrastruktur eines freien Landes ebenso wichtig wie Schulen, Krankenhäuser und Straßen. Das Maß der Freiheit einer Gesellschaft hat seine Entsprechung in dem Maß der Freiheit, das ihre Presse genießt. Man wird mir darin folgen, daß die freie Gesellschaft ohne freie Presse nicht leben kann. In Frage steht aber, ob die freie Gesellschaft die Presse leben läßt. In Frage steht, ob die freie Gesellschaft bereit ist, den Preis für eine freie Presse zu bezahlen.« Ende des Zitats.

Ich wiederhole: Das sagte ich vor nunmehr neun Jahren. Und immer noch ist nicht klar, ob die freie Gesellschaft bei uns bereit ist, den Preis für eine freie Presse zu bezahlen. Diese Frage richtet sich einmal an den Leser, der unsere Erzeugnisse kauft oder abonniert. Und sie richtet sich an den Staat, der auf vielerlei Weise der freien Presse, die ja auch seine Freiheit garantiert, zu helfen hätte: etwa durch eine pressefreundliche Gebührenpolitik der öffentlichen Hand; durch eine pressefreundliche Steuergesetzgebung oder auch durch eine pressefreundliche Gestaltung von Wettbewerbsbedingungen auf dem »gemeinsamen Markt« der Medien, den die Presse sowie Rundfunk und Fernsehen, ob sie es wollen oder nicht, zusammen bilden.

Was den Leser anbelangt, so zahlt er heute wie gestern keineswegs den Preis für seine Zeitungen und Zeitschriften, der notwendig wäre, um auch nur deren Kosten zu decken. Am Beispiel der den meisten von Ihnen sicher bekannten Tageszeitung »Die Welt« habe ich das in der erwähnten Kieler Rede schon damals vorgerechnet, und diese Rechnung hat sich gegenüber 1966 noch verschlechtert. Das Monatsstück der »Welt« kostete damals schon etwa 21 Mark. Darin waren die monatlichen Kosten für Redaktionen, Satz, Druck, Papier, Vertrieb, allgemeine Unkosten, also alles, was zur Herstellung einer Zeitung gehört, enthalten. Der Leser zahlte aber im Abonnement nur 6,80 Mark je Stück. Die Summe zwischen 6,80 Mark und 21 Mark, nämlich 14,20 Mark, mußte durch den Anzeigenerlös gedeckt werden.

Das gelang 1966 gerade noch. Das gelingt aber 1975 schon lange nicht mehr[27]. Dieses Jahr, in dem sich die wirtschaftliche Rezession fortsetzt, bringt auch einen neuen Tiefstand des Anzeigengeschäfts mit sich. Das viele Jahre alte Wort des bedeutenden englischen Verlegers Cecil King bekommt allmählich die Qualität eines Menetekels: »Die ernüchternde Tatsache bleibt bestehen, daß das Überleben der Tageszeitungen nicht auf ihrer gesellschaftlichen Notwendigkeit beruht, sondern auf ihrer Fähigkeit, Anzeigen zu bekommen.«

Wenden wir uns nun dem Staat zu und fragen wir, ob er wenigstens seinen Preis für eine freie Presse entrichtet. Hier, das möchte ich vorwegnehmen, sieht es, zumindest bei uns, ebenso trübe, ja eigentlich noch viel deprimierender aus.

Keine Rede ist bei uns zulande von einer pressefreundlichen Gebührenpolitik der öffentlichen Hand. Im Gegenteil. Die Kosten für die Dienste der Monopolanstalt Bundespost, vom Telefon über Gebühren für Standleitungen und sonstige Übermittlungseinrichtungen der Post bis hin zum Porto und zu den Gebühren für den Postzeitungsdienst sind laufend gestiegen. 46 Prozent betrugen im Durchschnitt die Erhöhungen im Postzeitungsdienst, die seit Anfang dieses Jahres von den Zeitungen an die Post mehr zu zahlen sind als bisher. Und vom Telefonnetz und den für die Presse lebenswichtigen Telefondiensten sagen Kenner der Verhältnisse in anderen Ländern, es seien die teuersten Dienste der Welt, die hier angeboten würden.

Keine Rede ist in der Bundesrepublik Deutschland auch von einer pressefreundlichen Steuerpolitik des Staates. So wird zum Beispiel die oft geforderte Gleichstellung mit der Mehrzahl der EG-Staaten im Hinblick auf den Erlaß der Mehrwertsteuer auf Vertriebserlöse bei Presseerzeugnissen immer wieder auf die lange Bank geschoben. Es werden statt dessen Vorschläge gemacht, von denen ich nicht weiß, ob sie von Laien oder Interessierten stammen.

Es war nicht meine Absicht, Ihnen durch die Schilderung düsterer Tatbestände und wenig ermutigender Perspektiven die Kongreßlaune zu verderben. Ich habe dem, was auf der Negativseite dessen steht, was ich zu sagen habe, durchaus auch Positives entgegenzusetzen. Unsere gemeinsame Sache hat viele Verbündete. Wenn ich auf einem internationalen Kongreß wie diesem spreche, mit Teilnehmern aus nahezu allen Ländern der westlichen Welt, wird mir das mehr als sonst bewußt.

Verbündete sind jene Hunderte Millionen Menschen, die unsere Zeitungen, Zeitschriften und Bücher lesen, die alle zusammen erst Meinungsäußerungs-, Presse- und Rundfunkfreiheit möglich machen. Unser aller Aufgabe ist es, diesen Menschen ihren Freiheitsraum zu bewahren – einen Raum, in dem sie sich ungehindert bewegen, nach ihren Bedürfnissen, nach Lust und Laune informieren, sich eigene Meinungen bilden und unterhalten können.

Verbündete sind schließlich auch die Hunderttausende, die Millionen, die nur gelegentlich einmal heimlich ein freies Wort hören oder lesen können. Auch um ihretwillen müssen wir den Kampf um die Freiheit der Information weiterführen, zur Erhaltung und Festigung dort, wo es diese Freiheit schon gibt. Und zur Schaffung dieser Freiheit in all den weiten Räumen Europas, Asiens und aller anderen Erdteile, in denen das freie Wort verboten ist. Wir Deutsche sind dazu ganz besonders aufgerufen.

In dem Sinn verstehe ich auch die Verleihung des Friedensnobelpreises an den großen russischen Physiker Andrej Sacharow.

Es ist gut, daß es internationale Organisationen wie DISTRIPRESS gibt. Wichtig sind internationale Gespräche zwischen uns, die wir Presse herstellen und Presse verbreiten. Die Aufgabe eines jeden von uns ist, die Pressefreiheit im eigenen Land zu pflegen und abzusichern. Unser aller Aufgabe ist, uns dabei gegenseitig zu helfen. Und ich beziehe in den internationalen Kampf um die Freiheit des Wortes selbstverständlich Hörfunk und Fernsehen ein. Wenn es zwischen der Presse und dem elektronischen Medium in Zukunft auch in meinem Land mehr Gemeinsames als bisher geben könnte, wären wir einem besseren Ziel schon viel näher.

»Die Welt« in Bonn

Der größte Redaktionsumzug in der deutschen Pressegeschichte vollzog sich Pfingsten 1975. Seit dem 19. Mai 1975 wird »Die Welt« nicht mehr in Hamburg, sondern in Bonn »gemacht«. Die Übermittlung der Texte und Bildvorlagen von der Redaktion zur einhundert Kilometer entfernten Setzerei bei Essen erfolgt elektronisch. Druckorte der »Welt« sind außerdem noch Hamburg und Berlin. In diesen Städten erscheint auch ein Lokalteil. Auf einem Empfang der »Welt« am 22. Mai 1975 in Bonn erläuterte Axel Springer seinen Entschluß, den Sitz der »Welt« von der Elbe an den Rhein zu verlegen.

Es ist für eine Zeitung schwer, es allen recht zu machen. Das wissen wir. Aber das ist ein Schicksal, für das gerade die meisten von Ihnen hier Verständnis haben werden. Denn den Politikern geht es ebenso. Ebenso wie ein Politiker, der diesen Namen wirklich verdient, das tut, was er für richtig hält, gleichgültig ob ihm alle zustimmen, so muß eine gute Zeitung alle wichtigen Informationen verbreiten, auch wenn das dem einen oder anderen nicht passen mag. Und sie muß ihre Meinung sagen, selbst wenn es manchmal aussieht, als würde sie damit gegen den Strom schwimmen.

Der Umzug der »Welt«-Redaktion nach Bonn hat einiges Aufsehen erregt. Was die Männer vom Fach in diesem Zusammenhang beschäftigt hat, war nicht so sehr das Politikum. Es war vielmehr die Erkenntnis eines rationalen Vorgangs, der im Grunde dem Überleben einer überregionalen Tageszeitung dienen soll; eines Zeitungstyps, der es, wie alle Eingeweihten wissen, in der allgemeinen Zeitungsmisere am schwersten hat.

Darf ich aus der Flut der Kommentare, die sich mit diesem Umzug der Redaktion befaßten, einige zitieren. Ich greife zunächst zu dem Kommentar, den Jens Feddersen, der allzeit faire Kollege und engagierte Journalist, im SFB gesprochen hat. Er sagte unter anderem: »Niemand soll glauben, daß dieser Entschluß ... aus Resignation gegenüber Berlin gefallen ist. Es sind die nackten Zahlen, die den Springer-Verlag zu diesem Entschluß bewogen haben. Selbst ein so potentes und angesehenes Zeitungshaus ... kann sich auf die Dauer nicht mehr derart hohe Verluste erlauben ...« Soweit Jens Feddersen.

Nun vielleicht noch ein Zitat aus der »Frankfurter Rundschau«: »Springer trägt ... den Realitäten im Zeitungsgewerbe Rechnung ... es gibt keinen Grund, hämisch zu grinsen. Die Entscheidung ... müßte den Medienpolitikern abermals deutlich machen, daß es von Tag zu Tag schwieriger wird, anspruchsvolle, auf po-

Bonn, 22. Mai 1975: Axel Springer bei der »Welt«-Redaktion nach ihrem Umzug von der Elbe in die Bundeshauptstadt am Rhein

»Welt«-Empfang in Bonn: Unter den Gästen Bundestagspräsidentin Annemarie Renger...

... der damalige Bundeswirtschaftsminister Hans Friderichs und Eberhard v. Brauchitsch, Geschäftsführender Gesellschafter der Friedrich Flick KG

litische Informationen abgestellte, überregionale Tageszeitungen mit einem umfangreichen Mitarbeiterstab zu machen.«

Dieser Umzug der »Welt« aus Hamburg nach Bonn braucht den Berliner Verleger Axel Springer nicht zu stören. Zu offensichtlich sind die Vorteile für ein Blatt, das sich »Unabhängige Tageszeitung für Deutschland« nennt, am Ort, an dem die politischen und wirtschaftlichen Weichen gestellt werden. Diese Verlagerung nach Bonn ist eine kühle Entscheidung des Kopfes. Der Dorn sitzt woanders, er sitzt im Herzen. Es ist das Zugeständnis, daß der Wunsch, mit der »Welt« in die wahre deutsche Hauptstadt, das heißt, nach Berlin umzuziehen, in eine weitere Zukunft aufgeschoben werden muß.

Berlin verbot sich zur Zeit nicht nur aus wirtschaftlichen Erwägungen, sondern auch, weil die Sicherheit der Übertragung eines etwa in Berlin verarbeiteten Informationsmaterials an die Druck- und Auslieferungsorte im Westen, Norden und Süden unseres Landes nie mit 100prozentiger Garantie gesichert werden könnte. Soweit sind wir mit der Entspannung eben nicht. Daß es diese Entspannung nicht, sondern bestenfalls nur eine kontrollierte Spannung gibt, sieht man im übrigen ganz besonders deutlich in der Zentrale unseres Verlages, in jenem Haus an der Mauer, das am 6. Oktober 1966 eingeweiht wurde.

Seit jenen Tagen ist gar mancher von Berlin nach Bonn gezogen. Dabei hörte man sehr oft die beschwörende Formel, man könne in Bonn für Berlin und die Berliner mehr tun, als wenn man weiterhin in Berlin säße. Ich habe bei solchen Äußerungen stets Zweifel gehabt. Für mich bleibt ein Wort des leider zu früh verstorbenen großen Chefredakteurs der »Welt« verbindlich. Hans Zehrer nannte einige Monate vor seinem Tode Berlin »die Zukunft unseres Volkes, das hier seinen Mittelpunkt und sein Herzstück besitzt«. Berlin bleibt die große Aufgabe. Bemühen um die Zukunft Berlins ist nicht nur Zehrers Vermächtnis. Handelten wir in meinem Hause anders, würden wir auch den ersten der vier Grundsätze mißachten, die wir uns allen als Richtlinien für unsere politisch-publizistische Arbeit gegeben haben.

Ich darf diesen ersten unserer Grundsätze hier wieder einmal zitieren. Er lautet: »Unbedingtes Eintreten für die friedliche Wiederherstellung der deutschen Einheit in Freiheit« – wenn möglich im Rahmen eines vereinten Europa. Bei diesem Streben nach Wiedervereinigung, nach Selbstbestimmung kann Berlin nicht ausgeklammert werden. Berlin steht vielmehr sinnbildhaft für die Einheit und Freiheit ganz Deutschlands. Die »Welt« wird mehr denn je der Anwalt Berlins in dieser Stadt und in diesem Land sein.

Ich zitierte den ersten der vier Grundsätze, die wir der politisch-publizistischen Arbeit in meinem Hause zugrunde gelegt haben. Ich habe diese vier Leitsätze zum ersten Mal vor knapp acht Jahren in der Öffentlichkeit ausgesprochen. Damals wurde ich beinahe ausgelacht, daß ich Selbstverständlichkeiten zum Maß-

Axel Springer, Vorstand Peter Tamm und »Welt«-Verlagsleiter Ernst-Dietrich Adler

stab journalistischen Wollens erhoben hätte. Heute sind die Selbstverständlichkeiten von damals für viele beinahe schon Streitpunkte. Das gilt nicht nur für die Wiedervereinigung in Freiheit. Das gilt auch für den zweiten Grundsatz, die Aussöhnung zwischen Juden und Deutschen, wozu wir auch die Unterstützung der Lebensrechte des israelischen Volkes rechnen. Es gilt weiter für den dritten Grundsatz, die Ablehnung jeglicher Art von politischem Extremismus. Und es gilt schließlich für den vierten, die Bejahung der sozialen Marktwirtschaft, wie sie von Ludwig Erhard konzipiert und von Karl Schiller fortgeführt wurde.

Ich weiß, manche erachten es für recht schwierig, ja widersinnig, in der Publizistik und in der Politik mit moralisch fundierten Grundsätzen zu leben. Aber dazu kann ich nur sagen: Nur der läßt sich ängstigen, der selbst Zweifel an der Richtigkeit seiner Sache hat.

Gesinnungsfreund Karl Steinbuch[28] sagte kürzlich: »Unser Volk geriet auf einen gefährlichen Kurs. Ich plädiere für Kurskorrektur, und ich hoffe, daß wir für die gegenwärtige ideologische Fehlentwicklung nicht so schwer bezahlen müssen, wie die letzte Generation unseres Volkes für ihre ideologischen Irrtümer bezahlen mußte. Im Namen einer angeblichen ›Progressivität‹ wird so viel Unglück über unser Volk gebracht: nicht durch unschuldigen persönlichen Irrtum, sondern mit den geplanten, arbeitsteiligen und professionellen Methoden der Meinungsmache im elektronischen Zeitalter. Dieses großindustriell produzierte Unglück ergießt sich auf Kinder, die zum Haß gegen die eigenen Eltern und das eigene Volk manipuliert werden, auf Schulen, Universitäten und Betriebe, wo die Weitergabe von Wissen und Können durch Mißtrauen blockiert wird, auf die Öffentlichkeit, wo Gemeinsinn durch Faustrecht ersetzt wird ... Unverkennbar ist doch jetzt: daß die innere Sicherheit unseres Landes durch die jahrelange Verharmlosung ständiger Rechtsbrüche abgebaut worden war ... Erst neuerdings sprach Bundeskanzler Schmidt im Bundestag offen aus, daß manches verharmlost oder bagatellisiert worden ist, was nicht hätte bagatellisiert werden sollen.«

Es ist gerade die Aufgabe einer guten Tageszeitung, die Dinge beim Namen zu nennen, nicht sie zu beschönigen. Das gilt auch, wenn wir wiedergeben, was der angesehene frühere Hamburger Bürgermeister Professor Weichmann über die Entspannung sagt, wobei er meint, daß die Periode eines gesicherten Friedens, derer wir uns 25 Jahre nach dem Zweiten Weltkrieg erfreuen durften, offenbar ein Ende gefunden habe, und daß diese Tatsache Ausdruck einer veränderten Machtposition mit verstärkter Aggressivität auf der einen und vermindertem Widerstandswillen auf der anderen Seite sei, und daß zugleich die Mission der Vereinten Nationen als Sachwalter des Friedens in Zweifel gezogen werden müsse[29].

Wir müssen die Dinge beim Namen nennen: Eine Zeitung ist keine Regierungspressestelle. Und ein aktiver Journalist ist kein Regierungssprecher. Wir werden die Regierenden in dieser Stadt und in diesem Land kritisch bei ihrer Arbeit beobachten, wobei Kritik sowohl Zustimmung als auch Ablehnung bedeuten kann. Wir werden uns davon nicht abbringen lassen, gleichgültig, wer die Regierenden sein mögen. Das ist die Aufgabe aller Zeitungen, das ist besonders die Aufgabe der »Welt« an ihrem neuen Standort Bonn.

Wenn wir uns umsehen, dann ist es wohl verständlich, daß wir immer wieder von tiefer Sorge geschüttelt werden. Sorge um die Zukunft dieses Landes. Sorge um die Zukunft des freien Europas. Die Zukunft sieht nicht rosig aus. Wir müssen ihr furchtlos, aber auch illusionslos ins Auge sehen.

Zum Glück scheinen in unserem Volk wieder Kräfte, besonders jüngere Kräfte lebendig zu werden, die dem rechten Weg zustreben. Mögen sie und nicht die Kräfte des Unterganges obsiegen! Möge jetzt endlich auch die Mahnung Churchills befolgt werden, die dieser 1946 in Zürich an die Europäer richtete: »Europa muß zusammenfinden, wenn es nicht untergehen soll.« Und ich füge hinzu: in enger Verbindung mit den heute so vielfach gescholtenen Vereinigten Staaten von Amerika. Alles andere wäre Utopie. Übrigens liegt in der Mithilfe am Bau eines freien starken Europas für uns Deutsche die zwingende Aufgabe, die man auch zu einem Teil Wiedergutmachung nennen kann. Die Geschichte wird uns viel eher freisprechen, wenn wir die durch die geographische Lage unseres Landes vorgezeichnete Pflicht der Stabilisierung Europas auf uns nehmen.

Ich wünsche meinen Kollegen von der Redaktion der »Welt« Glück in dieser »neuen Epoche der ›Welt‹-Geschichte«.

Druck und Verlag DIE WELT, Hamburg 36, Gr. Bleichen 38–52, Tel.: Sa.-Nr. 34 10 10, Nachtruf von 21 bis 7 Uhr sowie an Sonn- u. Feiertagen: 34 54 71 u. 34 42 79, Ferngespr. nur für die Schriftleitung: 34 31 03/06. Drahtanschrift: Weltverlag. Postscheck: Hmbg. 123 000. Bankkonto: Dresdner Bank, Hamburg. Anzeigen Preisliste Nr. 1. Für unverlangt eingesandte Manuskripte keine Gewähr.

Die Welt

Bezugspreise: Groß-Hamburg und Agenturorte jeden Dienstag u. Freitag früh frei Haus monatl. RM 1,70 u. 20 Pfg. Zustellgebühr, bei Abholung RM 1,70. Postversand nur in beschränktem Umfang. Bezugspreis RM 1,70 zuzüglich Porto und Verpackungsspesen von 75 Pfg monatlich. Postabonnements bestimmt der Verlag. Keine Vorausendung von Bezugsgeldern ohne Aufforderung.

Überparteiliche Zeitung für die gesamte britische Zone · Veröffentlicht unter Zulassung durch die britischen Behörden

Nr. 1 1. Jahrgang — Dienstag, 2. April 1946 — Preis 20 Pf.

Neue Wirtschaft

Das Dunkel, das über der deutschen Wirtschaft liegt, ist von einem Blitz erhellt worden: vom Industrieplan des alliierten Kontrollrates. Der Plan geht davon aus, daß Deutschland als wirtschaftliche Einheit behandelt werden soll. Die praktische Anwendung dieses Grundsatzes berechtigt zu der Hoffnung, daß die gegenwärtige lähmende Phase rein örtlicher Wirtschaftstätigkeit zugunsten einer Erneuerung der wirtschaftlichen Einheit Deutschlands überwunden werden wird. Die vier Zonen in Deutschland stehen bisher in der Gefahr, sich auseinander zu entwickeln; die Einigung im alliierten Kontrollrat läßt jedoch den Willen erkennen, eine einheitliche Wirtschaftspolitik zu treiben.

Dem Inhalt nach ist der Plan ernst, todernst. Er erhebt den Anspruch, das gesamte zukünftige Wirtschaftsleben Deutschlands zu gestalten. Deutschland ist noch nicht aufgefordert, verbindlich zu diesem Plan Stellung zu nehmen. Eine deutsche Regierung, die hierzu ermächtigt wäre, gibt es nicht. Es ist auch vorläufig unmöglich, zu den sachlichen Fragen im einzelnen Stellung zu nehmen. Diese Diskussion muß der Zukunft vorbehalten bleiben. Bevor wir ein Urteil über den Plan abgeben, sollten wir uns selbst zunächst in Erinnerung rufen, daß der Nationalsozialismus eine Rüstungsindustrie und eine Kriegsmaschine aufgebaut hatte. Die radikale Einschränkung des Industriepotentials ist die furchtbare Folge dieser falschen Verlagerung unserer Wirtschaftskraft.

Neben der richtigen Erkenntnis dieses Sachverhaltes muß aber ausgesprochen werden, daß der neue Industrieplan Deutschland zur dauernden Verelendung und zur Massenerwerbslosigkeit verurteilt. Der Plan greift in alle Bezirke des öffentlichen Lebens ein. Er gestaltet vom wirtschaftlichen Schicksal her das politische. Die wichtigste Frage, die Deutschland heute stellen muß, ist die: Sollen in Deutschland die Voraussetzungen einer lebendigen und gesunden Demokratie geschaffen werden, oder soll es einem verzweifelten wirtschaftlichen Schicksal überlassen bleiben, das den fruchtbaren Boden für jedes politische Experiment bietet?

Der Plan geht von einer Gesamtzahl der deutschen Bevölkerung in Höhe von 66,5 Millionen aus. Nach französischen Schätzungen wird aber die Gesamtzahl der Bevölkerung nach der Ausweisung der Auslandsdeutschen 70 bis 75 Millionen betragen. Es wird ferner vorausgesetzt, daß Exporte aus Deutschland von den internationalen Märkten aufgenommen werden sollen. Die hochwertige und lohnintensive Exportindustrie wird aber nicht nur auf 55 v. H., sondern auf 35 v. H. des Standes von 1938 reduziert. Diese Industrie kann nur für den inneren Bedarf arbeiten. Dem Export stehen nur Kohlen, Textilien, pharmazeutische und optische Produkte, Papier, einfache Elektrofabrikate und andere Erzeugnisse der leichten Industrie zur Verfügung. Das Schwergewicht des Exports liegt bei der Kohle, die nach dem Wert von 1936 einen Exporterlös von 900 Millionen RM bringen würde. In welche Länder sollen die anderen Fabrikate im Werte von 2,1 Milliarden RM verkauft werden?

Deutschland exportierte im Jahre 1936 nach:

	Mill. RM
Großbritannien	405,8
Niederlande	395,5
Frankreich	254,5
Italien	240,6
Schweden	230,4
Schweiz	225,5

Es erscheint ausgeschlossen, daß Deutschland mit einer quantitativ auf die Hälfte gesunkenen Industriekapazität und mit einer schwerwiegenden Qualitätsverschlechterung diese Exporte wieder aufnehmen kann.

Ein britischer Sprecher der Militärregierung in Berlin erklärte, daß der Plan eine Verminderung des deutschen Lebensstandards gegenüber den normalen Friedensverhältnissen um 30 % bedeute und daß Deutschland sich ab 1949 etwa auf dem Lebensstandard von 1932 befinden würde. Das ist ein zuverlässiger Begriff: der Lebensstandard von 1932. Das demokratische Deutschland hatte damals sieben Millionen Erwerbslose und es brach unter dem Hunger zusammen. Heute liegen die Dinge anders. Das zerstörte Europa ist eine Mahnung, und wir sind bereit, uns auf das Äußerste einzuschränken. Der Lebensstandard von 1932 ist eine Diskussionsgrundlage. Gehen wir von dieser Wirklichkeit aus und unternehmen wir alle Anstrengungen, um die Produktion in Gang zu setzen, bis das Planniveau erreicht ist. Die erlaubte Produktionsquote für Stahl beträgt 5,8 Millionen Tonnen; im letzten Monat sind nur 167 000 Tonnen hergestellt worden. Es kommt jetzt erst darauf an, das Nächstliegende zu tun und alles an ein Wiederaufleben der Wirtschaft zu setzen. Ist die Produktion bis zu den Planzahlen vorangeschritten, so kann in die Prüfung der Frage eingetreten werden, ob der Lebensstandard von 1932 erreicht ist. Die britische Regierung hat von sich aus die Ansicht geäußert, daß die Lage Deutschlands in bestimmten Zeitabschnitten überprüft werden solle. Wenn diese Prüfungen in einem konstruktiven und europäischen Geist erfolgen, wird sich hoffentlich eine Entwicklung anbahnen, die den jetzt veröffentlichten Industrieplan nur als ein erstes, nicht als ein endgültiges Wort erscheinen läßt. Im Leben der Völker kommt es immer nur auf die tatsächlichen Verhältnisse an. Wenn in den kommenden Jahren der reale Lebensstandard von 1932 nicht erreicht wird, so sollte die Wirklichkeit den Plan verändern, nicht aber eine Konstruktion die Wirklichkeit bestimmen.

Einzelheiten zum Industrieplan

„Die Welt" fragt den Kontrollrat

„Die Welt" hat zu den Einzelheiten des Industrieplanes einige Anfragen an einen verantwortlichen britischen Offizier des Kontrollrates in Berlin gerichtet. Die Fragen behandeln die Themen: Stufenweiser Aufbau der Wirtschaft — Rohstoffe und industrielle Ausrüstung — Internationale Kredite — Arbeitslosigkeit — Bevölkerungszahl in Deutschland

Frage:

Sind für den Wiederaufbau zwischen heute und 1949 bestimmte Entwicklungsstufen geplant?

Antwort:

Die endgültige Zustimmung zu dem Plan macht eine auf das Niveau von 1949 abgestimmte stufenweise Planung möglich. Hier liegt eine Aufgabe, die jetzt unter der Leitung der alliierten Kontrollbehörden in Angriff genommen wird. Die Schnelligkeit des Wiederaufbaues wird zu einem großen Teil von den sachverständigen deutschen Teilplanungen abhängen, die unter alliierter Kontrolle durchgeführt werden.

Frage:

Ist irgendwelche Hilfe von England oder den USA in bezug auf Rohstoffe und industrielle Ausrüstung vorgesehen?

Antwort:

Es wird Deutschland freistehen, seine wesentlichen Einfuhren vom offenen Weltmarkt zu beziehen. Der Plan sieht vor, daß genügend industrielle Ausrüstung in Deutschland belassen wird, um die lebenswichtigen Einfuhren mit Exporten zu bezahlen. Der Plan beruht auf dem Grundsatz, daß nach erfolgter Bezahlung der Reparationen für Deutschland „ausreichende Hilfsquellen verbleiben, um sich selbst ohne äußere Hilfe zu erhalten".

Frage:

Wird Deutschland internationale Kredite erhalten?

Antwort:

Die lebenswichtigen Einfuhren, die den festgelegten Lebensstandard in Deutschland ermöglichen, werden von den Besatzungsmächten auf der Grundlage der Potsdamer Beschlüsse finanziert. Man hofft, die deutsche Ausfuhr in absehbarer Zeit zu erhöhen, um die finanziellen Aufwendungen der Besatzungsmächte zu verringern. Es kann nicht damit gerechnet werden, daß Deutschland in den nächsten Jahren in der Lage sein wird, Auslandskredite aufzunehmen, wie es in den Jahren 1925—1933 der Fall war.

Frage:

Besteht irgendein Plan bezüglich der zu erwartenden Arbeitslosigkeit?

Antwort:

Es ist ein Grundgedanke des Plans, die Entwicklung der Landwirtschaft und friedlicher Industrien, wie der Bauindustrie, des Handwerks usw. zu fördern. Von diesen Industriezweigen sollen daher keine Reparationsleistungen gefordert werden. Ebenso wird der Aufbau von Hilfsindustrien geplant, denen ein Höchstmaß an Unterstützung gegeben werden soll.

Frage:

Die deutsche Bevölkerungszahl wird mit 66,5 Millionen angenommen. Man muß jedoch mit 75 Millionen rechnen. Wie kam diese Zahl zustande?

Antwort:

Eine Bevölkerungszahl von 66,5 Millionen wurde als Planzahl angenommen, und diese Zahl ist eine der Grundtatsachen, von denen der Plan ausgeht. Die Zahl wurde auf der Grundlage der gegenwärtig vorhandenen Informationsmöglichkeiten gewonnen. Der Industrieplan wurde von allen Delegationen unter der besonderen Voraussetzung angenommen, daß „der Plan einer Revision unterzogen werden solle, falls grundsätzliche Voraussetzungen eine Änderung erfahren würden."

Englands Presse zum Industrieplan

London, 1. April

Die Erklärung der Besatzungsmächte über den Umfang der deutschen Nachkriegswirtschaft trifft in der englischen Presse auf weit voneinander abweichende Äußerungen. Die „Times" und mit ihr das „Daily Herald" der Labour Party sehen in dem alliierten Plan einen Schritt nach vorn. So schreibt die „Times", daß der Plan einen Kompromiß zwischen den Ansichten und Zielsetzungen der Besatzungsmächte darstellt, die in vielen Punkten miteinander unvereinbar sind. Im besonderen sei auch der französischen Regierung, die nicht auf der Potsdamer Konferenz vertreten war, die Möglichkeit gegeben, ihre Ansicht geltend zu machen.

In stärkstem Widerspruch zu diesen Äußerungen steht eine überaus scharfe Kritik des liberalen „Manchester Guardian". Der Plan sei undurchführbar. Die englische Regierung müsse einen Weg finden, den Plan zurückzuweisen, der zu einer Verewigung der Arbeitslosigkeit für Millionen und zu einer dauernden Verarmung Europas führe.

Der Plan ist schlecht, erklärt der „Manchester Guardian" weiter, weil Europa darunter zu leiden hat.

Noch stärker auf die Fernwirkungen des alliierten Planes konzentriert sich der „Observer". Er schreibt, die Verfasser des Planes bewegten sich anscheinend in den Gedankengängen von 1943 und 1944. Die Lage ziehe schwere politische Konsequenzen nach sich. England sollte daher als Nahziel den sofortigen Aufbau eines demokratischen Staatswesens in Westdeutschland in Angriff nehmen.

UNO wartet auf Rußlands Antwort

Neuyork, 1. April

In den Delegationen für die Tagung des Weltsicherheitsrates in Neuyork herrscht, wie die Korrespondenten der englischen und amerikanischen Zeitungen feststellen, „nur sehr mäßiger Optimismus". Man fragt sich, ob noch bis morgen die Antworten Rußlands und Persiens vorliegen. Die wichtigste Frage, die auf Beschluß des Weltsicherheitsrats in Teheran und Moskau vorgelegt wurde, lautet: Ist der angekündigte Rückzug der russischen Truppen von dem Abschluß eines Abkommens abhängig oder nicht?

Sollte von der sowjetischen Regierung keine Antwort eingehen, so wird in gut informierten Kreisen angenommen, daß die britischen und amerikanischen Delegierten auf eine Entschließung des Rats drängen, die Zurückhaltung der russischen Truppen in Persien und die sowjetische Einmischung in die inneren Fragen dieses Landes zu verurteilen.

Die Anfrage an Teheran und Moskau war das Ergebnis der Freitagsitzung. Sie fand ohne Gromyko statt. Bis zu einem gewissen Grade machte sich der Vertreter Polens, Lange, zum Anwalt der russischen Auffassung. Er fragte den persischen Botschafter Hussein Ala, ob er amtliche Nachrichten über den Rückzug der russischen Truppen aus Persien erhalten habe. Hussein Ala antwortete: „Ich habe keine amtlichen oder anderen Informationen, daß sowjetische Truppen die Grenze nach Rußland überschritten haben. Ich zweifle nicht, daß russische Truppen von gewissen Orten in Persien nach anderen Orten Persiens gebracht worden sind."

Die Frage des ägyptischen Vertreters, ob die persische Verfassung dem Premierminister Ghavam es Sultaneh verbiete, Abkommen mit anderen Mächten zu treffen, solange fremde Truppen auf persischem Boden seien, bejahte Hussein Ala. Darauf fuhr der polnische Vertreter mit der Frage dazwischen, weshalb Ghavam es Sultaneh überhaupt nach Moskau geflogen sei. „War es nur, um an Wodka-Gesellschaften teilzunehmen?" Das brach den Ernst, in dem die Verhandlungen bis dahin geführt worden waren. Hussein Ala antwortete mit leichter Ironie: „Es ist kein Zweifel, daß der Premierminister großherzige Gastfreundschaft genoß und auch viel Wodka vorgesetzt bekam, aber er blieb fest in seiner Auffassung, daß Verhandlungen ohne Abmarsch der Truppen zu nichts führen könnten."

Der englische Delegierte Sir Alexander Cadogan erklärte: „Ich denke, es ist wesentlich, Klarheit über den Punkt zu bekommen, ob der Rückzug der russischen Truppen von Abmachungen zwischen den beiden Regierungen über andere Gegenstände abhängig ist." Byrnes unterstützte diese Frage. Schließlich wurde beschlossen, in Moskau und Teheran bis Mittwoch um Aufklärung zu ersuchen, ob Verhandlungen im Gange seien und ob der Rückzug der russischen Truppen bedingungslos sei.

Auf Persiens Seite steht offensichtlich der Wunsch, alles zu vermeiden, was eine Verständigung mit Rußland verbauen könnte. Der rußlandfreundliche Hamid Sayah ist zur Unterstützung des erkrankten persischen Gesandten nach Moskau geschickt worden. Der persische Regierungssprecher Prinz Firuz billigte nicht vollständig die Erklärungen Hussein Alas vor dem Sicherheitsrat. Er sagte, er habe sich durch patriotische Gefühle zu Übertreibungen verleiten lassen.

Der britische Außenminister Bevin hat Byrnes mitgeteilt, er sei bereit, nach Neuyork zu fliegen, wenn es die politische Situation erfordere. Interessant ist ein Artikel des Londoner „Daily Herald", der sagt, die persische Frage werde stark vom Öl bestimmt. Internationale Streitigkeiten würden so lange bestehen, als es den Wettbewerb um Ölquellen und andere Rohstofflager gebe. Deshalb sei es wichtig, internationale Abmachungen über Rohstoffe anzustreben.

In einem ersten Kommentar über die Verhandlungen des Weltsicherheitsrates bemerkt „Prawda", die Erörterung der russisch-persischen Frage sei absolut unnötig gewesen und künstlich zu einem Stein des Anstoßes gemacht worden. Die „Prawda" findet es eigenartig, daß einige Mitglieder des Sicherheitsrates einen weniger versöhnlichen Standpunkt einnahmen als der persische Ministerpräsident, der ein Aufschieben der persischen Frage für möglich gehalten habe.

Das Wesen der CDU

J. N. Essen, 1. April

Bei einer Großkundgebung auf dem Burgplatz in Essen sprach am Sonntagnachmittag der erste Vorsitzende der CDU, Jakob Kaiser, Berlin, vor mehreren Tausend Essener Männer und Frauen. Einleitend begründete Bürgermeister Dr. Heinemann die Notwendigkeit des Zusammenschlusses aller Christen in der Union, indem er auf die Verantwortlichkeit eines jeden für die politische Gestaltung unserer Zeit hinwies. Einigung der Konfessionen und der Stände zu einem großen politischen Machtfaktor, zu einer alle christlich Denkenden umfassenden Volkspartei war auch der Kern der Rede Jakob Kaisers, der zum letzten Male vor 13 Jahren auf dem gleichen Burgplatz in Essen in einer großen Kundgebung zu der Bevölkerung des Ruhrgebietes gesprochen hatte. Er forderte den Neuaufbau und die Umgruppierung des politischen Lebens auf den Grundlagen des Christentums und des christlichen Sozialismus. Das Wesen der Union liege in der einigenden Zusammenfassung beider Konfessionen; sie wolle einen ehrlichen deutschen Religionsfriede herbeiführen, damit der Weg frei werde für eine schöpferische Politik des Volkes. Nur eine Zentralregierung biete die Möglichkeit auf breitester Basis am Wiederaufbau Deutschlands zu arbeiten. Das Ruhrgebiet aber mit seiner tapferen Bevölkerung und als Herz der deutschen Wirtschaft dürfe auf keinen Fall vom Reich getrennt werden. Jakob Kaiser schloß mit einem Appell an die Welt, indem er um Vertrauen in das neue demokratisch-christliche Deutschland bat.

Wahlsieg der griechischen Monarchisten

Rücktritt des Premierministers Sophoulis

Athen, 1. April

Die Wahlen in Griechenland, die zum erstenmal seit zehn Jahren stattfanden, haben der monarchistischen Volkspartei einen starken Erfolg gebracht. Sie liegt mit 155 487 Stimmen an der Spitze. Ihr folgen der Nationale Block mit 67 578 und die Liberalen mit 49 790 Stimmen. Von den Mitgliedern der griechischen Regierung wurden nur der Ministerpräsident Sophoulis, der Justizminister Mavros, der Wiederaufbauminister Kaasathakis und der Generalgouverneur von Kreta Coulouthakis gewählt.

Man glaubt, daß die monarchistische Volkspartei mit 175 von den 365 Sitzen des Parlaments rechnen kann. Sophoulis, der der liberalen Partei angehört, stellte, nachdem der Erfolg der Volkspartei bekanntgeworden war, sein Amt dem Regenten Damaskinos zur Verfügung. Dieser bat ihn, vorläufig die Geschäfte weiterzuführen. Der Leiter der monarchistischen Volkspartei Tsaldaris erklärte, er sei bereit, eine andere Persönlichkeit als Ministerpräsident anzuerkennen, damit eine Koalitionsregierung auf möglichst breiter Grundlage gebildet werden könne. König Georg von Griechenland, der in London die Wahlergebnisse erwartete, lehnte jede Äußerung ab.

Die EAM, d. h. die Gruppe der kommunistisch gerichteten Linksparteien, nahm nicht an den Wahlen teil. Sie behauptete, die Wahllisten seien gefälscht. Die Gegenparteien erklärten, die EAM wisse genau, daß sie geschlagen werde und versuche deshalb, die Wahlen in Mißkredit zu bringen. Die EAM führte eine leidenschaftliche Propaganda, in der sie die Wähler aufforderte, nicht zu den Urnen zu gehen. Infolgedessen ist es wichtig, festzustellen, wieviel Wähler sich der Stimme enthalten haben. Nach den letzten Angaben gaben ungefähr sechzig Prozent der registrierten Wähler ihre Stimme ab. Die Wahlbeteiligung war in den einzelnen Landesteilen sehr verschieden. Auf dem Peloponnes war sie sehr stark, in Saloniki mittelmäßig.

Die Wahlen fanden bei herrlichem Frühlingswetter statt. Als Wahllokale dienten teils Schulen, teils Kirchen. Nur Männer wählten. Über das Frauenwahlrecht soll sich erst das kommende Parlament aussprechen. Zu Zwischenfällen kam es in Litohoron, südlich von Saloniki, wo Kommunisten die Polizeistation angriffen und niederbrannten. Der amtliche Bericht spricht von sechs Polizisten und vier Sergeanten der amerikanischen Armee, die ums Leben gekommen seien. Zwei Todesopfer forderten blutige Zusammenstöße zwischen Angehörigen der Rechts- und der Linksparteien in dem Dorf Meligala, in der Nähe des Hafens Kalamata. An diesem Zwischenfall war der von den Behörden gesuchte Leiter der Rechtsradikalen, Mandanas, beteiligt, der mit 25 Mann erschien und die Leichen seiner zwei gefallenen Gesinnungsgenossen fortführte, ohne daß die Polizei seiner habhaft werden konnte.

Sprecher der linksgerichteten EAM suchen die Rechtlichkeit der Wahlen anzuzweifeln; sie reden von Orgien des wilden Terrorismus und des Betrugs. In einem Kommentar zu den griechischen Wahlen erklärte Radio Moskau am Sonntagabend: „Die Bemühungen der Reaktionäre waren darauf gerichtet, die Wähler durch Anschwärzungen und Drohungen zur Teilnahme an der Wahl zu zwingen. Arbeiter und Angestellte der Regierung und privater Unternehmungen wurden mit Entlassung bedroht, falls sie die Wahlbeteiligung verweigern sollten." Unter diesen Umständen hätten die Wahlen unter Bedingungen stattgefunden, die nicht zum freien Willensausdruck des griechischen Volkes geführt hätten.

Starke Missionen Englands, der Vereinigten Staaten und Frankreichs waren über Griechenland verbreitet, um die Durchführung der Wahlen zu beobachten. Rußland hatte es abgelehnt, Beobachter zu entsenden. Der Bericht über die Wahlen wird erst am 10. April gleichzeitig in London, Washington, Paris und [illegible]

Keine geheimen Annexionen

Gouin über die Westzone

Paris, 1. April

Der französische Premierminister Gouin eröffnete gestern die Wahlkampagne mit einer Rede über die auswärtige Politik, in der er auch von den Ansprüchen Frankreichs am deutschen Westen sprach. Er sagte: „Es muß verhindert werden, daß die Welt sich in zwei Blöcke spaltet. Das ist eine Bedingung für Frankreichs Sicherheit. Diese Bedingung wird nur erlangt durch eine befriedigende Lösung des deutschen Problems. Brutale oder heimliche Annexion kann keine Lösung sein. Nur eine internationale Lösung ist eine restlose Klärung. Das Nazigift wird für eine lange Zeit noch im deutschen Körper kreisen. Es gibt nur ein Mittel, um es auszutreiben: Die interalliierte Besetzung Deutschlands muß so lange beibehalten werden, als es nötig ist, den Weltfrieden zu sichern. Wir sehen die Kontrolle und die Verwaltung der Saar, des Rheinlandes und der Ruhr nur vom internationalen Gesichtspunkt an. Das Land stimmt hierin überein. In Vereinbarung mit unseren Alliierten müssen wir eine angemessene Lösung finden, um zu verhindern, daß diese Bezirke wieder Basen des preußischen Militarismus werden."

Über die Außenpolitik sagte Gouin weiter: „Frankreich, das nur auf seine eigenen Hilfsmittel gestellt ist, kann nicht allein für seine Sicherheit verbürgen. Wir müssen enge Freundschaft und Zusammenarbeit mit unseren großen Alliierten pflegen. Das heißt, daß wir, nachdem wir den französisch-sowjetischen Pakt unterzeichnet haben, bestrebt sein müssen, einen französisch-englischen Vertrag auf derselben Vertrauensgrundlage ins Leben zu rufen. Wenn aus diesem Zweierpakt ein Dreierpakt entsteht, wollen wir es nur willkommen heißen. Dies ist die Grundbasis der französischen Sicherheit."

Gouin warnte, die Gefahr einer Inflation zu unterschätzen. Er stellte den französischen Arbeitern die sowjetischen Arbeiter als Vorbild hin und erinnerte daran, daß unaufhörliche Arbeit in den Sowjetrepubliken nötig war, um eine tadellose Industrie zu schaffen. „Frankreichs industrielle Ausrüstung war altertümlich", fuhr Gouin fort, „wir benötigen nun Maschinen und Werkzeuge für unsere Fabriken. Um diese zu beschaffen, ist der außerordentliche Gesandte Léon Blum nach Amerika gefahren, weil dies das einzige Land ist, von dem wir Rohmaterial und moderne Werkzeuge erhalten können. Wir werden noch viele Monate der Anstrengungen benötigen, bevor alle Risiken der Inflation beseitigt sein werden. Ich will noch weiter gehen und behaupten, daß der gefährlichste Punkt noch immer darin liegt, daß wir enorme kurzfristige Schulden abzudecken haben."

Manifest der Sozialisten

Auf dem Kongreß der Sozialistischen Partei Frankreichs wurde einstimmig ein Manifest angenommen, das eine englisch-französische Allianz fordert. Das Manifest spricht sich gegen eine Loslösung der Rheinlande und des Ruhrgebiets vom Deutschen Reich, überhaupt gegen jede Annektion aus, es wünscht aber die Aufrechterhaltung der vier Besatzungszonen in Deutschland. Die Sozialisten fordern die internationale Besetzung Deutschlands, bis die Säuberung von Nationalsozialisten durchgeführt und die wirtschaftlichen Kräfte des Ruhrgebietes zugunsten der vom Krieg zerstörten Staaten durch die Internationalisierung des Ruhrgebiets nutzbar gemacht seien. Für Frankreich selbst beansprucht das Manifest die Ausnutzung der Kohlengruben des Saargebietes im Rahmen der Reparationsleistungen.

Frankreich nicht mehr gegen zentrale deutsche Verwaltungen?

Neuyork, 1. April

„New York Times" berichtet aus Washington, das Staatsdepartement hoffe, daß Frankreich seine Weigerung, zentralen Verwaltungen in Deutschland zuzustimmen, aufgeben werde, bevor ein alliiertes Abkommen über Rheinland und Ruhr erreicht sei. Diese Meinung habe das Staatsdepartement in einer Denkschrift an Präsident Truman ausgedrückt.

Europäische Ernährungskonferenz

Morgen wird in London eine europäische Ernährungskonferenz beginnen. Sie wird bis zum Sonnabend dauern. Der einzige außereuropäische Staat, der teilnehmen wird, sind die USA. Zu dieser Konferenz wird sich, wenigstens für die beiden letzten Tage, auch Herbert Hoover einfinden. Er bereist im Auftrag Trumans die notleidenden Gebiete Europas. Seine Reise führte ihn bis jetzt nach Paris, Rom, Genf, Prag und Warschau. Er wird auch Deutschland besuchen. In der Bekämpfung europäischer Hungersnöte ist er kein Neuling. Mit 72 Millionen Tonnen Lebensmittel, die er 1918 als Leiter des damaligen Wirtschafts- und Wiederaufbau-Ausschusses aufbrachte, trug er dazu bei, nach dem ersten Weltkrieg 300 Millionen Europäer vor dem Hungertod zu retten. In Erinnerung an diese Zeit vor 28 Jahren sagte er in Rom: „Ich bin ein alter Hausarzt, den man noch einmal zur Behandlung einer schrecklichen Krankheit gerufen hat."

Seine ersten Berichte über die Ernährung in Frankreich und Italien sind bereits nach Washington gekabelt worden. Er wies darauf hin, daß das amerikanische Volk durch erhöhte Hilfslieferungen die Not in diesen Ländern mildern könne. Der Normalverbraucher in Frankreich bekomme täglich etwa 1930 Kalorien, in Italien etwa 1500. Vor der Abreise aus Prag stellte er für die Tschechoslowakei fest, daß dort die Durchschnittszuteilung unter 2000 Kalorien liege. Die gegenwärtigen Rationen könnten aber nicht eingehalten werden, wenn nicht Getreide und Fett aus Übersee kämen.

Nach Hoovers Meinung sind die nächsten vier Monate die kritischste Periode für 500 Millionen Menschen, die in Gefahr sind, zu verhungern. Dabei sei die Jugend, von der die Zukunft der Zivilisation abhänge, besonders gefährdet. Nach der nächsten Ernte sei eine beträchtliche Besserung zu erwarten.

Im nächsten Winter noch schlimmer?

Diese Äußerung über die Kurzfristigkeit der Lebensmittelnot wurde auf der UNRRA-Tagung in Atlantic City als recht bedenklich erachtet. Der Generaldirektor der UNRRA, Lehmann, sagte: „Es liegt keine Berechtigung vor, die Planung auf einer anderen Grundlage vorzunehmen als der, daß die Lage im nächsten Winter unter Umständen noch schlimmer sein wird, als gegenwärtig."

Der frühere Oberbürgermeister von Neuyork Laguardia, der zum Nachfolger des wegen seiner angegriffenen Gesundheit ausscheidenden Generaldirektors Lehmann gewählt worden war, übernahm am Sonnabend sein Amt. Er erklärte: „Ich will Pflüge und keine Schreibmaschinen, schnelle Schiffe und keine Resolutionen, die erst nach längerer Zeit in die Tat umgesetzt werden. Ich werde [illegible] meine Vollmachten geltend machen, um diese Grundsätze in meiner Organisation zu verwirklichen."

Verschiffungen aus USA

Schon vorher hatte er sich die Empfehlungen Lehmanns zu eigen gemacht, daß die Überschußgebiete die Rationierung der Lebensmittel wieder einführen sollten. Das amerikanische Landwirtschaftsministerium hat jetzt verfügt, daß der Verkauf von Korn zur Verfütterung wieder der Bewirtschaftung unterliegt. Außerdem sind 2 800 000 Lebensmittelpackungen, die für die Invasion Japans bereitgestellt worden waren, für den Verkauf nach Europa freigegeben worden. Jede dieser rund 14 Kilogramm wiegenden Packungen enthält etwa 40 000 Kalorien. Mit Frankreich, Norwegen und Polen sind bereits Abmachungen über die Einfuhr dieser Nahrungsmittel getroffen worden, während mit den Regierungen Italiens, Belgiens, Hollands, Griechenlands, der Tschechoslowakei und des Kontrollrats für Österreich noch verhandelt wird. Das Katholische Hilfskomitee in Amerika hat die ersten Ladungen der von ihr gesammelten Lebensmittel und Kleidungsstücke verschifft. 500 Tonnen Lebensmittel und 125 Tonnen Bekleidungsstücke sind bereits auf dem Wege von Antwerpen nach Salzburg. Österreich wird damit das erste Land Europas sein, dem ein Anteil der großen Sendungen des Katholischen Hilfskomitees in Amerika zugute kommt.

Bergarbeiterstreik in USA

Washington, 1. April

Trotz der Bemühungen der amerikanischen Regierung sind heute früh 400 000 Bergarbeiter in den Streik getreten. Der Generalstreik wird unter der Parole „Kein Kontrakt — keine Arbeit" von der Gewerkschaft der Kohlenarbeiter durchgeführt. Es ist dies der dritte Generalstreik der amerikanischen Bergleute in den vier letzten Jahren.

Der Streik wurde vom Präsidenten der Vereinigten Bergarbeiter John L. Lewis verkündigt, weil die Bergwerksbesitzer sich weigerten, für jede geförderte Tonne Kohle 10 Cents Beitrag für den Gesundheits- und Wohlfahrts-Fonds der Bergarbeiter zu gewähren.

Durch den Streik werden am gefährlichsten die Eisenbahnen getroffen, die über einen Kohlenvorrat für nur einen Monat verfügen. Auch die Lage in der Stahlindustrie kann ernst werden, da die Kohlenvorräte schätzungsweise nur bis längstens acht Wochen reichen. Eine Schließung der Stahlindustrie würde eine Lähmung der amerikanischen Schwerindustrie bedeuten.

Neue belgische Regierung

Ein neues belgisches Kabinett, das sich auf eine Linkskoalition stützt, hat der frühere sozialistische Ministerpräsident [illegible] van Acker gebildet.

Titelseite der ersten Ausgabe der Tageszeitung »Die Welt« vom 2. April 1946

Dreißig Jahre Kampf gegen neues Unrecht

Die Städte lagen in Trümmer, Industrie und Wirtschaft in Scherben, als am 2. April 1946 die erste Ausgabe der »Welt« erschien. Herausgegeben wurde sie zunächst von der britischen Militärregierung. Die Vorarbeiten hatte Hans Zehrer geleistet. Von ihm stammte auch der Titel. Erster Chefredakteur aber wurde Rudolf Küstermeier, der von den Engländern aus dem KZ Bergen-Belsen befreit worden war. Am 17. September 1953 wurde die »Welt« in deutschen Besitz übergeben: Axel Springer erwarb 75 Prozent der Anteile, 25 Prozent übernahm die neu errichtete »Stiftung Die Welt«. 1970 schließlich ging »Die Welt-Verlags-Gesellschaft« in der Axel Springer Verlag AG auf. Zum 30jährigen Bestehen der »Welt« schrieb ihr Herausgeber nachstehendes Grußwort für die Jubiläumsausgabe vom 2. April 1976.

Von Anfang an war die »Welt« als eine Zeitung für ganz Deutschland gedacht. Zwar wurde sie von der britischen Besatzungsmacht gegründet, aber von der ersten Nummer an hauptsächlich von Deutschen gemacht. Die »Welt« war auch vor dreißig Jahren nicht etwa ein steriles Sprachrohr der Militärregierung, sondern eine Quelle freier Information und Willensbildung, von hervorragenden Journalisten redigiert und bis zum Rande vollgefüllt mit den wesentlichsten Nachrichten aus allen Lebens- und Wissensbereichen in Deutschland und sonstwo in der Welt.

Eine Zeitung für Deutschland! Schon der britische »Controller« Steel McRitchie hat die Aufgabe so umrissen: »Nichts mehr und nichts weniger sein als eine deutsche Zeitung.« Und der unvergessene Hans Zehrer sprach von der »Welt« als der repräsentativen Tageszeitung »jenes Deutschlands, das eine große geistige Einheit darstellt und nur zeitweise und vorübergehend politisch gespalten werden kann«.

Über fast alle Länder der Erde ist die »Welt« verbreitet. Im kommunistischen Teil des deutschen Vaterlandes aber darf sie seit dem September 1948 nicht mehr gelesen werden.

Das ist nur logisch. Denn die »Welt« vertritt nicht nur wie die meisten Zeitungen des Westens das für jede Diktatur lebensgefährdende Postulat der Freiheit. Nein, die »Welt« hat auch nie aufgehört – und wird nie aufhören –, die spezielle deutsche Form des Strebens nach Freiheit zu fordern und zu vertreten: das Recht auf Selbstbestimmung für alle Deutschen und daraus resultierend das Recht auf Wiedervereinigung.

Bei der Forderung nach Selbstbestimmung und Wiedervereinigung in Freiheit geht es nicht um die Verwirklichung eines mythischen nationalen oder gar nationalistischen Ziels. Worum es geht, ist etwas ganz anderes: Das Unrecht der dreißiger Jahre war nur möglich, weil viele Deutsche es zwar sahen und erkannten, aber schweigend zuließen.

Die Situation heute ist anders und doch ähnlich. Wieder wird von einem Staat, der sich deutsch nennt, Unrecht verübt, Unrecht im deutschen Namen, Unrecht an Deutschen. Wer dazu heute schweigt, macht sich erneut schuldig. Das gilt ganz besonders für alle diejenigen von uns, die das Glück haben, im freien Teil Deutschlands zu leben.

Zum Thema der Freiheit für alle Deutschen wird die »Welt« auch in Zukunft nicht schweigen. Das bleibt neben der umfassenden und objektiven Informierung ihrer Leser ihre vornehmste Aufgabe.

Antwort auf Verleumdungen der »Prawda«

Die sowjetische Parteizeitung »Prawda« (»Wahrheit«) veröffentlichte am 1. April 1976 einen Bericht ihres Bonner Korrespondenten W. Michailow über Axel Springer und sein Verlagshaus. Darin wurde der Springer-Verlag als »Giftküche« verleumdet und die Behauptung aufgestellt: »Für den Springer-Konzern gilt die Losung: Alle Nachrichten unterdrücken, die den Interessen des Friedens und der Freundschaft unter den Völkern dienen.« Der Verleger schrieb daraufhin am 6. April 1976 einen Leserbrief an die in Moskau erscheinende Zeitung, der allerdings in der »Prawda« nicht gedruckt wurde und deshalb in der »Welt« erschien.

Sehr geehrte Herren,
in Ihrer Ausgabe vom 1. April 1976 behauptet Ihr Korrespondent in Bonn, Herr Michailow, neben anderen Merkwürdigkeiten über mich und meine Mitarbeiter, in den Zeitungen des Verlagshauses Axel Springer würden alle Informationen nicht gebracht, »die dem Interesse des Friedens und der Freundschaft unter den Völkern dienen«.

Die Leser unserer Blätter wissen, daß diese Unterstellung falsch ist, daß die Redakteure der Blätter des Verlagshauses Axel Springer allerdings viele Projekte, Entscheidungen und Maßnahmen der UdSSR als nicht dem Interesse des Friedens und der Freundschaft unter den Völkern dienend ansehen und entsprechend kommentieren.

Ich möchte hier keine Beispiele nennen, aber auf die ebenfalls am 1. April gemachten Äußerungen des britischen Verteidigungsministers Roy Mason hinweisen, der die Voraussetzungen für den wirklichen Beweis des Entspannungswillens der UdSSR aufgezählt hat.

Als derart mögliche Beweise nannte der englische Politiker die Einhaltung der Ergebnisse der Helsinki-Konferenz, indem man den Austausch von Personen und Ideen zwischen Ost und West gestattet; außerdem Zugeständnisse, das heißt

Kompromisse bei den SALT-[30] und bei den MBFR[31]-Verhandlungen; schließlich sagte er: (Die Führer der Sowjetunion) »könnten außerdem die Berliner Mauer abreißen, dieses Mahnmal der Schande, dieses Eingeständnis all der Unzulänglichkeiten und der Gemeinheit eines Regimes der Unterdrückung«.

Die Zeitungen meines Verlagshauses werden mit Aufmerksamkeit jedes Eingehen der Regierung der UdSSR auf die Vorschläge des britischen Verteidigungsministers beobachten und darüber berichten. Denn das wäre tatsächlich ein Schritt in Richtung auf Freundschaft unter den Völkern und auf Frieden.

Ich wäre Ihnen dankbar, wenn Sie Ihren Lesern diese Zeilen als Leserbrief zur Kenntnis geben würden.

Hochachtungsvoll
Axel Springer

Hundert Jahre Ullstein

Die Feierstunde, die aus Anlaß des hundertjährigen Bestehens des Ullstein Verlages am 9. September 1977 im Verlagshaus Axel Springer an der Kochstraße im alten Berliner Zeitungsviertel stattfand, hätte ein Jubelfest sein können. Sie wurde zu einer stillen Stunde der Einkehr mit der Geschichte und der Gegenwart. Sie stand im Schatten der Ermordung von Jürgen Ponto[32] und der Entführung von Hanns Martin Schleyer[33]. Bundespräsident Walter Scheel, der prominenter Redner bei dieser Veranstaltung sein sollte, mußte deshalb seine Teilnahme in letzter Minute absagen. Berlins Regierender Bürgermeister Dietrich Stobbe hob in seiner Rede das Engagement Axel Springers in und für Berlin hervor. Als Vertreter der Familie Ullstein sprach Frederick Ullstein, ein Enkel des Firmengründers. Axel Springer zeichnete in seiner Rede vor 500 Gästen aus Politik und Wirtschaft, aus dem Kultur- und Geistesleben ein Bild der Geschichte des Hauses Ullstein. Zugleich unterstrich er die politische Bedeutung Berlins als Symbol des Willens zur Einheit der Nation.

Mein erster Gruß sollte dem Herrn Bundespräsidenten gelten, der heute – ebenso wie einige Bonner Spitzenpolitiker – bei uns sein wollte. Die dramatischen Vorgänge von Köln haben dies unmöglich gemacht.

Der Herr Bundespräsident warb in einem Telefongespräch mit mir um Verständnis für diese seine Entscheidung. Wir haben Verständnis, und ich möchte diese Gelegenheit wahrnehmen, ihm dafür zu danken, daß er in dieser Feierstunde dem Hause Ullstein seine Reverenz erweisen wollte. Ich möchte ihm aber auch danken, daß er öfter als irgendeiner seiner Amtsvorgänger in die alte deutsche Hauptstadt kommt.

Meine Herren Stadtkommandanten,
Herr Regierender Bürgermeister,
Herr Präsident des Abgeordnetenhauses,
meine Damen und Herren aus Politik, Wirtschaft, Kultur und Kirche,
Kaiserliche Hoheit,
liebe Mitarbeiterinnen und Mitarbeiter,
lieber Frederick Ullstein. Ich begrüße Sie alle mit besonderer Herzlichkeit.

Ich begrüße aber auch zwei Männer und Freunde des Hauses, die frohen Herzens heute bei uns sein wollten: Ich grüße Jürgen Ponto in memoriam. Ich grüße Hanns Martin Schleyer, für den wir in der ersten Reihe einen Platz frei gelassen haben. Und ich gedenke der vier Männer, die bis zuletzt bei ihm waren und die auch wohl hier in dieser Halle gewesen wären.

Hundert Jahre Ullstein: Axel Springer bei der Festrede vor dem Bild Leopold Ullsteins

FB

Glücklich aber bin ich darüber, daß die Vertreter der Familie Ullstein – nun schon in der dritten und der vierten Generation – in so großer Zahl heute unter uns sind. Sie, verehrte Lady Annan, Sie, lieber Frederick Ullstein, und alle anderen anwesenden Mitglieder Ihrer Familie sind heute hier ja nicht Gäste, nein, Sie gehören hierher.

Hundert Jahre Ullstein!

Wer bin ich eigentlich, daß ich das gewaltige Bild von Anfang, Höhepunkt, Niedergang und Neubeginn dieses weltbekannten Verlagshauses schildern und rühmen dürfte? Wenn ich mich zurückbesinne, sehe ich mich im Verhältnis zu diesem Verlag der Eule eigentlich nur in zwei Momentaufnahmen:

Die erste: Der junge Mann aus Altona, noch kaum der Altersstufe eines »Heiteren Fridolin«-Lesers entwachsen, steht zu Beginn der dreißiger Jahre fassungslos vor dem, wie es mir schien, gigantischen Ullstein-Haus hier in der Kochstraße. Er bewundert rückhaltlos die reiche Palette der brillanten, amüsanten, geistvollen, im Handwerk des Zeitungs-, Zeitschriften- und Büchermachens souverän geerdeten Erzeugnisse. Es war ein Eindruck, der sich nie verlor!

Die zweite Momentaufnahme: Älter geworden, nach dem unseligen Krieg, diesmal in der Rolle des Getriebenen, der Berlin in seiner tödlichen Bedrohung beistehen wollte und hier an der Sektorengrenze, an der Grenze des sowjetischen Imperiums, die Aufgabe sieht, bei der Sicherung des freien Wortes, das heißt der Freiheit, mitzuwirken.

Es war Ende des Jahres 1959, als mir die Familie Ullstein die Verantwortung für ihr Erbe übertrug[34]. Knapp achtzehn von hundert Jahren also durfte ich das Schicksal des Hauses Ullstein mitgestalten. Wer also bin ich, daß ich zusammenfassend und wertend über Ullstein oder gar über den Geist des Hauses – diese so oft verwandte Formulierung – hier sprechen dürfte?

Ich will es Berufeneren überlassen, zu schildern und zu urteilen, Männern wie Hans Wallenberg etwa, den ich nicht nur deshalb zuerst nenne, weil er und seine Frau uns erst in den vergangenen Monaten verließen und der Abschiedsschmerz gerade in einer Stunde wie dieser wieder besonders wehe tut. Ich nenne Hans Wallenberg auch zuerst, weil er mit vielen Ideen dazu beigetragen hat, daß dieses Jubiläum des Hauses Ullstein zu einem bedeutenden Berliner Ereignis wurde, und weil er auch an dem Versuch beteiligt war, die vergangenen hundert Jahre des Hauses Ullstein in vier Bänden auszuleuchten und nachzuvollziehen[35].

Lassen Sie mich also den Versuch der Rückschau auf diese hinter uns liegenden hundert Jahre auf die Weise machen, daß ich die Zeugen dieses Geschehens zu Worte kommen lasse.

Das sind viele, die nicht mehr unter uns sind, und zum Glück auch viele, die heute hier dabeisein können.

Wie es dazu kam, daß der Gründer des Hauses, Leopold Ullstein, der jüngste

Vor dem Springer-Haus in Berlin: die Eule, Wahrzeichen des alten Ullstein Verlages

Zu Gast bei der Hundertjahrfeier: Frederick Ullstein (»Der letzte meines Namens, der in der Kochstraße gearbeitet hat«), Frau Patricia Ullstein und Sohn Bartholomew

von drei Brüdern, 1849 von Fürth nach Berlin umsiedelte, hat sein Enkel Frederick in seinem Beitrag für die Geschichte der hundert Jahre beschrieben:

»Die Familienchronik weiß zu berichten«, heißt es da, »daß das Papiergeschäft in Fürth überaus gut ging, aber ein Stoßgeschäft war, so daß die Brüder zweimal im Jahr – wohl jeweils zwei Monate im Frühjahr und im Herbst – reichlich zu tun hatten, den Rest des Jahres aber ziemlich untätig in ihrem Büro saßen. Aus diesem Grunde, nämlich damit man die Untätigkeit nicht sehen könne, weigerten sich die beiden älteren Brüder, das Fenster putzen zu lassen. Der Streit um das ungeputzte Fenster ließ Leopold aus der Firma ausscheiden.«

Leopold war auch in Berlin ein erfolgreicher Kaufmann, aber sein Beruf genügte ihm nicht. Er interessierte sich für Politik und wurde im Jahre der Reichsgründung in die Berliner Stadtverordnetenversammlung gewählt. Als er bei der Wiederwahl, sechs Jahre später, unterlag, reifte in ihm der Entschluß, über den Weg der Publizistik politisch zu wirken. So kam es zum Kauf eines in Schwierigkeiten geratenen Druckhauses zusammen mit der dort erscheinenden, nicht sehr bedeutenden Zeitung und damit zur Gründung des Ullstein Verlages[36]. Leopold Ullstein selbst hat genau gewußt, was er tat. Das geht aus einem Brief hervor, den er einen Tag nach der Transaktion bereits an seine älteste Tochter Käthe richtete: »Gestern«, schrieb er, »habe ich in der Tat und wirklich einen großen Kauf getan, nämlich eine Zeitung nebst Buchdruckerei.«

Von Leopold Ullstein sagte 50 Jahre später Georg Bernhard, der Chefredakteur der »Vossischen Zeitung«, er habe »den Beruf des Verlegers nicht bloß als Bedrucken von Papier mit irgendeiner Meinung« aufgefaßt! Welch vertraute Töne!

1877 – was war das für eine Zeit? Das Reich stand sechs Jahre nach seiner Gründung stark, mächtig und einig da. Grenzenloser Optimismus regierte die Stunde. Bismarck begann mit seiner Schutzzollpolitik. Königin Viktoria nahm den Titel der indischen Kaiserin an. Transvaal wurde britische Kolonie. Hier in Berlin wurde die Ringbahn vollendet. Und ebenfalls hier in Berlin führte der Generalpostmeister Heinrich Stephan – 200 Meter von hier entfernt – das erste Telefongespräch. Ein neues Zeitalter brach an.

Es war eine Zeit des Aufbruchs, wenn auch der Beginn des Hauses Ullstein selbst relativ bescheiden blieb. Aber es war ein solider Anfang, der es erlaubte, ein festes Fundament zu bauen, das dann auch durch die oft unvorstellbaren Stürme von hundert Jahren standhielt.

Schon ein halbes Jahr nach dem Kauf der Druckerei erwarb Leopold Ullstein eine zweite Zeitung, die »Berliner Zeitung«, die unter ihrem Kurznamen »BZ« noch heute erscheint und die auflagenstärkste Zeitung im freien Berlin ist. In diesem Jahr, 1878, erließ Bismarck einerseits das Sozialistengesetz[37] und wurde andererseits Weltfriedensstifter auf dem Berliner Kongreß[38].

So reizvoll es wäre, hier Jahr für Jahr aufzuzählen und Ihnen in Erinnerung zu rufen, was jeweils bei Ullstein und was parallel dazu in Deutschland und in der Welt geschah – ich kann es mir nicht erlauben, Sie müßten sonst bis heute abend hier ausharren.

Will man die Entwicklung des Ullstein Verlages knapper betrachten, die Jahre raffen, so zeigen sich vier erkennbare Perioden.

Als Höhepunkt der ersten, ungefähr bis zur Jahrhundertwende reichenden Epoche des Ullstein-Hauses muß man die Gründung der »Berliner Morgenpost«[39] nennen. Leopold Ullstein war schon in den Siebzigern, als er das Startzeichen für diese neue Zeitung gab, die eines Tages das auflagenstärkste Blatt Deutschlands werden sollte. Noch heute zeugen jahrzehntealte Fassadenbemalungen von diesem stolzen Erfolg – so an der Stadtautobahn in Friedenau und an der Interzonenstraße Berlin–Hamburg, irgendwo in Brandenburg.

In seinen Erinnerungen »Spielplatz meines Lebens« meint Leopolds Enkel – unser leider viel zu früh von uns gegangener Freund Heinz Ullstein – zu diesem ersten großen verlegerischen Wagnis des Hauses:

»Wäre das Experiment ›Morgenpost‹ mißlungen, so hätte es niemals ein Ullstein-Haus gegeben. Und der Name Ullstein wäre unbekannt geblieben, denn ein Scheitern dieses Experiments hätte unmittelbar zum Bankrott führen müssen. Hier war alles auf eine Karte gesetzt. Es war der Entschluß eines Unternehmers, der wußte, was er will. Und der an sich und seine Aufgabe glaubte.«

Und Peter de Mendelssohn schrieb über den Gründer dieses Hauses:

»Leopold Ullstein war nicht nur ein guter Kaufmann, sondern darüber hinaus auch ein liebenswürdiger und allseits interessierter Mann, der ehrliche Hochachtung vor geistiger Leistung empfand und den es danach drängte, nicht nur am Wirtschaftsleben, sondern auch an den geistigen, wissenschaftlichen und politischen Strömungen seiner Zeit teilzuhaben.«

War die erste Phase der Entwicklung dieses Hauses, in der sowohl die heutige »BZ« als auch die »Morgenpost« entstanden, ganz von der Persönlichkeit des Gründers geprägt, so trägt die zweite Periode der Ausbreitung und des wachsenden Erfolges den Stempel der legendären fünf Brüder: Hans, Louis, Franz, Rudolf, Hermann. Über sie schrieb der unvergessene Egon Jameson:

»In friedlicher Einigkeit saßen sie wohl nur ein einziges Mal um den Verhandlungstisch – als sie von Willy Jaeckel gemalt wurden.« Das Bild ist verbrannt, eine Kopie hängt oben im 18. Stock.

»Die fünf Brüder«, schreibt Jameson, »traten sonst grundsätzlich nicht gemeinsam in Erscheinung. Sie hatten eine Art Familiengesetz festgelegt, nach dem sich alle richteten: Jeder durfte nur einen Verwandten, und auch diesen nur mit Zustimmung der vier anderen Brüder, in die Firma bringen.«

Jeder der fünf hatte eine besondere Aufgabe: Hans war Jurist und wurde nach dem Tod des Vaters Seniorchef, der sich gern im Hintergrund hielt. Louis war der Kaufmann. Er widmete sich hauptsächlich den Verlagsgeschäften und war insbesondere für Buchhaltung und Kasse zuständig. Franz übernahm zunächst die verlegerische Gesamtleitung aller Publikationen, widmete sich aber in späteren Jahren hauptsächlich den Zeitungen. Sein Sonderinteresse galt dem Buchverlag.

Rudolf war zuständig für den gesamten technischen Bereich. Über ihn diese kleine Anekdote: Als er sich in der Emigration in England um eine Stelle bewarb, mußte er einen Fragebogen beantworten. Eine Frage lautete: Haben Sie schon einmal Arbeitnehmer beschäftigt? Die Antwort: Ja. Die nächste Frage: Wenn ja, wie viele? Die Antwort: 14 000.

Rudolf Ullstein kam nach dem Krieg als einziger der fünf Brüder nach Berlin zurück und wirkte tatkräftig am neuen Aufbau mit, ehe er, hochbetagt, im Jahre 1964 in unserer Stadt verstarb.

Der Jüngste, Hermann Ullstein, war zuständig für die Zeitschriften des Hauses und außerdem ein hochbegabter Werbefachmann, der später im Exil einmal feststellte, die Ullstein-Blätter hätten für den demokratischen Staat nicht genügend Reklame gemacht.

Walther Kiaulehn beschrieb das Haus, das sich die Ullsteins im Berliner Zeitungsviertel bauten, so:

»Die fünf Brüder Ullstein residierten in der Kochstraße in einem wilhelminischen Barockschloß, das nur zur Hälfte fertig geworden war. Auf Fremde machte diese halbe Pracht einen beunruhigenden Eindruck. Den Berlinern waren solche Bauten jedoch geläufig.«

Es muß eine Lust gewesen sein, in jenen Tagen bei Ullstein zu arbeiten. Als sich Vicki Baum 1926 bei Ullstein bewarb, schrieb sie:

» ... bitte, liebe Ullstein-Leute, gebt mir eine Stellung; ich will gern als Kontoristin arbeiten, als Putzfrau, was Ihr wollt ...« Dabei hatte sie zu jener Zeit schon sechs Romane veröffentlicht!

Ganz euphorisch erinnert sich Eduard Rhein:

»Hurra, ein Ruf ins Ullstein-Haus! Weshalb nicht gleich ins Ministerium? Ullstein, das war doch Glanz und Gloria! Ullstein-Redakteur zu sein, das war doch die höchste Stufe, die man erkraxeln konnte! Ullstein – was da nicht alles erschien[40]: Dutzende von Zeitschriften, Zeitungen, Magazine, Bücher, Hefte ... Ullstein! ›Tempo gelesen – dabei gewesen!‹, ›Sei sparsam, Brigitte, nimm Ullstein-Schnitte!‹«

Das Haus Ullstein, das sich zu Beginn dieses Jahrhunderts auch einen Buchverlag zugelegt hatte, wirkte in den zwanziger Jahren wie ein Magnet. Wer Rang und Namen hatte, tauchte dort auf. Ich will nur einige wenige aufzählen: Arthur Koestler, Heinrich Mann, Carl Zuckmayer, Bert Brecht, Lion Feuchtwanger, Ödön Horváth, Walter Hasenclever, Leonhard Frank, Erich Maria Remarque,

Vladimir Nabokov; und aus der Politik: Fürst Bernhard von Bülow, Gustav Stresemann, Karl Helfferich. Wer zählt die Männer, nennt die Namen?

Der Schriftsteller Max Krell meinte dazu: »Außer den Anhängern des George-Kreises[41] ist kein zeitgenössischer Dichter am Ullstein-Haus vorbeigegangen. Sie schrieben für die Zeitungen, sie brachten ihre Bücher.«

Doch die Ullsteins der Zeitungen und Zeitschriften wußten auch: So wichtig die prominenten Autoren sind, so anregend die Besucher sein mögen, so wenig ein Verlag ohne Technik, ohne Verwaltungsleute, ohne Vertriebs-, Anzeigen- und Werbeabteilung auskommen kann – Kern und Mittelpunkt und Seele eines Verlages ist der Redakteur. Wie man Redakteur wird, hat Hans Zehrer, auch ein Ullstein-Mann, so beschrieben:

»Die alte Schule des großen Journalismus? Wenn es sie wirklich gegegeben haben sollte, dann sehe ich ein verschossenes Lüsterjackett vor mir, auf dessen Kragen oft einige weiße Haare lagen, einen Rücken, der sich über den Umbruchtisch beugte, eine Hand mit einem Bleistift, der unwahrscheinlich schnell in den Zeilen eines Manuskripts herumfuhrwerkte, und ich höre eine Stimme, die währenddessen nach rechts und links Weisungen gab. Die alte Schule, das war nichts anderes als der Blick über die Schulter dessen, der es konnte. Wenn man Glück hatte, ihn zu finden, war alles gut.«

In die Jahre der scheinbar grenzenlosen Entwicklung des Hauses Ullstein, das heißt in die Zeit von der Jahrhundertwende bis zur großen Krise, in der die erste deutsche Demokratie versagte, fällt auch die Gründung der »Berliner Illustrirten«. Sie war das Modell aller nach ihr irgendwo in der Welt entstandenen bebilderten Wochenzeitungen.

In diesen Jahren wurde auch die »Vossische Zeitung« erworben und ausgebaut. Gleichzeitig damit richtete sich Ullstein auch ein eigenes weltweites Nachrichtennetz ein.

Soll ich, darf ich noch einige der Objekte aufzählen, die dieses Haus damals gemacht hat? »Tempo«, »Grüne Post«, »Uhu«, »Das Blatt der Hausfrau«, »Die Dame«, der eingangs schon erwähnte »Heitere Fridolin«, »Koralle«, »Querschnitt«.

Der Buchverlag brachte sowohl das beliebte »Ullstein-Buch« heraus wie die berühmte »Propyläen-Kunstgeschichte«. Der größte Erfolg des Ullstein Buchverlages war aber Erich Maria Remarques »Im Westen nichts Neues«[42].

Rückschauend kann ich nur sagen, daß der Weg des Hauses Ullstein in einen verlegerischen Erfolg führte, den die Neider nicht zerstören, die Nachahmer nicht erreichen und die Bewunderer nicht entbehren konnten. Wann auch immer Erfolg die Mittelmäßigkeit sprengt, wird nach seinem Geheimnis gefragt. Wir wissen, nie gibt es darauf eine gültige Antwort.

Die Ullsteins haben wohl vor allem zwei Voraussetzungen für den Erfolg zu schaffen verstanden: Sie wußten, worauf es ankam und was ankam! Hätten sie nur das eine oder das andere von beidem verstanden, wäre das Haus niemals zu seiner Größe gewachsen. Dessen bin ich gewiß! Aber das Wissen um das, was ankommt, und um das, worauf es ankommt, genügte schließlich doch nicht.

Im Rückblick ist es beinahe unverständlich, wie das Haus Ullstein trotz brillanter Analysen und Leitartikel der am besten informierten Journalisten Deutschlands beinahe ahnungslos der deutschen Katastrophe des Jahres 1933 entgegentaumelte.

Hören wir auch dazu einen Zeugen, den Ullstein-Mann und heutigen »Welt«-Korrespondenten Heinz Barth: » ... das Unglück, das wenig später über Deutschland kommen sollte, waren erst kleine schwarze Wolken tief über dem Horizont. Sie schreckten uns nicht. In der Rückschau ist es kaum glaublich, wie wenig wetterfühlig wir damals im Hause der Eule waren. Die langen Korridore in der unvergeßlichen zweiten Etage, wo die Tageszeitungen gemacht wurden, waren die Achse unserer Existenz. Sie waren Rollbahnen des Witzes und der unerschöpflichen Aphorismen. Sie waren auch die Achse, um die für uns das glückliche Berlin Max Pallenbergs und Fritzi Massarys, Max Reinhardts und Leopold Jessners, Bruno Walters und Wilhelm Furtwänglers, das Berlin der Dreigroschenoper[43], des Akademie-Balles, der Charell-Revuen[44] und des Kabaretts der Komiker[45] seine beschwingten Kreise drehte.«

Erst als es schon zu spät war, wurde man hellhörig. So berichtet Carl Zuckmayer vom Presseball 1933:

»In der ›Ullstein-Loge‹, die gleich neben der ›Regierungs-Loge‹ lag, trafen wir Freunde: Ernst Udet, Bruno Frank, Max Krell, andere kamen und gingen. Von den Brüdern Ullstein war keiner erschienen, die Honneurs machte der Verlagsdirektor Emil Herz, er ließ uns fortgesetzt die Gläser füllen und wiederholte dazu: ›Trinken Sie, trinken Sie nur – wer weiß, wann Sie wieder in einer Ullstein-Loge Champagner trinken werden!‹ Im Grunde wußten wir alle: nie mehr.«

Nie mehr! – Zuckmayer hatte recht! Die Zeit des Ungeistes, die schlimme Epoche zog herauf. Da war für den Geist, der das Haus Ullstein groß und berühmt gemacht hatte, kein Platz mehr. Er repräsentierte Menschenwürde, Toleranz und Freiheit, drei Begriffe, die das Dritte Reich ebensowenig dulden konnte wie die kommunistischen Regime unserer Tage.

Schon bald nach der sogenannten Machtübernahme erfolgten die ersten Gespräche über die »Gleichschaltung der Ullstein-Betriebe«[46]. Ein Jahr später wurden die Ullsteins zum Zwangsverkauf an eine Auffanggesellschaft der NSDAP gezwungen[47]. Im Jahre 1937 kam die Umbenennung in »Deutscher Verlag«, in dem einerseits die »Vossische Zeitung« nicht mehr erscheinen durfte und andererseits »Das Reich« herausgebracht wurde.

Am 3. Februar 1945 folgte die Rache der Geschichte: Während die Russen die

Oder schon überquert hatten, versank das Berliner Zeitungsviertel in Schutt und Asche. Auch dafür gibt es einen Zeugen, der heute hier unter uns weilt.

Cyrill Soschka, einer von denen, die, soweit es ging, dafür sorgten, daß der Geist der Ullsteins auch während des »Tausendjährigen Reiches« versteckt in einzelnen Winkeln und Ecken des Hauses überlebte, schildert seinen Eindruck, als er sich einen Weg durch das brennende Berlin bahnte:

»Weiter, weiter zum Ullstein-Haus!« so schreibt er. »Es bietet ein erschütterndes Bild. Auch hier hat sich das Feuer ausgebreitet! Das Hauptgebäude Koch-/Charlottenstraße brennt in den oberen Stockwerken, brennt bösartig prasselnd, unlöschbar ... Hier und in diesen Stunden wird die Zentrale eines Unternehmens vernichtet, das einst das größte seiner Art in Europa war.«

Der unvergessene Kronjurist der SPD, Adolf Arndt, hat dazu vor elf Jahren einen noch heute gültigen Kommentar gegeben:

»Nicht 1945 ging der deutsche Staat in Trümmer, als seine unberechtigten Machthaber entwaffnet wurden: Der wirkliche, weil geistige Zusammenbruch Deutschlands, ereignete sich 1933, als das Fundament der Solidarität im Mitmenschlichen zerbrochen wurde[48].«

Als damals die Lichter der Freiheit ausgingen, möchte ich hinzufügen, wurde auch die deutsch-jüdische Symbiose zerbrochen, der wir so unendlich viel zu verdanken haben und für die das Haus Ullstein einer der wichtigsten Kondenspunkte gewesen war. Abgesehen von dem millionenfachen Unrecht, hat das unserem Volk einen Substanzverlust gebracht, den wir – gerade im Journalismus und in der Literatur – auch in Generationen nicht wieder wettmachen können.

Mit der Niederlage und der Besetzung begann die vierte Phase des 100jährigen Ullstein-Hauses unter amerikanischer Treuhänderschaft, repräsentiert durch den ungemein tüchtigen und loyalen Ernst Strunk. Daß der technische Betrieb des Ullstein-Hauses schon im Sommer 1945 wieder zu arbeiten beginnen konnte, verdankt das Haus ihm und zu einem großen Teil Hans Wallenberg, der als amerikanischer Offizier den Auftrag hatte, in Berlin für ganz Berlin eine deutschsprachige Zeitung zu machen.

An diese Zeit erinnert sich Curt Riess:

»Im amerikanischen Hauptquartier fand Wallenberg zunächst wenig Gegenliebe. War es nicht riskant, einer Druckerei den Auftrag zu überlassen, die noch halb in Schutt und Asche lag? ... Worum ging es Wallenberg? Es ging ihm darum, die ehemaligen Ullstein-Arbeitskräfte, soweit sie überhaupt verfügbar waren, zu beschäftigen, ihnen Brot und Arbeit zu geben.«

Doch wo blieben die rechtmäßigen Besitzer? Der aus der Sicht der Betroffenen viel zu umständliche und langwierige Prozeß der Rückgabe des Betriebes führte dazu, daß die Familie Ullstein erst 1952, im 75. Verlagsjahr, wieder über ihr Eigentum verfügen konnte[49].

Der Bildband »Hundert Jahre Ullstein« zeigt, wie am 23. Januar 1952 die amerikanischen Treuhänder der Familie – vertreten durch Rudolf Ullstein und seinen Neffen Karl – die Reste ihres einstigen Besitzes zurückgaben. Auch die Ullsteinstraße in Tempelhof, von den Nazis umbenannt, erhielt ihren eigenen Namen zurück[50].

Die Presselandschaft war aber nicht beim Nullpunkt von 1945 stehengeblieben. Seit 1946 hatten auch alte Ullstein-Mitarbeiter überall im Lande an der Gründung neuer Zeitungen und Zeitschriften sowie neuer Buchverlage mitgewirkt. Außerdem war Berlin abgeschnitten von seinem Hinterland. All das machte den Wiederbeginn schwer, fast unmöglich. Dennoch gingen die zurückgekehrten Ullsteins unverdrossen ans Werk. Noch im selben Jahr – 1952 – boten sie den Berlinern wieder ihre altgewohnte »Morgenpost« an. Ein Jahr später wurde dann auch die beliebte »BZ« auf den Straßen feilgehalten.

Erlauben Sie mir, an dieser Stelle mit meiner Rückschau aufzuhören und umschreibend zu sagen, wie dankbar und glücklich ich bin, daß die in Stein gehauene Ullstein-Eule wieder ihren rechtmäßigen Platz im alten Zeitungsviertel von Berlin gefunden hat.

Als vor nunmehr 100 Jahren Leopold Ullstein seine Abonnements-Einladung für das soeben erworbene »Neue Berliner Tageblatt« hinausschickte, offenbarte er als sein politisches Programm und seine politische Hoffnung »den Ausbau, die Einheit, die Freiheit und die Macht des deutschen Vaterlandes«.

Heute erschrecken wir fast vor der Aktualität, der geistigen Gegenwärtigkeit seines Wollens. Die Einheit des Vaterlandes in Freiheit ist auch unser Auftrag. Wenn der Begriff der Macht uns irritiert, finden wir seine Rechtfertigung heute, indem wir sie als Gegensatz zur Ohnmacht erkennen. Sie als Pflicht zur Vorbildlichkeit und als die Kraft verstehen, Recht und Unrecht zu unterscheiden. Dem Unrecht zu widerstehen und dem Recht Geltung zu verschaffen. Der Ohnmächtige könnte das nicht. Wir Heutigen wissen's genau!

Diese Gedanken münden ein in eine Klage um das Deutschland unserer Tage. Unser Land, das sich nach 1945 nur in einer Hälfte hat frei entwickeln können, scheint den gefahrbringenden, die Moral aushöhlenden, nur materiebezogenen Weg gegangen zu sein. Verstört und verunsichert fand es bisher nicht den Weg vom Überstaat, vom Unrechtsstaat zum kraftvollen Rechtsstaat, zum Staat des Rechtes, der allein die Würde und die Freiheit seiner Bürger zu schützen in der Lage ist. Das sollte in diesen Tagen wohl auch der letzte Deutsche empfinden.

Ich fürchte, wir schicken uns an, nach den Ungeheuerlichkeiten zwischen den Jahren 1933 und 1945 zum zweiten Male schuldig zu werden, auf andere Weise, indem wir den Staat als Selbstbedienungsladen im öden Materialismus betrachten und dabei unseren Nächsten in der Zone vergessen und preisgeben, unseren Mitbürger und Nachbarn, der im erbärmlichen Satellitengebilde nebenan lebt, das weder deutsch noch demokratisch, noch eine Republik ist und das »nicht zu konsolidieren ist, solange der gerötete Abendhimmel über dem freien Berlin die Hoffnung der Menschen hinter der Mauer auf sich zieht«. Ich nahm dieses Wort einmal auf und habe es gut behalten!

Deutschland, wohin gehst du? Erkennen zum Beispiel seine Bürger und seine Politiker, daß das bedrängte Berlin nicht eine Belastung, sondern ein Glücksfall für das ganze Volk ist? Daß Berlin Prüfstein für Moral, Gesinnung und Geschichtsbewußtsein einer gestürzten Nation ist? An Berlin scheiden sich die Geister. Es ist überdies ein Testfall des westlichen Selbstbehauptungswillens und ein Test der Entspannung, wenn es sie überhaupt gibt.

Im vorigen Jahr habe ich einmal in München einen Einblick in den deutschen Archipel GULag gegeben[51]. Der Aufschrei darauf erfolgte – im Ausland. In der »London Times« erregte sich in drei Fortsetzungen, mustergültig formuliert, der brillante Kommentator Bernard Levin, und 350 US-Zeitungen druckten nach, was auf deutschem Boden gesagt werden mußte.

Redet so ein engstirniger Nationalist? Nein, aber der Weg zu dem von uns erstrebten Großraum der Freiheit, Europa, ist gepflastert mit der Notwendigkeit der Einkehr bei uns selbst.

Einkehr bedeutet Bejahung des Verfassungsgebotes, die Einheit des Vaterlandes nicht aufzugeben.

Einkehr heißt die Bejahung der Tatsache, daß auch 30 Jahre nach der Schließung von Auschwitz die deutschen Beziehungen zu den Juden in Israel und anderswo keine normalen, sondern in jedem Falle besondere sind.

Einkehr bedeutet auch die energischere Abkehr vom Radikalismus unserer Tage, hinter dem sich der internationale Terrorismus und sein Milliarden-Vermögen verbergen. Seine Kontaktstellen reichen bis in den Osten unserer Stadt.

Einkehr bedeutet auch Maßhalten in materiellen Forderungen und Nichtwiederzulassung ideologischer, praxisferner Heilslehren, deren Unergiebigkeit wir in den östlichen Ländern täglich studieren können.

Einkehr bedeutet das Erkennen der Pflicht eines stabilisierten Deutschlands in der Mitte Europas, in die wir nun einmal hineingeboren sind. Nicht, um über andere zu herrschen, sondern um im wohlverstandenen Sinne zu dienen. Dieses schöne preußische Wort gilt hier in neuer Auslegung.

Die Zerstörung Europas ging von Deutschland aus. Beim Wiederaufbau und bei der Sicherung des Ganzen zu helfen ist ein Teil unserer Wiedergutmachungsverpflichtung. Sind wir aber auch wirklich auf diesem Wege? Manchmal packt mich der Zweifel; manchmal befürchte ich, daß die Mehrheit in unserem Lande heute genausowenig »wetterfühlig« ist, wie sie es vor der Katastrophe von 1933 war, daß auch heute die »kleinen schwarzen Wolken«, von denen Heinz Barth sprach, nicht wahrgenommen werden.

Wieder sind Termiten am Werk, die das Fundament unserer Freiheit und damit unserer Existenz zerstören wollen. Worüber viele gar eine klammheimliche Freude nicht unterdrücken können[52]. In Heidelberg las man dieser Tage: Warum die Freude ver-Schleyern? Wieder scheint der Staat zu schwach, sich zu wehren.

An Warnern fehlt es freilich nicht. Der letzte ist der Ullstein-Autor und international anerkannte Historiker Walter Laqueur[53]. In einer vor einer Woche im »Wall Street Journal« veröffentlichten Analyse meinte er, es sei noch etwas einfacher, die Terroristen in unserem Land zu verstehen, »so konfus sie auch sein mögen«, als ihre platonischen Bewunderer. Seit langem schon hätten diese Kreise, hauptsächlich Professoren und Studenten, unseren Staat als »tyrannisch und hoffnungslos korrupt« hingestellt. Daß es sich dabei um den Staat mit der freiesten Ordnung in der deutschen Geschichte handle, interessiere diese Kreise überhaupt nicht. »Normalerweise«, meint Laqueur, »ist der Einfluß von Fanatikern auf eine Gesellschaft minimal, selbst wenn sie das Bildungssystem unterwandern.« Dennoch könne von solchen Kräften eine Gefahr ausgehen, wenn es ihnen gelinge, die öffentliche Moral zu vergiften. Und Laqueur erinnert an die sieben Männer, die nach dem Ersten Weltkrieg in einem Münchner Bierkeller den Grundstein zur NSDAP legten.

Der letzte Teil meiner Gedanken entsprang der Beschäftigung mit dem Wort Leopold Ullsteins von dem Ausbau, der Einheit, der Freiheit und der Macht des deutschen Vaterlandes – heute vor dem Hintergrund der zerrissenen Nation. Mit dem Hinweis auf die notwendige Einkehr habe ich nur die vier Grundsätze für die politisch-publizistische Aufgabe des Verlagshauses unserer Tage umschrieben, denen sich jeder Angehörige der Redaktionen in diesem Haus verpflichtet fühlt und deren Berechtigung nach zehnjähriger Verteufelung von immer mehr Mitbürgern anerkannt wird. Diese Grundsätze sind vielleicht eine moderne, in unserer Zeit gültige Ausdeutung des Programms des Firmengründers Leopold Ullstein.

Auf alle Fälle, ich bin's zufrieden, die Last des vorgegebenen Auftrags so zu tragen. Bewegt schließe ich mit einer Verbeugung vor dem, was in diesem Hause vor uns war und aus dessen Auf und Ab wir versuchen, Lehren zu ziehen.

Premiere der Bildschirmzeitung

Revolutionäre Veränderungen der Informationsübermittlung kündigten sich auf der Internationalen Funkausstellung 1977 in Berlin an: Zum ersten Mal in der deutschen Pressegeschichte verbreitete eine Zeitungsredaktion Nachrichten in geschriebener Form nicht mehr auf Papier, sondern auf dem Fernsehschirm. Die Redaktion setzte sich aus Redakteuren von 25 deutschen Zeitungen zusammen und arbeitete im 16. Stock des Berliner Springer-Hauses. Die »gesendete Zeitung« wird schon bald zum Alltag gehören wie heute das Telefon – aber noch hat der Gesetzgeber nicht entschieden, ob das neue Medium von den Zeitungsverlegern oder vom öffentlich-rechtlichen Monopol genutzt wird. Auf diesen Streitpunkt wies Axel Springer bei einem Empfang hin, den er aus Anlaß der Premiere der Bildschirmzeitung am 30. August 1977 in Berlin gab.

Ich freue mich herzlich, Sie im alten Zeitungsviertel von Berlin anläßlich der Premiere der Bildschirmzeitung[54] begrüßen zu können. Ich glaube fast – vielleicht aber bin ich da zu euphorisch –, diese Bildschirmzeitung ist eine neue Dimension – hier, am Genius loci, wo es ganz besonders bis 1933 einen brillanten Journalismus gegeben hat.

Ich war sehr beeindruckt, als ich jetzt die Redaktion der Bildschirmzeitung besuchte, beeindruckt nämlich, wie ein neues Medium plötzlich die Menschen zusammenbringt und sie motiviert.

Gestern morgen wäre ich freilich fast aus dem Bett gefallen vor Schreck, als ich in die »Welt« blickte. Da hieß es: »Bildschirmzeitung, finde ich dufte, weil sich zu Hause das Zeitungspapier nicht stapelt, meinten viele Besucher, als gestern die aktuellen Nachrichten aus Politik, Wirtschaft und Kultur per Knopfdruck auf den Monitoren ausgedruckt wurden.«

Ich wollte schon mit Helsinki[55] telefonieren, um alle Papierlieferungen zu stoppen. Doch dann las ich weiter: »Soviel steht fest, die gedruckte Zeitung wird vom neuen Zeitungssystem nicht ersetzt, aber ein nützliches Zusatzmedium kann es schon eines nahen Tages sein, sofern die verantwortlichen Politiker die Weichen entsprechend stellen. Ein Kommunikationsmittel, das der Zeitung die höchstmögliche Aktualität wiedergibt.«

Zwangsläufig erinnere ich mich heute, was einmal Staatssekretär Bredow sagte, als er sich 1919 an die deutschen Verleger in einem Vortrag wandte, dem er das Motto »Die Entwicklung der Funktelegraphie für Zwecke der Presse« gab. Die Verleger haben damals Bredows Appell nicht erkannt. Oder aber es waren wirtschaftlich zu schlechte Zeiten, um sich zusätzlich zu engagieren. Ein Haus freilich horchte auf: das Haus Ullstein. Mich hat man nicht gefragt, weil ich zu dieser Zeit noch mit kurzen Hosen in einer Sandkiste in Altona spielte.

Ein bißchen scheint sich der Kreis nun zu schließen. Heute engagiert sich der BDZV[56], dem ich dafür dankbar bin, daß er hier nach Berlin gekommen ist und mit uns versucht hat, das neue Medium praktisch auszuprobieren.

Ich möchte nicht zu ernst werden, aber ich will doch unseren Freunden von den öffentlich-rechtlichen Anstalten zurufen: Ohne Maschinenstürmer zu sein – wir haben den Verlust der aktuellen Nachrichten in der Zeitung nie verdaut! Und wenn jetzt das neue Medium Bildschirmzeitung auf uns zukommt, erwacht in uns zugleich die Hoffnung, daß wir in Teilen eine gewisse Aktualität zurückgewinnen können.

Das ist kein Angriff auf die öffentlich-rechtlichen Anstalten, das ist kein Angriff auf das Fernsehen, sondern das ist das Bestehen auf einer Chance, der Zeitung den Lebensraum für die Zukunft zu garantieren. Dies ist meine Überzeugung. Denn es bedarf gewiß einer Hilfestellung für die Zeitung, ihr wieder das Brot der aktuellen Nachricht zu geben. Auf diesem Umweg wäre es möglich, und ich hoffe, daß wir uns auf diesem Felde treffen können.

Auch dieser Abend soll dazu dienen, ein Wort von einer Front zur anderen zu wechseln. Ich selbst bin nur interessiert daran, daß eine Lebenschance für das gedruckte Wort, für die Zeitung bleibt. Finden wir hier einen Weg – ich glaube, die Bildschirmzeitung könnte dann eine wirkliche Hilfe für die Zukunft sein, wenn sie wirklich für die Zeitung reserviert bleibt und nicht für etwas anderes oder gar für reiche Leute, die damit ihr Geschäft machen wollen.

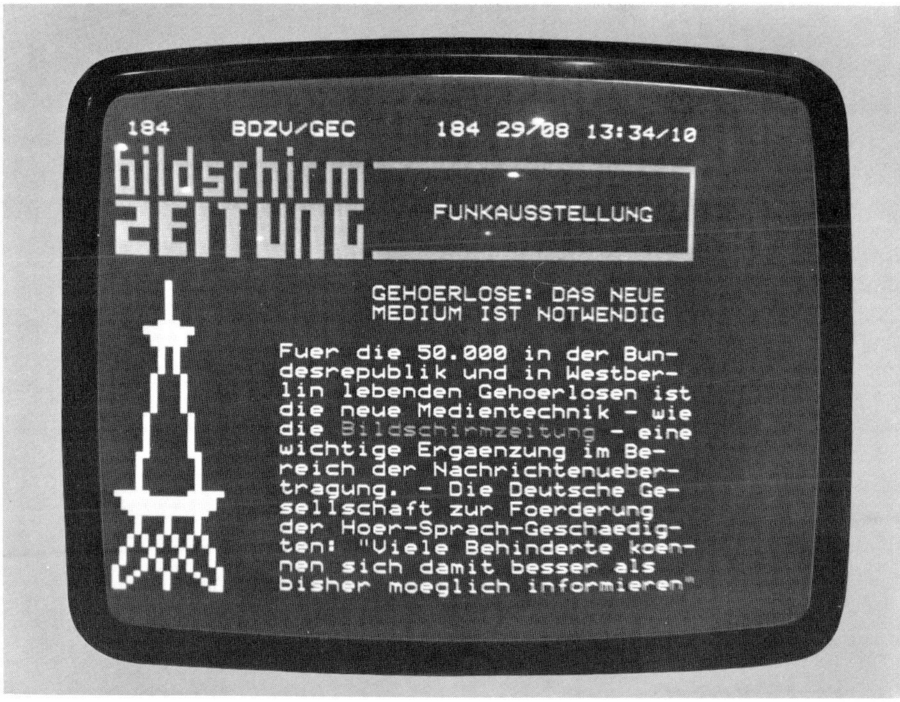

Funkausstellung 1977 in Berlin: Nachrichten aus der Gemeinschaftsredaktion der Zeitungsverleger auf dem Bildschirm

Empfang aus Anlaß der Funkausstellung 1979 im Berliner Verlagshaus: Prof. Walter Bruch, Erfinder des Farbfernsehsystems PAL, und Axel Springer

Herausforderung der Tagespresse

Neue technische Entwicklungen zwingen Verleger, Redakteure, Setzer und Drucker zum Umdenken. So wie die Elektronik das Leben in den Industrieländern bereits umgeformt hat, so verändert sie auch die Informationsübermittlung. Auf Fragen, die dieser Umstellungsprozeß aufwirft, ging Axel Springer in einem Interview ein, das er im Juli 1979 dem Journalisten Risto Punkari von der finnischen liberal-konservativen Tageszeitung »Aamulehti« gab.

RISTO PUNKARI: In der Bundesrepublik Deutschland ist die Herstellungstechnik für Tageszeitungen in atemberaubendem Tempo vorangeschritten. Woher rühren die bei Einführung der neuen Technik aufgetretenen Meinungsverschiedenheiten zwischen Arbeitnehmern der Druckbranche und den Verlegern?

AXEL SPRINGER: Sie haben recht, die Einführung neuer elektronischer Herstellungstechniken schreitet zügig voran. Dies ist nötig – nicht nur, damit sich die Presse im Wettbewerb mit Hörfunk und Fernsehen behaupten kann.

Meinungsverschiedenheiten darüber bestehen weniger zwischen dem einzelnen Verleger und seinen Mitarbeitern als zwischen den Arbeitgeberverbänden der Druck- und Verlagsbranche und den Gewerkschaften.

Die Gewerkschaften fordern, daß die durch die neuen Technologien entstehenden oder veränderten Arbeitsplätze in Verlagen und Redaktionen ausschließlich oder überwiegend Facharbeitern der Druckindustrie vorbehalten bleiben. Die Gewerkschaft möchte auf diese Weise für den zahlenmäßigen Fortbestand ihrer Organisation sorgen. Sie verlangt ferner, daß auch für relativ einfache Angestelltentätigkeiten Facharbeiterlöhne bezahlt werden.

Die Arbeitgeberverbände der Verleger und Drucker in der Bundesrepublik Deutschland sichern die Weiterbeschäftigung der betroffenen Arbeitnehmer zu. Diese sollen bei der Besetzung bestimmter Arbeitsplätze in der neuen Technik vorrangig berücksichtigt werden. Darüber hinaus haben die Arbeitgeber vor allem umfassende Umschulungsangebote unterbreitet. Ferner wurde das erreichte Lohnniveau jedes einzelnen Arbeiters bei Umsetzung in Angestelltentätigkeiten abgesichert. Alles dies sieht ein im Jahre 1978 abgeschlossener Tarifvertrag vor.

RISTO PUNKARI: Wie wurden die Probleme in Ihrem Konzern gelöst?

AXEL SPRINGER: In unserem Verlag konnte die technologische Umstellung bisher dank der Zusammenarbeit aller Beteiligten ohne ernsthafte soziale Konflikte gelöst werden. Mein Haus fühlt sich seinen Mitarbeitern, die zum Teil seit Jahrzehnten große Leistungen erbracht haben, verpflichtet. Für die von den technologischen Umstellungen betroffenen Mitarbeiter haben wir deshalb eine Weiterbeschäftigungserklärung abgegeben.

Es ist ferner unser Ziel, Mitarbeitern, deren angestammte Arbeitsplätze entfallen, vorrangig Tätigkeiten im Unternehmen anzubieten, die nicht nur dem bisherigen Werdegang jedes einzelnen, sondern auch seinen persönlichen Vorstellungen und Wünschen entsprechen. Der Übergang auf neue Arbeitsplätze soll durch umfassende Umschulungsmaßnahmen erleichtert werden.

RISTO PUNKARI: Wie sehen Sie die Tageszeitung der Zukunft? Überholt die elektronische Datenvermittlung möglicherweise »das gedruckte Wort« so, daß die Tageszeitung überflüssig wird?

AXEL SPRINGER: Was die Tagespresse anbelangt, so wird sie auch in Zukunft vor neuen großen Herausforderungen stehen. An erster Stelle nenne ich das vor der Tür stehende lokale Kabelfernsehen[57], ferner die neuen elektronischen Textübertragungssysteme (z. B. Videotext[58] und Kabeltext[59]). Um wirtschaftlich gesund zu bleiben, muß es meiner Meinung nach der Tagespresse möglich gemacht werden, sich an diesen neuen Medien zu beteiligen. Dazu jedoch muß in der Bundesrepublik Deutschland erst noch eine Barriere überwunden werden: das Monopol der öffentlich-rechtlichen Rundfunkanstalten. Die technische Entwicklung in der Zeitungsherstellung wird unabhängig davon weiter fortschreiten. Insbesondere werden Elektronik und Rechnersteuerung nach und nach den gesamten Bereich der Druckformherstellung erfassen, da der Vertrieb und die Anzeigenverwaltung schon weitgehend von Computern gesteuert werden.

Trotz alledem werden weder die elektronische Datenvermittlung noch die neuen elektronischen Medien »das gedruckte Wort« überflüssig machen. Die Zeitung ist unersetzlich. Bleibt der Zeitungsverleger jedoch ausgeschlossen von neuen elektronischen Übertragungswegen wie Kabeltext und Kabelfernsehen, so wird mancher Verlag schnell in wirtschaftliche Schwierigkeiten kommen. Ich hoffe allerdings, daß dies verhindert werden kann. Dazu gehört u. a. auch, daß sich die Tageszeitungen ständig um interessante Inhalte bemühen und daß ihr Preis für jedermann erschwinglich bleibt.

RISTO PUNKARI: Welches ist Ihrer Meinung nach heute die größte Sorge der Verleger von Tageszeitungen?

AXEL SPRINGER: Die »ungeschützte Flanke« des freien Pressewesens in der Bundesrepublik Deutschland wie in den meisten Ländern Westeuropas ist die Anfälligkeit gegen Streiks. Sosehr ich das Streikrecht bejahe: Es setzt verantwortungsbewußte Gewerkschaften voraus. Das Schicksal der Londoner »Times«[60] – um nur den aktuellsten und zugleich krassesten Fall zu erwähnen – läßt Verantwortungsbewußtsein und Augenmaß auf Gewerkschaftsseite vermissen.

In Deutschland gab es 1973, 1976 und 1978 Arbeitskämpfe im Pressewesen, deren soziale Angemessenheit auch von neutralen Beobachtern angezweifelt wurde.

RISTO PUNKARI: In der Bundesrepublik Deutschland, aber auch in anderen Ländern Europas ist die Presse mehr oder weniger in den Händen weniger Eigentümer oder Eigentümergruppen konzentriert. Bedeutet dies eine Gefahr für die Meinungsfreiheit?

AXEL SPRINGER: In der Tat hat es im Pressewesen der Bundesrepublik Deutschland wie in allen Industrieländern Konzentrationsvorgänge gegeben. Sie wurden durch wirtschaftliche Schwierigkeiten bei einigen Zeitungen ausgelöst. Hierfür mache ich in vielen Fällen vor allem den Zugriff der öffentlich-rechtlichen Rundfunkanstalten – die mit den ihnen zugebilligten Gebühren durchaus auskommen könnten – auf die Werbung verantwortlich. Die Rundfunkhäuser, an die jeder Besitzer eines Fernsehers oder Radios Gebühren entrichten muß, haben sich nämlich Tochterfirmen zugelegt, die Werbung betreiben – zum Schaden der Tageszeitungen. Besonders verhängnisvoll hat sich dies in Berlin ausgewirkt.

Ich muß allerdings bemerken, daß die Konzentrationsvorgänge in meinem Lande oft übertrieben dargestellt werden. Wenn die Wirtschaftskraft New Yorks gerade ausreicht, um drei Tageszeitungen am Leben zu halten, dann kann man nicht verlangen, daß in deutschen Städten mit 100 000 Einwohnern zwei miteinander konkurrierende Zeitungen erscheinen. Immerhin gibt es in der Bundesrepublik noch rund 120 selbständige »publizistische Einheiten«, das heißt Zeitungen mit allen redaktionellen Ressorts. Hiervon erscheinen fünf Tageszeitungen und zwei Sonntagszeitungen in meinem Verlag. Daß einige dieser Blätter sehr hohe Auflagen erreichen, ist Ausdruck ihrer Beliebtheit bei den Lesern, für deren Bedürfnisse Zeitungen ja gemacht werden.

Der erwähnte Konzentrationsgrad in der westdeutschen Tagespresse bedeutet keine Gefahr für eine freie und kritische Presse. Die wirtschaftliche Stärke eines Verlagshauses ist die beste Garantie publizistischer Unabhängigkeit. Auf dem Meinungsmarkt der Bundesrepublik kommen alle Stimmen zu Wort, neben den Tageszeitungen die Wochenblätter, Magazine und Illustrierten. Hinzu kommt der Anteil von Hörfunk und Fernsehen an der politischen Meinungsbildung.

Ein Goldenes Lenkrad für die besten Autos

Blumengeschmückt standen die drei Besten des Autojahrgangs 1977 vor dem Verlagshaus Axel Springer in Berlin: das Mercedes Coupé 230/280E, der Audi 100 5E und der neue Volkswagen Passat. Eine internationale Experten-Jury hatte sie im Auftrag von »Bild am Sonntag« ermittelt. Aus diesem Anlaß gab der Verleger am 29. November 1977 in der Bibliothek seines Verlagshauses einen Empfang, bei dem das »Goldene Lenkrad«[61] an die prämiierten Autofirmen überreicht wurde. Vor prominenten Vertretern der Autobranche, der Autoverbände und des Rennsports, darunter der britische Rennfahrer Stirling Moss und die Rekordfliegerin Elly Beinhorn, sagte Axel Springer:

Ich heiße Sie herzlich willkommen hier über den Dächern von ganz Berlin. Es ist mir eine besondere Freude, einen so berühmten ausländischen Vertreter des Motorsports gesondert begrüßen zu können: I welcome you in Berlin, Stirling Moss. Und wir alle freuen uns, Sie, verehrte Frau Elly Beinhorn, heute bei uns zu haben, und in memoriam grüße ich Bernd Rosemeyer.

Aus Buenos Aires kam heute ein Telegramm: »Ich bedaure es sehr, daß ich aus dienstlichen Gründen nicht an der Feier zur Verleihung des Goldenen Lenkrades teilnehmen kann und wünsche der Veranstaltung einen guten Verlauf. Ich grüße Berlin, mit dem ich mich seit dem Avus-Rennen 1954 besonders verbunden fühle. Herzliche Grüße Ihr Manuel Fangio.«

Wie ganz natürlich erreichten uns zu dem heutigen Tag noch einige begründete Absagen. In einem der Briefe in diesem Zusammenhang, der aus Ingolstadt kam, heißt es: »Der ›Bild am Sonntag‹-Wettbewerb ›Goldenes Lenkrad‹ hat einen hohen Stellenwert in der deutschsprachigen Publizistik gewonnen. In dieser Tatsache wird einmal die Bedeutung von ›Bild am Sonntag‹ reflektiert, für die Herr Dr. Harster als Automobilredakteur ein sympathischer und jederzeit willkommener Interpret ist. Darüber hinaus bedeutet das ›Goldene Lenkrad‹ die Einbindung Berlins in die öffentliche Meinung Deutschlands auf einem Gebiet, das mit den Traditionen der alten Reichshauptstadt eng verbunden ist. Das Automobil spielte und spielt in der Geschichte Berlins eine große Rolle, und daran haben Sie, sehr geehrter Herr Springer, durch Ihre Intentionen wesentlichen Anteil[62].«

In einem anderen Brief wird auf eine in dieser Stadt geplante Ausstellung Bezug genommen, die im nächsten Frühjahr sowohl die autobegeisterten Berliner als auch Motorsportler aus vielen Teilen unseres Landes anlocken dürfte. Ich meine die Sonderschau »Autos – Avus – Attraktionen«. Sie soll einen Überblick geben über die Tradition und den heutigen Leistungsstand der Automobil- und Motorradindustrie vor dem historischen Hintergrund Berlins. Eine Schau von modernen Modellen und Oldtimern, von Traumautos und Rennwagen, von Rallye-Fahrzeugen und Motorrädern.

In diesem Brief heißt es: »Ich bin immer gern bereit, Ihre Bemühungen für Berlin zu unterstützen. So habe ich auch die Absicht, die von Ihnen initiierte Rennsport-Ausstellung Ostern nächsten Jahres zu unterstützen. Ich habe auch veranlaßt, daß es eine Renault-Beteiligung beim Avus-Rennen am 21. Mai 1978 geben wird. Es werden 80 bis 100 junge Nachwuchsrennfahrer aus der gesamten Bundesrepublik Deutschland mit ihren Fahrzeugen, dem Versorgungstroß, technischen Helfern und Freunden nach Berlin kommen[63].«

Die heutige Veranstaltung ist nicht nur nach meinem Empfinden eine besonders schöne Veranstaltung, sondern sie spiegelt die Wichtigkeit des Autos in unserem Lande und in unserer Zeit wider. Ich wiederhole mich sicherlich, wenn ich sage, daß das Auto den Menschen nicht nur mobiler gemacht, sondern ihn im Massenzeitalter wieder zum einzelnen, zum Individuum geprägt hat, daß das Automobil der Ausdruck der persönlichen Freiheit des einzelnen ist. Darüber hinaus wissen wir, ein wie großer Wirtschaftsfaktor das Auto ist. Ich brauche nur eine Zahl zu nennen: In den ersten acht Monaten dieses Jahres wurden 2 655 000 Autos in Deutschland hergestellt.

Damit zeigt sich, wie sehr das die individuelle Freiheit fördernde Auto zugleich ein Rückhalt unserer Wirtschaft ist. 1976 stiegen die Zulassungen im Inland um elf Prozent, die Ausfuhr um fünf Prozent, der Ausfuhranteil – man höre und staune – betrug 50 Prozent. Welch ein materieller Segen! Dabei kann von einer Marktsättigung im Inland wie im Ausland überhaupt noch nicht die Rede sein. Längst kennen wir in Deutschland zum Beispiel noch nicht den Faktor Zweitwagen in dem Maße, wie er in Amerika gang und gäbe ist.

Herr Heinz Schmidt, Vorstandsmitglied der Daimler-Benz AG, hat einmal gesagt: »Der in Zukunftsperspektiven für den Automobilmarkt häufig als starre Grenze gesetzte Begriff der Marktsättigung sollte mehr als eine hypothetische Formel der Prognostiker angesehen werden. Sie wird erfahrungsgemäß durch die Entwicklung der Gesamtwirtschaft, der Einkommensverhältnisse und durch Wunschvorstellungen wesentlich korrigiert.«

Ich füge hinzu und spreche das große Kompliment den genialischen Schöpfern der Automobilindustrie aus, daß sie mit ihren immer besseren, großartigeren und sichereren Modellen die Wunschvorstellungen der Automobilbesitzer und Interessenten am Leben halten und gleichzeitig neue Wünsche wecken. Vielleicht hat es vorübergehend einmal eine freiheitsfeindliche Einstellung gegen das Auto ge-

Mit dem »Goldenen Lenkrad« ausgezeichnet: Prof. Dr. Hans Scherenberg (Daimler-Benz), Prof. Dr. Ernst Fiala (VW) und Ferdinand Piëch (Audi) nach der Verleihung (von links)

Ex-Rennfahrer Stirling Moss, vierfacher Vize-Weltmeister, und der Gastgeber

geben. Sie ist offenbar besiegt. Sie führte sich durch die Forderung nach wirtschaftlichen anderen Verkehrsarten selbst ad absurdum.

»Obwohl in unserem Land jeder siebte Arbeitsplatz mit dem Auto zusammenhängt, mußte« – wie Dr. von Brunn einmal sagte – »erst durch das Schwinden von Arbeitsplätzen klar werden, daß alles, was man gegen das Automobil unternahm, inhuman, reaktionär und sinnlos war. Es ist eine alte Weisheit, daß man gegen Ideologie nur im Angriff vorgehen kann. Wir führen ihn weniger mit Worten als mit dem Bau immer besserer, die Wünsche unserer alten und künftigen Kunden erfüllender Automobile.« Soweit Herr Dr. von Brunn.

Im übrigen: Es gibt heute sicherlich keine Revolution mehr im Autobau, sondern nur mehr Evolution. Ich möchte hinzufügen, deshalb auch eine gesicherte Entwicklung.

Ich würde Sie sicherlich enttäuschen, wenn ich nicht auf meine ganz persönliche Weise auch noch einen Blick in die Zukunft werfen würde, in eine Zukunft, die letztlich auch für die Automobilindustrie von Interesse ist. Wir sprachen von den beeindruckenden Produktionsziffern. Ich möchte heute so mutig sein, einen Blick nach ganz vorn zu werfen und das Gebiet, das man heute so unzutreffend »Deutsche Demokratische Republik« nennt, in Ihr Absatzgebiet miteinbeziehen. Nicht heute, aber morgen oder übermorgen!

Lassen Sie mich wiederholen: Ich wage zu sagen, daß Ihr Absatzgebiet eines nicht zu fernen Tages nicht nur West-Berlin, sondern ganz Berlin, nicht nur die Bundesrepublik Deutschland, sondern das ganze wiedervereinigte Vaterland sein wird.

Spricht hier ein Phantast? Ich glaube nicht. Wir erleben in diesen Tagen den Ansatz einer Politik, die das Unmögliche möglich zu machen scheint. Ich spreche von Sadats kühnem Besuch in Jerusalem.

Doch zurück zu Berlin, wo man jetzt, direkt vor unserem Hause, wie ein Blick aus dem Fenster zeigt, die alte Mauer abreißt und durch eine neue, höhere ersetzt, in strahlend weißer Farbe, aber nach den letzten Erkenntnissen der Nazi-KZs.

Mit angehaltenem Atem las ich ein Interview, das Milovan Djilas der »Welt« gab[64]. Der einstige Stellvertreter und Mitstreiter Titos, der sich dann vom Kommunismus trennte, neun Jahre in jugoslawischen Gefängnissen verbrachte und heute als Dissident in Belgrad lebt, sagte folgendes zur Frage der deutschen Wiedervereinigung: »Ich glaube fest daran, daß es eines Tages zu einer Wiedervereinigung Deutschlands kommen wird, denn ich glaube nicht an einen solchen Unsinn wie die Schaffung der sogenannten ›sozialistischen Nation‹, wie sie jetzt im Osten propagiert wird. Es ist noch niemals aus einer Ideologie, nicht einmal aus dem Christentum, auch nur eine einzige Nation entstanden, und ich bin überzeugt, daß auch aus dem Leninismus keine Nation entstehen kann. Ich bin überzeugt, daß die deutsche Frage durch die gegenseitige Durchdringung von Ost und

West gelöst wird sowie durch Veränderungen innerhalb der Sowjetunion. Andere Perspektiven sehe ich nicht, denn ich sehe keine Perspektive des Krieges.« Soweit Milovan Djilas, ein unverdächtiger – aber kenntnisreicher Zeuge.

Ich las auch noch etwas anderes: das in unserem Hause erschienene Buch eines jungen Franzosen, Emmanuel Todd, das den umwerfenden Titel trägt: »Vor dem Sturz – Das Ende der Sowjetherrschaft«. Der bemerkenswerte, früher auf der linken Seite stehende berühmte Jean François Revel, der mit so vielen französischen Intellektuellen den Weg zur anderen Seite angetreten hat, schrieb zu diesem Buch das Vorwort.

Ich meine, es tut gut, von Zeit zu Zeit sich dadurch Mut zu machen, daß man eine Bestandsaufnahme vornimmt. Und die Bestandsaufnahme zeigt, daß jenes von Marx entworfene Denkgebäude in toto in kaum mehr zu verhüllender Weise am Zusammenstürzen ist. Die Schwierigkeiten des Ostblocks, die herrühren aus dem ineffektiven Wirtschaftssystem, unter Vorenthalt von Freiheit und Menschenwürde, sollten uns veranlassen, fest zu unserem besseren Prinzip zu stehen.

Das soll heißen: Wir müssen mit heißem Herzen und faßbarer Sprache unser freiheitliches System verteidigen, dessen überwältigend gelungenes zivilisatorisches Produkt zum Beispiel das Automobil unserer Tage ist, um die Auseinandersetzung zu gewinnen.

Autos – Avus – Attraktionen

Im Frühjahr 1978 wurde Berlin um einen Anziehungspunkt reicher: Die zum ersten Mal veranstaltete Schau „Autos – Avus – Attraktionen« (AAA) wurde ein großer Erfolg. 172 000 Besucher sahen während der zehntägigen Ausstellung in den Messehallen am Funkturm Renn- und Sportwagen aus fünfzig Jahren Automobilgeschichte. Festlicher Abschluß der aus Privatinitiative entstandenen Schau war ein Empfang, den Axel Springer am 2. April 1978 in seinem Verlagshaus gab und zu dem neben dem Berliner Regierenden Bürgermeister Dietrich Stobbe, dem Parlamentspräsidenten Peter Lorenz, dem neuen Präsidenten des Verbandes der Automobilindustrie Horst Backsmann, Vorstandsmitgliedern der Autoindustrie und bekannten Motorsportlern als prominentester Gast Bundespräsident Walter Scheel erschien. An ihn gewandt, sagte Axel Springer:

Sehr geehrter Herr Bundespräsident,
am 9. September des vergangenen Jahres wurde in diesem Hause das hundertjährige Bestehen des Verlages Ullstein gefeiert. Sie wollten an diesem Tage zu uns sprechen. Aber ich mußte Sie bei den 500 Gästen entschuldigen, da ein Ereignis des Entsetzens Sie in Bonn festhielt[65].

Bei meiner damaligen Begrüßung wies ich darauf hin, daß wir in der ersten Reihe einen Platz frei gelassen hatten für einen Mann, auf dessen Wiederkehr wir immer noch hofften. Doch wir hofften vergebens: Hanns Martin Schleyer kam nie wieder.

Sie, Herr Bundespräsident, sagten beim Abschied von ihm während des Staatsaktes in Stuttgart: »Von dieser Stunde der Trauer und der Besinnung muß eine verwandelnde Kraft ausgehen.« Wir dürften nicht zulassen, daß sein Tod sinnlos würde. Das wären wir Hanns Martin Schleyer schuldig.

Heute aber frage ich uns alle voller Bitterkeit, ob dieser Mann nicht längst weitgehend der Vergessenheit anheimgefallen ist. Wir jedenfalls wollen hier in dem Kreis, zu dem er gehört, nicht zur Tagesordnung übergehen, ohne seines Martyriums zu gedenken.

Ich weiß nicht, wie groß die Zahl der Deutschen ist, die davon überzeugt sind, daß das bedrängte Berlin nicht eine Belastung, sondern ein Glücksfall für das ganze deutsche Volk ist. Daß Berlin ein Beispiel für Moral, Gesinnung und Geschichtsbewußtsein einer gestürzten Nation bedeutet. Ich weiß aber, daß draußen in der freien Welt viele davon überzeugt sind – und entsprechend danach handeln – daß Berlin immer noch der Vorposten der Freiheit für alle ist und bleiben wird.

Und ich weiß auch, daß die große Mehrheit unserer Landsleute drüben, auf der anderen Seite der Mauer, mit Hoffnung auf uns im freien Teil der Stadt blickt.

Vor nicht allzu langer Zeit bat mich ein Politiker des höchsten Ranges – und nicht der Opposition zugehörig – zu sich. Er fragte mich, ob ich mich an einer speziellen Berlin-Aktion beteiligen würde. Ich sagte im Grundsätzlichen natürlich zu, benutzte aber dieses Gespräch dazu, eine provokative Frage zu stellen.

Ich fragte ihn – dem ich keine besonderen Gefühle für diese Stadt unterstelle –, warum wir denn für Berlin so aktiv sein sollten?

Mit einer klobigen Kritik an der gegenüber der Entspannung skeptischen Haltung unserer Zeitungen vermischt, bekannte sich dieser Politiker dann zu der Ansicht, daß natürlich der Osten das freie Berlin austrocknen und langfristig in Besitz nehmen wolle.

Ich provozierte weiter und fragte: »Ja, und was geschieht dann?«

Spontan kam seine Antwort: »Wenn es gelingt, das freie Berlin ins rote Lager zu ziehen, wird auch die Bundesrepublik rot.«

Ich fügte hinzu: »Und ganz Europa wird dann folgen.«

So einigten sich zwei in ihrer politischen Philosophie sehr unterschiedliche Männer in ihrer Ansicht über die Bedeutung Berlins.

Ich habe mit diesen – vielleicht etwas bedrückenden – Gedanken begonnen, damit der Erfolg der aus privater Initiative geborenen Ausstellung »Autos – Avus – Attraktionen« um so heller erstrahlen kann.

Ich bin nicht legitimiert zu danken. Aber als einfacher Bürger dieser Stadt möge es mir erlaubt sein, der Dolmetscher aller dankenden Berliner zu sein, die beglückt sind über das, was die Automobilindustrie hier auf die Beine gestellt hat.

Sie haben nicht nur eine Ausstellung gekonnter Routine geschaffen, Sie haben es vielmehr verstanden, mit einer so ungewöhnlich publikumswirksamen Schau das intensivste Interesse auf das beliebteste Zivilisationsprodukt unserer Zeit zu lenken.

Ich ahne auch, daß die Aufwendungen und Mühen für eine solche Ausstellung nicht gering sind. Aber Ihr Engagement wird belohnt werden, nicht nur hier in Berlin, sondern auch im anderen Teil der Bundesrepublik Deutschland und darüber hinaus. Und all das taten Sie unbeirrt in einer Zeit, in der Sie durch Arbeitskämpfe von Sorgen geschüttelt werden[66].

Mit diesem neuen Typus einer Automobilausstellung, die bürgernah ist und Mensch und Auto zusammenbringt, haben Sie es ermöglicht, daß der Autofreund nicht nur neue Autos anschauen und anfassen, sondern daß er mitmachen, mitfahren und mitspielen kann.

Diese Ausstellung war wie keine andere. Sie liegt auch nicht, wie so mancher Automobilsalon, am Rande der Stadt. Hier liegt sie inmitten unserer Stadt. Die Gedächtniskirche und die Messehallen an der Avus verbindet mehr als ein Old-

Unterm Funkturm: Axel Springer und die Idole aller Rennsportbegeisterten von einst. Von links: Hans Herrmann, Hermann Lang, Ernst Henne, Karl Kling, Juan Manuel Fangio, Stirling Moss, Ewy von Korff-Rosquist und Eugen Böhringer. Die Aufnahme entstand 1978 während der Schau »Autos – Avus – Attraktionen«.

Berlin, 2. April 1978: Bundespräsident Walter Scheel, der anläßlich der Autoschau in das Verlagshaus an der Mauer kam, im Gespräch mit dem Hausherrn.

timer-Korso. Hier auf unseren Straßen hat man begriffen, vielleicht mehr als irgendwo sonst in der Welt, daß das Auto ein Stück Freiheit ist.

Wir Berliner sind glücklich, wenn Sie, die Sie uns mit Ihrem Ideenreichtum überrascht und beglückt haben, andererseits eine besonders gute Erinnerung an eine der lebendigsten Metropolen Europas mit nach Hause nehmen.

Vor etwa zwei Jahren sprach mich der Bürgermeister einer der größten Städte unseres Landes auf Berlin an und meinte, wenn nicht in absehbarer Zeit besondere sachliche, fachliche, emotionale Anstrengungen zugunsten Berlins unternommen würden, sähe es schlecht um das Schicksal dieser Stadt aus. Ich glaube, inzwischen hat es ein allgemeines Erwachen gegeben.

Aus den Zeitungen, sehr geehrter Herr Bundespräsident, wissen wir, daß sich die drei Parteien zusammengesetzt haben, um – und dies hoffentlich ohne politischen Eigennutz – neue wichtige Sofortmaßnahmen zur Hilfe dieser Stadt als Ausgleich für ihre benachteiligte Lage zu beschließen[67].

Daß ich selbst mit gutem Mut nach vorne sehe und mich wirtschaftlich und privat immer stärker an Berlin binde, hängt auch damit zusammen, daß eben allseitig Anstrengungen unternommen werden, um die Standortnachteile der ehemaligen Reichshauptstadt aufzuheben.

Sie, die Sie verantwortlich waren für dieses großartige Spektakulum in Berlin, für »Autos – Avus – Attraktionen«, haben dazu beigetragen, daß auf eine andere, ganz besondere Art das Wort eines der Größten dieser Stadt wieder lebendig wurde. Ich meine die heute wie damals gültigen Worte Ernst Reuters: »Schaut auf diese Stadt!«

Diesem Appell Ernst Reuters möchte ich zum Abschluß ein anderes Wort zufügen: Der Senat von Berlin hat unlängst in den Vereinigten Staaten die Schlußseite des Manuskriptes jener berühmten Berlin-Rede des jungen amerikanischen Präsidenten John F. Kennedy erworben, die dieser vor fast 15 Jahren, umjubelt von 450 000 Berlinern, auf dem Platz vor dem Schöneberger Rathaus hielt. In Lautschrift, um dem hohen Gast das Aussprechen in deutscher Sprache zu erleichtern, finden wir eine Aussage über die Bedeutung dieser Stadt, die vorher und nachher nie besser formuliert worden ist.

Wir erinnern uns alle, daß Kennedy damals sagte: »Alle freien Menschen, wo immer sie leben mögen, sind Bürger von Berlin. Daher lege ich als freier Mensch meinen Stolz in die Worte: Ich bin ein Berliner!«

Von Ihnen, die Sie von nah und fern zu uns gekommen sind, um mit der großartigen Ausstellung die Lebenskraft dieser Stadt zu stärken und sichtbar zu machen, ist in Kennedyscher Auslegung des Wortes Freiheit jeder ein Berliner!

Der Philosophen-König

»Ich fühle mich als der Beschenkte«, sagte Axel Springer, als er am 13. Juni 1977 im Kuppelsaal des Charlottenburger Schlosses ein überlebensgroßes Bronze-Standbild Friedrichs des Großen dem Direktor der Verwaltung der Staatlichen Schlösser und Gärten, Professor Martin Sperlich, übergab. Das Denkmal hat eine bemerkenswerte Geschichte: Johann Gottfried Schadow schuf es 1792 im Auftrag der Pommerschen Landstände; 1793 wurde die Marmorstatue in Stettin aufgestellt, später durch einen Bronzeguß ersetzt – der Marmor kam nach Berlin. Beide Denkmäler verschollen in den Kriegswirren. Dreißig Jahre danach wurde in der Berliner staatlichen Gipsformerei ein Abguß des Originals gefunden. Danach ließ Axel Springer die neue Bronzeskulptur gießen. Die Aufstellung im Charlottenburger Schloß fand weit über die Bundesrepublik Deutschland hinaus Resonanz. Der deutschsprachigen »New Yorker Staats-Zeitung und Herold«[68] war das Anlaß, Axel Springer zu fragen, was ihm Friedrich der Große bedeute. Hier seine Antwort.

Der Preußenkönig Friedrich II., genannt der Große, hat über vier Jahrzehnte Preußen geführt, gelenkt, gestaltet: als ein Neuerer, ein Reformer, der mit seinem Regierungsantritt im Jahre 1740 Europa neue und große Impulse gab, indem er sich zu den Ideen der Aufklärung bekannte, zu Verwaltungsreformen und zu zeitgemäßen Wirtschaftsstrukturen. Alles im Dienste des Staates und des Wohlstands seiner Bevölkerung. »Erster Diener seines Staates« wollte er, der König, sein. »Vom Zufall der Geburt dazu berufen, nicht von Gottes Gnaden.« Philosophen-König nennt ihn der Sorbonne-Professor Robert Mandrou im 3. Band der Propyläen-Geschichte Europas, ein König, der im Briefwechsel mit dem gesamten gelehrten Europa seiner Epoche stand.

Der Philosophen-König, der beharrlich das Ziel verfolgte, die Aufklärungsphilosophie als neue geistige Strömung in seinem Lande heimisch zu machen; der nicht nur Voltaire nach Berlin holte, sondern auch Johann Sebastian Bach; der Lessing in seinen Bann zog; den vertriebenen Philosophen ihre Lehrstühle zurückgab; der »Berliner Akademie der Wissenschaften« Glanz, Ehre und Ansehen gab und sie zu einer europäischen Attraktion machte.

Berlin wurde unter Friedrich eine der führenden europäischen Stätten des aufgeklärten Geistes und Denkens.

Ich weiß, welche Assoziationen das Wort Preußen vielerorts weckt. Ich weiß auch, daß Friedrich II. drei Kriege zur Eroberung Schlesiens führte, sich bei der Teilung Polens engagierte, ein Heer aus zwangsrekrutierten Landeskindern aufbaute und daß er ein zwar aufgeklärter, aber doch ein absoluter Herrscher war.

Aber das war das 18. Jahrhundert! Und er war diesem Jahrhundert weit voraus.

Aus einer Ansprache vom 5. April 1778 an seine Generale vor den marschbereiten Armeen seines letzten Krieges gegen Österreich blitzt schon das Wort, das heute zur Parole unserer Epoche und zum Leitmotiv der freien, humanen Welt geworden ist: Menschlichkeit und Menschenrecht. So sandte Friedrich damals seine Generale in die Schlacht: »Nur darum will ich Sie bitten, daß Sie die Menschlichkeit nicht aus den Augen lassen, wenn auch der Feind in Ihrer Gewalt ist, und daß Sie die unter Ihren Befehlen stehenden Truppen die strengste Manneszucht beobachten lassen.«

Menschlichkeit: Friedrichs unbestrittener militärischer Genius hatte moralisches Fundament. Das unterscheidet ihn von simplen Eroberern und ruhmsüchtigen Feldherren aller Jahrhunderte.

Und noch etwas bringt Friedrich mir nahe: Sein Preußen hat nicht vertrieben, sondern Vertriebenen Heimstatt gegeben. Hat nicht religiöse oder ideologische Orthodoxie praktiziert, sondern Toleranz. Treue wurde dort gefordert, wo sie auch heute gelten sollte: beim Dienen und beim Dienst am Staat, bei der Loyalität gegenüber den staatstragenden Institutionen, die dem Wohle der Bevölkerung dienen.

Friedrich steht für einen Staatsbegriff, der nicht auf geheiligten Grenzen und heiligen Heimen fußt und nicht auf einer Nationenvorstellung basiert, die sich an verklärter Historie und völkischer Einheit orientiert: keine nationale Mystik, keine Reichsidee, kein politischer Missionarismus, keine »heilige Nation«. Auch kein Chauvinismus. Sein Staat sollte wie ein philosophisches System organisiert sein, getragen von der Idee der gut gefügten und gerechten und moralischen und geistigen Prinzipien wie Menschlichkeit, Redlichkeit, Treue, Tapferkeit, Toleranz und Gerechtigkeit und – Klugheit.

Berlin, Charlottenburger Schloß, 13. Juni 1977:
Übergabe des Bronze-Standbildes Friedrichs des Großen an Professor Dr. Martin Sperlich, Direktor der Schlösser und Gärten Berlin. Axel Springer war zu dem Geschenk durch Hans Wallenberg angeregt worden. In einer Feierstunde im Kuppelsaal des Schlosses gab der Verleger seiner Freude über diese Idee Ausdruck. Professor Sperlich dankte Axel Springer für sein Mäzenatentum und erinnerte an frühere Stiftungen Springers, mit denen die Sammlungen der ehemaligen preußischen Schlösser bereichert worden sind.

Preußen – wie es wirklich war

Preußen stand im Mittelpunkt einer Rede, die Axel Springer am 11. Dezember 1978 in der Orangerie des Charlottenburger Schlosses in Berlin hielt. Anlaß war die Vorstellung eines Buches über die Berliner Bildhauerei des 19. Jahrhunderts, »Das klassische Berlin«, das im Propyläen Verlag erschien.

Es ist ja nun kein Geheimnis mehr, daß ich ein Preuße aus Altona[69] bin, ein geübter Zivilist und, wenn es denn eine Uniform sein muß, allenfalls aus festlichem Anlaß den Frack ertrage.

Als Preuße bin ich in einer der dunkelsten Stunden der deutschen Hauptstadt nach Berlin gegangen, nicht um hier Kanonen gegen die sowjetische Aggression aufzufahren, sondern um mit dem Bau meines Hauses an der Mauer dem freien Wort ein Podium zu geben, das auch von den 17 Millionen jenseits des Todesstreifens wahrgenommen werden kann.

Als Preuße und Berliner begrüße ich nun den Umriß einer Geschichte der Berliner Bildhauerei[70] vom Tode Friedrichs des Großen bis zur Abdankung Wilhelms II., wie er von Peter Bloch und Waldemar Grzimek im Propyläen Verlag[71] veröffentlicht wird.

Als Mann, der viel lesen möchte, aber wenig Zeit hat, bediene ich mich bei Neuerscheinungen von Büchern dann und wann des bequemen Waschzettels.

Doch in diesem Fall, der Dokumentation der Berliner Bildhauerschule im 19. Jahrhundert[72], einer künstlerisch unvergänglichen Beschreibung des klassischen Berlin, bin ich der Versuchung des Waschzettels entgangen.

Da sind sie ja nun, die großen Berliner Bildhauer: Gottfried Schadow, Christian Daniel Rauch, der das Grabmal der Königin Luise und das Reiterdenkmal Friedrichs des Großen schuf, welch letzteres sozusagen aus dem Herzen Berlins in den Park von Sanssouci evakuiert wurde.

Doch waren die Schadow, Rauch, Reinhold Begas und Erdmann Encke nur Monteure einer »offiziellen Kunst«, dümmliche Ausführungsorgane fürstlicher Aufträge?

Lassen Sie mich gestehen: Ich habe den bemerkenswerten Kunstatlas »Das klassische Berlin« durchgeblättert und bin auf ein ungewöhnliches Spektrum der Vielfalt gestoßen.

Natürlich, das in Eisen gegossene Kreuzberg-Denkmal auf dem Tempelhofer Berg ist – man mag über seine gotisierende Architektur streiten, wie man will – nun einmal dem preußischen Befreiungskampf[73] gewidmet.

Ist man Nationalist, wenn man unter der eisernen Erinnerung an die Schlacht von Großgörschen[74] die Widmungsinschrift findet:

»Der König dem Volke, das auf seinen Ruf hochherzig Gut und Blut dem Vaterlande darbrachte, den Gefallenen zum künftigen Gedächtnis, den Lebenden zur Anerkennung, den künftigen Geschlechtern zur Nacheiferung.«

Doch Preußen war, schon von Friedrich dem Großen her, nicht nur Schlacht, sondern Philosophie, nicht nur Gloria, sondern die Einsamkeit des Vergeblichen.

Peter Bloch, der Herausgeber dieses vortrefflichen Buches, erinnert völlig zu Recht daran, daß Gottfried Schadow nicht nur den großen alten Reiter aus Wustrau, den General von Zieten, modelliert habe, sondern auch die »Liegende«, ein ruhendes Mädchen, in harmonischer Stille, in vollendeter Anmut.

Und dann, wenn ich nun nicht von Leuthen[75] und Kunersdorf[76] sprechen möchte, dann gestatten Sie bitte den Blick auf den marmornen Frieden Königin Luises im Grabmal zu Schloß Charlottenburg, wie ihn Christian Daniel Rauch uns unwiederbringlich hinterlassen hat.

Das klassische Berlin, das Thema dieser kurzen Anrede, kann in meinem patriotischen Verständnis kein Startschuß sein für eine Wiederbelebung »Preußens in Glanz und Gloria«, schon gar nicht im Hinblick auf die für 1981 am grünen Strand der Spree geplante große Preußen-Ausstellung[77].

Sie dürfen mir glauben, daß diese historisch-kritische Schau mit dem Titel »Preußen – Versuch einer Bilanz« nach meiner Sicht der Dinge weder in eine primitive nostalgische Schau noch in eine nationalistische Demonstration ausufern darf. Wir wollen Preußen so wiedersehen, wie es – um Leopold von Ranke zu zitieren – wirklich gewesen ist.

Nur eines möchte ich an dieser Stelle mit aller Leidenschaft anmelden, nämlich den Widerspruch gegen eine Berliner Wochenzeitschrift[78], die unlängst meinte:

»Als am 25. Februar 1947 durch das Alliierte Kontrollratsgesetz Nr. 46 der preußische Staat ›als Träger des Militarismus und der Reaktion in Deutschland‹ aufgelöst wurde, war dies ein folgerichtiger Akt.«

Ich glaube, so geht es nun wirklich nicht. Preußen war immer mehr als fridericianisches Tamtam und wilhelminische Ausbordung, es war immer mehr als Kasernenhof und Prügelstrafe und Krieg. Es gab immer die Harmonie von Sanssouci[79], das Anhören der Gebete von Johann Sebastian Bach und neben dem Kadavergehorsam des Grenadiers die Tugenden des Dienens und der Treue.

Und auch dies lassen Sie mich bitte noch sagen: Was ist denn eigentlich, oder besser, was gilt eigentlich heute noch der Vorwurf, Preußen habe den Nationalsozialisten vor der Zeitgeschichte einen Persil-Schein ausgestellt?

Mit Prof. Vierneisel in der von Axel Springer gestifteten Schatzkammer im Antikenmuseum

Geschenk an das Schloß Charlottenburg: Tischuhr von Pierre Fromery. Rechts: Prof. Sperlich

Ein Kaminschirm aus Sanssouci

Zwei Männer freuen sich darüber, daß ein kostbares Stück Geschichte wieder in Berlin ist: Axel Springer und Professor Martin Sperlich, Direktor der Berliner Schlösser. Beide blicken durch den (einst mit Seide bespannten) Kaminschirm, vor dem schon Friedrich der Große in Sanssouci saß. Der Schirm, aus Lindenholz geschnitzt, gehört zu den wenigen erhaltenen Werken des Dekorations-Bildhauers Johann Michael Hoppenhaupt, den Friedrich der Große 1740 nach Preußen geholt hatte. Der 1,71 Meter hohe Kaminschirm, dessen Sockel eine kniende Figur bildet, ist mit einem Drachen geschmückt und mit einem Reiher, der die kunstvolle Girlande zusammenhält. Das Kunstwerk war auf einer Auktion in Amerika aufgetaucht; Axel Springer sicherte es für Berlin. Anlaß der Übergabe der Schenkung am 10. Mai 1979 war eine Berlin-Tagung der »Arbeitsgemeinschaft Deutscher Stiftungen«. Axel Springer appellierte an die nach Berlin gekommenen Mitglieder der Stiftungen: »Vergessen Sie diese Stadt nicht!« und fügte hinzu: »Man stelle sich nur einmal vor, Frankreich hätte das Schicksal der Teilung erleiden müssen, Paris wäre geteilt, so wie es Berlin ist. Ich bin fest davon überzeugt, daß die Besitzer von Fabriken in Lyon, von Handelshäusern in Bordeaux und von Werften in Marseille das Zentrum ihres gesellschaftlichen Lebens in der Hauptstadt belassen hätten – vielleicht noch stärker als vorher.«

Das wirkliche Preußen hat für den Nationalsozialismus, für seine verbrecherischen Führer niemals Blut gespendet. Hier wird, leider auch heute noch, eine schnöde Legende gezüchtet.

Am 20. Juli 1944, als Graf Helmut von Moltke, Yorck von Wartenburg, Henning von Tresckow und andere ihren Kampf gegen Hitler mit dem Tode bezahlten, wurde deutlich, wo Preußen stand und starb[80].

Generaloberst Ludwig Beck[81], einer der edelsten Söhne Preußens, besiegelte sein Soldatentum am 20. Juli mit dem Tode. In einem tiefen und unzerstörbaren Zusammenhang ist das Opfer der Widerstandskämpfer vom 20. Juli 1944 das Vermächtnis Preußens, wie es in unserer Geschichte weiterlebt.

Lassen Sie mich aus einer ehrwürdigen Vergangenheit zurückkehren, zurückkehren aus dem klassischen Berlin in die Gegenwart des Tiergartens, wo ich mich immer wieder an einem sonnigen und frischen Sonntagmorgen an dem Bronzedenkmal Erdmann Enckes erfreuen kann, am Knaben mit dem Pony.

Erdmann Encke, Sie wissen schon, er gehört irgendwie zu König Friedrich Wilhelm II. und der Fürstin seiner Seele, der Trompeterstochter Encke und nachmaligen Gräfin Lichtenau, der Herrscherin der Pfaueninsel.

Die heitere Lichtheit und Anmut, die der Page mit dem Pony ausstrahlt, zählt für mich, was Berlin und Preußen betrifft, ebenso wie der Soldat des großen Friedrich, in dessen Sterben der Choral von Leuthen[82] drang.

Ein neues Zuhause im »Alten Fritz«

In unmittelbarer Nähe des Zeitungshochhauses an der Kochstraße in Berlin entstand 1966/1967 das Kreuzberghaus »Zum Alten Fritz«, seit Oktober 1967 Sitz der Buchverlage Ullstein und Propyläen (Foto oben). Im 15geschossigen Wohntrakt dieses Hauses erhielten damals jene 114 Mieter ein Wohnrecht auf Lebenszeit, zur ursprünglichen Miete, die in sieben alten Kreuzberger Häusern an der Linden-/Zimmerstraße gewohnt hatten, die 1966 abgerissen werden mußten (Foto unten). Damals schrieben diese Mieter, denen Ausweichwohnungen in anderen Berliner Bezirken angeboten worden waren, an Axel Springer: »Gebt Wohnung uns im Kreuzberg-Grund, dann bleiben auch die Alten gesund!« Der Verleger erfüllte die Bitte, und zwölf Jahre danach, im Juli 1979, schrieb einer der alten Mieter, Rudolf Neubauer, an Axel Springer: »Sie haben uns ein großes Geschenk gemacht..., besonders damit, daß wir in unserem alten Viertel wohnen bleiben durften und aus unserer nachbarschaftlichen Umgebung nicht herausgerissen wurden.« Den Namen »Zum Alten Fritz« gab eine Gastwirtschaft dem neuen Haus. Das traditionsreiche Lokal lag unmittelbar an der Mauer in der Zimmerstraße und zog 1967 mit in den Neubau.

Dreißig Jahre Hamburger Abendblatt

Dreißig Jahre nach Erscheinen des »Hamburger Abendblattes«, der ersten Tageszeitung aus dem Verlagshaus Axel Springer, trafen sich auf Einladung des Verlegers 3000 Mitarbeiter und Gäste am 28. Oktober 1978 zu einer festlichen Veranstaltung im Hamburger Congress Centrum. Der Geburtstag dieser Zeitung war ein Markstein beim Wiederaufbau der freien deutschen Presse. In einem Flakbunker inmitten einer Trümmerwüste auf dem Hamburger Heiligengeistfeld hatte Axel Springer in der Stunde Null eine Zeitung neuen Typs konzipiert, eine Zeitung, die an keine Partei gebunden war, die sich nur ihren Lesern verbunden fühlte, eine Zeitung, mit der die Geschichte des Verlagshauses begann. Unter den Gästen aus Politik, Wirtschaft und Kultur waren u. a. Niedersachsens Ministerpräsident Ernst Albrecht (CDU), Schleswig-Holsteins Landtagspräsident Helmut Lemke (CDU), Bundesverteidigungsminister Hans Apel (SPD), Hamburgs Bürgermeisterin Helga Elstner (SPD) und Hamburgs Altbürgermeister Herbert Weichmann (SPD). Vor ihnen und den Mitarbeiterinnen und Mitarbeitern aus den Redaktionen, der Technik und den Verlagen des Springer-Hauses im ganzen Bundesgebiet zeichnete der Verleger den Weg nach, den das Unternehmen in den vergangenen drei Jahrzehnten genommen hatte, und setzte neue Ziele für die Zukunft.

Wir begehen heute ein Familienfest unseres Hauses. Und ich freue mich, daß Sie in so großer Zahl hierhergekommen sind. Diese große Zahl der bei uns Tätigen ist für mich in einer Hinsicht allerdings auch ein Punkt des Bedauerns. Denn sie macht es mir unmöglich, mit jedem einzelnen von ihnen so bekannt zu sein, wie ich das gerne möchte.

Mein Vater[83] hatte es da leichter. Er kannte alle etwa 100 Angestellten und Arbeiter seines Verlages persönlich. Er wußte über ihre Familien Bescheid; ihm wurden freudige Nachrichten zuerst mitgeteilt, und er war Anlaufstelle bei Trauer und Sorgen. Es gab keine Hochzeit, keine Taufe, keinen Geburtstag ohne einen persönlichen Glückwunsch meines Vaters – und keinen Todesfall ohne sein Beileid, meistens seinen Zuspruch am Grabe.

Etwas Ähnliches ist bei 12 000 Mitarbeitern nicht zu verwirklichen, so gerne ich da in die Fußstapfen meines Vaters treten würde. Und ich weiß, daß auch die beste Organisation, die wir wirklich haben – das kann ich mit Stolz und Dankbarkeit feststellen –, den persönlichen Kontakt nicht ersetzen kann. Wollte ich mit jedem meiner Mitarbeiter nur einmal im Jahr zehn Minuten sprechen, so brauchte ich heute dafür bei einer 40-Stunden-Woche 50 Wochen. Zur Arbeit blieben dann ganze 14 Tage. Käme es schließlich zu der von den Gewerkschaften anvisierten 35-Stunden-Woche[84], würde ich es in einem Jahr nicht einmal mehr schaffen.

Dennoch meine ich, daß ich vielen von Ihnen zu fremd, zu entrückt geworden bin, und verspreche, mich zu bessern. In diesem Sinne, das heißt im Sinne des Zusammenrückens, möchte ich hier, von dieser Stelle aus, denjenigen unter Ihnen, die heute Geburtstag haben, recht herzlich gratulieren.

Ich habe von diesem Haus als einer Familie gesprochen. Und wahrlich, so wie in einer intakten Familie alle an einem Strang ziehen, so muß es auch in einem guten Betrieb, besonders in einem Verlagshaus sein. Das Endprodukt, die Zeitung, die Zeitschrift, das Buch, lebt von diesem Hand-in-Hand-Greifen aller. Der Redakteur wäre nichts ohne den Metteur, der Anzeigenwerber ist so notwendig wie der Drucker, der Kraftwagenfahrer so wichtig wie die Telefonistin. Heute nennt man so etwas ein Team; ich nenne es Familie.

Besonders wir Älteren wissen auch, daß wir, morgens aufbrechend und abends heimkehrend, einen großen und wesentlichen Teil unseres Lebens in dieser – nennen wir es – Arbeits-Familie verbracht haben und verbringen. Und wenn es sinnvoll war, dann sind wir dabei sogar glücklich geworden. Ich zumindest bin es, und für dieses Glück habe ich Ihnen, meine Mitarbeiterinnen und Mitarbeiter, sehr herzlich zu danken.

Äußerlicher Ausdruck meines Dankes ist eine »Abendblatt«-Erinnerungsmedaille in Gold, die alle 12 000 Mitarbeiter unseres Hauses erhalten haben oder noch erhalten werden.

Doch nun zu unseren Ehrengästen: Meine Damen und Herren! Ich begrüße Sie sehr herzlich und bin Ihnen dankbar dafür, daß Sie unserer Einladung gefolgt sind. Ich fasse das auf als einen Tribut an das »Hamburger Abendblatt«, dessen 30jähriges Bestehen Anlaß dieser Feierstunde ist. Aber dieser große Saal, gefüllt mit mehr oder weniger erwartungsfrohen Menschen, läßt in mir einmal mehr die Frage hochkommen, ob der 30ste Geburtstag einer Zeitung es überhaupt rechtfertigt, ihn zu feiern.

25 Jahre sind nur ein Stoßseufzer der Geschichte, habe ich einmal gesagt. 30 Jahre sind, auch im Leben einer Zeitung, nicht viel mehr. Denken wir nur an die »London Times«[85], die im Jahre 1785 gegründet wurde, und an ein Blatt wie die »Berlingske Tidende«[86] in Kopenhagen, das weit über 200 Jahre alt ist. Es sei hier aber auch gesagt, daß beide Zeitungen wegen ständig steigender Kosten um ihr Überleben kämpfen müssen. Ich spreche dies nicht zuletzt als eine ernste Warnung aus.

Allein wegen des 30 Jahre alten »Hamburger Abendblattes«, so sehr ich es liebe, hätte ich es nicht gewagt, Sie hierherzubitten. Aber der Geburtstag dieser Zeitung war ja auch ein Markstein beim Wiederaufbau der freien deutschen

Hamburg, 28. Oktober 1978: Rede zum 30. Geburtstag des »Hamburger Abendblattes«

Hamburger Abendblatt

Verlag und Redaktion: (24a) Hamburg 1, An der Alster 61. Stadtgeschäftsstelle: Hamburg 11, Adolphsbrücke 3-7, Sammel-Nr.: 34 12 81. Telegr.: Abendblatt. Postsch.: Hbg. 112 999. Berliner Redakt.: Bl.-Charlottenbg., Wilmersdorfer Str. 94, Ruf: 32 19 96, Frankfurter Red.: Frankfurt a. M., Lindenstr. 7, Ruf 71 001. Hammerich & Lesser Verlag GmbH., Hamburg. Hersteller: Verlagsdruckerei Springer & Sohn, Hamburg.

Nr. 1 Jahrgang 1948 20 Pfennig

UNABHÄNGIG ÜBERPARTEILICH

Veröffentlicht unter Zulassungs-Nr. 1 des Senats der Hansestadt Hamburg

Erscheinungsweise vorerst dreimal wöchentlich: montags, mittwochs und sonnabends. Zu beziehen durch eigene Agenturen frei Haus monatl. 2,50 DM (einschl. 22 Pf. Expeditionskosten und 28 Pf. Trägerlohn). Bei Selbstabholung 2,20 DM. Durch die Post 2,23 DM (einschließlich 21,6 Pf. Beförderungsgebühr) zuzüglich 27 Pfg. Zustellgebühr. Postabonnements bei jedem Postamt. Anzeigen-Preisliste Nr. 1.

Donnerstag, 14. Oktober 1948

Frankreich ändert seine Deutschland-Politik

Neuer Schuman-Besuch erwartet

Von unserer Frankfurter Redaktion

Frankfurt, 14. Oktober

Der Besuch des französischen Außenministers Robert Schuman und seine Besprechungen in Koblenz dürften nach hier vorliegenden Informationen den Auftakt bilden zu entscheidenden Änderungen in der französischen Besatzungspolitik.

Voraussichtlich wird Schuman am kommenden Wochenende der französichen Besatzungszone einen zweiten Besuch abstatten, um sich diesmal vor allem über die Lage in den beiden übrigen Ländern, Südbaden und Württemberg-Hohenzollern, zu unterrichten.

Wie sich aus den Koblenzer Besprechungen ergab, kann damit gerechnet werden, daß die jetzige Militärverwaltung in der französischen Zone bereits in absehbarer Zeit durch eine Zivilverwaltung abgelöst wird. Gleichzeitig soll der Verwaltungsapparat in seiner jetzigen Form wesentlich verringert werden. Man plant, die französischen Verwaltungen auf der Ebene von Kreisen und Regierungsbezirken zu beseitigen und die Kontrolltätigkeit künftig auf Landesbasis durchzuführen. Jedes der drei Länder werde einen Zivilgouverneur erhalten, der unmittelbar Paris unterstehen soll. Die jetzige militärische Verwaltungszentrale Baden-Baden würde damit überflüssig.

Deutscherseits wird bezweifelt, ob angesichts der geplanten neuen Verwaltungsorganisation für die französische Zone schon in absehbarer Zeit mit der praktischen Verwirklichung der Trizone gerechnet werden kann. Außenminister Schuman soll allerdings bei den Koblenzer Besprechungen die Notwendigkeit eines Einbaues Westdeutschlands in die Europäische Union unterstrichen haben.

Zivilgouverneur Dejean?

Eigener Dienst

M. Koblenz, 14. Oktober

Die Gerüchte vom Rücktritt General Königs behaupten sich hartnäckig, obgleich die französische Militärregierung ein Dementi herausgegeben und ein Sprecher der amerikanischen Militärregierung erklärt hat, daß zwischen General Clay und dem französischen Militärgouverneur keine Differenzen bestehen. Als Nachfolger Königs wird der gegenwärtige Botschafter in Prag, der 50jährige Maurice Dejean, genannt. Damit würde die französische Zone als erste von den vier Besatzungszonen einen offiziellen Zivilgouverneur erhalten.

Dejean, der vor dem Kriege der französischen Botschaft in Berlin zugeordnet war, nimmt im Prager Diplomatischen Korps einen bevorzugten Platz ein. Bemerkenswert erscheint, daß er seinerzeit von sowjetischer Seite als Gouverneur des Freistaates Triest vorgeschlagen wurde. Unter de Gaulle war er bereits einmal Generaldirektor für Deutschlandangelegenheiten im Quai d'Orsay. Als sein Stellvertreter wird Emile Laffon genannt. Laffon war General König bis November vorigen Jahres als „Administrateur Général" gleichgestellt, mußte aber wegen Meinungsverschiedenheiten mit dem eigenwilligen Militär zurücktreten. Im Zusammenhang mit dem sensationellen Besuch Außenminister Schumans in Koblenz und Bonn und den Gerüchten um einen Kurswechsel in der französischen Besatzungspolitik kommen diesen Mutmaßungen über personelle Veränderungen besondere Bedeutung bei.

Seite 8: **Hitler Himmler und die Sterne**

Unfaßbare Tatsachen aus den Tagebüchern des Hamburger Astrologen Wilhelm Th. H. Wulff

Warnung vor Verschwendung

Von unserer Frankfurter Redaktion

Frankfurt, 14. Oktober

In einer Proklamation an die Bevölkerung stellen die Spitzen der bizonalen Verwaltung fest, daß die Versorgung mit den Grundnahrungsmitteln im kommenden Winter und Frühjahr nur dann gewährleistet sei, wenn ein Ausbrechen dieser Waren aus der Lenkung mit allen Mitteln verhindert werde. Andernfalls müßten die Rationen gesenkt werden.

Als Grundnahrungsmittel werden bezeichnet: Brotgetreide, Brot, Nährmittel, Mehl, Milch und Milcherzeugnisse, Fette aller Art, Nutz- und Zuchtvieh, Fleisch, Fleischwaren sowie Fische und Zucker. An die Erzeuger, die verarbeitenden Betriebe, den Handel und die Verbraucher gehe daher die dringende Mahnung, die bestehenden Bestimmungen über die Bewirtschaftung dieser lebensnotwendigen Güter zu befolgen, damit die in letzter Zeit eingetretene Verwirtschaftung unterbleibt. Nur bei voller Selbstdisziplin aller Beteiligten könne eine Rückkehr zu den Zwangsmethoden vergangener Zeiten vermieden werden.

Morgen Entscheidung über Verbrauchssteuern

Von unserer Frankfurter Redaktion

Frankfurt, 14. Oktober

Die Entscheidung über die Senkung

Der Wahlkampf in den Vereinigten Staaten um die Präsidentschaft steht auf dem Höhepunkt (vergl. Don Iddon's interessanten Bericht auf Seite 2). Die Republikanische Partei verbreitet, zum Entzücken aller Kinder, in Massen Dewey-Puppen.

Hoffman gibt nicht nach

Keine Einigung in der Demontagefrage

Von unserer Londoner Redaktion

London, 14. Oktober

Paul Hoffman, der amerikanische Hauptverwalter des Marshall-Planes, und Außenminister Bevin die Nationen, deren Industrien während des Krieges von Deutschen beschädigt oder zerstört wurden, die deutschen Maschinen für ihren wirtschaftlichen Wiederaufbau neben der Marshall-Hilfe.

Mißerfolg der Neutralen

Die Großmächte beharren auf ihren Positionen

Am 14. Oktober 1948 erschien zum ersten Mal das »Hamburger Abendblatt« (oben). Dreißig Jahre danach wurde das Jubiläum festlich im Hamburger Congress Centrum begangen. Zu den Mitarbeitern und Gästen sprach Axel Springer vor dem Großfoto jenes Hamburger Flakbunkers, in dem einst die Zeitung konzipiert worden war (links). Vorstand Peter Tamm unterstrich den Leistungswillen des Verlagshauses und dankte dem Verleger. Hamburgs früherer Bürgermeister, Professor Herbert Weichmann (rechts), wandte sich in seiner Festansprache gegen jede Einschränkung der Pressefreiheit.

Presse in unserem Land – nach 1000jähriger Lüge. Das läßt diese Feierstunde sinnvoll erscheinen.

Ich möchte Ihnen in diesem Augenblick zugleich ein Geheimnis verraten: Mitten im Kriege schon nahm der Plan der Gründung einer modernen Tageszeitung in meinem Kopf ziemlich klare Umrisse an. Darüber nachzudenken hatte ich ja Zeit genug während meiner ruhmreichen Beschäftigung als Vorführer und Platzanweiser im Waterloo-Kino in der Dammtorstraße – nach abgelegter Prüfung in Feinmechanik, Optik und Elektrotechnik, irgendwo am Steindamm.

In meinen Gedanken wurde das vom Vater übernommene, im Krieg zerstörte, auf das Jahr 1789 zurückgehende Unternehmen, was seine Zeitungsabsichten anbelangt, schon zwei Jahre vor Kriegsende wieder gegründet. Eine Aktennotiz gibt darüber Auskunft.

Diese gedankliche Vorweggründung unseres Zeitungshauses fand statt in einem für menschliche Nutzung umgebauten Schweinestall in der Lüneburger Heide. Die ersten schrecklichen Luftangriffe auf Hamburg lagen hinter uns. An einem Herbsttag des Jahres 1943 stand in diesem Stall ein wild gestikulierender junger Mann und verkündete seinen Eltern, das Brummen der in Richtung Berlin fliegenden Bomber übertönend, daß das freie Wort in Deutschland bald wieder Gültigkeit haben würde. Und er fügte hinzu: »Dann werde ich das größte Verlagshaus in Europa bauen!«

Das war dem Vater offensichtlich zuviel. Er wandte sich der Mutter zu und sagte: »Ottilie, ich glaube, der Junge ist verrückt geworden!« Meine Mutter aber drehte sich um, hob den Zeigefinger und meinte: »Heino, bei ihm weiß man das nicht so genau!«

Ich begann damals schon mit einer detaillierten Planung, und man kann fragen: Warum hat es eigentlich bis zum Jahre 1948 gedauert? Schon 1945 war doch das freie Wort wieder erhältlich, wurden die ersten Zeitungen von den Alliierten lizenziert. Aber ich begann meine Verlagslaufbahn nicht mit einer Tageszeitung, sondern mit Zeitschriften, zuerst mit den »Nordwestdeutschen Heften«[87], dann mit der Rundfunk-Illustrierten »Hörzu«[88], weil ich das von den Engländern in ihrer Besatzungszone praktizierte Prinzip der Parteizeitung für unjournalistisch hielt.

Es war im Dezember 1947, als ich mit den ältesten Pionieren des Hauses im Bunker auf dem Heiligengeistfeld die erste Probenummer einer Tageszeitung entwickelte unter dem Arbeitstitel »Excelsior«. Sie war im Hinblick auf eine britische Lizenz konzipiert, aber als »unabhängige Tageszeitung aus Hamburg«. Doch daraus wurde nichts. Die Engländer hielten an ihrem Prinzip der an Parteien gebundenen Blätter fest und meinten auch, sechs Zeitungen in Hamburg seien genug. Aber ich ließ nun nicht mehr locker. Im Mai 1948 gaben die Engländer das Lizenzrecht an die deutschen Behörden ab. Kurz danach, zwei Tage nach der Währungsreform, sagte mir dann der aus dem amerikanischen Exil zurückgekehrte große sozialdemokratische Nachkriegs-Bürgermeister Max Brauer: »Axel, jetzt kannst du deine Zeitung machen. Wieviel Geld hast du eigentlich?«

Wie alle anderen hatte ich zunächst nur 60,– DM pro Arbeitnehmer. Brauer meinte: »Für dich ist das genug!« So war unser Verhältnis: Er sagte zu mir du, und ich sagte: »Herr Bürgermeister«. Wie ich, so wollte auch Max Brauer eine überparteiliche Zeitung. Deren Wert hatte er in Amerika kennengelernt.

Alle Ideen und Träume aus den zurückliegenden fünf Jahren wurden nun in die aktuelle Planung eingebracht, und am 14. Oktober 1948, an einem Donnerstag, kam schließlich das erste Exemplar des »Hamburger Abendblattes« aus der Rotation. Erich Lüth hatte mir damals im Anglo-German Club die Lizenz übergeben.

»Zeitungstaufe an der Alster« war die dreispaltige Überschrift zu unserem Bericht in der zweiten Nummer, die am Sonnabend, dem 16. Oktober, herauskam. Wir konnten zunächst ja nur dreimal wöchentlich erscheinen.

Eine Stunde nach Erscheinen der ersten Nummer kamen Gäste, die wir zu uns gebeten hatten. Um diesen Kreis nur anzudeuten: Bürgermeister Brauer mit Altbürgermeister Petersen, Kultursenator Hartenfels mit Hans Albers, Polizeichef Georges zusammen mit Kriminaldirektor Breuer und Erik Blumenfeld.

Ich zitiere noch einmal aus dem Bericht über die Zeitungsgründung: »Im hellen Setzersaal des Abendblattes formte Axel Springer ein schnelles Gedankenbild dessen, was ihm vorschwebt: eine unabhängige, überparteiliche Zeitung. Das eine sind wir, um das andere werden wir uns redlich bemühen. Unsere Linie: die gute, verläßliche Information. Unsere Politik: Menschlichkeit, Klärung, Ausgleich. Unser Sinnspruch: Mit der Heimat im Herzen die Welt umfassen« – ein Satz, den ich von Gorch Fock entliehen habe[89].

Da es, wie gesagt, in Hamburg schon sechs Blätter gab, schrieb ein neunmalkluger Gewerkschaftsjournalist »von einem jungen Sterngucker«, der ein neues Blatt auf den übersättigten Markt bringe und dessen Mitarbeiter sicher bald in Arbeitslosigkeit enden würden. Nun, wie wir wissen, hat der Mann sich geirrt. Bald schon lagen wir an der Spitze.

Wenn ich heute an unser »Abendblatt« denke, geht es mir nicht so sehr um die Zahl der Jahre, sondern um die Geschichte einer Idee und die Leistungsbilanz von Redakteuren, Arbeitern und Angestellten im Dienste einer vorbildlichen Zeitung. In der mir eigenen Bescheidenheit hielt ich unser »Abendblatt« immer für die beste Lokalzeitung der Welt. Ich hoffe, daß das heute noch so ist und daß es auch morgen so sein wird.

Wir haben mit dieser Zeitung, ich darf das behaupten, da es mir immer wieder von Kollegen in allen Teilen unseres Landes und darüber hinaus bestätigt wird, eine journalistische Form entwickelt, die stets von neuem Nachahmer findet. Ich

Erster Presseball nach 1945 in Hamburg: Axel Springer mit Max Brauer und Frau Erna

weiß zum Beispiel, daß in diesen Wochen und Monaten in einer großen süddeutschen Stadt erregte Debatten darüber geführt werden, wie nahe oder nicht nahe die dortigen Zeitungen an ihren Lesern sind. Dort wird das »Abendblatt« immer wieder beispielhaft als das nachzuahmende »Nordlicht« apostrophiert, und darauf können wir stolz sein.

In diese neue Zeitung steckte ich damals all meine Energie, allen Verlegerehrgeiz, alle Journalisten- und Druckerlust. Ich zitiere nur einen Satz aus dem, was Otto Siemer, der spätere und noch immer unvergessene Chefredakteur des »Hamburger Abendblattes«, ins Protokoll der ersten Redaktionskonferenz schrieb: »Springer wiederholte immer wieder, es komme darauf an, dem Leser wohlzutun.«

Da ist sie schon, die später so oft verlachte und verhöhnte, weil mißdeutete Lebensphilosophie: »Seid nett zueinander!« Das war nicht weltfremd liebedienerisch gemeint. Es entsprang der harten Zeit des Mangels, der Ellenbogenexistenz, wo einer glaubte, des anderen Feind zu sein, wo Denunziantentum als Produkt einer zerbombten Welt und einer zerstörten Moral florierte; in einer solchen Zeit unmenschlicher Lebensumstände war unser Aufruf »Seid nett zueinander!« beinahe eine Sensation. Das haben die Menschen recht bald verstanden, vor allem die Frauen.

Als damals ein Königlich-Hamburgischer Kaufmann beim Vorbeigehen in einer Hotelhalle mir patronisierend auf die Schulter klopfte und sagte: »Wie geht es eigentlich Ihrem ›Abendblatt‹ – ich lese es zwar nicht, aber meine Frau und meine Töchter, die schwören darauf«, antwortete ich beglückt: »Das freut mich, denn genau darauf kommt es mir an.« Inzwischen ist übrigens auch er längst Leser geworden.

»Seid nett zueinander!« – hat diese Parole, so wie sie gedacht war, heute an Bedeutung verloren? Ich meine nicht. Denn nett zum Nächsten zu sein, ist auch heute noch notwendig, aber es ist nicht mehr »in«. Dabei wissen wir doch, daß trotz unseres Reichtums, trotz unserer Übersättigung, trotz unserer scheinbaren Sicherheit viele Menschen, besonders viele Jugendliche, heute noch einsamer sind, als sie es in den Jahren gleich nach dem Krieg waren. Welch eine Wohltat wäre das Erlebnis des »Seid nett zueinander!« für sie!

Dabei bin ich mir völlig darüber im klaren, daß Zeitungen Probleme nicht lösen, sondern höchstens bei den Lösungen mitwirken können. Das gilt für die Fragen der zwischenmenschlichen Beziehungen ebenso wie für die Politik. Man muß wissen, was die Zeitung kann und was sie nicht kann, wo ihre Grenzen liegen.

Zeitungen können Trends verstärken, Emotionen wecken oder dämpfen; sie können Politik erklären, interpretieren, artikulieren, kritisieren, vielleicht gelegentlich korrigieren – aber Politik machen, das können sie nicht, dürfen sie nicht. Das ist Sache der Politiker. Die anderen Medien, der Hörfunk und besonders das

Fernsehen, sitzen da am stärkeren und deshalb gefährlicheren Hebel. Sie haben direkten Zugang zum Emotionalbereich des Menschen.

Das Fernsehen hat nachweislich aktiv in die Gestaltung der Politik eingegriffen. Und tut es immer wieder. Ich erinnere nur an das amerikanische Engagement in Vietnam. Keine Zeitung, keine Gruppe von Zeitungen hätte das je vermocht. Dazu kommt noch, daß die Technik von Hörfunk und Fernsehen der des gedruckten Wortes, was Schnelligkeit der Informationsübermittlung anbelangt, trotz aller kostspieligen Neuerungen weit überlegen ist und bleiben wird. Dadurch wird der Wettbewerb auf dem »gemeinsamen Markt der Kommunikationsmittel« einseitig zugunsten der elektronischen, das heißt der über den Äther gesendeten Medien verzerrt.

Die Zeitung, die früher als erste die Nachrichten ins Haus brachte, ist auf den zweiten Rang verwiesen worden. Ein Beispiel nur möchte ich anführen: Als an jenem Morgen des 29. September um 7 Uhr der Rundfunk die überraschende Nachricht vom Tode des Papstes Johannes Paul I. brachte, lagen die Morgenzeitungen bereits auf dem Frühstückstisch; keine hatte die Nachricht vom Tode, manche brachten sogar noch Berichte über das, was der Heilige Vater an jenem Tag geplant hatte. An diesem Morgen sah man wieder einmal, daß die Zeitungen zur Inaktualität verdammt sind.

Verstärkt werden die Schwierigkeiten der Zeitungen noch durch eine gravierende wirtschaftliche Komponente: Die öffentlich-rechtlichen Monopolanstalten finanzieren sich in unserem Land einerseits durch die von der Post einkassierten Gebühren[90], deren Erhöhung sich immer wieder zum Schaden der Tageszeitungen ausgewirkt hat; der Kulturetat des einfachen Mannes ist eben sehr beschränkt. Vor die Notwendigkeit der Wahl zwischen Fernsehen und Zeitungen gestellt, siegt meist das Fernsehen. Andererseits haben diese Monopolanstalten sich Tochtergesellschaften angegliedert, die den Zeitungen und Zeitschriften auch auf dem Werbesektor Konkurrenz machen. Alles in allem eine recht einseitige Bevorzugung.

Die Zahl der Fernseh- und Hörfunkgenehmigungen hat sich im Einzugsgebiet des »Hamburger Abendblattes« in den letzten zehn Jahren mehr als verdreifacht: drei Millionen Fernsehgenehmigungen und dreieinhalb Millionen Hörfunkgenehmigungen, alles Konkurrenten des gedruckten Wortes. Man blickt immer auf das Springer-Haus und läßt geflissentlich den Monopolgiganten bei der Betrachtung des gedruckten Wortes außer acht. Diese Konkurrenz der elektronischen Medien hat viele Blätter in ernste Krisensituationen geführt. Viele, teils ausgezeichnete Zeitungen mußten ihr Erscheinen einstellen. Jahrelang haben die Politiker, nicht nur die der heutigen Bonner Koalition, zu dieser Entwicklung geschwiegen oder sie verharmlost. Deshalb war es für mich in den letzten Tagen eine große Überraschung, daß einige Medienexperten der SPD und der Gewerkschaften zu der späten Erkenntnis gekommen sind, Werbung in Hörfunk und Fernsehen widerspreche eigentlich dem öffentlich-rechtlichen Auftrag. Das ist für mich ein positives Zeichen.

So wie man im Zeitalter der Düsenflugzeuge keiner Fluggesellschaft zumutet, mit Propellermaschinen zu fliegen, so darf der Verleger nicht von den modernen Informationsmedien ausgeschlossen bleiben. Das war, ist und bleibt meine Forderung.

Ich werde auf jeden Fall nicht müde werden, auf diese Benachteiligung der Presse in unserem Land hinzuweisen. Wie ich auch nicht aufhören werde, den Anspruch der Verleger auf Teilhabe an den bisherigen elektronischen Medien und noch mehr an allen neuen, auf uns zukommenden Informationssystemen zu vertreten. Im Interesse unserer Leser und in Wahrung des Auftrags, den ein Verleger in einer freien Gesellschaft hat. Trotz all dieser Wettbewerbsverschiebungen aber werden wir weitermachen wie bisher, werden uns der täglichen Abstimmung an den Kiosken stellen und uns bemühen, diese Abstimmung Tag für Tag neu zu gewinnen. Dies ist möglich dank der großen Zahl hervorragender Journalisten, die für mein Haus arbeiten.

Sie alle wurden und werden mitgeformt und motiviert durch den ganz besonderen Geist dieses Hauses, der es bewegt und belebt – seit seiner Gründung. Auch über diesen Geist gilt es heute zu sprechen. Dieser Geist unseres Hauses ist – neben dem verständlichen Erfolgsneid – der Grund vieler Angriffe.

Er ist allerdings auch Anlaß für Wertschätzung, Anerkennung, ja begeisterte Zustimmung. Die einen nennen mich böse einen Hugenberg und wollen mich damit neben den schwarz-weiß-roten Medien-Machiavelli stellen, der Hitler den Weg zur Macht freidruckte. Andere heißen mich einen Träumer in Sachen Deutschland – offenbar weil dieser oder jener Träume für eine verderbliche Sache hält und nur gallige Aggressivität gelten läßt. Und das billige Wortspiel vom Brandenburger Tor zur Abqualifizierung meines Berliner Engagements war ein Fehlzünder; ich halte das sogar für einen Ehrentitel.

Die Angriffe, woher sie auch kommen mögen, bringen mich nicht von meinem Weg ab. Was die Anerkennung anbelangt, so genügen mir eigentlich ein paar Äußerungen von Leuten, die mir wichtig sind: So nannte mich Max Brauer den »Billy Graham der deutschen Wiedervereinigung«; der amerikanische Kolumnist Drew Pearson gab mir den Ehrentitel »Mr. Berlin«. Und erst vor drei Wochen bezeichnete mich der Präsident des New Yorker Leo Baeck-Instituts, Rabbiner Max Gruenewald, als einen »Freund des jüdischen Volkes«. Höhere Ehrungen gibt es für mich nicht, brauche ich nicht.

Eine der umstrittensten Entscheidungen in der Geschichte unseres Hauses war der Sprung nach Berlin. Nach schmerzhaften, aber klaren politischen Erkenntnissen während meines Aufenthalts in Moskau im Jahre 1958 erkannte ich, daß ein deutscher Verlag, der wirken will, nach Berlin gehört[91]. Diese Entscheidung ist zugleich ein Beitrag zur Diskussion über die Mitbestimmung. Wenn sie Gültigkeit gehabt hätte für uns, das Haus stünde nicht in Berlin. Aber schon vor mir focht und wirkte ein Mann in unserem Hause im Sinne dieser Erkenntnis: Ich spreche von dem früheren Sekretär Gustav Stresemanns, unserem damaligen Verlagsdirektor Dr. Hans Funk, der heute hier unter uns sitzt. Dr. Funk gehört auch jetzt wieder zu meinen persönlichen Beratern. Sie haben mir damals die Augen auch dafür geöffnet, daß der Umzug nach Berlin allein nicht genüge, daß man vielmehr direkt an die Sektorengrenze heranrücken müsse. Dafür danke ich Ihnen, denn Sie behielten mit Berlin und der Bevorzugung des alten Zeitungsviertels recht.

Dort, an der Kochstraße, entstand die neue Zentrale unseres Hauses. Der Spatenstich wurde getan während des Chruschtschow-Ultimatums[92] gegen das freie Berlin. Am Tag des Mauerbaus wurde die Kelle nicht aus der Hand gelegt. Und seit dem 6. Oktober 1966 steht dort unser Turm der Freiheit.

Die Freiheit, die richtig verstandene Freiheit – die Freiheit zu etwas, nicht von etwas – ist ein felsenfester Bestandteil meines verlegerischen Glaubensbekenntnisses. Politisch halte ich Freiheit für wichtiger als territoriale Souveränitäten und Grenzen. Deshalb bin ich als deutscher Patriot trotz meines Bekenntnisses zur Rolle des Vaterlandes ein leidenschaftlicher Anhänger eines freien Europa. Wo Freiheit und Menschenrechte gelten, wo Gottes Gebote sittliche Richtschnur sind, da lebt Europa.

Was unsere Verpflichtung zum Kampf für die Freiheit angeht, so dienen wir diese Pflicht aber nicht ab, wenn wir den Blick nur in die Ferne, etwa nach Chile oder Südafrika, schweifen lassen. Die so gern gepflegte Fernstenliebe befreit uns nicht von der Pflicht, uns um die Freiheit in Deutschland zu bemühen. Es ist unser Landsmann in Magdeburg, Rostock oder sonstwo drüben, für den ich und für den wir alle zunächst Freiheit wollen.

Sie werden vielleicht fragen: Was hat das alles mit unserer Feierstunde zum 30. Geburtstag des »Hamburger Abendblattes« zu tun? Nun, es hat mit dem eben erwähnten Geist zu tun, der dieses unser Haus bestimmt. Es ist ein Geist der Verantwortung, der Zuversicht, des Glaubens – des Glaubens, der für mich das Wissen des Herzens bedeutet.

In den Fragen des menschlichen Miteinander glaube ich auch an die Notwendigkeit einer aufgeschlossenen Sozialpolitik, wobei ich allerdings weitaus mehr einbeziehe, als was man gemeinhin unter diesem Begriff versteht. Sozialpolitik ist für mich nicht nur Tariffrage, Urlaubsbeitrag, Kantinenproblem, 13. oder 14. Gehalt. Sozialpolitik ist und war für mich immer eine Sache der Mitmenschlichkeit.

Ich weiß, was Männer wie Karl Andreas Voß – Eduard Rhein – Hans Zehrer – Walther Hansemann – Heiner Schreckenbach – Helmuth Covents – Hans Funk –

Der Dichter und sein Verleger

Freundschaft verband schon Axel Springers Vater, den Verleger aus Altona, und Hans Leip, den Dichter, Maler und Graphiker, der als Sohn eines Schauermannes 1893 in Hamburg auf die Welt kam. Die Freundschaft übertrug sich vom Vater, der 1920 Leips erstes Buch »Laternen, die sich spiegeln« herausbrachte, auf den Sohn, der im Herbst 1979 im Ullstein Verlag Hans Leips Autobiographie veröffentlichte. Es ist die Geschichte eines wechselvollen, abenteuerlichen Lebens. Hans Leip gab dem Buch den Obertitel »Wie einst Lili Marleen…«, eine Anspielung auf sein Lied »Lili Marleen«, das er 1915 als Gardefüsilier in Berlin schrieb und das sich im Zweiten Weltkrieg einer ganzen Generation einprägte und in achtzig Sprachen übersetzt wurde. Der Titel des Buches lautet »Das Tanzrad«.

Walter Matuschke – Heinrich Schulte – Georg Töteberg – Otto Siemer – Rudolf Michael – Georg Meurer – Helmuth Klosterfelde – Walter Schmidt – Arthur Szimmetat – Fritz Huß – nicht zu vergessen, was meine persönlichen Mitarbeiter der ersten Stunde, Walter Schultz-Dieckmann und Lisa Buhre – für mein Haus und mich getan haben. Ich kann nicht alle nennen, die es verdient hätten, heute genannt zu werden; die »30jährigen«, die »20-« und die »10jährigen«. Die aus den Führungsetagen und die in der Buchhaltung und an den Maschinen.

Ich bekenne zwar, daß ich Erfolg für eine Eigenschaft – nicht für Zufall oder Würfelfall glücklicher Umstände – halte, aber ich weiß auch, daß dazu der Mitwirkende, Mitdenkende, Mitfühlende nötig ist, dem ich nie aufhöre zu danken – übers Grab hinaus.

Sozialpolitik: Ein sehr hoher deutscher Gewerkschaftsführer sagte mir einmal: »Für Unternehmer wie Sie brauchten wir keine Gewerkschaften.« Ich habe mich natürlich gefreut, daß er das sagte. Aber ich meinte dann, daß die Gewerkschaften für mich in einem sozialen Rechtsstaat unabdingbar seien; sie seien das »soziale Gewissen« der Unternehmer. Aber ich meinte auch, daß ich dann Sorge hätte, wenn die Gewerkschaften sich anschickten, ein Staat im Staate zu werden.

Dabei sei auch folgendes gesagt: Oft wird meinem Haus seine Größe vorgeworfen. Aber erst diese Dimension ermöglicht die zahllosen sozialen Leistungen und nicht zuletzt die ungenannten individuellen sozialen Hilfen. Ohne Investitionen keine Gewinne; ohne Gewinne keine soziale Fürsorge, keine übertariflichen Löhne, keine zusätzliche Altersversorgung, keine Ferienhilfe und keine Kantinenförderung.

Vielleicht sollte ich hier einmal eine ganz knappe Feststellung machen: Für jede Mark Lohn oder Gehalt müssen wir heute durch gesetzliche und freiwillige Verpflichtungen zusätzlich 72 Pfennig für soziale Leistungen erbringen. Mir ist das nur recht; aber das muß alles auch verdient werden.

Alles, was mit dem Betriebsklima zusammenhängt, ist gebunden an das Florieren des Unternehmens. Der richtig verstandene Reichtum in der sozialen Marktwirtschaft ist letztlich doch nichts anderes als Treuhänderschaft. Dabei ist der Wohlstand für alle, der Volkskapitalismus, wie ich es nenne, ein wichtiges Ziel. Ich habe jedenfalls bis auf den heutigen Tag unser Haus auch immer als soziale und politische Aufgabe verstanden.

Auch die Versöhnung mit den Juden und die daraus erwachsene Hilfestellung für Israel sind Teil meines Glaubens, von dem ich vorher sprach. Oft werde ich gefragt, weshalb ich gerade diesem Problem so viel Bedeutung beimesse.

Bevor ich versuche, eine Antwort zu geben, lassen Sie mich eine Feststellung machen: Wenn ich von den Beziehungen zum jüdischen Volk und zu Israel spreche, ist hier und heute vielleicht der Ort und die Zeit, um Ihrer, lieber Erich Lüth, ganz besonders herzlich zu gedenken. Sie gingen voran. Sie waren vor mir. Sie organisierten schon sehr früh die Wallfahrt der deutschen Jugendlichen nach Bergen-Belsen[93], zu der ich auch meinen Sohn Axel mitnahm. Sie riefen zum »Frieden mit Israel« auf. Sie veröffentlichten jenen würdigen patriotischen Appell der Versöhnung, den Rudolf Küstermeier in der »Welt«, Hans Wallenberg in der »Neuen Zeitung« und Arno Scholz im »Telegraf« aufgriffen. Sie waren der Vorreiter. Und es ist mir eine willkommene Gelegenheit, Ihnen heute noch einmal zu sagen, wie weitgehend Sie auch meine Haltung mitbestimmt haben.

Aber zurück zur Frage, warum ich so empfindlich reagiere, wenn jemand gegenüber den Juden gleichgültig, gedankenlos, vergeßlich oder zynisch ist. Für mich ist das ein Kernproblem. Ich halte es für die Voraussetzung der moralischen Wiedergeburt Deutschlands. Es ist Leitstern bei der Bewältigung schwerer nationaler Prüfungen – bis hin zum Problem der geteilten Hauptstadt; und ich danke meinen Chefredakteuren, die auf diesem Weg so getreulich folgen. Daneben will ich nicht verschweigen, daß ich in der Frage des Volkes Israel auch einen zentralen Punkt meines religiösen Glaubens sehe. Für mich gilt das Wort der Bibel.

Wenn ein Volk 2000 Jahre schrecklichste Verfolgung übersteht und dann die ihm gegebene Verheißung erfüllen kann, wieder in seinem Land zu leben, so ist das ein Vorgang, der göttliche, nicht menschliche Dimensionen hat. Heute morgen lasen wir, daß der Friedensnobelpreis an den ägyptischen Staatspräsidenten Sadat und den israelischen Ministerpräsidenten Begin verliehen worden ist. Bei aller Skepsis gegenüber Friedensnobelpreisen war es für mich eine aufrichtige Freude zu sehen, daß diesen beiden Männern diese Auszeichnung zuteil wurde.

Ich sage Ihnen das hier auf diesem Jubiläum, damit Sie wissen, was hinter dem Mann steht, der das »Hamburger Abendblatt«, »Bild« und »Hörzu«, die »Funk Uhr«, »Bild am Sonntag«, »Welt« und »Welt am Sonntag«, »BZ«, »Berliner Morgenpost« und noch ein paar andere Dinge macht.

Wir tun das alles übrigens für Menschen verschiedenen Alters, verschiedenen Glaubens, unterschiedlicher Einkommen und unterschiedlicher Bildung. Manches an diesen Druck- und Verlagserzeugnissen scheint oft unvereinbar. Denn sie werden von Menschen gemacht, die Weltkinder sind, den Gesetzen von Markt und Zeitläuften unterworfen, Irrtümern ausgesetzt und dem Reiz von Pointe und News ausgeliefert.

Ich benutze die Gelegenheit dieses Jubiläums, um all diejenigen um Entschuldigung zu bitten, denen in irgendeinem Blatt meines Hauses einmal Unrecht getan wurde. Mit manchem, was wir publizieren, bin ich nicht einverstanden. Wie könnte es bei dieser Fülle des Angebots anders sein? Doch ich fühle mich nicht als Zensor und nicht als Unterweiser – wenn es nicht um Grundprinzipien geht.

So wie ich auch öfters anderen Sinnes und anderer Meinung bin als die Regierenden und mich dann nicht geniere, das offen zu sagen.

Die vergangenen 30 Jahre waren die Jahre, in denen das freie Deutschland sich wieder einen angesehenen Rang unter den Völkern der Erde erwarb. Es war wahrlich keine Kleinigkeit, wenn man sich vor Augen hält, was dem vorausgegangen war! Aber es waren auch die Jahre, in denen wir es nicht fertiggebracht haben, den Frauen und Männern im versklavten Teil unseres Vaterlandes zu der Freiheit zu verhelfen, die ihnen heute vielleicht noch wertvoller erscheint als uns, die wir die Früchte einer richtig verstandenen Freiheit offensichtlich nicht mehr zu schätzen wissen. Es waren die Jahre des Aufbaus und der Konsolidierung dieses Hauses. Und dafür danke ich noch einmal allen, die in den verschiedensten Positionen dabei mitgeholfen haben. Es waren die Jahre, in denen wir Älteren unsere Existenz und unsere Familien gründeten und aufbauten, Jahre der Arbeit und des Feierns, der Freude und der Sorge.

Unser Haus ist ziemlich groß geworden, größer, als es mir eigentlich lieb ist. Aber ich weiß, daß Größe und die damit verbundene wirtschaftliche Stärke Voraussetzungen sind für die Stabilität und damit – und das ist immer meine größte Sorge – die Sicherheit der Arbeitsplätze. Die Größe hat mich auch dazu gebracht, mir immer wieder den Kopf darüber zu zerbrechen, ob ich in Ihrem Sinne, meine lieben Mitarbeiterinnen und Mitarbeiter, richtiger handelte, wenn ich andere Partner an dem Unternehmen beteiligen würde.

Immer wieder bin ich bei solchen Überlegungen allerdings zu der Erkenntnis gekommen, daß jede Partnerschaft Einengung der unternehmerischen und dabei besonders der verlegerischen Möglichkeiten bedeuten würde. Deshalb klipp und klar: Ich bleibe der alleinige Inhaber!

Die notwendigen Investitionen, die unser Haus ins nächste Jahrhundert führen sollen, werden gemacht. Investitionen für die Technik, aber auch Investitionen für neue Objekte. Ich nehme die Last dieser Investitionen auf mich, obwohl wir einer ungewissen Zukunft entgegengehen – wirtschaftlich ebenso wie politisch. Ich nehme die Last auf mich, weil das notwendig ist zur Erhaltung unseres Hauses, und das heißt auch zur Erhaltung Ihrer Arbeitsplätze.

Wir sind bisher gewachsen, und wir werden weiter wachsen, wenn uns Gott hilft und gewisse Kräfte es nicht fertigbringen, Sie und mich auseinanderzudividieren. Geben Sie acht darauf!

Wir planen weiter, für uns alle, für Sie und für Ihre Kinder, für unsere Leser, und – lassen Sie es mich sagen: für unser Vaterland. Als Nur-Kaufmann würde ich in diesen Zeitläuften vermutlich anders handeln. Als Verleger mit einer Mannschaft, wie sie mir zur Verfügung steht, gibt es aber nur einen Weg: vorwärts.

Ich denke so oft an Martin Luthers schönen Satz: »Auch wenn ich wüßte, daß morgen die Welt unterginge, würde ich doch heute noch einen Apfelbaum pflanzen!«

Lassen Sie uns gemeinsam noch viele Apfelbäume pflanzen!

Zum 14. Male verlieh Europas größte Programmzeitschrift »Hörzu« die »Goldene Kamera«. Am 9. März 1979 trafen sich aus diesem Anlaß prominente Vertreter aus Politik, Wirtschaft, Kultur und Sport im Verlagshaus Axel Springer in Berlin. In einer kurzen Ansprache erinnerte der Verleger daran, daß einige Wochen zuvor in Rom Papst Johannes Paul II. eine »Goldene Kamera« entgegengenommen hatte. Anschließend stellten sich die Preisträger in der Bibliothek den Fotografen (oben).

Heinz Rühmann im Gespräch mit dem Gastgeber

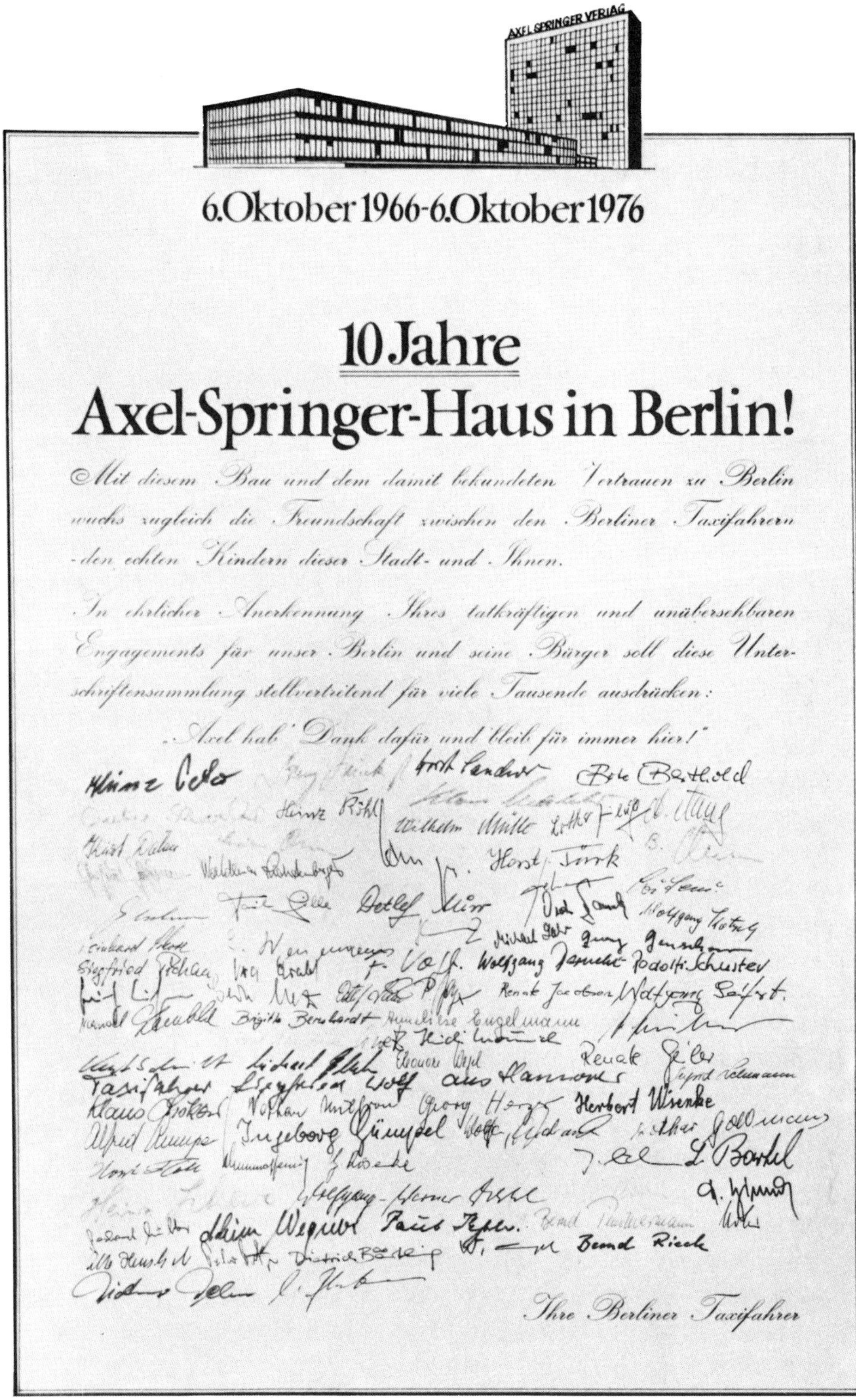

AXEL SPRINGER VERLAG

6. Oktober 1966 - 6. Oktober 1976

10 Jahre
Axel-Springer-Haus in Berlin!

Mit diesem Bau und dem damit bekundeten Vertrauen zu Berlin wuchs zugleich die Freundschaft zwischen den Berliner Taxifahrern - den echten Kindern dieser Stadt - und Ihnen.

In ehrlicher Anerkennung Ihres tatkräftigen und unübersehbaren Engagements für unser Berlin und seine Bürger soll diese Unterschriftensammlung stellvertretend für viele Tausende ausdrücken:

„Axel hab' Dank dafür und bleib für immer hier!"

Ihre Berliner Taxifahrer

Grußadresse der Berliner Taxifahrer zum 6. 10. 1976: Dank für das Vertrauen zu Berlin

Sternfahrt der Berliner Taxis zum Verlagshaus: 300 parkten parademäßig

Ehrenrunde in einem alten Berliner Taxi: »Gute Fahrt ins nächste Jahrzehnt«

Berlin 1974: Glückwunsch für den Schlittschuh-Club zur Deutschen Eishockey-Meisterschaft

Bei Hertha BSC im Olympiastadion: mit »Fiffi« Kronsbein und C. D. Nagel

Tor für den Schlittschuh-Club: Axel Springer mit Frau in der Eissporthalle Jafféstraße

Fragen an Axel Springer

Monsieur Berlin

»Monsieur Berlin« überschrieb die französische Zeitschrift »L'Express« ein Interview mit Axel Springer, das sie in ihrer Ausgabe vom 18. Juni 1973 veröffentlichte[1]. Es gibt Antwort auf Fragen nach den politischen Motiven des Verlegers und seiner Einstellung zu Problemen, die über das Jahr 1973 hinaus die Deutschen und ihre Nachbarn bewegten.

L'EXPRESS: Vor zwanzig Jahren, am 17. Juni 1953, erhob sich Berlin gegen die sowjetischen Truppen. Wie steht es heute mit Berlin – zwanzig Jahre danach?

Herr Breschnjew hat soeben die Bundesrepublik Deutschland zum ersten Mal besucht[2]. Bundeskanzler Willy Brandt hat – zum ersten Mal – Israel einen offiziellen Besuch gemacht. Und wenn dieses Interview erscheint, treffen sich die Herren Nixon und Breschnjew in den Vereinigten Staaten.

Sie, der Sie alles auf Berlin gesetzt haben, der Sie in und für Berlin leben, der Sie eine Art »Monsieur Berlin« geworden sind – wie sehen Sie von hier aus die beträchtlichen Veränderungen, die sich in der Welt ergeben haben?

AXEL SPRINGER: Gestern zog ich einen schwarzen Anzug an und ging zur Beerdigung eines kleinen Jungen. Dieses fünfjährige Kind war in die Spree gefallen, die an dieser Stelle zu Ost-Berlin gehört, während das diesseitige Ufer Westberliner Gebiet ist. Niemand hat ihm geholfen. Die Westberliner Polizei hatte kein Recht zu intervenieren, und die von Ost-Berlin mußte zunächst mit ihren Vorgesetzten verhandeln. So ist dieser kleine Junge ertrunken.

Es ist das zweite Kind, das diese Familie verloren hat, denn eine Tochter wurde umgebracht, und fast an derselben Stelle wurde die Leiche von dem Mörder in die Spree geworfen.

Ich habe mich um diese Familie gekümmert und bin zur Beerdigung gegangen. Es hat mich schmerzlich überrascht zu sehen, daß ich diesmal der einzige war. Vor zehn Jahren hätte man dort auch den Regierenden Bürgermeister von Berlin gesehen. Jetzt nicht mehr.

L'EXPRESS: Werden Sie hier in Berlin des 20. Jahrestages der Erhebung von 1953 gedenken, wie jedes Jahr[3]?

AXEL SPRINGER: Ich ja. Aber unsere Regierung zieht nunmehr große Diskretion bezüglich all dieser Dinge vor.

Als ich nach Berlin kam – angeregt von dem damaligen Bürgermeister Willy Brandt, der die Preisgabe der so isolierten Stadt fürchtete –, fanden auch regelmäßig am 1. Mai, dem Tag der Arbeit, gewaltige Kundgebungen vor dem Reichstag statt. Wie viele andere marschierte ich mit den Arbeitern. Alle Parteien sprachen von Freiheit. Einmal wurde ein farbiger Sänger engagiert, um ein Lied von der Freiheit zu singen. Das waren große Stunden von Berlin.

Im anderen Teil Berlins marschierte im Stechschritt die deutsche kommunistische Armee in Uniformen, die teils an die alte Wehrmacht, teils an die russische Armee erinnern. Sie marschierten, obwohl ihre Anwesenheit eine Übertretung der alliierten Abmachungen über Berlin darstellte. Heute marschieren sie weiter. Wir aber, auf dieser Seite, hielten an diesem 1. Mai bescheiden eine Gewerkschaftsveranstaltung in einem geschlossenen Saal am Funkturm ab. Das ist alles.

Man muß schon ein Träumer sein, um in dieser Stadt hoffnungsvoll zu leben.

L'EXPRESS: Ein Träumer, um wovon zu träumen?

AXEL SPRINGER: Ein israelischer Freund, ein bedeutender Naturwissenschaftler, hat mir dieser Tage ein Buch geschickt und dort folgenden Satz hineingeschrieben: »Es ist eine alte Geschichte und doch ewig neu: Nur die Träumer großer Träume sind die Schöpfer der Zukunft.« Berlin muß überleben. Berlin ist das Herz Europas – ich kenne kein anderes. Das ist die ständige Vision, die Besessenheit, von der man erfüllt sein muß. An Berlins Überleben, an seinem Elan wird man den Wert aller Politik messen können, wie sie auch sei. Den Wert für die Zukunft der Freiheit. Wenn sie eine Zukunft hat.

L'EXPRESS: In dieser Zukunft spielt zumindest für Berlin doch die Sowjetunion eine große Rolle?

AXEL SPRINGER: Sinnvolle, gute Beziehungen zu Moskau sind selbstverständlich dringend nötig. Aber man darf nicht vergessen, daß der derzeitige so-

Berlin, Mai 1973: Eine Mutter bricht am Grab ihres Jungen zusammen, der in der Spree ertrinken mußte, weil niemand half. Links Axel Springer

wjetische Botschafter in Bonn[4] in der Vergangenheit schon mehrfach erklärt hat, die Integration Berlins, der ganzen Stadt, in den Machtbereich des Ostens sei nur eine Frage der Zeit, dies sei ein logischer Prozeß der Geschichte ... Als Deutscher habe ich gelernt, Erklärungen totalitärer Staaten viel Aufmerksamkeit zu schenken. Dort wird immer und sehr laut über die wirklichen Ziele geredet. Allzu viele Leute wollen es nur nicht glauben.

Die »New York Times«, ein Blatt, das die Entwicklungen in Berlin genauestens beobachtet, schrieb kürzlich, daß die Berliner Probleme im Rahmen einer größeren Politik zwischen Ost und West scheinbar minimal seien, daß es aber dennoch entscheidende Fragen seien, von denen das Überleben eines freien Europa abhinge. Und daß der Herr Bundeskanzler gegenüber Breschnjew auf klaren Berlin-Garantien hätte bestehen müssen. Ich bin in diesem Punkt völlig einer Meinung mit der »New York Times«.

L'EXPRESS: Warum dieses Haus Springer im Herzen Berlins, warum diese Leidenschaft und dieses Risiko, warum sind Sie nach Berlin gekommen?

AXEL SPRINGER: Ich bin kein geborener Berliner, ich bin es inzwischen geworden. Als die Situation Berlins dramatisch wurde, am Vorabend dessen, was man »die zweite Berlin-Krise« genannt hat, während des sogenannten Chruschtschow-Ultimatums[5], bin ich hierhergekommen. Ich habe das gegen den Rat meiner Mitarbeiter getan. Und ich habe es getan, total, ohne Vorbehalt und für immer, aus einem einzigen Grund:

Die Unabhängigkeit dieser Stadt ist lebenswichtig für die Zukunft des gesamten Westens, für die Zukunft jeder freien Gesellschaft in Europa, vielleicht in der Welt. Das Leben Berlins, das ist das Zeichen. Und dieses Zeichen war vor zwanzig Jahren vom Tode bedroht; so wie es auch heute, auf andere Art, Gefahr läuft, bedroht zu werden. Man täusche sich nicht.

Nachdem ich 1961 meine Entscheidung getroffen hatte, trotz der Mauer weiterzubauen, schrieb Willy Brandt mir einen Brief: »Lieber Herr Springer, ich wollte Ihnen auf diesem Wege nur ein Wort meiner persönlichen und amtlichen Freude über Ihre Pläne in Berlin sagen. Sie werden sicher nichts dagegen haben, wenn wir Sie als ein Beispiel deutscher Investitionen in Berlin bezeichnen werden.« So war zu jener Zeit das Klima.

Ich möchte deutlich sagen, daß ich während langer Jahre meines Lebens der Sozialdemokratischen Partei nähergestanden habe als jeder anderen Partei.

Meine Beziehungen zum nationalsozialistischen Deutschland waren sehr gestört. Ich strebte nach dem freien Wort. Ich träumte von der Freiheit des Ausdrucks. Dabei mußte ich mich beugen wie jeder andere auch.

Die Hakenkreuzfahne wehte über jeder Stadt meines Landes und sehr schnell über Europa; und trotzdem baute ich im Traum das Verlagshaus, das ich eines Tages zu gründen hoffte. Die Briefe, die ich in jener düsteren Zeit meinen Freunden schrieb, waren immer unterschrieben: Dein »Mammut-Verleger« Axel Springer.

Nach dem nazistischen Alptraum waren es berühmte Sozialdemokraten, Ernst Reuter und andere, die mich mit Deutschland wieder versöhnt haben. Weil ich durch ihre Schule gegangen bin, konnte ich wieder ein Deutscher werden. Und darum bin ich auch später nach Berlin gegangen, als die Sache »schlecht lief«, obwohl ich kein Berliner bin: Hier liegt Deutschlands Herz.

Vor der Einweihung dieses Gebäudes hier in Berlin habe ich den mit mir befreundeten Oberbürgermeister von Jerusalem, Teddy Kollek, besucht. Er hat mich auf die Zinne über seinem Büro geführt. Dort hat er mir gesagt; man müsse im Falle einer künftigen Wiedervereinigung von Jerusalem so nahe wie möglich an der berüchtigten Trennmauer bleiben und bauen. Ich habe ihm geantwortet: »Wem sagen Sie das!«

Übrigens war einer der eindrucksvollsten Augenblicke, die ich je erlebt habe, direkt nach dem Sechs-Tage-Krieg ein Rundgang um 5 Uhr morgens mit Teddy Kollek durch den arabischen Teil von Jerusalem. Danach war ich derartig bewegt, daß ich zwei Stunden lang kein Wort sprechen konnte. Anschließend an diesen Besuch habe ich auf Bitten israelischer Freunde den Vatikan aufgesucht, um für die Sache der Wiedervereinigung von Jerusalem zu plädieren – etwas recht Ungewöhnliches für einen Deutschen, der außerdem Protestant ist. Aber für mich sind seit damals diese beiden geweihten Städte schicksalhaft verbunden: Berlin und Jerusalem.

L'EXPRESS: Was macht Ihnen in bezug auf Deutschland und natürlich auf Berlin im derzeitigen Zustand der Weltgeschichte am meisten Sorge?

AXEL SPRINGER: Es liegt auf der Hand, daß man mit den Ländern des Ostens zu einer Entspannung kommen muß. Aber eine Entspannungspolitik, in Hast durchgepeitscht, deren Ergebnis der anderen Seite viel, viel mehr Vorteile bringt als der eigenen, da kann ich nicht mitmachen.

In einem Vortrag habe ich einmal die von Moskau für Europa angesteuerte »Pax Sovietica« der von mir gewünschten »Pax Americana« gegenübergestellt[6]. Ein Briefschreiber hat mich korrigiert: Wir sollten eine »Pax Europana« anstreben, eine Friedensregelung für Europa, mit Amerika engstens verbunden. Das unterschreibe ich gerne.

Entspannung mit dem Osten unter Bedingungen, die wirklich Entspannung bringen. Darüber sollte man reden. Bedingungen auch, die alle mit ganzem Herzen akzeptieren können.

Berlin könnte ein Beispiel sein, ein Testfall, der Schlüssel zu allem.

Heute ist Berlin ein bedrohter Nebenschauplatz der deutschen wie der internationalen Ost-West-Politik. Die Sowjets und ihre Verbündeten, besonders Ost-Berlin, versuchen z. B., West-Berlin aus allen Abmachungen herauszuhalten, die sich mit der Bundesrepublik Deutschland befassen. Lassen wir das zu, haben wir die Schlacht verloren. Wenn wir Berlin untergehen ließen, wäre tatsächlich der Weg frei für die expansive Westpolitik des Kremls. Was man braucht, sind Festigkeit und Beharrungsvermögen.

Hiervon ausgehend, kann sich ein außerordentlich weites Feld eröffnen. Ich wußte in besonderer Weise von Pasternaks Schicksal[7]. Mir sind natürlich die Schicksale der gegenwärtig in der Sowjetunion verfolgten Schriftsteller bekannt. Als Deutscher bin ich besonders empfindsam, wenn freie Menschen eingesperrt werden. Wir müssen alles tun, um ihnen zu helfen, um ihre Gefängnisse zu öffnen.

Wenn die »Öffnung zum Osten« zur »Öffnung der Gefängnisse« führt, dann werden wir die richtige Ostpolitik haben.

Es mag seltsam erscheinen, in unserer Zeit von Moral zu sprechen, aber ich stufe gerne alle politischen Gedanken nach einer ethischen Wertskala ein. Sie sehen im Hintergrund meines Büros das Porträt Bismarcks. Er war zweifellos ein großer Mann, aber er hat natürlich die Methoden eines anderen Jahrhunderts angewandt. Er hat versucht, den Traum von der deutschen Einheit zu verwirklichen. Er hat sich den deutschen Fürsten entgegengestellt und sogar seinem König, um seine Idee durchzusetzen, und hat in der Euphorie des Sieges in Versailles, nicht in Berlin, das Deutsche Reich verkünden lassen.

Dieses Reich ist untergegangen. Es wird nur – in geläuterter Form – auferstehen, wenn an Stelle von Macht die Moral gesetzt wird. Dann wird man eines Tages wieder das ganze Deutschland sehen können. Vereint um der Freiheit willen und eingebettet in ein freies Europa. Davon bin ich überzeugt. Ich würde dieses Ereignis gern miterleben, wenn nicht, wird mein Sohn dabeisein.

Ich möchte betonen, daß ich zwar heißen Herzens die Wiedervereinigung Deutschlands herbeisehne. Wenn aber die Deutschen auf der anderen Seite der Mauer in Freiheit lebten, würde ich nichts dabei finden, beim Überschreiten der Grenze meinen Ausweis zu zeigen. Als Folge des von uns zu verantwortenden Zweiten Weltkrieges zwei deutsche Staaten? Bitte, wenn Freiheit und Menschenrechte in beiden garantiert sind.

Am Tag der Paraphierung des Grundvertrages[8] zwischen den beiden deutschen Staaten hatte ich den Besuch des Botschafters einer Großmacht, dem die Teilung Deutschlands in zwei Staaten eine natürliche Sache zu sein schien. Wir haben uns sehr lebhaft ausgesprochen. Ich habe ihm gesagt, es handele sich weniger um Deutschland. Es ginge um einen Teil von Europa, der in Freiheit leben muß. Dieses Europa ist nur realisierbar in gegenseitiger Achtung und wenn jeder für den anderen einsteht. Hier in Berlin fällt der Gedanke an ein solches Europa auf besonders fruchtbaren Boden.

L'EXPRESS: Gibt es viele im Osten des Landes, die die Mauer überqueren, das heißt in den Westen gelangen wollen?

AXEL SPRINGER: Viele möchten in den Westen kommen, aber es gelingt sehr wenigen. Es sind vor allem ältere Leute, die die Genehmigung erhalten.

Vor einigen Jahren, nach dem Bau der Mauer im Jahre 1961, nahm ein Beauftragter des Ostens hier in Berlin mit mir Verbindung auf, um zu fragen, ob wir bereit wären, für jeden Deutschen aus dem Osten zu zahlen, dem die Ausreise genehmigt würde. Er setzte den Lösegeldbetrag mit 40 000 DM pro Kopf an.

Sofort informierte ich die Bundesregierung, und natürlich haben wir das Angebot angenommen. Das alles blieb streng geheim, natürlich. Ich hatte mich engagiert.

Eines Tages war ich beunruhigt, als ich drei Zeilen zu diesem Thema in der »New York Times« las. Ich befürchtete, das ganze System würde jetzt scheitern. Es gab aber keine Folgen. Jetzt darf ich davon sprechen.

L'EXPRESS: Wie an vielen anderen Orten in Europa gibt es in Berlin ein gewisses Maß an Agitation und Kundgebungen, wodurch die junge Generation ihre Unzufriedenheit mit dem gegenwärtigen Kurs unserer Gesellschaft manifestiert. Sie haben oft gesagt, solche Äußerungen seien nicht immer spontan, und man habe es hier mit Manipulation zu tun. Sie, der Sie an eine freie Gesellschaft glauben, wo ziehen Sie die Grenze zwischen freiheitlichen Äußerungen und Subversion?

AXEL SPRINGER: Unsere Zeitungen waren die ersten in Deutschland, die eine Reform der Universitäten gefordert haben. Wir haben auf diesem Gebiet kämpferische Aktivität bewiesen. Wir waren die ersten, die vorschlugen, das alte System der Professoren zu reformieren. Aber unsere Zeitungen waren es auch, die zuerst auf die extremistischen Gruppen hingewiesen haben wie die Baader-Bande[9] oder Mahler und seinen Anhang.

Ich bin dreizehn Stunden lang Zeuge im Mahler-Prozeß[10] gewesen. Und dort habe ich Gesichter sehen können, die die Gesichter von Fanatikern waren. Es war auch sehr bezeichnend, daß nach der Bekanntgabe des Mordes an den israelischen Olympiakämpfern in München Mahler in seinem Berliner Gefängnis die Mörder als Freiheitshelden lobte.

Ich bin nicht sachverständig in Universitätspolitik. Ich weiß aber, daß man gegenwärtig in Berlin gegen die Novellierung des Universitätsgesetzes demonstriert, das man »reaktionär« nennt. Was auch immer meine Meinungsverschiedenheiten mit der Berliner Regierungspartei, der SPD, sein mögen – ich würde niemals so weit gehen zu sagen, sie sei reaktionär. In der Tat handelt es sich in Deutschland beim radikalen Kern um eine ganz kleine Minderheit, die sehr aktiv, sehr spezialisiert ist. Es sind Fanatiker, Antidemokraten, Antizionisten, Antisemiten und Verführte. Auch jene, die in unserem Hamburger Verlagshaus vor einem Jahr Bomben gelegt haben, gehören dazu.

Es gibt bei ihnen einen fast grotesken Antiamerikanismus. Den Kommunismus loben sie in höchsten Tönen. Sagt man ihnen aber: Geht doch in den Osten, so wollen sie das keineswegs.

Auf diesem Sofa saßen kürzlich zwei Universitätsmitglieder, Wissenschaftler, die nach 1933 Deutschland als verfolgte Juden verlassen hatten. Nach dem Krieg kehrten sie zurück, und jetzt besuchten sie mich. Sie werden von neuem verfolgt, von den Terroristen der Berliner Universität, und sie sagten mir, sie würden Deutschland wiederum verlassen. Sie haben nicht mehr die Kraft, sich gegen 400 militante Extremisten des Spartakusbundes[11] zu behaupten, die den Betrieb der Universität blockieren.

Die eher linksliberale Zeitschrift »Newsweek« hat dieser Tage die Freie Universität in Berlin als »Brutstätte des Radikalismus« bezeichnet. Und an anderen Berliner Hochschulen ist es, wenn möglich, noch schlimmer.

Der jetzige Regierende Bürgermeister von Berlin, Klaus Schütz, ein früherer Assistent der Universität, hat anfangs den Hauptteil seiner Tätigkeit damit verbracht, sich mit dem Haufen Extremisten an den Hochschulen herumzuschlagen. Man mag in gewissen Punkten mit Schütz nicht konform gehen, doch kann man ihm nicht vorwerfen, er sei ein Reaktionär.

L'EXPRESS: Es ist nicht eine kleine Gruppe von Extremisten und dann die Gesamtheit der anderen; sonst wäre Berlin ein besonderes Land. Uns interessieren weniger die Agitatoren, von denen Sie sprechen, sondern dieser ganze protestierende Teil der Jugend, jene, die die Gesellschaftsform in Frage stellen.

AXEL SPRINGER: Wenn sie die Rechte der Freiheit, die Spielregeln der Demokratie achten, kann man eine Grundlage für Diskussion, Verständigung und Aufbau finden.

Unsere ganze Geschichte zeigt, daß wir Deutschen hinsichtlich unserer Überzeugungen leicht zur Übertreibung neigen. Meine Mutter, die sehr viel von Goethe gelesen hat, sagte mir immer, der Deutsche könne so hervorragend als einzelner sein wie unerträglich in der Masse. Aber ich habe Vertrauen.

L'EXPRESS: Sie haben viel von Israel gesprochen. Warum verknüpfen Sie immer die Schicksale von Berlin und Jerusalem?

AXEL SPRINGER: Dieses Gebäude steht nicht an der Jerusalemer Straße, sondern auf ihr.

Ich bin sehr unglücklich, daß Deutschland jeden Beitrag jüdischen Geistes verloren hat. Er fehlt uns auf allen Gebieten: an den Hochschulen, in der Presse, im Theater, im Kino, in der Wirtschaft – kurz: überall.

Ich habe sehr freundschaftliche Beziehungen zum »Leo Baeck-Institut« in New York[12], das ich unterstütze. Leo Baeck war der führende deutsche Rabbiner nach 1933, ein großer Mann. Wenn ich in diesem Institut die sogenannte Siegesallee sehe, die Fotos so vieler deutscher Nobelpreisträger jüdischen Ursprungs, wird mir immer besonders klar, was wir verloren haben.

Bernard Charlon

PARADE MILITAIRE A BERLIN-EST.

L'EXPRESS VA PLUS LOIN AVEC AXEL SPRINGER

Jean-Régis Roustan

BERLIN : AVEC FRANÇOISE GIROUD, PH. GRUMBACH ET M. GORDEY.

La révolte de Berlin-Est, il y a vingt ans, le 17 juin 1953, ne sera pas cette année célébrée à l'Ouest comme elle le fut autrefois. Entre l'Est et l'Ouest, c'est la détente. Pourtant, entre l'Est et l'Ouest, il reste un mur. Pas très haut, mais infranchissable sans autorisation, sauf à risquer la mort. Surplombant ce mur, qui sillonne toute la ville de Berlin, ce mur sur lequel on bute partout, un immeuble orgueilleux dresse ses 20 étages. Au fronton, un nom : Axel Springer. Quand cet Allemand obstiné, qui a édifié de ses mains une gigantesque entreprise de presse et d'édition, est venu planter son quartier général à Berlin-Ouest et y habiter, en 1959, c'était un geste politique. Les Allemands de l'Ouest ont leurs affaires à Hambourg, à Francfort, à Munich. Pas à Berlin, enclavé dans l'Allemagne de l'Est. En choisissant de s'y

120

»L'Express« vom 18. Juni 1973: doppelseitige Aufmachung des Interviews mit Axel Springer

AXEL SPRINGER. Jean-Régis Roustan

MONSIEUR BERLIN

installer, solitaire et superbe, Axel Springer manifestait de façon spectaculaire sa confiance dans l'avenir de la ville frontière. M. Willy Brandt fut le premier à l'en remercier. Axel Springer devint l'homme de Berlin. Aujourd'hui, alors que la nouvelle politique de détente entre l'Est et l'Ouest se développe, alors que M. Brejnev se rend aux Etats-Unis après avoir été en Allemagne, quel sens a la position d'un homme comme Axel Springer, important par le pouvoir dont il dispose, comme par la volonté dont il témoigne ? Le légendaire Berlin n'est-il pas un anachronisme ? Axel Springer a accepté d'aller plus loin avec L'Express.

Avant d'entamer ce dialogue, il faut essayer d'imaginer ce qu'est une ville murée. En tournant la page, quelques photos...

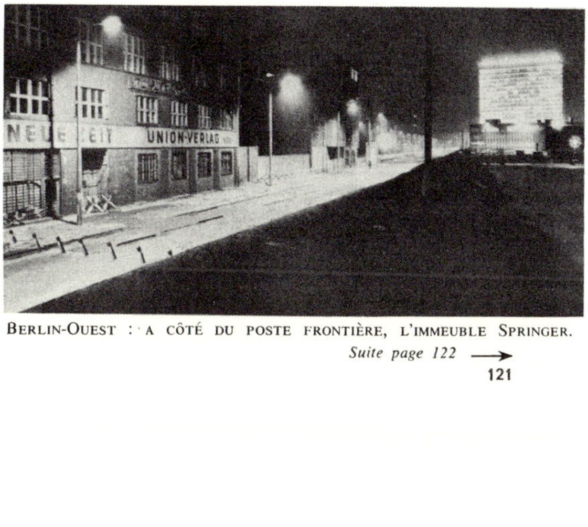

Bernard Charlon

BERLIN-OUEST : A CÔTÉ DU POSTE FRONTIÈRE, L'IMMEUBLE SPRINGER.

Suite page 122 →

Da ist also zunächst dieses: der entscheidende Anteil der Juden an Deutschland. Und dann ist da der absolute Wille zur Wiedergutmachung der Verbrechen, die das deutsche Volk an den Juden begangen hat – soweit dies möglich ist. Ich versuche unermüdlich, diese Einstellung dem jüdischen Volk gegenüber in Deutschland wachzuhalten.

Es gibt noch einen dritten Grund, den ich auch sehr offen aussprechen möchte. Ich bemühe mich, ein religiöser Mensch zu sein, mich wie ein Mensch zu verhalten, der im Glauben steht. Es gibt für mich die Liebe zum Judentum, die aus der Religion entstanden ist.

Ich habe kürzlich eine Bemerkung des Evangelisten Billy Graham gelesen, worin die Überzeugung zum Ausdruck kam, daß Gott immer besondere Beziehungen zum jüdischen Volk unterhalten habe. Die Tatsache, daß 16 Millionen Juden trotz der Diaspora als Juden überlebt haben, dank der Vorsehung Gottes, ist ein großes und bedeutsames Geheimnis, das in enger Verbindung zu meinem Glauben steht.

Wenn ich zu den Deutschen über Deutschland spreche, erinnere ich oft daran, daß die Juden 2000 Jahre lang gebetet haben: Nächstes Jahr in Jerusalem! Und letzten Endes hat es sich erfüllt. Wir müssen für uns aus all dem, was die Juden zu ertragen wußten, um dieses Ziel zu erreichen, die Lehre der Standhaftigkeit ziehen. Woraus sich ein echtes Band zwischen Berlin und Jerusalem ergibt.

L'EXPRESS: Nehmen wir an, Sie seien für Berlin verantwortlich. Was würden Sie tun?

AXEL SPRINGER: Wenn ich für Berlin Verantwortung mitzutragen hätte, würde ich Sie und alle bitten, mitzuhelfen, daß jedes Unternehmen in der freien Welt begreift, daß es sein höchstes Anliegen sein müßte, hier in Berlin beizusteuern, daß die Ausstrahlungskraft des freien Berlins nicht verblaßt.

Wenn wir alle es wollen, ist und bleibt Berlin die Hauptstadt des moralischen Weltbildes, an das ich glaube und das allein das Überleben in einem menschenwürdigen Rahmen ermöglicht.

L'EXPRESS: Haben Sie einen Hang zur Macht?

AXEL SPRINGER: Nein. Im Grunde hasse ich die Macht. Sie fördert die Korruption. Man muß mit der Macht sehr vorsichtig umgehen. Wenn überhaupt, muß sie mit Moral gekoppelt sein.

L'EXPRESS: Die Regeln der Moral sind nicht für alle gleich. Die Gemeinsamkeit nimmt mehr und mehr ab. Sind Sie Optimist?

AXEL SPRINGER: Ja. Ich hoffe, ein vernünftiger Optimist zu sein. Man wird sehen.

Wichtig ist mir, daß Leben in diese Stadt gebracht wird. Es ist sehr schön, Berliner zu sein, aber gleichzeitig ist es sehr anstrengend und belastend.

Ich erlaube mir in diesem Zusammenhang ein Urteil über Frankreich, obgleich

ich es wenig kenne. Dort ist alles sehr stark in Paris zentralisiert, während wir in Deutschland in das gegenteilige Extrem verfallen sind. Wir besitzen eben keine Hauptstadt, die die Funktion der Kräftezusammenfassung, der Synthese erfüllt.

L'EXPRESS: Vielleicht wird man sich arrangieren können?

AXEL SPRINGER: Das ist es. Man muß die gute Mitte finden. Ich sage immer, ich bin ein »Radikaler der Mitte«. Deutschland, vor allem Deutschland, muß sich vor Extremen hüten. Und das Ziel Berlins sollte es nicht so sehr sein, wieder Reichshauptstadt zu werden, sondern ein Lebenszentrum, eine Hoffnung, die Stadt Europas im besten Sinne des Wortes. Dann wird es nach bestandener Prüfung eines Tages das Herz Europas sein.

Die Freiheit ist kein Märchen

Bekenntnisse eines engagierten Christen enthält ein Interview, das Axel Springer im Januar 1977 der osteuropäischen Emigranten-Zeitschrift »Kontinent«[13] gab.

KONTINENT: Sie haben im Jahre 1974 für unsere Arbeit die Voraussetzungen geschaffen. Was hat Sie dazu bewogen?

AXEL SPRINGER: Ich bin ein politisch engagierter Christ, das ist kein Geheimnis. Und ich habe aus dem christlichen Glaubensbereich Leitbilder, die mein Leben und Wirken prägend begleiten. Dazu gehört auch der Heilige und Einsiedler des Mittelalters, Nikolaus von Flüe, der Pater patriae der Schweiz[14].

Ich bekenne mich zu dem Wort eines seiner bedeutendsten Interpreten: »Wer etwas vom Bruder-Klaus-Mysterium ahnt, fühlt, daß dieser Mann noch immer unsichtbar unterwegs ist und quer durch das verwirrende Menschengewühl hindurchgeht, um dem einzelnen jenes bedeutsame Wort ins Ohr zu flüstern, das nicht wie Schall und Rauch vergeht – sondern ewig ist.« Dieses Mahnwort heißt: Hilfe für den Bedrängten, Bedrohten, Notleidenden, Verfolgten. Kurz: Nächstenliebe.

Ich bin ein politischer Mensch, und deshalb bekenne ich, daß ich Nächstenliebe nicht nur karitativ verstehe und praktiziere, sondern auch politisch. Mein Nächster im politischen Sinne ist zunächst der Deutsche in Bedrängnis. Drüben, hinter der sogenannten Staatsgrenze der »Deutschen Demokratischen Republik«, hinter den Mauern der Zuchthäuser und der Arbeitslager der sowjetisch besetzten Zone und der abgetrennten Gebiete; darüber hinaus alle Menschen hinter den unsichtbaren Mauern des Gesinnungsterrors. Alle Menschen ohne Freiheit. Die Emigranten, die Flüchtlinge, die Ausgebürgerten der Sowjets, die wie ich für die noch Eingekerkerten und Bedrohten kämpfen, sind für mich Weggenossen im Ringen um die Freiheit.

Das verbindet mich auch mit den russischen Freiheitskämpfern – mit Solschenizyn, mit Sacharow, mit Maximow, mit Amalrik[15] und ihren Freunden. Wir stehen gemeinsam unter dem Gesetz der politischen Solidarität, zu der uns der Freiheitswille verpflichtet.

KONTINENT: In Ihren Reden kommen Sie immer wieder auf das zentrale Thema Freiheit zu sprechen. Wenn Sie sich die Entwicklung in großen Teilen der Welt, also nicht nur in Osteuropa, vor Augen halten, glauben Sie dann tatsächlich, daß die Freiheit eine Chance hat? Was muß geschehen, um sie zu verwirklichen?

AXEL SPRINGER: Dieses Wort und der Begriff der Freiheit sind für mich die geistige Kernspaltungsformel unserer Epoche. Es bedarf wohl keines Erinnerungshinweises, daß das Leid dieser Epoche durch Hitlers Eroberungskrieg in unendlichem Maße vergrößert wurde. Doch man kann nicht Hitlers gestrige Gewaltpolitik verdammen und die heutige Gewaltpolitik der Sowjets akzeptieren und sich mit ihr abfinden. Unrechtsystem bleibt Unrechtsystem.

Unfreiheit bleibt Unfreiheit. Ganz gleich, unter welcher Flagge gesegelt und in welcher Farbe marschiert und terrorisiert wird.

Ich halte die politische Freiheit für ein so zentrales Anliegen der Welt des 20. Jahrhunderts, daß ich sie höher ansetze als Grenzen und Souveränität. Die Großräume unserer Zeit können sogar eine Nivellierung, eine Durchlöcherung der staatlichen Demarkationslinien vertragen, ohne daß das Wohl und das Glück der Menschen darunter leiden muß. Aber die Einebnung der Freiheit, ihre Zerstörung bedeutet das Ende menschenwürdigen Lebens.

Deshalb meine ich: Nicht an die Freiheit glauben, nicht für die Freiheit kämpfen heißt Gott verleugnen und die Welt dem Teufel überantworten – in welcher Gestalt auch immer. So ist der Kampf um die Freiheit ein sittliches Gebot. Er hat etwas von einer Erlöseraufgabe. Deshalb ist der Passionsweg der Wahrheit, den der Freundeskreis von »Kontinent« gegangen ist und geht, der wahre Anfang, um der Freiheit in den unfreien Staaten des europäischen Ostens eine Chance zu geben.

Wenn es gelingt, die Völker Osteuropas, einschließlich der Sowjetunion, gegen die Lüge der Gewalthaber immun zu machen, indem wir die Wahrheit als Elixier der Freiheit auf allen Wegen über Mauern und durch Zäune schaffen, dann bereiten wir jene Revolution des Geistes vor, die noch immer die Lüge außer Kraft gesetzt und Diktatoren, Gewaltregime und Unterdrücker gestürzt hat. Das klingt heute wie ein Märchen. Ist es nur ein Märchen?

Es gab einmal einen Mann namens Theodor Herzl. In scheinbar aussichtsloser Lage versprach er den Juden jenen Staat, auf den sie seit 2000 Jahren tagtäglich – vergeblich – hofften. Herzl hämmerte den Juden ein: »Wenn Ihr wollt, ist es kein Märchen.«

Das heißt für uns: Wenn wir nur wollen, wenn wir alles wagen, dann ist die Freiheit kein Märchen. In Deutschland nicht. In Polen nicht. In Ungarn, Rumänien, der Tschechoslowakei und den baltischen Staaten nicht. Und nicht in Rußland.

Briefe

Dank an Kardinal Mindszenty

Im Herbst 1974 erschienen im Propyläen Verlag die »Erinnerungen« von József Kardinal Mindszenty. Nachdem Axel Springer sie gelesen hatte, schrieb er nachstehenden Brief an den früheren Fürstprimas von Ungarn.

Berlin, 7. Oktober 1974

Eminenz,

während einer Erkrankung, die auch heute noch andauert und mich der großen Auszeichnung beraubt, mich Eurer Eminenz vorstellen zu können, las ich eins der allerersten Exemplare der Memoiren von József Kardinal Mindszenty[1].

Es mag die gesteigerte Empfindungsfähigkeit eines Fiebernden und zugleich die eines Lesers gewesen sein, der in so vielen Zeichen unserer Tage die Vorapokalypse zu erkennen glaubt, daß er immer wieder für Stunden das Buch aus der Hand legen mußte, weil Erschütterung beim Lesen ihn überkam.

Verlust der Religion, des Vaterlandes, Gefängnis, Folter und immer wieder Jammer und Jammer und letztlich nur Trost für den, der mit Christus sagen kann: »devictus vincit – besiegt, siegt er«.

In der Nachfolge Christi stehen, so heißt der Auftrag an den Menschen. Immer wieder hat die Erde große Leidende gesehen, die diesem Gebot so nahe kamen, daß ihre lichte Spur von den in des Wortes wahrer Bedeutung Aufgeklärten wahrgenommen wurde und wird.

Mir kommt nichts anderes zu, als bewegten und tiefen Dank zu sagen, daß Sie Ihr Buch unserem Hause zur Betreuung anvertraut haben.

Dieses deutsche Verlagshaus steht in der umkämpften Stadt Berlin, direkt an der Nahtstelle zwischen West und Ost, an der Mauer, an die sich die Welt wie an so viele Ungeheuerlichkeiten gewöhnt zu haben scheint.

Überglücklich wäre nicht nur ich, wenn ein Besuch Seiner Eminenz des Kardinal Mindszenty im leidgeprüften Berlin stattfinden könnte. Sie würden einmal mehr Menschen Trost spenden, die an unserer unglücklichen und würdelosen Zeit irre zu werden drohen.

Gerade heute erfuhr ich, daß die Bischofssynode in Rom den Berliner Bischof Kardinal Bengsch unter der Rubrik »Deutsche Demokratische Republik« führt. Damit wird ganz Berlin praktisch vom Vatikan zum Teil der »DDR« erklärt, weil eben Kardinal Bengsch auch für die Westberliner Katholiken zuständig ist[2].

So wird eine Position nach der anderen in mißverstandener Auslegung des Wortes Entspannung preisgegeben.

Als in der Mitte des 19. Jahrhunderts der spanische Philosoph Donoso Cortés über die Zukunft sprach und eine Welt-Hegemonie unter Rußlands Zepter der Diktatur voraussagte, formulierte er wörtlich:

»Dann wird Rußland mit dem Gewehr unterm Arm ruhig in Europa spazierengehen können. Dann wird die Welt dem größten Strafgericht beiwohnen, das die Geschichte zu verzeichnen hatte.«

Eminenz, ich darf wiederholen, es wäre für uns alle ein großes Glück, Sie einmal in den Mauern unserer Stadt zu wissen, die vom roten Meer umgeben ist und wo nun schon seit 28 Jahren tapfere Menschen in der Freiheit ausharren.

Mit nochmaligem bewegtem Dank bin ich getreulich und ergeben

Ihr Axel Springer

Wie schwer muß es Ihnen gefallen sein ...

Der Generalsekretär der Vereinten Nationen, Dr. Kurt Waldheim, besuchte im März 1979 West-Berlin. Auf seinen Wunsch kam es auch zu einer Begegnung mit Axel Springer. Der Verleger erläuterte bei dieser Gelegenheit dem Gast aus New York die Menschenrechtsverletzungen durch das Regime in Ost-Berlin. Als wenige Tage später der UN-Generalsekretär in Ost-Berlin die Ehrendoktorwürde der Humboldt-Universität entgegennahm, schrieb ihm Axel Springer folgenden Brief.

Berlin, 11. April 1979

Sehr geehrter Herr Dr. Waldheim,
als ich am Sonntag im Rundfunk vernahm, daß Ihnen in Ost-Berlin die Ehrendoktorwürde der Humboldt-Universität verliehen wurde, da kam mir einiges in den Sinn.

Ich erinnerte mich dankbar an unser kurzes Gespräch vom 30. März[3]. Dabei hatte ich über die inhumane Art der Behandlung von Gefangenen, besonders von politischen Häftlingen jenseits der Mauer, berichtet. Heute erlaube ich mir, Ihnen eine Rede beizulegen, die ich vor drei Jahren in München hielt. Hauptthema war eben jene menschenunwürdige Behandlung, die man drüben politischen Gefangenen angedeihen läßt. Ich lege außerdem eine »stern«-Serie[4] bei, die sich mit demselben Problem befaßt, sowie ein dazu erschienenes Buch »Gesicht zur Wand«[5].

An dieses mich dauernd beschäftigende Thema wurde ich gerade im Zusammenhang mit der Ihnen zuteil gewordenen »Ehrung« wieder erinnert. Denn einer der frühen politischen Zuchthaus-Häftlinge in der damaligen sowjetischen Besatzungszone war Georg Wrazidlo, Vorsitzender der Studentischen Arbeitsgemeinschaft der wiedereröffneten Berliner Universität, gewesen, ein Mann, der erst 1945 aus einem nationalsozialistischen Konzentrationslager entlassen worden war und sich gegen die rote Gleichschaltung der Universität gewandt hatte[6].

Sie erinnern sich bestimmt, daß im Jahre 1948 Studenten und Professoren der Universität Berlin, die sich dem politischen Druck nicht länger fügen wollten, im westlichen Teil der Stadt die Freie Universität gründeten[7]. (Daß auch diese Universität inzwischen weitgehend zu einer kommunistischen Kaderschule geworden ist, steht auf einem anderen Blatt. Darüber, besonders über Ursachen und Versäumnisse, zu schreiben, würde allerdings den Rahmen dieses Briefes sprengen.)

Schließlich weckte in mir die Nachricht von der Feierstunde in dem ursprünglichen Palais des Prinzen Heinrich[8] auch eine andere Erinnerung. Ich dachte daran, wie ich am Tag nach Entebbe[9] in Jerusalem Ehrendoktor der Hebräischen Univers ität[10] geworden war und wie Daniel Pat Moynihan, dem dieselbe Ehrung zuteil wurde, in seiner Dankansprache von dem tausendjährigen humanistischen Erbe sprach, das diese Universität in so grandioser Art verwalte. Wie schwer muß es Ihnen gefallen sein, sehr verehrter Herr Dr. Waldheim, den Usurpatoren des Geistes in Ost-Berlin zu bestätigen, daß es dort auch heute eine »dem Humanismus verbundene Universität« gebe.

Ich empfehle mich Ihnen mit den besten Wünschen für eine erfolgreiche Arbeit in Ihrem verantwortungsvollen Amt und mit einem wiederholten Dank für Ihren Besuch im freien Teil der alten deutschen Hauptstadt.

Mit freundlichen Grüßen
Ihr Ihnen sehr ergebener
Axel Springer

Ein Telegramm an Johannes Paul II.

Die erste Auslandsreise von Papst Johannes Paul II. im Januar 1979 nach Mexiko, in ein Land, das keine diplomatischen Beziehungen zum Heiligen Stuhl unterhält, setzte eine religiöse Inbrunst unvermuteten Ausmaßes frei. Der Papst eroberte die Herzen von Millionen Menschen. In einer Ansprache zur Eröffnung der dritten lateinamerikanischen Bischofskonferenz in der Stadt Puebla wandte sich der Pontifex maximus entschieden gegen »Neuinterpretationen« von Jesus als politisch engagiertem, klassenkämpferischem Menschen. Diese Rede, die weltweit größte Beachtung fand, veranlaßte Axel Springer, nachstehendes Telegramm an den Papst zu senden.

Berlin, 31. Januar 1979

Heiliger Vater,
das klare und mutige Plädoyer Eurer Heiligkeit für eine unverfälschte Evangelisation und für die Unantastbarkeit der Glaubenswahrheiten erfüllt mich mit Glück und großer Dankbarkeit.

Mit Ihrem eindringlichen Veto gegen ein Verständnis von Christus als Politiker, Revolutionär und Umstürzler haben Sie weltweit Marksteine gegen die Säkularisation des kirchlichen Auftrags gesetzt. Christentum und Marxismus schließen sich ebenso aus wie die Bergpredigt und eine »Theologie der Befreiung«, die unsere christlichen Kirchen zum Vehikel gewalttätiger Ideologien und Bewegungen machen möchte.

Eure Heiligkeit, möge Ihr Bekenntnis zum unverletzlichen Glaubensgut seinen Widerhall bei jenen Theologen finden, die, wie da und dort auch in Deutschland, mit ihrer modernistischen Progressivität der Verkündigung des Wortes Gottes schweren Schaden zufügen.

Hier in Berlin, an der Grenze von Kommunismus und Freiheit, begreift man, warum die Botschaft Christi in einer geteilten Welt nicht mit gespaltener Zunge verkündet werden darf.

Mit Eurer Heiligkeit ehrerbietigsten Grüßen
Axel Springer

Sprechen wir eigentlich noch die gleiche Sprache?

54 der wichtigsten Wirtschaftsführer, Wissenschaftler und Technologen der amerikanischen Ölgesellschaft Exxon machten im Juni 1979 einen Besuch in Berlin. Axel Springer gab ihnen einen Empfang, bei dem er u. a. sagte: »Es gibt keinen Ort in der Welt, wo die Lüge der Entspannung sich so deutlich zeigt wie hier in Berlin.« Vor dem Berliner Abgeordnetenhaus wurde er deshalb am 28. Juni von dem früheren SPD-Landesvorsitzenden Gerd Löffler kritisiert. In einem Brief an Löffler setzte sich der Verleger gegen den Vorwurf zur Wehr, er betreibe Demagogie.

Berlin, 5. Juli 1979

Sehr geehrter Herr Löffler,
in der Nachkriegsgeschichte unserer Stadt gehört der 28. Juni 1979 zu den bösen Daten. Denn an diesem Tag wurde im Osten der Versuch gemacht, eine weitere Salamischeibe von der Viermächte-Verantwortung für Groß-Berlin abzuschneiden: Die Abgeordneten zur Volkskammer sollen von nun an in Ost-Berlin direkt gewählt werden[11]. Außerdem wurde ohne Rücksicht auf die auch von der »DDR« unterzeichneten Helsinki-Dokumente den Bürgern dort ein weiteres Stück ihrer schon so beschnittenen Freiheit genommen[12].

An demselben 28. Juni setzten Sie sich im Berliner Abgeordnetenhaus während der Debatte über die praktischen Erfahrungen mit dem Viermächte-Abkommen mit einer Passage aus einer Ansprache auseinander, die ich wenige Tage vorher vor amerikanischen Industriellen gehalten hatte.

Sie zitierten mich: »Es gibt keinen Ort in der Welt, wo die Lüge der Entspannung sich so deutlich zeigt wie hier in Berlin, von hier oben aus gesehen.« Sie sagten, die Mauer sei durch die Bemühungen der Politik in einer Richtung millionenfach durchlässig geworden, und fügten hinzu: »Diesen Ort Berlin, der stabiler geworden ist, dessen Zugänge und Bindungen sicherer geworden sind, als die Lüge der Entspannung zu bezeichnen, ist abwegige und schädliche Demagogie, mit der in dieser Frage niemandem geholfen wird. Nicht der Regierung, nicht der Opposition, aber insbesondere nicht den Menschen, um die es jeweils bei jedem konkreten politischen Schritt geht.«

An dem Tag also, an dem prominente Mitglieder Ihrer Partei das Ostberliner Vorgehen als Schlag gegen die Entspannung bezeichnen und die Westmächte den Volkskammerbeschluß als den schwersten Verstoß gegen das Viermächte-Statut der Stadt seit dem Mauerbau 1961 empfanden, wobei die NATO eine besondere Alarmbereitschaft der Sowjettruppen feststellte, beschuldigen Sie mich der Demagogie, weil ich gesagt habe, die Entspannung sei eine Lüge. Demagogie bedeutet »Volksverführung«. Sehe ich, was mir in diesem Falle nicht schwerfällt, von der Kränkung ab, die dieses Wort bedeuten müßte, wenn ich es ernst nähme, dann bleibt nur die Frage an Sie: Meinen Sie wirklich, mein von Ihnen erwähnter Einfluß würde ausreichen, dem Volk eine Entspannung auszureden, wenn es eine solche gäbe?

Mein Wort von der »Lüge der Entspannung« leugnete, so sagten Sie, »jede Realität der Entspannungspolitik«. Ich wollte, Sie hätten recht! Aber die tägliche Praxis, die wir erleben, zeigt eine andere Realität. Bleiben wir aber bei den Realitäten:

Realität ist, daß etwa 6000 unserer Landsleute drüben in den Zuchthäusern sind, weil sie das Wort von der Entspannung ernstgenommen haben. Die Haftbedingungen sind grauenvoll im wahrsten Sinne des Wortes.

34 000 Todesautomaten[13] sichern die Grenze jenes Gebildes, das weder deutsch noch demokratisch, noch eine Republik ist, wie Willy Brandt einst sagte.

Niko Hübner, unser junger Landsmann, sitzt seit einem Jahr hinter Schloß und Riegel, weil er sich auf das berief, was zu den von Ihnen erwähnten »Grundlagen« gehört: auf das Viermächte-Statut[14].

Denken Sie auch an Professor Havemann[15], dessen Schicksal von Entspannung nichts spüren läßt.

Denken Sie an die verfolgten und gedemütigten Schriftsteller in der »DDR«.

Denken Sie vor allem an die Toten, die vor den Stacheldrähten verbluteten.

Denken Sie an die Eheleute Grübel[16], die hier im freien Berlin unter uns leben, denen vor vier Jahren ihre beiden Kinder buchstäblich geraubt wurden, die sie trotz »Entspannung« heute noch nicht bei sich haben.

Gewiß, man hat einige Reiseerleichterungen geschaffen – von West nach Ost, nicht von Ost nach West, obwohl die zuletzt genannte Richtung in unserem geteilten Volk die viel dringender, schmerzhafter ersehnte ist. Ich schätze das nicht gering. Aber die Gegenseite hat bereits mehrmals gedroht, auch diese Erleichterung wieder zu zerschlagen.

Man verkauft uns Häftlinge gegen Bargeld. Ich habe um der Menschen willen nichts dagegen. Aber die Methode spricht für sich.

Man drangsaliert Korrespondenten unserer Massenmedien.

Man hat – ich wiederhole – am selben Tage, an dem Sie mein Wort von der Entspannungslüge attackierten, die Gesetze zur Unterdrückung unserer Landsleute drastisch verschärft, so daß jeder mit Zuchthaus bedroht ist, der sich zur Freiheit bekennt, dem Westen etwas über die Trostlosigkeit im SED-Staat mitteilt oder das Regime drüben als unvorteilhaft beurteilt.

Bürger, die sich für die Menschenrechte einsetzen, sich auf Helsinki[17] berufen, werden hinter Gitter gebracht.

Kann denn, Herr Löffler, Entspannung – wenn sie keine Lüge sein soll – überhaupt etwas anderes sein als die Verwirklichung von Menschenrechten? Anders gefragt: Ist der Prüfstein der Entspannung nicht die Gewährung der Menschenrechte?

Bedeutende, verehrungswürdige Sozialdemokraten, die mein politisches Überzeugungsbild maßgeblich mitgeprägt haben, waren und sind dieser Ansicht, daß Entspannung und Freiheit einander bedingen. Ich meine, diesen Sozialdemokraten treuer geblieben zu sein als mancher, der heute für die SPD spricht.

Natürlich muß ich mich nach Ihrer Redepassage im Abgeordnetenhaus fragen, ob wir eigentlich noch die gleiche Sprache sprechen. Aber vielleicht gibt es doch eine Verständigungsmöglichkeit über den umstrittenen Entspannungsbegriff, wenn ich mich der Definitionen bediene, die seinerzeit von Ihren Parteifreunden und Ihrem Koalitionspartner gebraucht wurden, um Entspannung zu beschreiben:

Es wurde »Brückenbau« in Aussicht gestellt, »gute Nachbarschaft«, »geregeltes Miteinander«, »Zusammenarbeit«, »Interessenausgleich«, »friedliche Verständigung«. Wie das alles heute aussieht, habe ich oben skizziert.

Wenn Ihnen das nicht genügen sollte, lassen Sie mich Ihren Parteifreund Egon Bahr zitieren, der von einer »schrecklichen Durchlöcherung der Verträge« sprach. Oder den Regierenden Bürgermeister Stobbe, der – an jenem 28. Juni – den Keulenschlag des »Volkskammer«-Beschlusses eine »Provokation gegen die Entspannung in Europa« nannte.

»Dieser Ort Berlin«, so sagten Sie im Abgeordnetenhaus von Berlin, um mich zu widerlegen, »ist durch die Bindungen stabiler geworden.«

Wie es um die Stabilität der Bindungen zum Bund aussieht, zeigt das Schicksal der Nationalstiftung[18], die nach dem Willen Ihres Parteivorsitzenden Brandt und aller Ministerpräsidenten und Kultusminister der deutschen Bundesländer nach Berlin kommen sollte. Sie kam nicht. Und warum nicht? Weil es um die Stabilität der Entspannung sehr schlecht steht, schlechter, als selbst ich es vor acht Jahren befürchtet hatte.

Die Substanz dessen, was Sie Entspannung nennen, und was ich – der gewissenhaften Wortwahl wegen – Arrangements innerhalb des Spannungsfeldes zwischen Ost und West nenne, ist von der Gegenseite sowohl formal als auch faktisch konsequent immer wieder reduziert und zerstoßen worden. Für die vorläufige Erhaltung der Restbestände leisten wir Tribut in Form politischer Selbstentäußerung, finanzieller Aufwendungen und Handelskonditionen, wie sie unsere Verbündeten niemals von uns zu erhoffen hätten.

Die Verstöße des Ostens gegen die schmalen, brüchigen Regelungen, die erreicht wurden, füllen mittlerweile Hunderte von Aktenordnern. Die Leiden unserer Landsleute jenseits der Mauer haben zugenommen, die Diffamierungen der Bundesrepublik Deutschland steigerten sich, das Element der Nötigung in den sogenannten »innerdeutschen Beziehungen« wuchs weit ins Erpresserische hinein. Der Druck gegen das freie Berlin und seine politischen Lebensregungen wurde stärker.

Sie werden mir gewiß darin zustimmen, daß die Frage der Entspannung nicht allein – obwohl besonders – in Deutschland und in Berlin beantwortet und entschieden wird. Es erschiene mir weder erlaubt noch vorteilhaft, die Beurteilungen der Entspannungspolitik durch die russischen Bürgerrechtler zu ignorieren. Denn sie sind es, die unter höchstem Risiko und mit den am schwersten wiegenden Opfern die Probe aufs Exempel gemacht haben.

Andrej Amalrik sagte: »Die Entspannungspolitik dient dazu, das Sowjetregime zu stabilisieren.« Von dem Dissidenten Pljuschtsch ist das Wort: »Wenn die Entspannung eine einseitige Übung des Westens bleibt, dann wird aus Helsinki ein zweites München werden.« Und Wladimir Bukowski urteilte so: »Der Westen hat mit der Entspannungspolitik die Idee Moskaus übernommen, und zwar auf unsere Kosten.« Sind diese Aussagen von Menschen, die wissen müssen, wovon sie reden, weil sie es nicht nur erfahren, sondern erlitten haben, etwa auch »Demagogie« und »schädlich«?

Das alles, sehr geehrter Herr Löffler, meinte ich, als ich von der Lüge der Entspannung sprach.

Lassen Sie mich eine Vermutung aussprechen: Sie wissen sicherlich selbst sehr gut, daß es um den Wahrheitsgehalt der Entspannung schlecht bestellt ist. Aber Sie meinen, etwas verteidigen zu müssen, in das Sie und Ihre politischen Freunde besten Willens sehr viel investiert haben, zuviel wahrscheinlich, um die Kraft zur Einsicht in die Fehlkalkulation aufbringen zu können. Sie investierten Verzicht auf einst feierlich bekundete politische Grundauffassungen. Sie investierten Gutgläubigkeit, auch Arbeit, Fleiß, Selbstüberwindung.

Ich habe ein gewisses Verständnis für diese Ihre Schwierigkeit. Aber ich finde, den Mut zur Wahrheit sollten Sie aufbringen, um unseres Volkes willen, das einen Anspruch darauf hat; um des Ansehens unserer Bundesrepublik Deutschland willen, deren Glaubwürdigkeit ein kostbares Gut ist; und auch um Ihrer altehrwürdigen Partei willen, deren bestes Merkmal lange Zeit Aufrichtigkeit gewesen ist.

Wenn Sie aber die Kraft zur schmerzlichen Wahrheit nicht – oder noch nicht – aufzubringen vermögen, dann lassen Sie wenigstens mich aussprechen, was ist. Gewissermaßen stellvertretend.

Wir wollen uns doch nichts vormachen, Herr Löffler, Ihre und meine Beurteilung der Situation in unserem geteilten, schwergeprüften Land sind doch nicht so weit voneinander entfernt, wie Ihre Bemerkungen im Abgeordnetenhaus vermuten ließen.

Ich will kein Augenzwinkern zwischen Ihnen und mir anregen. Aber ich erlaube mir den Rat, mich künftig nicht mehr um der »Entspannung« willen einen Demagogen zu nennen. Denn diese »Entspannung« kann einfach deshalb nicht als zerstört bezeichnet werden, weil sie – im Sinne der Wahrheit – nie wirklich vorhanden gewesen ist.

Lassen Sie mich wiederholen: Nur allzu gerne würde ich zugeben, daß Sie recht haben. Aber die Realitäten sind leider, leider anders.

Ich schrieb Ihnen diesen Brief um der Wahrheit willen – als einer, der darüber zutiefst bestürzt ist, daß er mit seinen der Ost- und Entspannungspolitik gegenüber von Anfang an geäußerten Bedenken recht behalten hat. Und ich würde mich sehr freuen, wenn uns die Erkenntnis dieser Wahrheit im politischen Raum auch wieder etwas mehr Gemeinsamkeit finden ließe.

Mit freundlichen Grüßen bin ich

Ihr

Axel Springer

Deshalb bleiben wir bei den Anführungsstrichen

In einem Leserbrief an die »Welt«, publiziert am 4. Juli 1979, schrieb der Kölner Rechtsanwalt Dr. Lüder Meyer-Arndt, »er bekomme im Bekanntenkreis zu hören, daß die ›Welt‹ so kleinkariert sei, daß sie das Kürzel DDR in Anführungszeichen setze«. Er forderte die Redaktion auf, damit Schluß zu machen. Axel Springer schrieb daraufhin nachstehenden Brief an »Welt«-Leser Dr. Meyer-Arndt.

Berlin, 18. Juli 1979

Sehr geehrter Herr Dr. Meyer-Arndt,
auf Ihren Leserbrief an »Die Welt« möchte ich, als Herausgeber dieser Zeitung, Sie nicht ohne Antwort lassen.

Lassen Sie mich dies vorwegnehmen: Der ostdeutsche Satellitenstaat »DDR« ist, wie schon vor Jahren der heutige SPD-Vorsitzende Willy Brandt feststellte, »weder deutsch noch demokratisch, noch eine Republik«. An diese Tatsache sollen uns die Anführungsstriche ständig gemahnen.

Wir bekommen täglich aufs neue demonstriert, wie das Ostberliner Regime mit den deutschen Bürgern, mit der deutschen Geschichte und den republikanischen Grundsätzen umgeht: trotz Entspannungspolitik, trotz Helsinki[19] und Menschenrechtsdeklaration[20]. Diese »DDR« tut als Staat und System Unrecht, quält die Menschen und konstruiert Todesmaschinen[21].

Soll man diese Wahrheit verleugnen? Soll man wieder einmal die Augen verschließen vor Verbrechen und Schuld, weil die Zeit und eine irreführende Politik die Wirkung dieser Wahrheit abzunutzen beginnen? Soll vergessen werden, was die Erinnerung doch täglich peinigen müßte? Das Völkerrecht kennt zwar in besonderen Fällen den kraft lange vergangener Zeit erworbenen (»ersessenen«) Rechtstitel im Hinblick auf okkupiertes Land; aber muß dieser Grundsatz auch für vitale Wahrheiten einer Nation – und bereits nach 30 Jahren – gelten? Ich meine: nein!

Ich weiß, diese Anführungsstriche sind eins der unbequemen Ärgernisse, die es oft in der Geschichte gegeben hat und gibt. Nicht zuletzt deshalb, weil eine geschichtsmüde Gesellschaft kein Gespür mehr für Zeichen nationaler Beharrlichkeit besitzt, wie sie sich in jenem französischen Wort demonstriert, das einst im

Hinblick auf Elsaß-Lothringen geprägt wurde und seither als Exempel für geduldige politische Grundsatztreue gerühmt worden ist: »Immer daran denken!«

In der 2000jährigen Geschichte der Juden wurde es auch in jüdischen, sich fortschrittlich wähnenden Gruppen als Ärgernis angesehen, daß bei den Unermüdlichen, den Hoffnungsvollen das Wort am Leben gehalten wurde: »Nächstes Jahr in Jerusalem!« Es waren aber dieses Vertrauen, dieser ungebrochene Wille und der Glaube an heilsgeschichtliche Gesetzlichkeiten, die die Juden wieder nach Jerusalem führten.

Wir dürfen andererseits nicht vergessen, daß für die Kommunisten auch die Sprache eine Waffe im Kampf zur Durchsetzung politischer Ziele ist. Der frühere amerikanische Botschafter bei den Vereinten Nationen, Daniel Pat Moynihan, hat dies einmal treffend an einem Beispiel aufgezeigt. In »Welt am Sonntag« schrieb er: »Seit vielen Jahren nennen sich die brutalsten totalitären Regime ›Volksdemokratien‹ oder ›demokratische Republiken‹. Wie wir von Milovan Djilas wissen, ist der Begriff ›Volksdemokraten‹ von Stalin selbst geprägt worden, bei der Gründung der Kominform im Jahre 1947. Stalin wollte, daß die Kominformzeitschrift ›Für eine Volksdemokratie‹ uns immer und immer wieder an diesen Begriff erinnerte. Ganz ähnlich nennen sich heute Organisationen in vielen Teilen der Welt ›Befreiungsbewegungen‹[22].«

Diese irreführenden Umdeutungen von Worten und Begriffen, wofür das Schlagwort Entspannung das aktuellste Beispiel bietet, stellen eine geistige Unterwanderung dar, sind psychologische Kriegführung gegen die christlich-bürgerliche Welt zur Aushöhlung und Abwertung ihrer ideellen Fundamente.

Wenn wir nicht wachsam bleiben, ist es nur noch eine Frage der Zeit, daß aus der Schandmauer eine Schutzmauer und aus dem Schießbefehl ein Ordnungsbefehl wird.

Ich sehe deshalb weder als Deutscher noch als Verleger einer liberal-konservativen deutschen Tageszeitung, zu deren langfristigen Zielen die Wiedervereinigung Deutschlands – zumindest aber ein menschenwürdiges Leben aller Deutschen – gehört, keinen Grund, die Anführungsstriche für obsolet anzusehen.

Es gehört zur Wirkung elementarer Wahrheiten, daß sie auch als Ärgernis empfunden werden. Man muß das in Kauf nehmen.

Mit sehr freundlichen Grüßen
Ihr sehr ergebener
Axel Springer

Auf den Brief des Verlegers antwortete Dr. Lüder Meyer-Arndt mit einem Schreiben vom 9. August 1979.

Köln, 9. August 1979

Sehr geehrter Herr Springer,

ich danke Ihnen für Ihren Brief vom 18. Juli 1979, den ich mit einem besonderen Anschreiben von Herrn Boenisch erhalten habe.

Ich kann nicht anders, als Ihnen mitteilen, daß mich Ihre Argumente im Ergebnis überzeugt haben. Ich hatte vorher ein falsches Verständnis von der Idee, die hinter der Verwendung der Anführungszeichen steht. Wenn ich die Dinge richtig sehe, wollen Sie durch den ständigen Gebrauch der Anführungszeichen den Regierenden dieses Staates das Mal des Illegitimen und Inhumanen anheften. Es ist also ein kämpferischer Geist und eine kämpferische Absicht, in der das geschieht – Tendenzen, denen ich meinen Respekt nicht versagen kann. Die Frage, ob die »DDR« die Worte, die ihren Namen bilden, bei semantischer Analyse der Begriffe »deutsch«, »demokratisch« und »Republik« verdient, scheint demgegenüber zurückzutreten. Jedenfalls könnte ich mir eine kämpferische Anti-Einstellung zu den Regierenden der »DDR« vorstellen, die diese Anführungszeichen verwendet auf die Gefahr hin, daß die gewählten Worte zum Teil richtig wären (z. B. die Bezeichnung als deutsch und als Republik) und zum anderen Teil immerhin Veranlassung zu einem Disput mit unsicherem Ausgang geben könnten.

Noch einmal meinen Dank für Ihre Zeilen, die mich dazu gebracht haben, die Sache mit anderen Augen zu betrachten.

Mit sehr freundlichen Grüßen

Ihr sehr ergebener

Lüder Meyer-Arndt

In memoriam Hanns Martin Schleyer: Eröffnungsveranstaltung der Hanns Martin Schleyer-Stiftung November 1978 in der Stadthalle von Bad Godesberg. Die Stiftung wurde von der Bundesvereinigung der Deutschen Arbeitgeberverbände und des Bundesverbandes der Deutschen Industrie errichtet. Sie will die Grundideen des ermordeten Präsidenten beider Verbände – Toleranz, Humanität und soziale Gerechtigkeit – weitertragen und vor allem die junge Generation ansprechen. An der Eröffnungsveranstaltung nahmen Frau Waltrude Schleyer, Bundespräsident Walter Scheel und der Vorstandsvorsitzende der Stiftung, Eberhard von Brauchitsch, teil. Unter den weiteren Gästen: der damalige Bundestagspräsident Karl Carstens, der CDU-Vorsitzende Helmut Kohl, Verleger Axel Springer, Frau Friede Springer.

In tiefstes Dunkel gestürzt

Der Witwe des von Terroristen ermordeten Arbeitgeber-Präsidenten Hanns Martin Schleyer schrieb Axel Springer im Oktober 1977 nachstehende Zeilen der Anteilnahme.

Berlin, 21. Oktober 1977

Sehr verehrte, liebe Frau Schleyer,

nun sind Sie mit Ihren Kindern in das tiefste Dunkel gestürzt[23]. Ohnmächtig suchen die Freunde Ihres Mannes nach einem gültigen Trostwort für seine Frau und seine Söhne.

Als ich in diesen Wochen in Schierensee war, wo Sie uns einmal besuchten, ging ich in mein Zimmer, in dem der »Schmerzensmann« von Lukas Cranach hängt.

Vor diesem Bild sitzend, konzentrierte ich alle heißen Wünsche für Hanns Martin Schleyer. Wie zufällig fiel mein Blick auf einen Bücherrücken mit dem Titel: »Das soziale Modell«[24]. Ich öffnete das Buch und fand darin eine so warmherzige und freundschaftliche Widmung des Autors.

Als ich dann durch den Herbstwald spazierte, kamen mir die Worte eines Dichters in Erinnerung: »Was sind das für Zeiten, wo ein Gespräch über Bäume fast ein Verbrechen ist. Weil es ein Schweigen über so viele Untaten einschließt[25].«

Liebe, verehrte Frau Schleyer, wir alle werden früher oder später Ihrem Mann nachfolgen. Möge die Gewißheit des Wiedersehens Ihnen in gnädigen Sekunden etwas Trost geben.

Von Ihrem Mann verwöhnt mit Freundschaft schicke ich Ihnen und Ihren Kindern einen Teil davon in diesen furchtbaren Tagen.

Ganz der Ihre

Axel Springer

Das Glück der Zufriedenheit

Freundschaft spricht aus den Zeilen, die Axel Springer im Februar 1978 an den Verleger Dr. Franz Burda zu dessen 75. Geburtstag schrieb.

Berlin, 24. Februar 1978

Lieber Franz,
beim Sinnieren über ein paar gültige Zeilen zum 24. Februar habe ich auch in meine Briefe zu früheren runden Geburtstagen von Dir hineingesehen.

Ich will es mir nun nicht zu leicht machen:

»Worte sind nur Worte«, wie Lieblingsdichter Matthias Claudius sagt, »und wo sie sogar leicht und behende dahinfahren, da sei auf Deiner Hut. Denn die Pferde, die den Wagen mit Gütern hinter sich haben, gehen langsameren Schrittes.«

Das zu erkennen, steht uns Älteren wohl an. Deshalb ist es nicht so dahingesagt, wenn ich ausspreche, wie sehr ich Dein Werk respektiere, Deine Originalität bewundere und weiß, daß über unseren Beziehungen eine immerwährende, zu oft unausgesprochene Freundschaft liegt.

In diesem Augenblick glaube ich, auch Karl Andreas Voß' Stimme zu hören, der Dir das gleiche sagt.

Meine Wünsche für Dich: Gesundheit und das so oft verlachte Glück der Zufriedenheit. Zufrieden mit dem, was Du Großes geschaffen, und mit der immerwährenden Schönheit auf dieser Welt, die sogar der Mensch nicht kaputtzumachen in der Lage ist.

Grüße Deine großartige Frau, Deine Dir getreuen Söhne, und sieh mich einmal wieder in einer stillen Stunde.

Dein Axel

Wer hat wohl alles so eingerichtet?

Religiöse Fragen spricht Axel Springer in einem Brief an, den er im Januar 1979 an seinen jüngsten Sohn Nicolaus schrieb.

Schierensee, 8. Januar 1979

Mein lieber Junge,
es ist ganz still im Haus. Draußen liegt noch immer viel Schnee. Ich habe heute eine Bitte an Dich. Höre im Religionsunterricht gut zu, und laß Dich bald konfirmieren. Als ich so jung war wie Du, wollte ich von den Sachen auch nichts wissen. Heute würden mir die Grundkenntnisse, zu denen eines Tages der Glaube an Christus ganz von selbst kommt, furchtbar fehlen.

Nicolaus, nimm die beigefügte »Welt« zur Hand und lies auf Seite 15 die Geschichte von den Eulen[26].

Denk gut nach: Wer wohl hat alles so eingerichtet, daß die Vögel, ohne es gelernt zu haben, ihre Nester finden, Nahrung sammeln, ihre Jungen füttern, hübsch sind, federleicht durch die Luft fliegen? Wer gab ihnen die Augen, Ohren und Stimme?

Die Natur? Ja, die Natur. Aber das ganze Konzert der Natur leitet Gott. Und Christus schickte er auf die Welt, damit wir ihn, Gott, überhaupt verstehen können.

Nicolaus, hör gut zu! Eines Tages wirst Du es verstehen!

Herzliche Grüße
von Deinem Vater

PS. Am 1. April 1928 schenkte meine Mutter mir zur Konfirmation ein Gesangbuch, das übrigens in Bordesholm in der Nähe von Schierensee gedruckt wurde! Sie schrieb mir auf die Widmungsseite: »Unserem lieben Axel zum Gedenken an seine Konfirmation am 1. 4. 1928.« Sie schrieb dann weiter: »Das Leben ist nichts als ein Weg, um etwas zu werden. Deine Mutter.«

Der Pastor hatte mir den Spruch aus dem Neuen Testament gegeben: »Was hülfe es dem Menschen, so er die ganze Welt gewönne und nähme doch Schaden an seiner Seele« (Matthäus 16, Vers 26).

Ich versuche immer bei allen äußeren Erfolgen nicht Schaden an meiner Seele zu nehmen. Bescheiden und demütig muß man sein.

Halte Dich zu gut, Böses zu tun

An das Patenkind Carolin-Elisabeth Dorothea von Baudissin ist der nachstehende Brief gerichtet, den Axel Springer im Februar 1974 zur Taufe schrieb.

Schierensee, 22. Februar 1974

Liebe Carolin,
heute wurdest Du in der schönen Kirche von Westensee getauft. Am Abend finden sich alle, die Dich liebhaben, auf Augustenhof zusammen. Zugleich wird der Geburtstag Deiner Mutter gefeiert.

Ich wünsche mir sehr, daß dieser Briefbogen die Zeiten überdauert, bis daß Du seinen Inhalt lesen und verstehen kannst.

Wenn Gott will, wird Dein Patenonkel Axel, solange er lebt, für Dich etwas sammeln.

Er will für Dich ein beziehungsreiches Geschirr sammeln, was es zum erstenmal im Jahre 1789 gab und was gedacht war für die große Kaiserin Katharina von Rußland, die von deutschem Geblüt war und deren großes, schönes Bild Du auf Schierensee sehen wirst, wenn Du mich besuchst.

Die Zarin aber konnte das Flora-Danica-Service nicht mehr in Augenschein nehmen. Es wurde dann eingeweiht an der Geburtstagstafel Christian des Siebten, des Königs von Dänemark und Norwegen und Herzogs von Schleswig und Holstein. Auch sein Bild wirst Du auf Schierensee finden, wo der König auch Deinem Vorfahren Caspar von Saldern, dessen Leben ich studiere und der den Russen im Gegensatz zu den heute Verantwortlichen etwas nahm und nicht gegeben hat[27], seinen Besuch machte.

Während ich diese Zeilen schreibe, am 22. Februar 1974, sieht es in Deinem Vaterland nicht gut aus. Es gibt Leute, die sagen, daß Dein Patenonkel Axel zu denen gehört, die versuchen zu retten, was zu retten ist. Für Dich, meine liebe Carolin, für meinen Sohn Raimund, für alle kleinen Menschenkinder, denen wir eine geordnete Zukunft aus ganzem Herzen wünschen.

1789, das Geburtsjahr Deines Flora-Danica-Geschirrs, war ebenfalls eine Zeit großer Wirren, einer Revolution, die überdies den Abfall von Gott verlangte.

Im übrigen war 1789 auch das Geburtsjahr eines Verlagshauses, dessen Urzelle im damals dänischen Altona sich befand und dem ich vorstehe[28].

Heute nachmittag, liebe Carolin, wurde in einer schönen Taufstunde am Westensee Deine Zugehörigkeit zu unserem Herrn Jesu Christus verkündigt.

»Befiehl dem Herrn Deine Wege, und hoffe auf ihn, er wird's wohl machen.« Diese geistlichen Worte gab Dir Dein Pastor mit auf den Weg durch diese Welt.

Ich möchte ihnen weltliche hinzufügen, die der große Dichter unserer holsteinischen Heimat, Matthias Claudius, aussprach und die zu den schönsten und weisesten Aussagen der Weltliteratur gehören. Dies sagte er:

Ich habe die Welt länger gesehen als Du.

Es ist nicht alles Gold, was glänzet, und ich habe manchen Stern vom Himmel fallen und manchen Stab, auf den man sich verließ, brechen sehen.

Darum will ich Dir einen Rat geben und Dir sagen, was ich gefunden habe und was die Zeit mich gelehret hat.

Es ist nichts groß, was nicht gut ist; und ist nichts wahr, was nicht bestehet.

Halte Dich zu gut, Böses zu tun.

Hänge Dein Herz an kein vergänglich Ding.

Die Wahrheit richtet sich nicht nach uns, sondern wir müssen uns nach ihr richten.

Was Du sehen kannst, das siehe, und brauche Deine Augen, und über das Unsichtbare und Ewige halte Dich an Gottes Wort.

Lerne gerne von andern, und wo von Weisheit, Menschenglück, Licht, Freiheit, Tugend etc. geredet wird, da höre fleißig zu. Doch traue nicht flugs und allerdings, denn die Wolken haben nicht alle Wasser, und es gibt mancherlei Weise.

Worte sind nur Worte, und wo sie sogar leicht und behende dahinfahren, da sei auf Deiner Hut, denn die Pferde, die den Wagen mit Gütern hinter sich haben, gehen langsameren Schrittes.

Denke oft an heilige Dinge, und sei gewiß, daß es nicht ohne Vorteil für Dich abgehe und der Sauerteig den ganzen Teig durchsäuere.

Es ist leicht zu verachten; und verstehen ist viel besser.

Lehre nicht andere, bis Du selbst gelehrt bist.

Tue das Gute vor Dich hin, und bekümmre Dich nicht, was daraus werden wird.

Wolle nur einerlei, und das wolle von Herzen.

Sorge für Deinen Leib, doch nicht so, als wenn er Deine Seele wäre.

Sei rechtschaffen gegen jedermann, doch vertraue Dich schwerlich.

Schmeichle niemand, und laß Dir nicht schmeicheln.

Ehre einen jeden nach seinem Stande, und laß ihn sich schämen, wenn er's nicht verdient.

Wolle nicht immer großmütig sein, aber gerecht sei immer.

Hilf und gib gerne, wenn Du hast, und dünke Dir darum nicht mehr; und wenn Du nicht hast, so habe den Trunk kalten Wassers zur Hand, und dünke Dir darum nicht weniger.

Sage nicht alles, was Du weißt, aber wisse immer, was Du sagest.

Hänge Dich an keinen Großen.

Sitze nicht, wo Spötter sitzen, denn sie sind die elendsten unter allen Kreaturen.

Nicht die frömmelnden, aber die frommen Menschen achte, und gehe Ihnen nach. Ein Mensch, der wahre Gottesfurcht im Herzen hat, ist wie die Sonne, die da scheinet und wärmt, wenn sie auch nicht redet.

Tue was des Lohnes wert ist, und begehre keinen. Wenn Du Not hast, so klage sie Dir und keinem andern. Habe immer etwas Gutes im Sinn.

Soweit der Dichter Matthias Claudius.

Wenn Du Not hast, liebe Carolin, so stehen Dir Deine lieben Eltern bei.

Und ab heute hast Du auch Paten. Paten, die mir erlaubt haben, zugleich dies für Dich aufzuschreiben und die mit mir danken für die Auszeichnung, Paten für Dich sein zu dürfen.

Carolin-Elisabeth Dorothea, Du kleines Mädchen mit dem schönen Namen, wachse, blühe und gedeihe. Die Gärten in Schierensee warten auf Dich.

Ganz behutsam nimmt Dich in seine Arme

Dein Pate Axel Springer

Abschied von den Weggefährten

Otto Siemer wurde am 4. August 1898 in Oldenburg geboren. Er durchmaß alle Schicksalsstationen dieses Jahrhunderts: Als Sechzehnjähriger zog er in den Krieg, erlebte als Reserveleutnant 1918 den Zusammenbruch, schuf sich als Werkstudent die Basis für ein Studium der Nationalökonomie in Kiel, Berlin und Hamburg. 1925 fand er zum Journalismus. In Hamburg zog es ihn zum »Fremdenblatt«, dessen Redaktionsstab er bis zum Ende des Zweiten Weltkriegs angehörte. In der bombenzerfetzten Stadt träumte er nach dem Ende der Diktatur von einer Zeitung, die seinen Idealen von Humanität, von vorgelebter Menschlichkeit entsprach. Otto Siemer fand in Axel Springer den Verleger, der von den gleichen Idealen geleitet wurde und der ihn in den Kreis der Männer holte, die einen unverwechselbar neuen Zeitungstyp schufen. 1952 übernahm Otto Siemer die Chefredaktion des »Hamburger Abendblattes«, der er bis 1965 vorstand. Bis zu seinem Tode blieb Otto Siemer der Redaktion und der Axel Springer Verlag AG als Berater verbunden.

Otto Siemer, der Zeitungsmann

Im Alter von 74 Jahren starb am 30. November 1972 der langjährige Chefredakteur des »Hamburger Abendblattes«, Otto Siemer. Er war ein Mann der ersten Stunde: An der Planung und Gründung des »Hamburger Abendblattes« wirkte er entscheidend mit. Von 1952 bis 1965 leitete er die Redaktion. In einer schlichten Trauerfeier nahmen Verwandte, Freunde und Mitarbeiter auf dem Friedhof Hamburg-Öjendorf Abschied von Otto Siemer. Auf Wunsch des Verstorbenen sprach nur Axel Springer Worte des Gedenkens.

Aus dem uns allen bekannten Brief Paulus an die Korinther, Kapitel 13:

»Wenn ich mit Menschen- und mit Engelszungen redete und hätte der Liebe nicht, so wäre ich ein tönend Erz oder eine klingende Schelle.

Und wenn ich weissagen könnte und wüßte alle Geheimnisse und alle Erkenntnisse und hätte allen Glauben,
so daß ich Berge versetzte,
und hätte der Liebe nicht, so wäre ich nichts.
Und wenn ich alle meine Habe den Armen gäbe
und ließe meinen Leib brennen und hätte der Liebe nicht,
so wäre mir's nichts nütze.
Die Liebe ist langmütig und freundlich,
die Liebe eifert nicht,
die Liebe treibt nicht Mutwillen,
sie blähet sich nicht,
sie stellet sich nicht ungebärdig,
sie suchet nicht das Ihre,
sie läßt sich nicht erbittern,
sie rechnet das Böse nicht zu,
sie freuet sich nicht der Ungerechtigkeit,
sie freuet sich aber der Wahrheit;
sie verträgt alles,
sie glaubet alles,
sie hoffet alles,
sie duldet alles.
Die Liebe höret nimmer auf ...«

In einer Anzeige dieser Tage hieß es:

Otto Siemer ist seiner geliebten Frau in den Tod gefolgt.

Anfang dieses Jahres, am 25. Februar, noch am Tag des Todes seiner Frau, schrieb Otto Siemer an einen Freund:

»... In den frühen Morgenstunden heute ist meine Frau gestorben.

Sie ist ohne Kampf sanft eingeschlafen, und ich kann nur hoffen, daß sie in ihren letzten wachen Augenblicken ... mit Freundlichkeit an mich gedacht hat.

Je mehr sie von ihrer Krankheit betroffen wurde und je mehr also geistige Fähigkeiten von ihr abfielen, desto klarer trat ihr innerstes Wesen zutage: ihre grenzenlose Güte.

In diesem Punkt des Mitfühlens mit anderen habe ich in meinem Leben zwei Lehrmeister gehabt: meine Frau ...«, und er nannte noch einen anderen.

Dieses war die Sprache Otto Siemers, der die Güte im Menschen als das Eigentliche gewertet wissen wollte.

Dieses war Otto Siemer, der im eigenen Ringen um Güte, um Liebe sehr weit vorgedrungen war.

Der um das Geheimnis wußte, daß die Liebe die alles bewegende Kraft ist.

Jeder, der ihn kennenlernte, spürte dies schnell.

Seine Familie hat es tausendfach erfahren. Die Spuren seiner Arbeit hinterließen die Merkmale dieser seiner Eigenschaft, der großen Güte.

Jene Güte, die nicht nur den Bereichen des Gefühls entsprang, sondern jene Güte des Geistes, die der Liebeslehre Christi entspricht. Für ihn war diese an keine Konfession gebunden.

Seine Wirkungsjahre voller Lebensklugheit und Charakter als Chefredakteur der ersten Zeitung eines großen Verlages hat Otto Siemer immer wieder als die beruflich ihn ganz und gar beglückende Zeit bezeichnet.

Sein Leben, das in Oldenburg begann, war auch ein Leben mit Leid. So wie das vieler in seiner, in unserer Zeit – wenn Leben in Leid nicht gar immer die Bestimmung des Menschen ist.

Sein Vater starb, als er ein Jahr alt war. So wurde die Mutter zur großen, bewunderten Begegnung, da sie acht Kindern Schutz und Vorbild war.

Sein Beruf wurde der des Journalisten, aber nie des absoluten, des Nur-Journalisten. Immer wieder fragte er sich, was das bewirken möge, was er anregte, von anderen schreiben ließ oder gar selbst schrieb.

Bei Wahrung fester Grundsätze war er immer um eine Gesamtschau bemüht. Jedes Gespräch mündete ganz schnell im philosophischen oder religiösen Bereich, wie praktisch und sachbezogen die Unterhaltung auch begonnen haben mochte.

Der, dem in dieser Stunde die schwere Aufgabe zufällt, über Otto Siemer zu sprechen und von ihm Abschied zu nehmen, kannte den Lebenskreis des Verstorbenen, noch ehe er ihm selbst begegnet war.

In den schlimmen Jahren des endenden Weltkrieges waren über einen langen Zeitraum hinweg fast täglich zwei, damals noch jüngere Männer bei mir zu Gast.

Gemeinsam hörten wir an jenen Abenden im damaligen Leben ohne Freiheit eine Stimme aus der Freiheit, die Stimme des englischen Senders. Immer darauf achtend, daß die berühmten Klopftöne und die Stimmen seiner Sprecher nicht etwa von Neugierigen gehört werden könnten.

Und dann eines Tages das Schreckliche: Unsere Nachbarn, die Brüder Goldmann, die Brüder von Otto Siemers Frau, wurden verhaftet, deportiert und kamen nie zurück.

Otto Siemer hat über diese Dinge, die ihn mit seiner Frau tief getroffen haben, immer nur ganz karg gesprochen.

Er war ein Mann, der mitleiden konnte, aber niemals das Mitleid anderer forderte, ja akzeptierte.

Vieles haben viele diesem Mann zu danken. Seine ganze Redaktion hat seine Güte erfahren.

Vor allem aber seine Kinder, denen unser ganz besonderes Mitgefühl gehört.

Es ist ein geschärftes Mitgefühl, weil er eben zu seinen Freunden so oft über diese Kinder in großer Liebe sprach.

Zu danken hat ihm ein Zeitungshaus, dem er mehr war als nur ein Chefredakteur; ein Zeitungshaus, dem er für lange Zeit seinen Stempel aufdrückte.

Unbeirrt hielt er fest an der Umsetzung ewiger Werte in die profane Arbeit eines Zeitungsmannes.

Dem Repräsentanten dieses Hauses hat er in ganz besonderer Weise immer wieder gedankt: nämlich durch die Bekundung, daß ihm seine Arbeit in eben diesem Hause glückhafte Befriedigung brachte.

Otto Siemer war ein getreuer Freund bis zum Ende. Wie viele Menschen gibt es, von denen man dieses in voller Aufrichtigkeit sagen kann?

Und glücklich waren alle, die ihm die Gewißheit vermitteln und zeigen konnten, daß er in unserem Denken und Fühlen bis zuletzt den gleichen hohen Rang einnahm wie eh und je.

Otto Siemer hat uns hier verlassen – aber »die Liebe höret nimmer auf«.

Der Verwandelte bleibt uns nahe durch Glaube, Hoffnung und Liebe.

»Aber die Liebe ist die größte unter ihnen.«

Heinz Ullstein wurde am 13. Januar 1893 in Berlin geboren – und ist bis zu seinem Tod dieser Stadt treu geblieben. Sein Vater Louis Ullstein war der zweitälteste Sohn des Verlagsgründers Leopold Ullstein. Heinz Ullstein strebte nicht so sehr nach kaufmännischem oder verlegerischem Erfolg, der Journalismus, die Schriftstellerei – unter dem Pseudonym Heinz Hull schrieb er Romane und leichte Bühnenstücke – und das Theater waren seine Welt. In der NS-Zeit, nach dem Zwangsverkauf des Verlages, blieb er als einziges Familienmitglied unter schwierigsten Verhältnissen in Berlin. Nach dem Krieg gab er mit Helmut Kindler im eigenen Verlag die Zeitschrift »sie« heraus. In der wiedererstandenen Ullstein AG wurde er in den Vorstand und später in den Aufsichtsrat berufen. Zu Axel Springer knüpfte er Verbindungen, als er sah, daß das alte Haus Ullstein nicht die Kraft besaß, allein die Tradition des Verlages in modernen Größenordnungen lebendig zu halten. Daraus erwuchs eine langjährige Freundschaft.

Heinz Ullstein, der Berliner

Am 15. März 1973 starb in Berlin Heinz Ullstein. Im Alter von achtzig Jahren erlag er im Martin-Luther-Krankenhaus einer schweren Krankheit. Heinz Ullstein, Enkel des Firmengründers Leopold Ullstein[1], war in der Geschäftsleitung des Verlages tätig, bis er 1933 aus »rassischen Gründen« das Familienunternehmen verlassen mußte. Nach dem Kriege war er Vorstandsmitglied der neuerstandenen Ullstein AG, deren Aktienmehrheit 1959 an Axel Springer ging. An dem Zustandekommen dieser Verlags-Ehe war Heinz Ullstein maßgeblich beteiligt; dem Verleger Axel Springer fühlte er sich eng verbunden. Zum Abschied sprach Axel Springer am 22. März 1973 auf dem Waldfriedhof Berlin-Dahlem nachstehende Worte.

»Am 13. Januar 1893 wurde ich in Berlin geboren. Ich habe es bis heute nicht bereut.« Und dann: »Nichts hat mich im Leben mehr geärgert, als wenn sich jemand mit dem Privatleben anderer Menschen beschäftigt ...«

So begann Heinz Ullstein seine 1961 erschienenen Erinnerungen »Spielplatz meines Lebens«. Die Erinnerungen hatte er seiner Frau Aenne gewidmet, über deren Tod er nie hinweggekommen ist. Deutschland – Aenne, das bist Du! heißt eine Kapitelüberschrift in seinem Buch.

Die für einen Zeitungsmann ein wenig überraschende Äußerung, man sollte sich nicht mit dem Privatleben von Menschen beschäftigen, dieses Postulat soll heute zumindest für Heinz Ullstein selbst Gültigkeit haben. So beschränke ich mich in der Stunde des Abschieds, beim Rückblick auf Heinz Ullsteins Leben, auf einige wenige Grundzüge, auf wenige Stationen.

Wer Heinz Ullstein gekannt hat, weiß, was ihm im Leben am wichtigsten war. Da war zunächst die Liebe zum Theater. »Die ganze Welt ist Bühne und alle Frauen und Männer bloße Spieler«, dieser Satz Shakespeares war für ihn der Weg vom Leben zur Bühne.

Da war weiter – und das ist keine Reihenfolge – die Passion für den Beruf des Verlegers. Im Zusammenwirken mit Helmut Kindler hat Heinz Ullstein nach dem Kriege eine erfolgreiche, gute und damals wichtige Zeitschrift gemacht mit dem Titel »sie«[2]. Später war sein verlegerischer Rat zu vielen Zeitpunkten von großer Bedeutung.

Ferner war da das tiefe, verehrungsvolle Verhältnis zum Vater, zu Louis Ullstein, einem der berühmten fünf Brüder[3]. Es war eine Verehrung, die bis zum eigenen Tod andauerte, die Verehrung des Sohnes für den Vater, der zuletzt in dem schönen Haus an der Höhmannstraße wohnte. Oft hat Heinz Ullstein über seinen Vater gesprochen, dessen von Max Liebermann gemaltes Porträt heute im 18. Stock des neuen Verlagshauses im alten Berliner Zeitungsviertel hängt. Des Verlagshauses in der Kochstraße, in dessen Mauern die Tradition der Ullsteins weitergeführt wird und an dessen Eingang der Name Ullstein als erster steht.

Heinz Ullstein, der die Zeit des Nationalsozialismus geistig ungebrochen durchstehen konnte, hat einmal – es war vor etwa zehn Jahren, an seinem siebzigsten Geburtstag – sein Leben als »doch sehr glücklich« bezeichnet. Er hat das auch begründet und gesagt, es sei glücklich gewesen, weil er ein ganzes Leben lang mit bedeutenden Menschen zu tun hatte und sie bewundern konnte.

»Schon an meiner Wiege«, so sagte Heinz Ullstein einmal, »stand ein bedeutender Mann, mein Vater. Er hat ein Werk geschaffen, das Weltruhm erlangt hat.« Und oft zitierte er Otto von Bismarck, den er als sein Idol bezeichnete. Dessen Sorge darüber, wer sein Werk fortsetzen könnte, erwähnte Heinz Ullstein öfters, weil auch sein Vater von Nachfolger-Sorgen geplagt gewesen sei.

Hier ist der Punkt, an dem ich von dieser Stelle aus Heinz Ullstein noch einmal danken will und muß: Der Heimgegangene hat maßgeblich dazu beigetragen, die Ehe zwischen dem Hause Ullstein und unserem Hause zustande zu bringen. Jenem Haus Ullstein, das es, diese Bemerkung sei hier gestattet, aus für mich noch heute nicht erklärbaren Gründen nach den Jahren des Unrechts so unerhört schwer gehabt hatte, sich hier in Berlin, an seinem angestammten Sitz, wieder als Ullstein-Haus zu formieren.

Heinz Ullstein zitierte öfters seinen Vater, der auf einer Vorstandssitzung im alten Ullstein-Haus einmal von der Konkurrenz gesprochen hatte. Mosse[4] und Scherl[5], das seien in den Augen von Louis Ullstein nicht die wirklichen Konkurrenten gewesen. Da müsse ein anderer, einer von draußen, kommen. Diese Gedanken des Vaters mögen die Brücke des Weges von Heinz Ullstein zu uns gewesen sein. Mein Dank an ihn war meine Liebe zu ihm, die auch die Trennung des Grabes überdauert.

Als wir von der Peripherie, die Hamburg heißt, ins Zentrum unseres Schicksals, nach Berlin, gingen, da waren es besonders zwei Männer, die politisch zustimmten: Hans Zehrer, der unvergessene Chefredakteur der »Welt« – Heinz Ullstein herzlich zugetan –, und der damalige Regierende Bürgermeister von Berlin, Willy Brandt. Aber daß dieser Entschluß, die Zentrale unseres Hauses nach Berlin zu verlegen, dieser nach wie vor glücklichste Entschluß meines Lebens, auch verlegerisch sinnvoll wurde, dazu hat Heinz Ullstein mit Rat und Tat beigetragen.

Heinz Ullstein war ein Mann, dem immer ein passendes Wort auf die Lippen kam, eine Eigenschaft, die ihm auch über Schlimmes hinweghalf. Nichts charakterisiert das besser als ein Zitat aus den Zeiten, da er wegen seiner jüdischen Abstammung als Zwangsarbeiter eingesetzt wurde: Gemeinsam mit anderen, die ein ähnliches Schicksal mit ihm teilten, wusch Heinz Ullstein – den gelben Stern an Mantel und Jacke – Eisenbahnwagen am Lehrter Bahnhof. Ein SS-Mann, der die Arbeit überwachte, trat eines Tages auf Heinz zu und meinte: »Wohl nicht ganz so die richtige Beschäftigung für einen Ullstein, wie?« »Doch«, antwortete der so Angesprochene, »in dieser Zeit schon.« Weisheit in fünf Worten!

Einer unserer Chefredakteure schrieb mir in diesen Tagen aus Hamburg: »Ich kannte ›Bruder Heinz‹ – wie wir ihn nannten – seit über 30 Jahren. Er lebte während der Nazizeit ungeheuer gedemütigt und doch sehr stolz am Victoria-Luise-Platz, im selben Haus, wo ich als 13jähriger in einer Drogerie mein Taschengeld im Fotolabor aufbesserte. Ab und zu kam Heinz in den Laden und kriegte von dem Inhaber, der eine Seele von Mensch war, ein Stück Yardley-Seife zugesteckt. Das gab's auch in Berlin.«

In den letzten Monaten seines Lebens ist Heinz Ullstein, ganz abseits von seiner Krankheit, nicht glücklich gewesen. Er machte sich Sorgen um Deutschland und um seine von ihm so geliebte Vaterstadt Berlin. Immer wieder kleidete er das in die Worte: »Ich gräme mich so sehr.« Er sagte mir das im Martin-Luther-Krankenhaus, wo der aus Frankfurt nach Berlin Zurückgekehrte ein wahres Zuhause fand. Ärzten und Schwestern dafür ein herzlicher Dank!

Als der letzte, der Heinz Ullstein besuchte, wußte ich wohl, daß der Tod nahe war. Ich ging abends nach Hause und suchte in den Heiligen Schriften nach einem Satz, den ich am nächsten Morgen dem schon Hinüberschlummernden auf sein Bett legen wollte. Aber es kam dann die Mitteilung, daß uns Heinz Ullstein in den frühen Morgenstunden des 15. März verlassen hat, heute vor einer Woche. Mein Mitgefühl gehört allen, die Heinz Ullstein liebten; seiner Familie und denen, die er sich aussuchte, zu seiner Familie zu gehören.

Den Satz aus der Apostelgeschichte, den ich Heinz Ullstein nicht mehr an sein Krankenbett bringen konnte, ich will ihn hier verlesen. Es ist ein Christuswort, das einmal Paulus in der Weltstadt Korinth eröffnet wurde und das heute in seiner Vieldeutigkeit genausogut in der Weltstadt Berlin gesagt werden kann:

»Fürchte dich nicht,
sondern rede,
und schweige nicht,
denn ich bin mit dir,
und niemand soll sich unterstehen,
dir zu schaden;
denn ich habe
ein großes Volk in dieser Stadt.«

Hans Wallenberg wurde am 17. November 1907 an der Spree geboren. Sein Vater war im Ullstein Verlag Chefredakteur der »B.Z. am Mittag«. Hans Wallenberg volontierte 1928 bis 1932 bei Ullstein, arbeitete als Lokalredakteur bei der »Vossischen Zeitung« und als Chef vom Dienst bei der »Berliner Montagspost«. Nach der Machtergreifung Hitlers schlug sich Wallenberg bis 1937 als kaufmännischer Angestellter in einer jüdischen Buchdruckerei durchs Leben. Dann mußte er Deutschland verlassen. Über Prag kam er 1938 nach New York. 1945 kehrte Hans Wallenberg als amerikanischer Offizier nach Deutschland zurück. Zunächst war er Chefredakteur der in Berlin erscheinenden »Allgemeinen Zeitung«. Im März 1946 wurde er Chefredakteur der von der amerikanischen Besatzungsmacht herausgegebenen »Neuen Zeitung«. 1962 wurde Hans Wallenberg Generalbevollmächtigter Axel Springers für die Ullstein GmbH, 1963 Geschäftsführender Redakteur der Tageszeitung »Die Welt«. In seiner Mitverantwortung für die Buchverlage Ullstein und Propyläen von 1964 bis 1967 erschien vornehmlich auf seine Initiative hin die »Propyläen Kunstgeschichte«. Bis zu seinem Tode war Hans Wallenberg persönlicher Berater von Axel Springer.

Hans Wallenberg, der Journalist

Am 13. April 1977 starb in Berlin Hans Wallenberg im Alter von 69 Jahren. Er hatte sich von den Folgen eines Schlaganfalls nicht mehr erholen können. Die Trauer um den engagierten Journalisten vereinte am 21. April 1977 im Krematorium Berlin-Wilmersdorf Freunde und Weggefährten des Toten, Repräsentanten der Politik, Kultur und Wirtschaft, von Presse, Rundfunk und Fernsehen. Der damalige Regierende Bürgermeister von Berlin, Klaus Schütz, sagte in seiner Totenehrung: »Hans Wallenberg hat sich um Berlin verdient gemacht.« Die Trauerrede hielt Axel Springer.

Als der verehrungswürdige Berliner Rabbiner Leo Baeck vor mehr als 30 Jahren aus Theresienstadt zurückkehrte, nahm er zur Frage der Juden in Deutschland Stellung und sagte:

»Für uns Juden ist in Deutschland eine Geschichtsepoche zu Ende gegangen. Eine solche geht zu Ende, wenn immer eine Hoffnung, ein Glaube, eine Zuversicht endgültig zu Grabe getragen werden muß. Unser Glaube war es, daß deutscher und jüdischer Geist auf deutschem Boden sich treffen und durch ihre Vermählung zum Segen werden könnten. Das war eine Illusion. Die Epoche der Juden in Deutschland ist ein für allemal vorbei.«

Diese Sätze wurden vor vielen Jahren im Leo Baeck-Institut New York von einem Nichtjuden zitiert, der seine enge Verbindung zu dieser großen Sammlung der Zeugnisse des deutschen Judentums dem Freund Hans Wallenberg verdankt.

Gesagt wurde damals auch, daß man diese Äußerung Leo Baecks nur mit großer Erschütterung lesen könne, daß aber bei allem tiefen Respekt vor dieser Aussage sich etwas aufbäume und der Wunsch nicht preisgegeben werden möge, daß doch Verbindungen wieder geknüpft werden, um erneut fruchtbar zu machen, was uns in so überwältigendem Reichtum geschenkt worden.

Ein solches erneutes Geschenk war Hans Wallenberg. Für unser Vaterland, die Stadt Berlin, für unser Haus, für mich. Die zahlreichen Kommentare in den Zeitungen und im Rundfunk sprechen davon, wenn sie aufzählen, was seiner Anregung entsprang und was er schuf.

Hans Wallenberg ist im besten Sinne des Wortes bei aller Stille ein berühmter Mann gewesen. Die Inkarnation eines Berliners, so wie die Liebenden dieser Stadt sich vorstellen, wie ein Berliner zu sein hat.

Wer vieles aus großer Bildung weiß und vielen etwas sagen will, muß, wie Hans Zehrer einmal sagte, aus der Kniebeuge schreiben und reden können. In der Tat, Hans Wallenberg konnte es. Er war ein Antipode zum vielfach heute anzutreffenden Journalismus der Profanität oder des Hochmuts.

Hans Wallenbergs Wirken vollzog sich im nicht ganz untergegangenen politisch-geistigen Umfeld einer Stadt, von der der Regierende Bürgermeister vor nicht langer Zeit sagte, daß es sich in Berlin deutlicher zeige als irgendwo sonst, in welch hervorragender Weise jüdische Menschen zum Wohle, ja zum Ruhm Deutschlands beigetragen haben.

Hans Wallenberg aber, der die amerikanische Uniform als Verfechter des eigentlichen Deutschlands trug, um ihm die Freiheit zu bringen, tat ein Äußerstes.

Es möge erlaubt sein, dem Alten Testament ein Wort zu entleihen, wenn der Tag beschrieben werden soll, an dem Hans Wallenbergs stets kämpferisches Leben kulminierte: »Fürchte dich nicht, denn derer sind mehr, die bei uns sind, als derer, die bei ihnen sind[6].«

Es war in Berlin vor mehr als 30 Jahren. Im Herbst wurden, im ganzen Berlin, die ersten und bisher einzigen freien, geheimen und direkten Wahlen nach dem Kriege abgehalten. Einige Tage vor dem Wahlgang schrieb Hans Wallenberg, damals Chefredakteur der »Neuen Zeitung« und amerikanischer Offizier, einen inzwischen berühmt gewordenen Leitartikel mit dem Titel »Fürchtet Euch nicht!«. »Wäre Furcht in Deutschland«, heißt es da, »nicht von jeher ein Element des Regierens gewesen, so hätte sie ihren satanischen Triumph unter Hitler nicht so bis zur letzten Neige auskosten können. Und wenn die Berliner Bevölkerung der Furcht eine entscheidende Absage erteilt, dann leistet sie den größten Beitrag zur Wiedererrichtung der Demokratie in Deutschland[7].«

Die Berliner überwanden die Furcht. Die Wahlen vom 20. Oktober 1946 brachten eine überwältigende Entscheidung für die Freiheit.

Mit seinem überall nachgedruckten »Fürchtet Euch nicht«-Aufruf hatte Hans Wallenberg seine Kompetenzen als Offizier überschritten, aber einen wesentlichen Beitrag zur Freiheit Berlins mit seinem stolzen Ruf geleistet.

Später schrieb er einmal: »Lese ich diesen Artikel heute, so scheint er mir eine Variante der Lage darzustellen, in der wir uns auch heute in Berlin und in nicht wenigen Teilen der Welt befinden: Immer wieder sucht die Furcht die Stunde zu regieren, und das Geschäft mit der Angst blüht wie eh und je, vielleicht mehr denn je. Hier in Berlin feiert die politische Erpressung immer wieder fröhliche Urständ, und wenn die Argumente fehlen, müssen die Drohungen herhalten. Demgegenüber bleibt die Parole ›Fürchtet Euch nicht!‹ höchst aktuell.«

Als Hans Wallenberg vor einigen Wochen ins Krankenhaus ging, waren wir in Sorge um ihn. Wie alle Menschen, die ihn liebten, immer in Sorge um ihn waren, weil er sich stets verausgabte.

So hatte er sich einst in den Vereinigten Staaten verausgabt, wenn er leidenschaftlich für eine Aussöhnung mit dem besseren Deutschland kämpfte. Und hier bei uns verausgabte er sich auch dann, wenn er sich gegen die schrecklichen Vorurteile gegen Amerika stemmte.

Unsere Sorgen um ihn wurden größer, aber wir hofften. Wir wußten ihn in der nie endenden, liebevollsten Obhut Evchens, seiner Frau, der Hans Wallenberg drei Jahrzehnte hindurch der Inhalt des Lebens war.

Es kam anders. Im Aufbruch des Frühlings verhauchte sein Leben.

Die Nachricht riß uns hoch. Die Podbielskiallee, die Kochstraße – Berlin ohne Hans Wallenberg!

Ich weiß kein gültiges Wort des Trostes. Oder doch? Darf ich's versuchen?

»Wie der Hungernde an Brot – denke der Heil Suchende an den Tod.

Nichts verhilft so sehr zu innerer Wandlung wie das Gedenken des Todes und des Jüngsten Gerichts in einer lichten – oder finsteren Ewigkeit. Der Tod steht neben dir, du weißt nicht einmal, ob du das Ende des heutigen Tages erlebst. Sicher aber wirst du eines Tages sterben. Erinnern wir uns, wie unerwartet plötzlich ereilt uns Menschen der Tod; wie hinfällig sind alle irdischen Werte. Kurz ist unser Lebensweg, kaum eine Wanderung zu nennen. Mühsam löst sich die Seele vom Leibe, zerreißt ihre natürlichen Bande. In dieser bitteren Stunde erkennt sie, was Sterben heißt, doch niemand kann ihr nun helfen, außer Gott und ihren guten Taten.«

Karl Andreas Voß wurde am 1. Juni 1892 in Magdeburg geboren. Er studierte Volkswirtschaft und Staatswissenschaften. Als Kriegsfreiwilliger zog er in den Ersten Weltkrieg. 1919 wurde er Journalist, zunächst in Berlin, dann in Magdeburg, später Mitherausgeber der traditionsreichen »Magdeburgischen Zeitung«. Im November 1940 trat Voß in die Verlagsleitung des »Hamburger Fremdenblatts« ein. Nach Kriegsende begann in Hamburg die Zusammenarbeit mit Axel Springer. Im Dezember 1946 wurde Voß Verlagsleiter, 1949 Gesellschafter der Firmen Hammerich & Lesser, Axel Springer & Sohn und Axel Springer Verlag GmbH. Mit der Umwandlung der Verlage in eine Aktiengesellschaft im Jahre 1970 wurde Karl Andreas Voß zunächst Mitglied des Aufsichtsrats und dann Geschäftsführer der Axel Springer Gesellschaft für Publizistik KG, Berlin.

Karl Andreas Voß, der Verleger

Am 27. April 1977 wehten die Flaggen des Axel Springer Hauses auf halbmast: Bei einer Trauerfeier in der Halle des Hamburger Verlagsgebäudes nahm der Verleger Abschied von Karl Andreas Voß, drei Jahrzehnte lang Freund und Partner von Axel Springer beim Aufbau des Verlagsunternehmens. Karl Andreas Voß war im 85. Lebensjahr am 21. April in Hamburg gestorben. Vor 300 Trauergästen, darunter die Angehörigen und Männer der ersten Stunde, sprach Axel Springer nachstehende Worte des Gedenkens.

Wir alle, die wir heute zu Ehren Ihres Mannes, sehr verehrte, liebe Frau Voß, versammelt sind, nehmen Sie und Ihre Kinder gleichsam in unsere Mitte – um Ihnen Trost zu geben, soweit Trost von Menschen gegeben werden kann. Unser aller Mitgefühl gehört Ihnen. Absichtsvoll wollte ich in dieser Welt der Hektik und des schnellen Vergessens hier und heute eine Stunde lang die Uhr anhalten, um des Heimgegangenen an der Stätte seines so langen Wirkens zu gedenken.

Ich habe mich vor dem Tag gefürchtet, an dem man mir sagen würde: Der große Freund Karl Andreas Voß ist nicht mehr.

Es war nicht allein die Furcht vor dem Abschied von einem bewunderten und geliebten Menschen. Die Nachricht beinhaltete das Ende einer Zweisamkeit, wie sie wohl nur selten unter Männern anzutreffen ist, die auch nicht endete, als die praktische Arbeit in den Hintergrund rückte. Diese Zweisamkeit wurzelte in der glücklichen und geschenkten Stunde ihrer Geburt und in dem aus ihr gewachsenen Gelingen im Zeitmaß eines Vierteljahrhunderts.

Der in diesem Hause hochangesehene und unvergessene Otto Siemer sagte in seiner Laudatio auf den 75 Jahre alten Karl Andreas Voß, daß eine knappe Formel den Kern seines Wesens und Wirkens kennzeichne: die Eigenschaft, ein idealer Partner zu sein. Das will sagen, so fuhr Otto Siemer fort, daß beide Männer – der Heimgegangene und der Zurückgelassene – sich in der Zusammenarbeit über ihre eigenen Möglichkeiten weit hinausgehoben hätten, indem sie sich ergänzten.

Das nenne ich die beglückende Zweisamkeit und füge hinzu: Ohne Karl Andreas Voß stünde das Werk nicht. Es begann wie ein Wunder: Vollgepfropft mit Ideen und Vorstellungen, die alles Maß zu sprengen schienen, saß ich mit einer kleinen Schar Getreuer aus dem väterlichen Verlag inmitten der Trümmer Hamburgs in einem zwar kleinen, aber wohnlichen Büro im Harvestehuder Weg 9.

Der himmelstürmenden Ideen gab es genug. Ich spürte aber unbewußt, daß etwas Wesentliches fehlte: die ordnende Hand, ohne die große Träume nicht Wirklichkeit werden können.

Da ging eines Tages die Tür auf, ein Besucher trat ein, der sich angesagt hatte und für ein Flensburger Unternehmen Druckaufträge akquirieren wollte.

Es ist lange her, mehr als dreißig Jahre, und dennoch scheint es mir, als wäre es erst gestern gewesen. Kurz ehe der Besucher kam, hatte ich eine gute Nachricht erhalten: Einer meiner verlegerischen Träume war plötzlich der Verwirklichung nahegerückt. Mein Herz war so voll Freude, daß ich gar nicht anders konnte, als sie mit dem Besucher zu teilen. Schon bei diesem ersten Zusammentreffen begannen wir über Verlagspläne zu sprechen. Die Druckaufträge für Flensburg waren fast vergessen.

Bereits vor diesem Gespräch hatten mich etliche Freunde auf Karl Andreas Voß aufmerksam gemacht. Einer der bewährtesten war Felix Jud, der mir mehr als einmal geraten hatte: Wenn du einen Mann brauchst, der ganz anders ist als du, der dir sagt, welche deiner himmelstürmerischen Pläne verwirklicht werden können, der dir dann bei der Verwirklichung hilft, der die Ordnung schafft, die du brauchst, dann denke an Karl Andreas Voß, der sich schon ein Leben lang als Verlagsfachmann bewährt hat.

Je länger ich an jenem Frühjahrstag vor einunddreißig Jahren mit Karl Andreas Voß sprach, um so mehr merkte ich, daß ich hier einem Mann begegnet war, der nicht nur zuhören konnte, sondern auf Ideen einging, Gedanken weiterspann und meinen für viele Ohren phantastisch klingenden Plänen neben Skepsis auch Verständnis entgegenbrachte. Einem Mann, der, so schien mir, recht schnell zu mir Vertrauen gefunden hatte. Das war der Beginn einer Gemeinsamkeit; ich hatte sie Zweisamkeit genannt, die nur der Tod beenden konnte.

Das war die Urzelle unserer Beziehungen, die Karl Andreas Voß mehr als einmal – und sich über dreißig Jahre wiederholend – sagen ließ: »Axel Springer, ich liebe Sie, ich bewundere Sie, aber ich fürchte Ihre Maßlosigkeit.«

Als er damals mein Büro verließ, sah ich ihm sinnend nach. Ich wünschte mir, er könne mein Partner werden. Ja, ich wußte eigentlich zu diesem Zeitpunkt schon, daß er mir beistehen würde, den Weg zu gehen, von dem ich in den Kriegsjahren in der Lüneburger Heide so lebhaft geträumt hatte.

Kurze Zeit später war er bei uns, es war im Herbst 1946, und wir hatten gerade begonnen, »Hörzu« auf den Markt zu bringen. Für dreißig Reichspfennig das Exemplar, einen Betrag, den wir auch nach der Währungsreform in neuer Währung erhielten.

Die Räume am Harvestehuder Weg wurden zu eng. Kurz nach dem Eintritt von Karl Andreas Voß in unser Haus zogen wir in den Bunker auf dem Heiligengeistfeld. Es war ein bitterkalter Winter. Herr Voß hat diese erste Zeit im Bunker einmal so beschrieben:

»Da waren zwei Meter dicke Betonwände. Aus den Wänden waren Fenster herausgesprengt worden. Innen waren burgähnliche Zimmer entstanden mit tiefen Fensternischen, ganz romantisch. Dann kam ein grausamer Frost. Ich bildete mir ein: Bei den riesendicken Wänden kann hier nichts passieren. Aber die Etage unter uns war auch im Bau. Da hatte man auch die Fenster herausgesprengt. Aber als der Frost kam, war man nach Hause gegangen und hatte alles so gelassen. So arbeiteten wir mit einem zwei Meter dicken Eisblock unter den Füßen. Es war unbeschreiblich!«

Soweit die Erinnerungen von Karl Andreas Voß. Ich kann dem aber noch einen Satz hinzufügen: Die Kälte focht ihn nicht an, focht uns alle nicht an. Unser Glaube an die Zukunft und an unsere Arbeit machte uns heiß und ließ uns die Kälte vergessen.

In jenem Bunker wurde auch das »Hamburger Abendblatt«[8] konzipiert, in langen Debatten und Gesprächen, an denen der Zeitungsmann Karl Andreas Voß stets beteiligt war. Drei Namen aus der damaligen Runde seien hier – stellvertretend für viele – genannt: Walther Hansemann, Otto Siemer und Rudolf Michael.

Vom Bunker war es nur ein kleiner Sprung zum »Museum für Hamburgische Geschichte«, wo Günther T. Schulz das Signum für die geplante und vorbereitete Hamburger Tageszeitung holte und auch die Idee zu unserem Motto: »Mit der Heimat im Herzen die Welt umfassen«.

Als es dann endlich soweit war, das heißt, nachdem wir am Tage nach der Währungsreform die Lizenz aus den Händen des großen Bürgermeisters Max Brauer für unser »Hamburger Abendblatt« bekommen hatten und am 14. Oktober 1948 die erste Nummer dieser Zeitung erschienen war, waren wir längst wieder umgezogen, an die Alster, ins rückwärtige Gebäude der Volksfürsorge. Dort bauten wir auch eine kleine Setzerei auf, gedruckt wurde aber bei Broschek[9].

Über diese ersten Zeiten hat Karl Andreas Voß oft und gerne gesprochen. Er erinnerte daran, daß wir Setzmaschinen einzeln mieteten von Druckereien an kleinen Orten, wo früher einmal Kleinstzeitungen erschienen waren. Zunächst wurde nur gemietet, nicht gekauft, dazu reichte die Finanzdecke nicht.

Das gleiche Prinzip herrschte bei Schreibmaschinen. Darf ich noch einmal Karl Andreas Voß zitieren?:

»Mein Prinzip war damals, lieber eine teurere Miete zu bezahlen, als eine Schreibmaschine zu kaufen. Ganz abgesehen davon, daß sie in der ersten Zeit nur schwer zu erhalten waren. Das Geld zum Mieten hatten wir aus den laufenden Einnahmen. Aber Geld, um eine Schreibmaschine zu kaufen, hatten wir eben nicht. Dasselbe Prinzip haben wir auch in bezug auf Autos befolgt.« Was die

Schreibmaschinenmiete anbelangt, so erinnerte sich der erst vor kurzem gestorbene treue Freund Walter Schultz-Dieckmann noch an Einzelheiten:

»Der Mietpreis betrug drei Mark pro Tag. Am Sonnabendmittag ließ Herr Voß die Maschinen wieder zurückbringen und am Montag erneut abholen. Auf diese Weise wurde die Leihgebühr über Sonntag gespart.«

Und weiter in diesen Erinnerungen: »Um die hohen Kosten für Bleistifte zu sparen, führte Herr Voß Bleistiftverlängerer ein; Büroklammern mußten gesammelt werden, und für die HA-Redaktion wurden keine Schreibtische angeschafft, sondern nur Plattentische, mit der Begründung, Redakteure hätten ihre Arbeit täglich zu beenden, es gäbe nichts, was sie in den Schubläden verwahren müßten. Der erste, der einen halbseitigen Schreibtisch erhielt, war Chefredakteur Siemer.« – Soweit Walter Schultz-Dieckmann.

Das waren die Anfänge. Karl Andreas Voß, selbst ein spartanischer, ein sparsamer Mann, konnte derartige Forderungen stellen. Ihm wurden sie abgenommen, weil er sich ihnen selbst beugte.

Nach 1948: Das Unternehmen wuchs und wuchs, und wir kamen bald zu der Überlegung, daß wir in einem eigenen Haus drucken und arbeiten müßten, daß sich die Zeiten der Miete und Untermiete für uns dem Ende näherten.

Wieder war es Karl Andreas Voß, der diesen Schritt vorschlug und ihn dann tatkräftig durchführte: die eigene Technik, eine eigene Druckerei.

Zuerst dachten wir daran, unsere Druckerei zwischen Gänsemarkt und Colonnaden zu errichten. Bald zeigte es sich aber, daß dort nicht genügend Reserveplatz vorhanden war. Deshalb bauten wir in der Kaiser-Wilhelm-Straße, hier an dieser Stelle.

Karl Andreas Voß erwarb ein Grundstück nach dem anderen. Die Grundsteinlegung zu diesem Haus, das in vielen Abschnitten entstand, war 1950. Lange vor der Fertigstellung des Gesamthauses wurde aber schon die Rotation errichtet – in einem Holzhaus, unter dessen Schutz die Maschinen wachsen konnten.

Im Jahre 1951 druckten wir zum erstenmal das »Hamburger Abendblatt« auf eigenen Rotationspressen; ein Jahr später produzierten wir die erste Nummer von »Hörzu« auf eigenen Tiefdruck-Maschinen.

Wir starteten die »Bild-Zeitung«, wir erwarben die »Welt«, die »Welt am Sonntag«, wir gründeten »Bild am Sonntag«.

An all dem hatte Karl Andreas Voß wesentlichen Anteil, an jeder dieser Planungen hat er entscheidend mitgewirkt, ich habe es oft gesagt, und ich will es heute in dieser Gedenkstunde wieder und wieder sagen – ohne Karl Andreas Voß wäre das alles nicht möglich gewesen; ohne ihn, den Baumeister am Werk, stünde das Haus nicht, in dem wir in dieser Stunde seiner gedenken.

»Wir hatten eine Arbeitsteilung vereinbart«, hat er oft gesagt, »und daran halte ich mich ebenso, wie es Herr Springer tut.«

Viele seiner weisen Sätze, die er pointiert und druckreif vorzutragen verstand, sind mir nie aus dem Gedächtnis gekommen. So zum Beispiel seine Warnung vor Routinebankiers: Sie seien wie ein Regenschirm, den man nur bei Sonnenschein benutzen könne. Unzählig sind die gemeinsam erlebten Anekdoten. Eine möchte ich herausgreifen.

Wir besuchten einmal ein Hamburger Bankinstitut. Es war in unseren Frühzeiten. Wir hatten keine Finanzierungssorgen, wünschten aber doch zur Absicherung eine Ausfallbürgschaft. Dieses Ansinnen wurde von den anwesenden Bankiers diplomatisch abgelehnt. Herr Voß, darüber verärgert, machte seinen straffen Körper noch gerader und forderte mich auf, die Herren mit ihm zusammen sofort zu verlassen. Ich überredete ihn, die Einladung zum Frühstück doch noch anzunehmen. Dabei kam das Gespräch nun von seiten der Gastgeber wieder auf die Ausfallbürgschaft. Über den Tisch fragte mich einer der Herren nach den Sicherheiten, die wir geben könnten. Ich antwortete: »Sicherheit, meine Herren, bin ich nur bereit in der Form zu geben, daß Herr Voß und ich verschiedene Flugzeuge benutzen.«

Danach brachen wir auf und freuten uns noch lange über die verdutzten Gesichter. Auf die Bürgschaft verzichteten wir.

Wenn wir Karl Andreas Voß heute hier noch einmal gedenken, so muß an dieser Stelle, in dieser Halle, die er bis vor kurzem noch regelmäßig durchschritten hat, eines immer wieder festgestellt werden: Was hier steht, ist sein Werk:

Die Bauplanung war sein Werk, die Technik war sein Werk, die Organisation des Hauses war sein Werk – natürlich mit Hilfe hervorragender Fachleute, so Dr. Walter Matuschkes. Aber darin zeigt sich ja gerade die Qualität eines Unternehmers, ob er die Größe hat, erstklassige Fachleute neben sich zu haben – und sie manchmal auch zu ertragen.

Die hohe Qualität von Karl Andreas Voß wurde ganz besonders gefordert, als wir mit dem »Hamburger Abendblatt« auf den längst übersättigten Markt traten. Zu dieser Zeit erschienen in Hamburg bereits sechs Tageszeitungen mit einer Gesamtauflage von 680 000 Exemplaren.

Wir beide wußten: Das Unternehmen glich einem Ritt über den Bodensee. Aber wir glaubten auch an unser mit vielen Getreuen gemeinsam erarbeitetes neues Zeitungskonzept.

Es würde den Rahmen dieser Gedenkstunde sprengen, wollte ich auch nur den Versuch machen, all das aufzuzählen, was Karl Andreas Voß zum Gelingen des Werkes beigetragen hat. Ich brauchte seine Fragen und Zweifel ebenso wie seine hundertfachen Anregungen. Wir alle brauchten seinen Fachverstand, und alle Mitarbeiter brauchten seine Menschenkenntnis, sein Interesse und seine Güte.

Stellvertretend für viele ähnliche Äußerungen, die im Laufe der Jahre gefallen sind, möchte ich zitieren, was mir Eduard Rhein nach dem Tode von Will Thederan vor vier Jahren schrieb: »Will hat mich«, so heißt es da, »noch kurz vor seinem Tode gebeten, Ihnen und Herrn Voß zu sagen, daß die zwanzig Jahre in Ihrem Verlag die schönsten seines Lebens gewesen sind. Und dafür soll ich ... seinen Dank sagen mit einem letzten Gruß.«

Wenn immer ich über mein Verhältnis zu Karl Andreas Voß nachgedacht habe oder heute nachdenke: Entscheidend war die erste Stunde, dieses große Glück, das mir damals zuteil wurde, als ich merkte, daß mir da ein Mann gegenübersaß, so ganz anders strukturiert als ich es war, zwanzig Jahre älter, mit zwanzig Jahren mehr Erfahrung, einer, der mir, das erkannte ich sofort, dabei helfen konnte, den Bogen auszufüllen, den kein Mensch unter der Sonne ganz allein hat.

Meinen Weg nach Berlin hat er zuerst mit einigen Sorgen gesehen; er befürchtete eine finanzielle Gefährdung des Gesamthauses. Als dann aber der Bau an der Berliner Mauer stand, nach der Einweihungsfeier am 6. Oktober 1966, da nahm mich Karl Andreas Voß in eine Ecke, umarmte mich und sagte: »Sie haben mit diesem Schritt recht gehabt! Und wie Sie recht gehabt haben.« Das hat er in den darauffolgenden Jahren oft wiederholt.

In seinen letzten Lebensjahren wurden ja für ihn, wie für so viele von uns, die politischen Fragen wieder die wichtigsten, und im Politischen hat er sich ganz zu dieser Hinwendung unseres Hauses in die alte deutsche Hauptstadt bekannt. Auch dafür sage ich ihm heute noch einmal meinen Dank.

Liebe Frau Voß, als ich die Nachricht vom Tode Ihres Mannes am Abend nach der Beisetzung von Hans Wallenberg erhielt, suchte ich einen Ausweg aus meiner Trauer, indem ich in alten Briefen blätterte. Dabei wurden auch die vielen Gespräche wieder lebendig, die Karl Andreas Voß und ich im Laufe der Jahre beileibe nicht nur über Verlagsfragen geführt haben.

Da ging es um Politik – am meisten sogar –, da ging es um den Glauben, die Religion. Manchmal wurde auch über die Natur gesprochen, sehr oft über Pferde, die wir beide liebten. Man kann sogar sagen, wir seien eine Strecke unseres Weges gemeinsam geritten.

Ich sprach von den Briefen, die ich noch einmal las. Aus einigen möchte ich ein paar Sätze vorlesen. Karl Andreas Voß schrieb mir im September 1969:

»Es ist so, daß die Elite kaum bereit ist, sich den Pflichten zu widmen, die unerläßlich sind. Es ist immer nur ein kleiner Kreis, der sich aufgerufen fühlt, und noch kleiner ist der Kreis, der die Kraft hat, dieser Stimme des Gewissens zu folgen ... Zu dem, was man in unserer Nation zur Elite zählen kann, sollte auch die deutsche Presse gehören, die sich mit ganz wenigen Ausnahmen ... jeder kämpferischen Verpflichtung entzogen hat und ihren materiellen Geschäften nachgeht wie alle anderen. Ich meine, die Presse müßte endlich von ihren Möglichkeiten Gebrauch machen, selbst auf die Gefahr hin, gegen ihre eigenen unmittelbaren wirtschaftlichen Interessen zu handeln. Ich freue mich jedesmal, wenn ich in unseren Zeitungen einen Ansatz dazu lesen kann ...« Und hier aus einem anderen Brief, geschrieben einige Tage nach seinem 80. Geburtstag:

»Daß wir zusammengefunden haben«, meinte er, »war kein Zufall. Ich war damals, als wir allen Mut und alle Entschlußkraft einsetzen mußten, fast so alt wie Sie heute sind, weiß daher, was man in diesem Alter noch leisten kann, wenn man an sich und seine Sache glaubt ... Was Sie in diesen letzten Jahren erlebten, waren auch keine Zufälle, sondern die Konsequenz aus der Begegnung ... mit einer geschichtlichen Situation ...«

In einem Brief an Ernst Cramer schließlich fand ich einen Satz, der mich besonders beglückt hat. Da schrieb Karl Andreas Voß im Juni 1975:

»Glauben Sie mir bitte, daß Axel Springer und ich ein glückliches Leben zusammen geführt haben, und daß ich ihm mindestens so dankbar bin wie er mir.«

Zum Schluß möchte ich noch aus einem Telegramm zitieren, das ich vor zwanzig Jahren, zum 1. Juni 1957, aus New York an Karl Andreas Voß schickte. Es lautete:

»An Ihrem fünfundsechzigsten Geburtstag wünsche ich Ihnen Gesundheit und Zufriedenheit. Dann lassen Sie mich sagen, wie dankbar ich Ihnen immer sein werde, daß Sie zur Entfaltung meiner Neigungen in unserem Beruf mir den Rükken freihielten. Und lassen Sie uns Freunde bleiben, solange Gott uns miteinander arbeiten lassen will.«

Darin ist Dank, Anerkennung und Liebe. Und was galt, als er 65 Jahre alt wurde, galt immer, gilt heute und wird auch in Zukunft gelten.

Ich möchte allerdings diesen Dank und dieses Bekenntnis noch über die jetzige Stunde hinaus auch sichtbar festhalten.

Auf der einen Seite, neben dem Eingang dieser Halle, ist eine in Stein gehauene Gedenkplatte angebracht, die meinem Vater gewidmet ist.

Auf der anderen Seite wird bald eine ähnliche Tafel zu sehen sein mit der Inschrift:

Dem Baumeister am Werk
Karl Andreas Voß
Verleger
1892–1977

Wir alle nehmen in dieser Stunde Abschied von einem großen Verleger, einem stillen Patrioten, einem klugen Unternehmer, einem unermüdlichen Arbeiter, aber mehr noch von einem väterlichen Freund. Wir alle danken ihm.

Er hat ein bis ins hohe Alter erfülltes Leben gehabt, dessen Ende dennoch für seine Familie zu früh kam.

Und lassen Sie mich hinzufügen: zu früh auch für den Freund.

Mir bleibt in diesem Augenblick nur, Ihnen und allen Verwandten zu sagen, wie sehr wir mit Ihnen trauern. Dem Verstorbenen selbst aber rufe ich eine Bitte nach:

»Bleib du im ew'gen Leben mein guter Kamerad[10]!«

Joachim Pierre Pabst wurde am 12. März 1910 in Gnesen geboren. Er begann seine Laufbahn in Berlin als Lektor. Nach dem Krieg gründete er in Oldenburg zusammen mit dem Verleger Fritz Bock die »Nordwest-Zeitung«, deren Herausgeber und Chefredakteur er war. Er verließ diese noch heute existierende große Regionalzeitung im Weser-Ems-Raum im Jahre 1951 und kam 1953 zum Axel Springer Verlag. Von 1958 bis Ende 1960 war er Chefredakteur der Zeitschrift »Kristall«. In seiner Eigenschaft als Organisator und Leiter des Zentrallektorats schuf und pflegte er für die Zeitungen und Zeitschriften des Hauses sowie für die Ullstein und Propyläen Buchverlage die Verbindungen zu prominenten deutschen und internationalen Autoren und Buchverlagen.

Pierre Pabst, der Freund

Nach längerer Krankheit starb am 23. Juni 1977 in Berlin Joachim Pierre Pabst, Leiter des Zentrallektorats im Verlagshaus Axel Springer. Ein Vierteljahrhundert gehörte er dem Unternehmen an und zählte zu den engsten Freunden des Verlegers. Ein geistreicher und liebenswürdiger Mann voller Ideen, ein bedeutender Kenner der Literatur und Kultur – so bleibt er denen in Erinnerung, die ihn kannten. Bei der Beisetzung am 27. Juni 1977 auf dem Russischen Friedhof in Berlin-Tegel sprach Axel Springer die letzten Worte für seinen Freund.

»Still, und laßt mich's leiser sagen, sanfter sagen, eh' wir scheiden: Menschen-Los ist Menschen-Leiden. Lernt's ertragen!«

Diese Worte von Rudolf Alexander Schröder, die mehr Erkenntnis und Unabweisbares spiegeln als mancher untaugliche Versuch eines doch nicht gültigen Trostwortes, möchte ich Dir, liebste Ira, Ihnen, hochverehrteste gnädige Frau, Ihnen, lieber Wowa, und allen, die Pierre liebten, heute sagen dürfen.

Eine große Zahl von Freunden schreckte schmerzlich auf, als der Heimgang, die Verwandlung des bescheidenen, kultivierten, zutiefst pflichtbewußten, noblen, gütigen, stets dankbaren und getreuesten Pierre bekannt wurde.

Pierre lebte im Protest gegen unsere Zeit. Auch deshalb war es beglückend für mich zu hören, daß er gerade auf diesem Friedhof sein Grab finden würde. Inmitten von Männern – nicht zuletzt seinem geliebten Schwiegervater –, zu denen die Geschichte vorübergehend nein, Gott aber ja gesagt hat.

Pierre war seit längerer Zeit krank. Aufopfernd in grenzenloser Hingabe standen ihm Ira, Wowa und Mama zur Seite. Ich darf Sie, verehrteste gnädige Frau, so nennen, denn mit diesem Namen waren Sie in meinem Hause stets gegenwärtig.

Und für uns alle anderen gegenwärtig in diesen für Pierre so schweren letzten Jahren waren auch Ihre Namen, verehrter Herr Professor Witzgall, und der Ihre, sehr geehrter Herr Dr. Regensburger.

Bei Diskussionen über die Frage: Wer sind die letzten Preußen in dieser pflichtvergessenen, lieblosen Zeit, wurden immer wieder Sie genannt! Ich weiß in diesem Augenblick, daß Pierre mich legitimiert, Ihnen für alle Freunde Dank zu sagen.

Ich habe einen Freund verloren – und er war mir mehr! Er stand meinem Herzen nahe, und uns einte die Überzeugung, daß unsere Welt vor ernsten Prüfungen steht. Prüfungen, bei denen es nicht nur um politisches Geschick, sondern um Himmel oder Hölle geht.

Pierre half mir, meinen Platz in dieser Auseinandersetzung zu halten. Ich danke Dir, mein Freund!

Er wußte, was das Wort Jesajas sagen will:

»Die Erde wird taumeln, sie schwankt wie eine Hütte, und schwer liegt auf ihr ihre Übertretung.«

Die Bücher, die wir in den vergangenen Jahren tauschten, waren ausschließlich religiösen Inhalts. Bei der letzten gemeinsamen Reise, die uns in die Gefilde des Johannes führte, sprachen wir immer wieder über die Worte der Offenbarung:

»Selig ist, der da liest und die da hören die Worte der Weissagung und behalten, was darin geschrieben ist – denn die Zeit ist nahe[11].«

Der nur der Materie zugewandten und damit geschundenen Welt gaben wir nur wenig Chancen des Überlebens ohne die schwerste Prüfung. Wir nahmen ein Wort auf und sagten: Nur Heilige sind heute noch imstande, den erkrankten Nationen die gewünschte Rettung zu bringen. Wo sind sie? Kommen sie? Wann kommen sie?

Wir nehmen Abschied von Pierre und werden ihm immer wieder begegnen. Unsterblich ist die Erinnerung, trostreich die Gewißheit des Wiedersehens in einer anderen Welt.

Bis dahin, lieber Pierre.

Statt eines Nachwortes

Die Teilung Berlins vorausgesagt

Am 13. August 1979, am 18. Jahrestag des Mauerbaus in Berlin, schrieb James O'Donnell an Axel Springer. In diesem Brief erinnert der amerikanische Journalist, der 1945 in die deutsche Hauptstadt gekommen war, an jene Tage, die schicksalhaft waren, nicht nur für Berlin, sondern für die ganze deutsche Nation und darüber hinaus für das ganze westliche Bündnis. Es waren historische Tage, die der amerikanische Reporter teils in Berlin, teils in der amerikanischen Hauptstadt miterlebte. James O'Donnell, ein enger Freund von General Lucius D. Clay, hatte damals unmittelbaren Kontakt zu den führenden Männern im Weißen Haus, auch zum Präsidenten selbst. O'Donnells Brief an Axel Springer enthüllt Hintergründe, die bisher weitgehend verborgen geblieben waren.

13. August 1979

Lieber Axel Springer,
ich schreibe Ihnen aus meinem Büro in Berlin, nur ein paar Kilometer von diesem schrecklichen Monstrum, der Berliner Mauer, entfernt. Wenn Sie diesen Brief erhalten, dann sind Sie sicherlich in Ihrem Verlagshaus, hoch über der Kochstraße, direkt an der noch immer gräßlichen und blutenden Sektorengrenze, die vor achtzehn Jahren mit Stacheldraht verbarrikadiert wurde. Damals, in jenen schwülen ersten Augusttagen des Jahres 1961, versuchten Sie, die freie Welt vor dem nahenden Unheil zu warnen. Ich nehme an, daß es die Tausende von Flüchtlingen gewesen sind, die Ihnen die Augen über die deutsche Wirklichkeit so weit geöffnet haben.

Man vergißt heute nur allzu leicht, daß seither beinahe zwei Jahrzehnte vergangen sind. Und was noch schlimmer ist: Man kann sich kaum vorstellen, wann und wie die Berliner Mauer endlich verschwinden wird. Daß sie eines Tages abgerissen wird, darüber allerdings gibt es für mich keinen Zweifel. Aber keiner von uns wird jünger, und womöglich werden wir nicht lange genug leben, um ihren Abbruch zu erleben. Welche schreckliche Hinterlassenschaft für die uns nachfolgende Generation!

Diese Gedanken kamen mir, als ich neulich wieder das Buch »Die Iden des August«[1] las, das mein Landsmann Curtis Cate im Jahre 1978 veröffentlichte. Es ist eine melancholische Aufzeichnung der Ereignisse, die zum 13. August 1961 führten. Besonders beeindruckte mich darin, daß Sie die erste realistische deutsche Stimme waren, die zu Präsident Kennedy durchdrang, und zwar durch die langen Gespräche, die Sie mit dem Direktor der »United States Information Agency«[2], Edward R. Murrow, am Freitag, dem 11. August 1961, in Bonn und am Montag, dem 14. August 1961, in Berlin führten.

Die Geschichte, die Curtis Cate erzählt und an die ich mich selbst gut erinnere, spiegelt den Ablauf eines dramatischen Wochenendes wider. Sie waren es, der sich an jenem Freitagabend anläßlich eines Essens, zu dem der damalige Bundespressechef Felix von Eckardt nach Bonn geladen hatte, erregt an Edward R. Murrow mit den Worten wandte:

»Herr Murrow, warnen Sie Ihren Freund, den Präsidenten Kennedy, daß er in einen Hinterhalt hineinläuft. Ihr Amerikaner seid so auf die Zugänge über die Autobahn und die Luftkorridore fixiert, daß ihr die Berliner vergeßt. Ich aber befürchte: Berlin soll geteilt werden! Seht euch dann das Dilemma an! Mehr als eine Million Berliner leben im Osten dieser Stadt!«

Wo und wann er erneut mit Ihnen reden könne, bat Murrow Sie danach eindringlich. Sie sagten: »Berlin«, und Murrow sagte: »Montag«. Und schon am Sonntag geschah es: Ost-Berlin wurde abgeriegelt.

So kam es zur zweiten Begegnung am Montag in Ihrem Privathaus in der Bernadottestraße. Welche konkreten Aktionen oder Reaktionen Sie vorschlagen würden, »nachdem Sie sich als ein so genauer Prophet erwiesen haben«, wollte Murrow wissen.

Sie sagten spontan: »Ihr müßt die Barrikaden wegräumen, und ich garantiere, die Russen akzeptieren das.« Und dann fügten Sie hinzu: »Propheten sind nur selten glücklich, wenn ihre Vorhersagen sich erfüllen. Am schlimmsten aber von allem ist es, daß das, was ich jetzt zu spüren glaube, sich pilzartig in eine Form von heimtückischem Neutralismus unter den Schwachmütigeren meiner Landsleute entwickeln wird.«

Überdies befürchteten Sie, daß sich »ein neues Budapest«[3] vorbereitete. Ein Volksaufstand als Reaktion auf einen separaten Friedensvertrag sei nicht auszuschließen. Einen Stopp der westdeutschen Exporte in Ulbrichts »DDR« hielten Sie für die wirkungsvollste Antwort der Alliierten auf den Bau der Mauer.

Alarmiert verließ Edward R. Murrow an jenem Montagnachmittag Ihr Haus. Eine Stunde später kehrte er zurück und sagte: »Ich habe gerade mit dem Präsidenten telefoniert. Er wird Johnson und Clay in den nächsten Tagen nach Berlin schicken[4].«

Niemand liebt es, eine Kassandra geheißen zu werden, denn wir kennen ja das Schicksal dieser unglücklichen trojanischen Prinzessin[5]. Wenn aber Berlin nicht eines Tages zu einem zweiten Troja[6] werden soll, und das heißt: zu einem Unheil, das den Anfang vom Ende der westlichen Welt einläutet, dann müssen wir uns, so glaube ich, an die hektischen Ereignisse des Sommers 1961 erinnern. Nicht aus

Selbstgerechtigkeit oder um Vorwürfe zu erheben, sondern lediglich, um das nächste Mal klüger zu handeln.

Glücklicherweise glauben wir, die wir stolz darauf sind, uns freie Menschen zu nennen, nicht an eine Vorbestimmung in der Geschichte, sei es nun ein marxistischer oder irgendein anderer Determinismus. Wenn wir den Lauf der damaligen Ereignisse richtig nachverfolgen, so sehen wir, daß die Mauer keineswegs unvermeidlich war. Und sie war auch nicht – wie das einige Ihrer schmollenden Landsleute noch immer glauben – das Ergebnis eines zuvor arrangierten oder stillen Übereinkommens zwischen Präsident Kennedy und Ministerpräsident Chruschtschow im Juni 1961 in Wien[7].

Es war ganz einfach eine unglückliche Panne in den Verbindungslinien innerhalb der westlichen Schutzmächte für Berlin und der NATO selbst sowie die unvermeidliche Trägheit der Bürokratie. Hinzu kam schiere Dummheit, gegen die selbst die Götter vergeblich ankämpfen.

Ich mache mir Sorgen: Wenn ich jetzt die Dokumente wieder lese und die Ereignisse der turbulenten Wochen vom August 1961 an mir vorbeiziehen lasse, so kann ich auch heute – beinahe zwei Jahrzehnte später – keine greifbaren Beweise dafür sehen, daß unser NATO-Bündnis in besserer Verfassung ist, um einem vergleichbaren Notfall zu begegnen – ob das nun eine neue Berlin-Krise sei oder eine kritische Situation in Jugoslawien in Verbindung mit dem herannahenden Problem der Tito-Nachfolge oder eine Nahost-Krise. Ich habe die schlimme Vorahnung, daß die nächste ernsthafte Krise für Berlin weit, weit weg vom Potsdamer Platz oder dem Brandenburger Tor beginnen wird.

Noch andere alarmierende Parallelen zu den unvergessenen Augusttagen von 1961 fallen mir auf. 1961 war John F. Kennedy nicht etwa weich oder charakterschwach; er war ganz einfach unerfahren. Das Debakel in der kubanischen Schweinebucht[8] vom Frühjahr 1961 wirkte noch in ihm nach, und dies dauerte an bis zu der Konfrontation mit der Sowjetunion über Kuba[9] im darauffolgenden Jahr, als Kennedy so handelte, wie ein amerikanischer Präsident das sollte – und muß. Denn der Präsident der Vereinigten Staaten war damals und ist noch immer der Primus inter pares unter den Führern des Westens.

Ich schäme mich, wenn ich zugeben muß, daß das Führungsproblem in Washington heute noch entmutigender ist als damals. Präsident Jimmy Carter ist ein weicher, wenn auch ein wohlmeinender Mann. Die Kritik an ihm und an seiner Amtsführung wächst. 1980 verspricht deshalb ein sehr hektisches Wahljahr zu werden, und 1981 mag sehr wohl eine Wiederholung dessen bringen, was wir in Washington 1961 erlebten.

Es gibt noch eine weitere Parallele, aber über sie können wir froh sein: Es steht in Ihrem Land eine aufregende Wahl bevor: Helmut Schmidt gegen Franz Josef Strauß. Das sind zwei Männer mit nicht geringer Substanz und mit langjähriger

Erfahrung. Wir dürfen uns aber nicht darüber hinwegtäuschen, daß die Wahlen in den USA und in Deutschland die sowjetischen politischen Strategen in Versuchung führen könnten, es sei denn, sie sind – wie es zu hoffen ist – zu sehr mit ihrem eigenen dräuenden Nachfolgeproblem belastet.

An einen Satz aus den hektischen Krisenwochen im Sommer 1961 in Washington erinnere ich mich besonders gut. Das war John F. Kennedys klagender und oft ärgerlich vorgebrachter Protest: »Verdammt noch mal! Ein amerikanischer Präsident kann doch nicht deutscher sein als die Deutschen!«

Das war Kennedys wiederholte Antwort an solche Landsleute wie General Clay, General Frank Howley, die Journalistin Marguerite Higgins und andere Altberliner »Hardliners«, die versuchten, ihn von der Wichtigkeit des Viermächte-Status für ganz Berlin, also auch für Ost-Berlin, zu überzeugen.

Es mag Sie, den deutschen Verleger, auch im Rückblick verblüffen, daß keiner der zwei prominentesten deutschen Politiker der damaligen Zeit, nämlich Konrad Adenauer und Willy Brandt, in dieser Angelegenheit jemals ausführlich mit Präsident Kennedy gesprochen hat.

Irgendwie bewegen sich die Politiker unserer westlichen Demokratien – seien sie nun Briten oder Amerikaner, Franzosen oder Deutsche – immer zwischen irgendwelchen Wahlen, entweder in ihren eigenen Ländern oder innerhalb des NATO-Bündnisses. Und diese Wahlen drehen sich vor allem um Probleme der Innenpolitik.

Ich meine deshalb, daß im Jahr 1980 die Verleger und die Journalisten in Ihrem und meinem Land es als ihre Pflicht erkennen sollten, sich bei internationalen Schicksalsfragen über die Parteiebene hinaufzuschwingen. Das gilt in der Bundesrepublik Deutschland vor allem bei der Berlin-Frage.

Wenn zum Beispiel das eintritt, was 1961 eben nicht geschehen ist, wenn nämlich die beiden Kanzlerkandidaten dazu gebracht werden könnten, in der Frage Berlins mit einer Zunge zu sprechen, dann bin ich davon überzeugt, daß der Amerikaner, der 1980 im Rennen zum Weißen Haus gewinnt, ihrem Rat folgen wird. Kein amerikanischer Präsident wird mit Bedacht einen so wichtigen Alliierten wie Deutschland brüskieren wollen, und schon gar nicht in der Berlin-Frage.

Professor Georg Wilhelm Friedrich Hegel, dieser kluge Wahlberliner, sprach einmal von der List der Geschichte. Eben!

Ich spreche hier als Beobachter und Reporter. Immer habe ich das Gefühl gehabt, daß damals im August 1961 die Geschichte einen anderen Lauf genommen hätte, wenn das folgende passiert wäre:

Nehmen wir doch einmal an, Ihre so wichtigen Gespräche mit Edward R. Murrow hätten schon im Juni stattgefunden oder spätestens vor Mitte Juli. Etwa zu der Zeit, als Sie nach der großen Wiedervereinigungs-Rede von Eugen Gerstenmaier diesem Ihren beschwörenden Brief aus der Schweiz schrieben[10]. Ich weiß mit Bestimmtheit und aus persönlicher Erfahrung, daß John F. Kennedy sich damals noch nicht festgelegt hatte, daß er Argumenten zugänglich war. Aber am 25. Juli, als der Präsident seine Berlin-Politik direkt aus dem Weißen Haus verkündete, war die Entscheidung gefallen: Die Garantien, die er gab, galten nur für West-Berlin.

Kurz gesagt, am 25. Juli 1961 hatten die Beschwichtiger im Außenministerium in Washington einen Sieg errungen.

Ihr vernünftiger Ratschlag, Ihr Kassandraruf, kam in Washington zwei Wochen zu spät an. Zu spät, um Ost-Berlin zu retten, aber nicht zu spät, Gott sei Dank, um West-Berlin zu sichern. Darin liegt die historische Bedeutung Ihrer Unterhaltung mit dem USIA-Direktor Edward R. Murrow in Berlin an jenem Wochenende, das nun schon so weit zurückliegt.

Bleiben Sie weiter wachsam!

Herzlich

Ihr

James O'Donnell

Anhang

Zeittafel, Anmerkungen, Personenregister, Bildnachweis

ZEITTAFEL

Aus der Geschichte des Verlagshauses Axel Springer

April 1946	Erste Ausgabe der monatlich erscheinenden »Nordwestdeutschen Hefte« – einer Publikationsreihe mit Rundfunkbeiträgen des NWDR
Dezember 1946	Start der »Hörzu« – Programmzeitschrift und Familien-Illustrierte, heute auflagenstärkste Zeitschrift Europas (ca. vier Millionen)
September 1948	Umwandlung der »Nordwestdeutschen Hefte« in die vierzehntäglich erscheinende Zeitschrift »Kristall«, die Ende 1966 eingestellt wird
Oktober 1948	Das »Hamburger Abendblatt« erscheint, erste Tageszeitung Axel Springers
Juni 1949	Gründung »Hamburger Abendblatt« Reisebüro gemeinsam mit Thomas Cook & Son, heute »Hamburger Abendblatt · Die Welt« Reisebüro
Oktober 1950	Grundsteinlegung für das Hamburger Verlagshaus an der Kaiser-Wilhelm-Straße
Juni 1952	Die »Bild-Zeitung«, heute auflagenstärkste Straßenverkaufszeitung Europas (ca. fünf Millionen), kommt auf den Markt
September 1953	Erwerb des Verlagshauses »Die Welt« mit den Objekten »Die Welt«, »Welt am Sonntag« und »Das Neue Blatt« (letzteres wurde 1968 verkauft). Gründung der »Stiftung Die Welt«, die 1968 in der »Axel Springer Stiftung« aufging
April 1956	Erste Ausgabe von »Bild am Sonntag«, heute auflagenstärkste deutsche Sonntagszeitung (ca. 2,6 Millionen)

Mai 1959	Grundsteinlegung für das Berliner Verlagshaus Kochstraße, zwei Tage vor Ablauf des Chruschtschow-Ultimatums gegen den Viermächte-Status von Berlin
Oktober 1959	Gründung des Springer-Auslandsdienstes (SAD), der den Objekten des Verlags Nachrichten und Hintergrundmaterial als Ergänzung zu Berichten der eigenen Korrespondenten und der Nachrichtenagenturen liefert
Dezember 1959	Vertragsabschluß zur Übernahme der Aktienmehrheit der Ullstein AG mit den Zeitungen »Berliner Morgenpost« und »BZ«, der »Radio Revue«, dem Ullstein Buchverlag (Propyläen Verlag, Verlag Ullstein, Ullstein Taschenbuchverlag, Ullstein Fachverlag), dem Ullstein Mode- und Schnittmuster-Verlag
März 1960	Fertigstellung der Tiefdruckerei in Darmstadt
Juni 1960	Ausschreibung des Theodor-Wolff-Preises für hervorragende journalistische Leistungen durch die »Stiftung Die Welt« (seit 1973 wird der Preis vom Bundesverband Deutscher Zeitungsverleger ausgeschrieben)
Juli 1961	Wiedererscheinen der »Berliner Illustrirten« als Sonderausgabe: »Wer Berlin hat, hat Deutschland«
Dezember 1962	Erste Ausgabe von »Hörzu-Österreich«
Oktober 1964	Neugründung Ullstein Reisebüro, Berlin (das Ullstein Reisebüro bestand, bereits vor dem Zweiten Weltkrieg und ist eines der ältesten Berliner Reisebüros)
1965–1967	Bau der Tiefdruckerei in Ahrensburg bei Hamburg
November 1965	»Hörzu« stiftet den Fernsehpreis »Goldene Kamera«, der seitdem alljährlich für hervorragende Leistungen im Fernsehen vergeben wird
Oktober 1966	Einweihung des Verlagshauses an der Kochstraße in Berlin in Anwesenheit von Bundespräsident Heinrich Lübke

Januar 1967	Erwerb der Programmzeitschrift »Funk Uhr«
Oktober 1969	Gründung des Axel Springer-Inland-Dienstes (ASD) in Berlin, eines für Zeitungen und Zeitschriften des Verlagshauses tätigen Nachrichtendienstes
Dezember 1969	Eintritt in den elektronischen Medienmarkt durch Gründung der Ullstein AV Produktions- und Vertriebsgesellschaft mbH in Berlin
Januar 1970	Umwandlung der Verlagsgruppe Axel Springer in eine Aktiengesellschaft und Errichtung einer zusätzlichen Altersversorgung für die Mitarbeiter
November 1970	Erwerb einer 20prozentigen Beteiligung an der »Bergedorfer Zeitung« mit Wirkung ab Januar 1971. 1972 übernimmt die Axel Springer Verlag AG die Mehrheit der Gesellschafteranteile
Dezember 1970	Erwerb einer 20prozentigen Beteiligung an den »Lübecker Nachrichten«
Dezember 1970	Gründung der Axel Springer Gesellschaft für Publizistik KG als Obergesellschaft des Gesamtunternehmens mit den drei Tochtergesellschaften: – Axel Springer Verlag AG – Ullstein AV Produktions- und Vertriebsgesellschaft mbH – Verlags-Versicherungsdienste GmbH
April 1971	Erwerb der »Elmshorner Nachrichten«
September 1971	Reaktivierung des Ullstein-Titels »Koralle« als Verlagsbereich für unterhaltende Publikationen: Comic-Zeitschrift »Zack«, »Meine Geschichte«, »Mein Erlebnis«
1972–1973	Bau der Rhein-Ruhr-Druckerei in Kettwig, der ersten Offsetdruckerei für Großauflagen von Zeitungen in Deutschland

Oktober 1974	Erscheinen von »Kontinent«, unabhängiges Forum russischer und osteuropäischer Schriftsteller, bei Ullstein; Gründung der »Kontinent Verlag GmbH« als Stiftung
Mai 1975	Verlegung der Zentralredaktion der »Welt« von Hamburg nach Bonn
November 1975	Einstieg in den Markt der Motorpresse: mehrheitliche Beteiligung am Gildeverlag Auto und Kraftrad Hans Gerhard Dobler – Buch- und Zeitschriftenverlag für Handwerk, Wissenschaft und Kraftrad-Technik in Alfeld
Januar 1976	Start der Zeitschrift für Musik und Freizeit »Musik Joker«
April 1976	Gründung der Cora Verlag GmbH & Co., Sitz Berlin, einer Tochtergesellschaft des Koralle Verlages, Herausgeberin der Romanreihen »Julia« und »Romana«, später auch »Bianca« und »Baccara«
Juni 1976	Start der Monatszeitschriften »Tennis Magazin« und »Ski Magazin«
August 1976	Minderheitsbeteiligung der Axel Springer Verlag AG an der Münchner Zeitungs-Verlag-Gesellschaft (»Münchner Merkur«, »tz«)
November 1976	»Bild am Sonntag« stiftet den Preis »Das Goldene Lenkrad« für hervorragende Unternehmensleistungen aus der Autoproduktion der Welt
November 1976	Mehrheitliche Beteiligung des Verlags Ullstein GmbH (Buchverlage Ullstein/Propyläen) am Fachverlag für Kunstgeschichte und Archäologie Gebr. Mann Verlag, Berlin
Dezember 1976	Neuer 50-Prozent-Gesellschafter an der Cora Verlag GmbH & Co. wird die kanadisch-britische Verlagsgruppe Harlequin

September 1977	Feierstunde im Berliner Haus an der Kochstraße zum 100jährigen Bestehen des Verlages Ullstein. Gegründet am 14. Juli 1877 von Leopold Ullstein; im Dezember 1959 von Axel Springer übernommen
September 1978	Erste Ausgabe der monatlich erscheinenden Zeitschrift »Journal für Haushalt & Familie«
Dezember 1978	Start der Monatszeitschrift »Besser's Gourmet Journal«. Die Zeitschrift erscheint in der Gourmet-Verlagsgesellschaft mbH und Co. KG
Januar 1979	Mehrheitsbeteiligung des Axel Springer Verlags an der Kunst- und Technik Verlags GmbH, München. Hier erscheinen die Kunstzeitschrift »Weltkunst« und das »Kunstpreis-Jahrbuch«
August 1979	Der Ullstein Verlag erwirbt den Safari-Verlag, der damit in Berlin bleibt

ANMERKUNGEN

I. Zu Fragen der Nation

1 Die sogenannte **Deutsche Demokratische Republik** (»DDR«) wurde 1949 auf dem Gebiet der sowjetischen Besatzungszone gegründet, die sich 1945 über 22,8 Prozent des alten Reichsgebietes erstreckte. Die »DDR« (einschließlich Ost-Berlin) hat 17 Millionen Einwohner.

2 Die **Jakob Fugger-Medaille** wurde 1963 gestiftet. Der Name der Auszeichnung geht auf Jakob II. Fugger zurück, der als Augsburger Kaufherr einen weltweiten Nachrichtenaustausch förderte. Die Medaille wird für hervorragende Verdienste um das Zeitschriftenwesen, vor allem für Leistungen verliehen, welche »die Freiheit, Unabhängigkeit und Integrität der Zeitschriftenpresse zu fördern vermögen«.

3 Die **Stiftung Jakob Fugger-Medaille** wird vom Landesverband Bayerischer Zeitschriftenverleger getragen und von einem Kuratorium geleitet, dem der jeweilige Senioratsvorsitzende des Hauses Fugger angehört. Er hat ein Vetorecht bei der Verleihung der Jakob Fugger-Medaille.

4 **Propst Grüber** hat in der nationalsozialistischen Zeit vielen »Nichtariern«, Juden wie Christen, das Leben gerettet. Von 1940 bis 1943 war er in den Konzentrationslagern Sachsenhausen und Dachau. Nach dem Krieg vertrat Propst Grüber acht Jahre lang in Ost-Berlin den Rat der Evangelischen Kirche in Deutschland. Als er 1958 Bischof Dibelius gegen Angriffe der SED verteidigte, wurde er in der »DDR« zur Persona non grata erklärt. Nachdem er 1961 bei den »DDR«-Behörden gegen das Verbot von Kirchentagsveranstaltungen in Ost-Berlin protestiert hatte, wurde ihm auch das Betreten des östlichen Teils der Stadt untersagt.

5 Der **Grundvertrag** zwischen der Bundesrepublik Deutschland und der »DDR« wurde am 21. Dezember 1972 unterzeichnet und am 11. Mai 1973 vom Bundestag ratifiziert. In diesem Vertrag werden die Beziehungen beider deutscher Staaten völkerrechtlich geregelt und die Unverletzlichkeit der zwischen ihnen bestehenden Grenze bekräftigt. In einem gesonderten »Brief zur deutschen Einheit« an die Regierung der »DDR« trifft die Bundesrepublik Deutschland die Feststellung, daß der Vertrag nicht im Widerspruch steht zu dem politischen Ziel der Einheit des deutschen Volkes in Frieden und freier Selbstbestimmung.

6 Zu den schönsten Bauten des deutschen Rokoko zählen die Amalienburg in München-Nymphenburg (geschaffen 1734–1739) und das Residenztheater in München (1750–1753). Erbaut wurden sie von François de **Cuvilliés.** Die Innendekoration des im Zweiten Weltkrieg zerstörten Residenztheaters wurde in das neue Cuvilliés-Theater eingebaut.

7 Am 23. Mai 1973 beantragte das Land Bayern beim **Bundesverfassungsgericht** in Karlsruhe eine einstweilige Verfügung gegen die Verkündung des Ratifizierungsgesetzes zum Grundvertrag. Am 31. Mai 1973 brachte Bayern außerdem eine Normenkontrollklage gegen den Grundvertrag ein. Bayern erreichte sein Hauptziel nicht: Die einstweilige Verfügung wurde nicht erlassen. Es erreichte aber ein Nebenziel: die authentische Auslegung des Grundvertrages, unter anderem dahingehend, daß der Vertrag kein Teilungsvertrag und der Schießbefehl der »DDR« an der Grenze als vertragswidrig anzusehen ist.

8 Am 25. Mai 1959, zwei Tage vor Ablauf des Chruschtschow-Ultimatums, wurde in der Kochstraße im alten Berliner Zeitungsviertel, unmittelbar an der Sektorengrenze, der heutigen Mauer, der Grundstein für das neue **Verlagshaus Axel Springer** gelegt. Am 6. Oktober 1966 wurde es in Anwesenheit von Bundespräsident Heinrich Lübke seiner Bestimmung übergeben.

9 Die von Bundeskanzler Willy Brandt (SPD), Staatssekretär Egon Bahr (SPD) und Außenminister Walter Scheel (FDP) eingeleitete »neue Ostpolitik« führte am 12. August 1970 zur Unterzeichnung des **Moskauer Vertrages** und am 7. Dezember 1970 zur Unterzeichnung des

Warschauer Vertrages. Beide Verträge sehen einen Gewaltverzicht sowie die Unverletzlichkeit der Grenzen, einschließlich der Oder-Neiße-Linie, vor.

10 Das Potsdamer Abkommen der vier Siegermächte vom 2. August 1945 hat die endgültige Festlegung der **deutschen Grenzen** einem späteren Friedensvertrag vorbehalten. Die jenseits der Oder und Neiße liegenden Gebiete wurden bis dahin unter polnische und sowjetische Verwaltung gestellt.

11 Mit dem Sturm auf die Bastille, ein Staatsgefängnis in Paris, begann am 14. Juli 1789 die **Französische Revolution,** die schließlich nach dem Sturm der Volksmassen auf das Tuilerienschloß am 10. August 1792 zum Sturz des Königshauses und am 21. Januar 1793 zur Hinrichtung Ludwigs XVI. führte.

12 Die **Baader-Meinhof-Bande:** eine kriminelle Vereinigung von Anarchisten, die sich um den Kaufhausbrandstifter Andreas Baader und die frühere »konkret«-Chefredakteurin Ulrike Meinhof bildete. Im Mai 1970 verkündete sie den Aufbau einer »Roten Armee Fraktion« (RAF). Mit Überfällen auf Banken und Bombenanschlägen terrorisierte die Bande in den Jahren 1970 bis 1972 die Bundesrepublik Deutschland. Ulrike Meinhof beging am 9. Mai 1976 in ihrer Haftzelle in Stuttgart-Stammheim Selbstmord durch Erhängen. Andreas Baader erschoß sich am 18. Oktober 1977 in Stuttgart-Stammheim. Nachfolgeorganisationen der Baader-Meinhof-Bande setzten Terroraktivitäten in der Bundesrepublik Deutschland fort.

13 Oppositionelle in der Sowjetunion, Dissidenten genannt, wurden schon unter Chruschtschow in psychiatrische Anstalten eingewiesen. Trotzdem gaben die **Bürgerrechtler** nicht auf: 1969 wurde in der UdSSR die erste »Initiativgruppe zum Schutz der Menschenrechte« gegründet.

14 Nach zweijähriger Vorbereitung in Genf beendete ein Gipfeltreffen der Staats- und Regierungschefs von 35 Ländern am 30. Juli 1975 in **Helsinki** die »Konferenz für Sicherheit und Zusammenarbeit in Europa« (KSZE). Die abschließende Deklaration umfaßt drei Hauptbereiche, Körbe genannt: 1. Fragen der Sicherheit in Europa, 2. Zusammenarbeit auf wirtschaftlichem, technischem und wissenschaftlichem Gebiet und 3. Menschliche Kontakte, Information und kulturelle Zusammenarbeit.

15 Im Sommer 1974 wurde der Dresdner Schriftsteller **Sigmar Faust** wegen »staatsfeindlicher Hetze« zu viereinhalb Jahren Freiheitsstrafe verurteilt. Während der Haft im Zuchthaus Cottbus erkrankte er schwer. Im März 1976 wurde Faust freigelassen.

16 **GULag** ist das Kürzel für eine der berüchtigsten Institutionen der Sowjetunion: Glawnoje Uprawlenije Lagerej – Hauptverwaltung für Straflager. Im Westen wurde der Begriff einer breiteren Öffentlichkeit erst ab 1974 durch Alexander Solschenizyns Werk »Der Archipel GULag« bekannt.

17 Die **Freiheitskriege** (1813–1815) der verbündeten Armeen von Preußen, Rußland, Österreich, England und Schweden befreiten Deutschland, Italien und Spanien von der französischen Herrschaft und bereiteten dem Kaiserreich Napoleons I. ein Ende.

18 Das **Lenin-Zitat** ist dem in München erschienenen »Bulletin of the Institute for the Study of the USSR«, 1962, Jahrgang 9, Seite 23, entnommen.

19 Der Ausdruck **»Eurokommunismus«** wird als Bezeichnung für eine Tendenz innerhalb des Weltkommunismus verwendet, die eine in Italien, Frankreich und Spanien entstandene Richtung charakterisiert, welche sich vom Leninismus abwendet, den Führungsanspruch Moskaus nicht länger anerkennt und sich für einen »friedlichen Weg zum demokratisch-pluralistischen Sozialismus« ausspricht. Zahlreiche westliche Theoretiker bezweifeln indessen, ob es sich wirklich um eine neue Ausrichtung handelt. Sie sehen im »Eurokommunismus« nur ein taktisches Manöver zur Erlangung der Macht.

20 **Nikolaus von Flüe,** Schweizer Bauernsohn, Soldat und Ratsherr, verließ mit 50 Jahren Haus und Hof, Frau und zehn Kinder, um als Einsiedler nur noch Gott zu leben. Als er, nach 14jähriger Einsamkeit, in den Kriegswirren 1481 um Rat gefragt wurde, diktierte er die bis auf den heutigen Tag gültigen fünf Grund-

sätze der Schweiz, eines einigen, freien, neutralen, wehrhaften und christlichen Staates. 1947 wurde Nikolaus von Flüe heiliggesprochen.

21 Bundeskanzler war damals der Sozialdemokrat **Willy Brandt.** Er regierte von 1969 bis 1974.

22 Die **Atlantik-Charta** beinhaltet eine am 14. August 1941 an Bord des englischen Schlachtschiffes »Prince of Wales« im Atlantik zwischen Roosevelt und Churchill vereinbarte Erklärung der USA und Großbritanniens über die Grundlagen einer künftigen Weltordnung.

23 Die **Charta der Vereinten Nationen** (UN) trat am 24. Oktober 1945 in Kraft. In ihr sind die Grundsätze der Weltorganisation niedergelegt, u. a. die Verpflichtung zu friedlicher Regelung internationaler Streitfragen.

24 Am 10. Dezember 1948 wurde von der UN-Generalversammlung eine »Allgemeine Erklärung der **Menschenrechte** der Vereinten Nationen« angenommen. In dreißig Artikeln werden u. a. persönliche Freiheit und Sicherheit, Freizügigkeit, Gleichheit vor dem Gesetz, Religions- und Meinungsfreiheit bekräftigt.

25 Bundeskanzler Willy Brandt sagte am 27. September 1971 vor dem 10. Ordentlichen Gewerkschaftstag der IG Metall in Wiesbaden: »Die Gefahr besteht andererseits nicht nur darin, daß extreme Gruppen mit der Gewalt spielen. Das darf man auch nicht auf die leichte Schulter nehmen, ebensowenig wie das, was einige **Schreibtischtäter** an Verdummung und Hetze auf den Markt bringen.« (Regierungsbulletin vom 29. 9. 1971)

26 Das **Treffen zwischen Bundeskanzler Willy Brandt und Axel Springer** kam durch Vermittlung von Staatssekretär Conrad Ahlers zustande und fand im Sommer 1971 in einem Privathaus auf der Insel Sylt statt.

27 Der **Parteitag der SPD** fand vom 18. bis 20. November 1971 in Bonn statt und wurde vier Wochen später in Bad Godesberg fortgesetzt. Im Mittelpunkt des Parteitages standen die Pläne für eine Steuerreform.

28 Die **»Berliner Stimme«** ist das offizielle Organ der Berliner SPD, gegründet 1951.

29 Die **Jungsozialisten,** Nachwuchs-Organisation der SPD, forderten in einer 1972 herausgegebenen Broschüre »Die Aktualität der Medienpolitik – Analysen, Forderungen, Aktionen« u. a. die Schaffung von Redaktionsräten und radikale Maßnahmen zur »Begrenzung der wirtschaftlichen und politischen Macht der Verleger«.

30 Die beiden sozialdemokratischen Berliner Tageszeitungen **»Telegraf«** und **»Nachtdepesche«,** die zuletzt nur noch unterschiedliche Titelseiten hatten, wurden am 30. Juni 1972 eingestellt. Der Schritt wurde mit »wirtschaftlichen Tatsachen« begründet. Herausgeber und Mitherausgeber des »Telegraf« waren der Journalist Arno Scholz, der frühere Reichstagspräsident Paul Löbe und die Witwe des 1945 hingerichteten sozialdemokratischen Widerstandskämpfers Julius Leber.

31 Vom 3. Oktober 1957 bis 1. Dezember 1966 war Willy Brandt **Regierender Bürgermeister von Berlin.**

32 In Godesberg wurde im November 1959 das sogenannte **Godesberger Grundsatz-Programm** beschlossen. Darin stellt sich die SPD unter Ausscheidung marxistischer Gedanken und Zielsetzungen als »entideologisierte Volkspartei« dar. Statt der Beseitigung »kapitalistischer Produktionsverhältnisse durch Sozialisierung und Planwirtschaft« wird die Kontrolle wirtschaftlicher Macht durch Mitbestimmung gefordert.

33 Ostverträge: Siehe Anmerkung I/9.

34 Der **Kommentar zur Auflösung des 6. Deutschen Bundestages** erschien am 25. September 1972 in der »Welt«, geschrieben von Maximilian Trammer (Pseudonym des damaligen Chefredakteurs Dr. Herbert Kremp).

35 Das **Viermächte-Abkommen über Berlin** wurde am 3. September 1971 unterzeichnet. Es trat am 3. Juni 1972 in Kraft und sieht u. a. einen unbehinderten Berlin-Verkehr sowie die Aufrechterhaltung und Entwicklung der bestehenden Bindungen zwischen West-Berlin und der Bundesrepublik Deutschland vor.

36 **Solschenizyn** übte schon als Hauptmann im Zweiten Weltkrieg Kritik an Stalin und wurde deshalb zu acht Jahren Straflager verurteilt. 1967 forderte er die

Aufhebung der Zensur und die Freigabe seiner unterdrückten Romane »Der erste Kreis der Hölle« und »Krebsstation«, die nur im Westen veröffentlicht worden waren. 1970 erhielt er den Nobelpreis für Literatur, durfte aber nicht zur Preisverleihung ausreisen. Als Anfang 1974 sein Buch »Archipel GULag« im Westen ein literarischer Welterfolg wurde, erreichte die Kampagne gegen Solschenizyn in der Sowjetunion ihren Höhepunkt. Am 12. Februar 1974 wurde er verhaftet, tags darauf ausgebürgert und in die Bundesrepublik Deutschland abgeschoben. Heute lebt Solschenizyn mit seiner Frau und seinen drei Söhnen in Vermont, USA.

37 Auf dem **SPD-Parteitag in Hannover** vom 10. bis 14. April 1973 wurde über den Entwurf eines »politisch-ökonomischen Orientierungsrahmens für die Jahre 1973 bis 1985« diskutiert.

38 Ein langfristiges **deutsch-sowjetisches Wirtschaftsabkommen** trat im Dezember 1978 in Kraft. Es handelt sich dabei um eine Rahmenvereinbarung über die Entwicklung der wirtschaftlichen, industriellen und technischen Zusammenarbeit. Das Abkommen hat eine Laufzeit von 25 Jahren.

39 Am 17. Oktober 1973 beschlossen die **OAPEC-Länder** (Organisation der arabischen Erdöl exportierenden Länder), ihre Produktion um monatlich fünf Prozent zu drosseln, die Preise um 17 Prozent zu erhöhen und pro-israelische Staaten, vor allem die USA und die Niederlande, nicht mehr zu beliefern.

40 Bei der **Flucht über die Zonengrenze** geriet am 14. Dezember 1971 eine dreiköpfige Familie in der Nähe von Brochthausen bei Duderstadt in Niedersachsen in ein Minenfeld. Der 21jährigen Jutta Jahn wurden beide Unterschenkel zerfetzt, dem 22jährigen Ehemann Lothar Jahn drangen Splitter in die Augen. Das Baby des Ehepaares, Heike, blieb unverletzt. Dorfbewohner retteten die Familie.

41 Am **Kontrollpunkt Staaken** in Berlin wurde am 11. Dezember 1973 ein Auto von »DDR«-Grenzposten gestoppt. Der Fahrer, ein 25jähriger Fluchthelfer, versuchte zu entkommen, prallte gegen ein Postenhäuschen und konnte zu Fuß nach West-Berlin flüchten. Ein im Kofferraum verstecktes 18jähriges Mädchen aus der »DDR« wurde festgenommen.

42 Siehe dazu den Beitrag: »Den Weg in die UNO freigeschossen«, Seite 41

43 Während einer **Grenzkontrolle** erstickte am 3. Juli 1971 das dreijährige Kind eines Flüchtlingspaares aus der »DDR« im Versteck eines Fernlasters. Eltern und Kind hatten die Flucht über die Tschechoslowakei und Ungarn bis zur österreichischen Grenze wohlbehalten überstanden, als das Kind bei der ungarischen Grenzabfertigung zu weinen begann und der Vater ihm den Mund zuhielt.

44 Das Zitat ist entnommen dem Buch Jesaja, Kapitel 59, Vers 8.

45 Am 5. November 1973 erließ der Finanzminister der »DDR« eine »Anordnung über die Durchführung eines verbindlichen **Mindestumtausches** von Zahlungsmitteln«. Sie bestimmt, daß je Aufenthaltstag in der »DDR« 20,– DM, für jeden Besuchstag in Ost-Berlin 10,– DM umzutauschen sind.

46 Der griechische **Professor Mangakis** hatte gegen den griechischen Obristenstaat Stellung bezogen und war 1970 wegen Vorbereitung von Bombenanschlägen zu 18 Jahren Zuchthaus verurteilt worden. Im Zusammenhang mit Verhandlungen über eine Wiederaufnahme der westdeutschen Militärhilfe für Griechenland wurde er im April 1972 in einer Bundeswehrmaschine aus Athen ausgeflogen. Während die griechische Regierung von einem »Gangsterakt« sprach und das Landgericht Athen Mangakis in Abwesenheit zu 13 Monaten Gefängnis verurteilte, wurde er in Heidelberg zum Ordentlichen Professor für Strafrecht ernannt. Nach dem Sturz der griechischen Militärregierung im Juli 1974 wurde er Minister für öffentliche Arbeiten. Bei den Wahlen 1977 verlor er sein Mandat. Mangakis ist Professor an der Universität Athen.

47 Der sowjetische Atomphysiker **Sacharow** geriet in die Schußlinie der KPdSU, als er 1968 eine Liberalisierung des Sowjetsystems forderte, den »Prager Frühling« begrüßte und in der Folgezeit ein »Komitee für Menschenrechte in der UdSSR« gründete. 1975 wurde Sacharow mit dem Friedensnobelpreis ausgezeichnet, den

seine Frau Jelena in Oslo für ihn entgegennahm. Sacharow, der seinen Arbeitsplatz als Atomphysiker verloren hat, lebt isoliert in Moskau. Von dort aus hält er Kontakt mit der osteuropäischen Exil-Zeitschrift »Kontinent«, deren Redaktionskollegium er angehört.

48 Am 6. September 1973 gab Alexander Solschenizyn bekannt, daß sich eine Frau namens Jelisaweta Woronjanskaja nach fünftägigen Verhören durch den sowjetischen Staatssicherheitsdienst (KGB) in Leningrad erhängt habe. In den Verhören hatte die Frau das Versteck der Abschrift eines unveröffentlichten **Manuskripts von Solschenizyn** über die Straflager in der UdSSR preisgegeben.

49 **Jan Palach** übergoß sich am 16. Januar 1969 auf dem Wenzelsplatz in Prag mit Benzin und zündete sich an. Der Student der Philosophischen Fakultät der Prager Karls-Universität gehörte zu einer Gruppe Freiwilliger, die als »lebende Fackel« gegen die sowjetische Intervention in der CSSR protestieren wollten. Er starb am 19. Januar 1969.

50 Der **Vertrag über die »Normalisierung« der Beziehungen zwischen der Bundesrepublik Deutschland und der Tschechoslowakischen Sozialistischen Republik** trat am 20. Juli 1974 in Kraft. In ihm wird u. a. festgestellt, daß beide Länder keine Gebietsansprüche gegeneinander haben. Außerdem wird das Münchner Abkommen von 1938 für nichtig erklärt. Dieser Vertrag war von Hitler, Chamberlain, Daladier und Mussolini geschlossen worden und bestimmte, daß die Tschechoslowakei die deutschbesiedelten Randgebiete Böhmens und Mährens an das Deutsche Reich und andere Gebiete an Polen und Ungarn abtreten mußte. Dafür sollte die Sicherheit der Tschechoslowakei garantiert werden. Das Münchner Abkommen, von Chamberlain als Ausweg zur Rettung des Friedens gedacht, wurde zum symbolischen Begriff für falsche Nachgiebigkeit gegenüber Drohungen diktatorischer Staatsführer.

51 Am 17. Dezember 1973 verübten palästinensische Terroristen in Rom auf dem Flughafen Leonardo da Vinci einen **Bombenanschlag auf eine Pan Am-Maschine,** wobei 30 Passagiere getötet wurden. Anschließend kaperten die Terroristen eine Lufthansa-Maschine. Der Terrorakt endete mit der Freigabe der entführten Lufthansa-Maschine und ihrer zwölf Insassen in Kuwait. Die drei Terroristen ergaben sich den kuwaitischen Behörden.

52 Viermächte-Vertrag: Siehe Anmerkung I/35.

53 Ostverträge: Siehe Anmerkung I/9.

54 Der von Axel Springer zitierte jüdische Gelehrte ist der 1979 verstorbene **Ernst Boris Chain,** in Berlin geborener britischer Biochemiker. Er erhielt 1945 den Nobelpreis, weil es ihm gelungen war, zum ersten Mal die Heilkraft des Penicillins am lebenden Organismus nachzuweisen.

55 Entgegen den ursprünglichen Plänen hielt die **FDP** ihren **Bundesparteitag** vom 29. September bis zum 1. Oktober 1974 nicht in Berlin, sondern in Hamburg ab. Die Sowjets sollen gegen Berlin als Tagungsort gewesen sein. Die Westmächte hatten keine Einwände. Offiziell gab die FDP »organisatorische Gründe« für die Verlegung an.

56 Am 25. Juli 1974 unterzeichnete Bundespräsident Scheel das Gesetz über die Errichtung des **Umweltbundesamtes** in West-Berlin. Im Sommer 1972 war das Projekt geplant worden, doch wegen des Standortes Berlin hatten die »DDR«-Regierung und die Sowjetunion Protest erhoben: Die Einrichtung verstoße gegen das Viermächte-Abkommen über Berlin.

57 UNO-Charta: Siehe Anmerkung I/23.

58 In einer **Volksabstimmung** lehnte das **Saarland,** das 1946 dem französischen Zollgebiet angeschlossen worden war, am 23. Oktober 1955 das Saarstatut ab, das eine Art wirtschaftliches deutsch-französisches Kondominium vorsah. Nach Abschluß eines deutsch-französischen Saarvertrages 1956 wurde das Saarland am 1. Januar 1957 politisch, am 5. Juli 1959 wirtschaftlich in die Bundesrepublik Deutschland eingegliedert.

59 Der CDU-Vorsitzende **Helmut Kohl** hielt sich vom 3. bis 13. September 1974 in **China** auf. Er folgte einer Einladung der Regierung in Peking.

60 Auf Einladung des damaligen Ministerpräsidenten Chou En-lai weilte Bundes-

kanzler **Helmut Schmidt** vom 29. Oktober bis 2. November 1975 **in der Volksrepublik China.**

61 Die »DDR« hat nach dem Jahresbericht des Bundesgrenzschutzes von 1978 entlang der Grenze zur Bundesrepublik Deutschland 34 000 Selbstschußapparate, **Mordautomaten** genannt, aufgestellt. Sie sind jeweils mit 110 scharfkantigen Metallwürfeln geladen und werden durch gespannte Drähte ausgelöst, sobald ein Flüchtling diese berührt. Der Streubereich beträgt etwa 30 Meter.

62 Zur **Internationalen Funkausstellung** in Berlin vom 29. August bis 7. September 1975 kamen 604 317 Besucher. 386 Aussteller aus 23 Ländern zeigten unter dem Funkturm die neuesten Produkte der Funk-, Fernseh- und Phonoindustrie. Die Funkausstellung findet alle zwei Jahre statt. 1979 wurden 628373 Besucher gezählt.

63 Ostverträge: Siehe Anmerkung I/9.

64 Berlin-Abkommen: Siehe Anmerkung I/35.

65 1975 mußte **West-Berlin** mit minus 39 150 Personen – summiert aus Sterbeüberschuß und Wanderungsverlust – den größten **Einwohnerschwund** der Nachkriegszeit hinnehmen.

66 Führer der »kleineren Partei im Schöneberger Rathaus« war 1975 der **Berliner FDP-Vorsitzende Wolfgang Lüder.** Als Wirtschaftssenator sagte er am 16. August 1975 in einer Rede zum 50jährigen Jubiläum der Firma ORMIG zum Rückgang der Berliner Bevölkerungszahl: »Ich sehe durchaus positive Momente. Die Einwohnerdichte nimmt ab, im Infrastrukturbereich werden wir zu einer besseren Versorgung für jeden einzelnen kommen können.«

67 Der von Axel Springer erwähnte Freund aus den Vereinigten Staaten ist der 1978 verstorbene amerikanische Industrie-Kaufmann **Irving Kutcher.**

68 In einer **Erklärung zur Ratifizierung der Ostverträge** sagte der damalige Bundeskanzler **Willy Brandt** am 17. Mai 1972 über die Rundfunk- und Fernsehanstalten u. a.: »Vor uns liegt die Aufgabe, die Verträge mit Leben zu erfüllen. Dazu sind auch diejenigen aufgerufen, die es für angemessen gehalten haben, sich einem Votum zur Sache zu enthalten.«

69 Am 23. Mai 1972 sagte der damalige Bundespräsident **Gustav Heinemann** in einer Ansprache zur Unterzeichnung der Gesetze **zu den Ostverträgen** über die Rundfunk- und Fernsehanstalten u. a.: »Jetzt gilt es, die Verträge von beiden Seiten mit Leben zu erfüllen. Wenn die Völker sich die Verträge nicht innerlich zu eigen machen, werden sie tote Buchstaben bleiben.«

70 Am 4. Juni 1972 sagte der damalige Vorsitzende der CDU/CSU-Bundestagsfraktion, **Rainer Barzel, zum Inkrafttreten des Berlin-Abkommens** u. a.: »Jetzt kommt es darauf an, das Berlin-Abkommen mit Leben zu erfüllen, um, wie es darin heißt, die Bindungen zwischen den Westsektoren Berlins und der Bundesrepublik Deutschland aufrechtzuerhalten und zu entwickeln.«

71 Vor dem Präsidium des Obersten Sowjet sagte sein damaliger Vorsitzender **Nikolai Podgorny** zum Abschluß der Beratung **über die Ratifizierung des Vertrages** zwischen der UdSSR und der Bundesrepublik Deutschland u. a.: »Wir werden alles Erforderliche tun, um die Bestimmungen des Vertrages mit lebendigem, praktischem Inhalt zu erfüllen.« (Laut »Neues Deutschland« vom 1. Juni 1972.)

72 Bundeskanzler **Helmut Schmidt** war vom 28. bis 31. Oktober 1974 zu einem offiziellen Besuch **in der Sowjetunion.**

73 Umweltbundesamt: Siehe Anmerkung I/56.

74 In einem Interview (»Neues Deutschland« vom 6. August 1975) sagte der SED-Vorsitzende **Erich Honecker** nach der Unterzeichnung der Schlußakte von Helsinki: »Eine große Rolle bei der Entspannung in Europa spielt – wie jeder weiß – die strikte Einhaltung und volle Anwendung des vierseitigen Abkommens über West-Berlin. In Helsinki haben einige Redner von Berlin gesprochen, meinten aber offensichtlich Berlin/West. Der Regierungschef der Bundesrepublik Deutschland und ich als Vertreter der Deutschen Demokratischen Republik waren darüber einig, daß es für eine ruhige Atmosphäre in Europa nicht nützlich ist, die Belastbarkeit des vierseitigen **Abkommens über West-Berlin** zu testen.«

75 Artikel 7 des Grundvertrages sieht eine Reihe von **Folgevereinbarungen** zwischen der Bundesrepublik Deutschland und der »DDR« vor. So wurden Abkommen über das Gesundheits-, Post- und Fernmeldewesen, über Fragen des Verkehrs und über die Sportbeziehungen geschlossen. Entsprechend dem Viermächte-Abkommen vom 3. September 1971 wurden diese Folgevereinbarungen auf West-Berlin ausgedehnt. Bei anderen angestrebten Vereinbarungen – Kulturabkommen, Rechtsverkehr – konnte jedoch eine Einigung nicht erzielt werden.

76 Drei Rundfunkkorrespondenten des Deutschlandfunks und der Deutschen Welle wurden die Einreisebewilligung und die Akkreditierung zur **Leipziger Frühjahrsmesse** (14. bis 21. März 1976) mit der Begründung verweigert, sie arbeiteten für Anstalten, die sich in die inneren Angelegenheiten der »DDR« einmischten. Aus Protest brach Bundeswirtschaftsminister Friderichs am 15. März seinen Messebesuch ab.

77 Zur These **»Wandel durch Annäherung«** hieß es am 24. Juni 1974 in einem Bericht des »Spiegel«-Reporters Hermann Schreiber über Staatssekretär Günter Gaus: »Gaus will es erst gar nicht versuchen. Er hat über diese These, die er für eine ›fabelhafte Verkaufsformel, aber falsch‹ hält, weil sie die Systemunterschiede zu niedrig ansetzt, mit Egon Bahr ›einen freundschaftlichen Dauerdisput‹ gehabt: ›Ich habe diese Wolke nie mitgeschoben!‹«

78 Viermächte-Abkommen: Siehe Anmerkung I/35.

79 Umweltbundesamt: Siehe Anmerkung I/56.

80 Das Zitat stammt aus einem **Interview** der »Bild-Zeitung« mit dem damaligen Außenminister **Walter Scheel** vom 25. August 1971.

81 Mordautomaten: Siehe Anmerkung I/61.

82 GULag: Siehe Anmerkung I/16.

83 **ABC-Kampfmittel:** atomare, biologische und chemische Waffen. Die Bundesrepublik Deutschland hat in den Pariser Verträgen vom 23. Oktober 1954 auf die Herstellung von ABC-Kampfmitteln verzichtet.

84 Helsinki: Siehe Anmerkung I/14.

85 **Kalaschnikow:** Sturmgewehr sowjetischen Fabrikats, Standardwaffe der »DDR«-Grenztruppe.

86 Mehr als 20 000 kubanische Soldaten wurden in **Angola** eingesetzt. Im Juli 1976 sicherte Ministerpräsident Fidel Castro dem damaligen Präsidenten von Angola, Agostinho Neto, auch für die Zukunft die Unterstützung durch Kuba zu. Nach einem Bericht des »Sunday Telegraph« im April 1978 haben die kubanischen Truppen, zusammen mit afrikanischen Einheiten, 70 000 Zivilisten in Nordangola umgebracht.

87 Die Amtseinführung des amerikanischen Präsidenten **Jimmy Carter** war am 20. Januar 1977.

88 Nationalstiftung: Siehe dazu den Beitrag »Ein Versprechen – und was daraus wurde«, Seite 86

89 Am 11. Januar 1977 bezogen Polizisten und Beamte des Staatssicherheitsdienstes vor dem Gebäude der **Ständigen Vertretung der Bundesrepublik Deutschland in Ost-Berlin** Posten, um nach Ausweiskontrollen Bewohnern des Sowjetsektors und der »DDR« das Betreten der Behörde zu verweigern. Die Bundesregierung legte durch Staatssekretär Gaus im Ministerium für Auswärtige Angelegenheiten der »DDR« Protest gegen diese Maßnahme ein. Einen Tag darauf wurden die Vopos zurückgezogen.

90 Helsinki: Siehe Anmerkung I/14.

91 Nach mehr als 27wöchiger Dauer ging die **KSZE-Folgekonferenz** in Belgrad im März 1978 zu Ende, ohne daß es gelang, grundlegende Meinungsverschiedenheiten zwischen Ost und West in der Menschenrechtsfrage zu überbrücken.
Siehe dazu den Beitrag »Europa muß in Belgrad Flagge zeigen«, Seite 157

92 Viermächte-Vertrag: Siehe Anmerkung I/35.

93 **»Vorwärts«,** sozialdemokratische Wochenzeitung, erscheint in Bad Godesberg; Nachfolger des 1876 in Leipzig herausgegebenen »Vorwärts«.

94 Am 18. November 1976 schrieb im »Vorwärts« der 1975 aus der »DDR« ausgewiesene »Spiegel«-Korrespondent

Jörg R. Mettke in einem Beitrag »Das Draufsatteln reicht nicht aus – **Provozierende Anmerkungen zur Deutschlandpolitik**« u. a.: » ... Dazu gehört es, zwischen und vor Wahlen ohne Rücksicht auf Union und Erler-Gesellschaft vernehmlich zu sagen, daß man eine starke DDR will, keine schwache, und eine selbstbewußte SED-Führung, keine ängstliche. Dazu gehört für Sozialdemokraten, daß der Verteufelung von Kommunisten, zumal im eigenen Lande, Einhalt geboten wird. Dazu gehört, der DDR notfalls auch ohne politische Gegenleistung Verbesserungen ihrer ökonomischen Infrastruktur zu finanzieren ...«

95 Autor war das Hauptvorstandsmitglied der **IG Druck und Papier,** Dr. Detlef Hensche. Sein Bericht über eine Reise in die »DDR«, veröffentlicht am 11. Oktober 1976 im Gewerkschafts-Organ »Druck und Papier«, stieß auch bei Gewerkschaftern auf Kritik.

96 Im Februar 1949 traf **Erhard** mit Adenauer in Königswinter zusammen und fand so den Weg zur CDU. Im selben Jahr kandidierte er erfolgreich für die CDU in Ulm und wurde in den folgenden Wahlen immer wiedergewählt. Von 1949 an leitete Erhard das Bundeswirtschaftsministerium. Im 3. Kabinett Adenauer (1957) wurde er außerdem Vizekanzler. Am 16. Oktober 1963 wurde Erhard – nach schweren Verstimmungen zwischen ihm und dem Kanzler – zum Nachfolger Adenauers gewählt. Trotz mancher Kritik an seinem Regierungsstil gewann Erhard 1965 die Bundestagswahl. Doch das 2. Kabinett Erhard hielt nicht lange: Mit dem Rücktritt der FDP-Minister am 27. Oktober 1966 brach die Koalition auseinander. Erhard wurde von Kiesinger abgelöst, der am 1. Dezember 1966 die Große Koalition zusammenbrachte. Erhard, in seinem Leben mit 23 Doktorhüten geehrt, blieb bis zu seinem Tode politisch aktiv.

97 Eine 1944 von **Erhard** verfaßte **wirtschaftspolitische Denkschrift,** die er an den Widerstandskreis um Goerdeler geschickt hatte, fiel 1945 in amerikanische Hände. Erhard wurde daraufhin von den Amerikanern zum Wirtschaftsberater ernannt und 1947 in die Zweizonenverwaltung für Wirtschaft in Frankfurt berufen, in der er die »Sonderstelle Geld und Kredit« leitete, die mit der Vorbereitung der Währungsreform betraut war. Die am 20. Juni 1948 durchgeführte Währungsreform in Verbindung mit der Beseitigung der Bewirtschaftungsvorschriften und der Fesseln des Preis- und Lohnstopps ermöglichte den wirtschaftlichen Aufstieg der Bundesrepublik Deutschland.

98 Bei seiner Weigerung, einer Aufforderung zur Musterung für den Wehrdienst bei der »Volksarmee« in Ost-Berlin nachzukommen, berief sich Niko Hübner auf den Sonderstatus der Stadt Berlin aufgrund der Londoner Protokolle von 1944, auf das **Entmilitarisierungsgebot** des Potsdamer Abkommens und auf das Kontrollratsgesetz Nr. 43. In West-Berlin werden die Bestimmungen über die Entmilitarisierung der Stadt respektiert. Die Sowjetunion hingegen gestattete unter Bruch der Viermächte-Vereinbarungen zuerst die Werbung von Rekruten für die »Nationale Volksarmee« und später die Einführung der allgemeinen Wehrpflicht in Ost-Berlin.

99 Niko Hübners Vater ist wissenschaftlicher Mitarbeiter an der Parteihochschule der SED in Ost-Berlin; seine Mutter leitende Redakteurin des Berliner Rundfunks. Mit sechzehn Jahren trat **Niko Hübner** aus der »Freien Deutschen Jugend« (FDJ) aus. Am 15. Februar 1977 stellte er einen Antrag auf Übersiedlung in die Bundesrepublik Deutschland. Von März 1978 bis Oktober 1979 war er in Haft, weil er unter Berufung auf den entmilitarisierten Status von ganz Berlin den Dienst in der Volksarmee verweigert hatte. Für seine »mutige und aufrechte Haltung« wurde Niko Hübner von der Deutschland-Stiftung 1979 mit dem Konrad-Adenauer-Freiheitspreis geehrt. Niko Hübner lebt heute in West-Berlin.

100 **Ernst Reuter** sprach den Satz »Ihr Völker der Welt, **schaut auf diese Stadt!«** in einer Rede, die er am 9. September 1948 auf einer Protestkundgebung vor dem Reichstagsgebäude gegen die Vertreibung der Stadtverordnetenversammlung aus dem Ostsektor der Stadt hielt. Wörtlich sagte Reuter: »Ihr Völker der Welt, ihr Völker in Amerika, in England, in Frankreich, in Italien! Schaut auf diese Stadt und erkennt, daß ihr diese Stadt und dieses Volk nicht preisgeben dürft und nicht preisgeben könnt.«

101 Siehe dazu den Beitrag »Autos – Avus – Attraktionen«, Seite 290

102 Der 18jährige Ostberliner Bauarbeiter **Peter Fechter** wurde am 17. August 1962 bei einem Fluchtversuch niedergeschossen. Er verblutete an der Mauer auf Ostberliner Seite. Fechter wurde auf dem Friedhof der Auferstehungsgemeinde im Bezirk Weißensee beerdigt, doch verweigerte das SED-Regime die kirchliche Beisetzung.

103 Am 27. November 1958 forderte die sowjetische Regierung in einer Note die Westmächte auf, die West-Berlin-Frage durch Umwandlung der Stadt in eine selbständige politische Einheit, in eine Freie Stadt, zu lösen. **Chruschtschows Ultimatum** gegen den Viermächte-Status von Berlin war bis zum 27. Mai 1959 befristet.

104 Der Staatssicherheitsdienst (SSD), politische Polizei der »DDR«, hat etwa 13 000 Mitarbeiter. Er unterliegt keiner Kontrolle durch die Volkskammer. Der SSD überwacht die Bevölkerung, die Verwaltung und die Betriebe der »DDR«, betreibt Spionage im Ausland sowie Spionageabwehr.

105 Die **»Freedoms Foundation«** wurde 1949 von Dwight D. Eisenhower ins Leben gerufen. Sie zeichnet alljährlich an George Washingtons Geburtstag vornehmlich amerikanische Persönlichkeiten aus, die sich um die Sache der Freiheit verdient gemacht haben. Am Sitz der Stiftung, in Valley Forge, Pennsylvania, half vor rund 200 Jahren der ehemalige preußische General Friedrich Wilhelm Steuben dem späteren ersten Präsidenten der Vereinigten Staaten, George Washington, bei der Ausbildung der Truppen, mit denen er schließlich den Unabhängigkeitskrieg gewann.

106 Am 21. August 1968 besetzten Truppen der Sowjetunion, der »DDR«, Polens, Ungarns und Bulgariens die Tschechoslowakei. Damit war das Schicksal des **»Prager Frühlings«** besiegelt. Alexander Dubček, damals Erster Sekretär der Kommunistischen Partei der CSSR, hatte seinen Reformkurs gegenüber dem sowjetischen Kommunismus nicht durchsetzen können.

107 13. August 1961: Siehe dazu den Beitrag »15 Jahre Mauer in Berlin«, Seite 91

108 Der Ostberliner **Thomas Steffen** hatte 26 Ausreiseanträge gestellt. Er wurde am 10. Mai 1978 verhaftet, als er sich aus Protest gegen die Ablehnung seiner Anträge auf einen Grenzzaun in Berlin gesetzt hatte. Im Untersuchungsgefängnis fertigte er aus einem Bettlaken ein Protesttransparent mit der Aufschrift »Menschenrechte – ich will zu meiner Mutter in meine Heimat, die BRD«. Das Spruchband wollte er aus dem Zellenfenster hängen. Es wurde jedoch vorzeitig entdeckt; Thomas Steffen wurde mit Einzelhaft bestraft. Von seiner in Weingarten (Pfalz) lebenden Mutter darf er keine Post empfangen.

109 Helsinki: Siehe Anmerkung I/14 und den Beitrag »Kein Aufschrei geht durch unser Vaterland«, Seite 25

110 **Wladimir Bukowski** wurde wegen Beteiligung an Protestaktionen gegen die Sowjetdiktatur und an einer Dokumentation über politische Gefangene in psychiatrischen Haftanstalten der UdSSR mehrmals zu langjährigen Haftstrafen verurteilt und in Arbeitslager und Heilanstalten eingewiesen. Der Bürgerrechtler erlitt schwere Gesundheitsschäden. Im Dezember 1976 wurde er gegen den chilenischen KP-Funktionär Luis Corvalan ausgetauscht. Bukowski lebt heute in England.

111 **Charlottenburg** (162 000 Einwohner) ist einer der zwölf Westberliner Bezirke. In der Bezirksverordnetenversammlung hat die CDU 22, die SPD 20 und die FDP 3 Stimmen.

112 Die **Berlin-Vereinbarungen** der vier Mächte vom 3. September 1971 sprechen hinsichtlich Berlins von dem »betreffenden Gebiet«, in dem »die Lage nicht einseitig verändert werden dürfe«. Nach Auffassung der Westmächte gilt der Passus »betreffendes Gebiet« für ganz Berlin, also auch für Ost-Berlin. Die Sowjets hingegen behaupten, sie verstünden unter dem »betreffenden Gebiet« allein die »selbständige, vom Bundesgebiet abgetrennte politische Einheit West-Berlin«. Hier rächen sich die »Grauzonen« im Berlin-Abkommen, die zur Interpretationswillkür einladen. Auf den Beschluß der Volkskammer, die Ostberliner Abgeordneten künftig direkt wählen zu lassen, reagierten die drei Westmächte und die Bundesregierung mit der Verurteilung

des Ostberliner Beschlusses und mit der Bekräftigung ihres Standpunktes, daß der Viermächte-Status für ganz Berlin gelte und nicht einseitig verändert werden dürfe. Die Westberliner Bundestagsabgeordneten werden nicht von der Bevölkerung gewählt, sondern vom Abgeordnetenhaus in das Bonner Parlament entsandt, wo sie nur ein beschränktes Stimmrecht haben.

113 Der Vorschlag des SPD-Bundesgeschäftsführers Egon Bahr, im Gegenzug zu dem **Volkskammer-Beschluß** in Zukunft auch den Bundestagsabgeordneten aus West-Berlin das volle Stimmrecht zu geben, wurde nicht nur von CDU/CSU-Politikern, sondern auch vom SPD-Fraktionsvorsitzenden Herbert Wehner zurückgewiesen. Nach einer Konferenz der SPD-Fraktionsvorsitzenden des Bundes und der Länder im Berliner Reichstagsgebäude sagte Wehner am 30. Juni 1979: »Meine Meinung deckt sich nicht mit der meines Kollegen Bahr.« Auf Ablehnung stieß Bahrs Vorschlag auch bei Außenminister Hans-Dietrich Genscher. Eine solche Reaktion würde die originären Rechte der vier Mächte für Deutschland als Ganzes und Berlin beeinträchtigen und den sowjetischen Deutschland- und Berlin-Thesen Vorschub leisten.

114 Am 13. August **1971 schrieb Axel Springer an** den damaligen amerikanischen Botschafter in Bonn, **Kenneth Rush,** einen Brief, in dem er seine Sorgen wegen der Berlin-Verhandlungen zwischen den drei Westmächten und der Sowjetunion begründete. In dem Schreiben, das zu einem längeren Briefwechsel führte, hieß es u. a.: » ... deshalb beschwöre ich Sie, Herr Botschafter, auch im Namen Tausender namenloser Mitbürger: Geben Sie keine Positionen in Berlin preis für nichts mehr als Zusicherungen, die sich doch nur als leere Versprechungen erweisen werden!« Am 26. August 1971 schrieb Axel Springer im Hinblick auf die bevorstehende Unterzeichnung des Viermächte-Abkommens über Berlin an Kenneth Rush: »Mit der Unterzeichnung des Botschafter-Abkommens ... wird der Westen einen Viermächte-Status für West-Berlin anerkannt und zur gleichen Zeit auf seine berechtigte Forderung nach Viermächte-Verantwortung für Groß-Berlin verzichtet haben ...« Weiter hieß es in dem Brief: »Dieses Abkommen wird, wie jedes andere, das die Sowjetunion bisher geschlossen hat, von ihr nur so lange beachtet werden, wie es den kurz- und langfristigen Zielen der sowjetischen Politik dienlich ist.«

115 Nach Unterzeichnung des sowjetisch-amerikanischen Abkommens zur Begrenzung der strategischen Rüstung (SALT II) am 18. Juni 1979 im Redoutensaal der Wiener Hofburg umarmte der amerikanische Präsident **Carter** spontan den sowjetischen Staats- und Parteichef **Breschnjew** und gab dem überraschten Russen nach slawischer Sitte zwei Wangenküsse.

II. Weltpolitik aus deutscher Sicht

1 Ostverträge: Siehe Anmerkung I/9

2 Die **Deutsche Atlantische Gesellschaft e.V.** wurde im März 1956 gegründet. Sie will den Gedanken der atlantischen Gemeinschaft pflegen und die Öffentlichkeit über die Aufgaben der NATO informieren.

3 Der **National Press Club** in Washington wurde 1908 gegründet. Er zählte am 1. Mai 1979 4793 Mitglieder, davon sind 911 aktiv im Journalismus tätig. Daneben gehören prominente Persönlichkeiten des öffentlichen Lebens dem Club an, der eine der einflußreichsten Institutionen Amerikas ist.

4 Die **Rede Axel Springers** vor dem National Press Club in Washington wurde in der erweiterten Ausgabe des Buches »Von Berlin aus gesehen«, Seite 302, veröffentlicht.

5 Das Buch Axel Springers **»Von Berlin aus gesehen«** erschien 1971 im Seewald Verlag, eine erweiterte Ausgabe 1972.

6 Verfasser des Beitrages in der »Welt der Arbeit« ist **Fritz Sänger,** von 1947 bis 1959 Chefredakteur des Deutschen Pressedienstes (dpd) bzw. der Deutschen Presse-Agentur (dpa).

7 **Axel Springer** hielt sich vom 14. bis 30. Januar 1958 zu einem Informationsbesuch **in der Sowjetunion** auf. Am 29. Januar wurden er und Hans Zehrer, Chefredakteur der Tageszeitung »Die Welt«, in Moskau vom Ersten Sekretär des Zentralkomitees der KPdSU, Nikita Chruschtschow, zu einer längeren Unterredung empfangen. In mehreren Vorbesprechungen zu dieser Begegnung waren 15 Fragen eingereicht worden, die sich ausschließlich auf das Problem der Wiedervereinigung des deutschen Volkes bezogen. Sechs von ihnen wurden von Chruschtschow in schriftlicher Form beantwortet. Bei der mündlichen Aussprache wurde in beiderseitigem Einvernehmen auf den protokollarischen Niederschlag verzichtet.

8 Berlin-Ultimatum: Siehe Anmerkung I/103.

9 1948 erzwangen die **Kommunisten in Prag** eine Neubildung der Regierung, in der sie alle Schlüsselpositionen besetzten. Die Tschechoslowakei wurde eine »volksdemokratische Republik«, Wirtschaft und öffentliches Leben wurden konsequent »sowjetisiert«. (Prag 1968: Siehe Anmerkung I/106)

10 **NATO,** Abkürzung für North Atlantic Treaty Organization, Nordatlantikpakt.

11 **AFL-CIO,** Dachverband der amerikanischen Gewerkschaften »American Federation of Labor« und »Congress of Industrial Organizations«.

12 **»Die Neue Gesellschaft«,** eine Monatszeitschrift, die sich die Aufgabe gestellt hat, »die Aussprache um das Profil des modernen Sozialismus anzuregen«, erschien zum ersten Mal am 1. Juli 1954. Zu den Herausgebern gehört Willy Brandt; Chefredakteur ist Herbert Wehner.

13 Die **»Prawda«** (Wahrheit), Organ des Zentralkomitees der Kommunistischen Partei der Sowjetunion; erscheint seit 1918 in Moskau.

14 Die **»Neue Zeitung«** wurde 1945 als »amerikanische Zeitung für die deutsche Bevölkerung« gegründet. Sie stellte 1953 (die Berliner Ausgabe 1955) ihr Erscheinen ein.

15 Die **Wahl zur Berliner Stadtverordnetenversammlung** am 20. Oktober 1946 hatte folgendes Ergebnis: SPD 48,7, CDU 22,2, SED 19,8, LDP (später FDP) 9,3 Prozent. Wahlbeteiligung: 92,3 Prozent.

16 Am 6. Oktober 1973 begann der koordinierte **ägyptisch-syrische Angriff** auf Israel. Die ägyptischen Truppen stießen weit in die Sinaihalbinsel vor; die syrischen Operationen richteten sich gegen die israelischen Stellungen auf den Golan-Höhen. Am 8. Oktober gingen die Israelis zum Gegenangriff über und drangen über den Suezkanal vor. Nachdem die UdSSR mit Intervention gedroht und die USA Druck auf Israel ausgeübt hatten, erzwang der Sicherheitsrat Waffenruhe in der Nacht zum 26. Oktober 1973.

17 Der vierte Nahostkrieg ging als **Jom-Kippur-Krieg** in die Geschichte ein, weil der ägyptisch-syrische Angriff auf Jom Kippur (hebräisch »Tag der Versöhnung«) fiel, dem jährlichen Bußtag der Juden mit Fasten, Sündenbekenntnis und Gottesdienst, der die Gläubigen verpflichtet, der Toten zu gedenken und sich mit Gegnern auszusöhnen.

18 Ölboykott: Siehe Anmerkung I/39.

19 **»L'Express«,** französische Wochenzeitschrift in Paris, wurde 1953 von Jean-Jacques Servan-Schreiber und Françoise Giroud als links-liberales Nachrichtenmagazin gegründet. Auflage ca. 600 000. Françoise Giroud schied 1974 und Jean-Jacques Servan-Schreiber 1977 aus der Zeitschrift aus. Mehrheitsbeteiligter und Präsident der »L'Express«-Gruppe ist Jimmy Goldsmith.

20 **Warschauer Pakt,** der am 14. Mai 1955 unter den Staaten des Ostblocks abgeschlossene Beistandsvertrag, der zugleich Rechtsgrundlage für die Stationierung sowjetischer Truppen in diesen Staaten ist.

21 **Pankow,** Ostberliner Verwaltungsbezirk, Sitz des Staatsrats der »DDR« bis 1965. Verallgemeinernd wurde deshalb die Regierung der »DDR« mit Pankow bezeichnet. Ihr heutiger Sitz ist am Marx-Engels-Platz.

22 Auf der **Jalta-Konferenz** (4.–11. Februar 1945) einigten sich Roosevelt, Stalin und Churchill über die militärische Besetzung Deutschlands und die Aufteilung in vier

Besatzungszonen, über die Bestrafung von Kriegsverbrechern, die polnische Ostgrenze, die Organisation der Vereinten Nationen und andere Nachkriegsfragen. In einem Geheimabkommen verpflichtete sich die Sowjetunion gegen territoriale und politische Zugeständnisse zum Eintritt in den Krieg gegen Japan.

23 KSZE-Konferenz: Siehe dazu den Beitrag: »Europa muß in Belgrad Flagge zeigen«, Seite 157

24 Zur Vorbereitung des Gipfeltreffens der Staats- und Regierungschefs am 30. Juli 1975 in Helsinki berieten in **Genf** fast zwei Jahre lang, seit September 1973, Vertreter von 35 Staaten (33 europäische Länder sowie USA und Kanada) über Leitlinien für »Sicherheit und Zusammenarbeit in Europa«.

25 **Idi Amin** kam 1971 durch einen Staatsstreich in Uganda an die Macht. Er betrieb zunächst pro-israelische Politik, wechselte aber 1972 ins pro-arabische Lager über. Seine brutale Machtpolitik brachte ihm weltweite Kritik ein. Während seiner Herrschaft sollen in Uganda Hunderttausende dem Amin-Regime zum Opfer gefallen sein. Im Frühjahr 1979 befreiten Truppen aus Tansania das Land; sie entdeckten Beweise unvorstellbarer Greueltaten. Der gestürzte Diktator flüchtete ins Ausland.

26 Der krebskranke britische Dozent **Denis Hills** hatte Idi Amin, den Diktator Ugandas, in einem unveröffentlichten Buch »Der weiße Kürbis« einen »Dorftyrannen« genannt. Daraufhin wurde er wegen Hochverrats zum Tode verurteilt. Amin setzte das Hinrichtungsdatum fest, ließ aber Großbritannien die Bedingungen für eine Begnadigung wissen: Bittbriefe von Königin Elizabeth und Premier Wilson, Waffen und Ersatzteile für die Streitkräfte Ugandas und ein Ende der »böswilligen« Berichterstattung britischer Zeitungen über das afrikanische Land und seinen Herrscher; schließlich forderte er auch noch den Besuch des britischen Außenministers Callaghan. Am 10. Juli 1975 flog Callaghan zu Idi Amin und holte Denis Hills aus der Todeszelle nach London. Nach dem Sturz Idi Amins kündigte Denis Hills im Mai 1979 an, er werde nach Uganda, in seine zweite Heimat, zurückkehren.

27 In der **Bundestagsdebatte über die KSZE** in Helsinki am 25. Juli 1975 sagte der SPD-Vorsitzende Willy Brandt, die KSZE könne ein »Ausgangspunkt für mehr Zusammenarbeit« sein.

28 Präsident Gerald Fords Äußerungen über den Begriff **»Détente«** sind entnommen dem »Wireless Bulletin from Washington – United States Information Service – Embassy of the United States of America, Bonn-Bad Godesberg«, Ausgabe vom 3. März 1976.

29 Auf dem V. Parteitag der polnischen Kommunistischen Partei am 12. November 1968 verkündete der Generalsekretär der KPdSU, Leonid Breschnjew, nach der militärischen Intervention der Sowjetunion in der Tschechoslowakei Prinzipien über Pflichten und Rechte sozialistischer Staaten, die als **»Breschnjew-Doktrin«** bekannt wurden. Danach sind sozialistische Staaten nur beschränkt souverän; auch das Völkerrecht ist den Gesetzen des Klassenkampfes unterworfen. Weicht eine kommunistische Partei vom »Wege des Sozialismus« ab, sind die »Bruderländer« notfalls auch zur militärischen Intervention berechtigt.

30 Angola: Siehe Anmerkung I/86.

31 In einem Interview der »Deutschen Welle« widersprach Bundeskanzler **Helmut Schmidt** im März 1976 der Auffassung, daß die Politik der Entspannung durch die Intervention von Sowjets und Kubanern in **Angola** gescheitert sei. Afrika und Angola seien bisher nicht Gegenstand von Verträgen zwischen West und Ost gewesen, meinte der Kanzler.

32 Am 28. Januar 1972 faßten die Ministerpräsidenten der Länder den sogenannten **Radikalenbeschluß,** wonach Mitglieder verfassungsfeindlicher Parteien im Zweifelsfall vom öffentlichen Dienst fernzuhalten seien. Obwohl der Beschluß einstimmig gefaßt wurde, gab es in der Praxis unterschiedliche Auslegungen der Frage, nach welchen Kriterien verfassungsfeindlich eingestellte Beamtenanwärter zu beurteilen seien. 1978 kündigten die SPD-Bürgermeister Klose (Hamburg) und Koschnick (Bremen) eine weitgehende Abkehr vom Beschluß des Jahres 1972 an. Am 17. Januar 1979 verabschiedete die Bundesregierung neue »Grundsätze für die Prüfung der Verfas-

sungstreue«. Danach entfällt eine Routineanfrage beim Verfassungsschutz, die Weitergabe von Erkenntnissen des Verfassungsschutzes wird eingeschränkt. In den von der SPD oder von einer sozialliberalen Koalition regierten Ländern wird analog verfahren.

33 Am 25. Juni 1950 überschritten kommunistische nordkoreanische Streitkräfte den 38. Breitengrad und entfesselten den **Korea-Krieg,** der die Welt an den Rand einer globalen Auseinandersetzung brachte.

34 Wegen Erhöhung der Arbeitsnormen traten am **17. Juni 1953** in Ost-Berlin die Bauarbeiter in einen Streik, der sich spontan zum Volksaufstand gegen das »DDR«-Regime entwickelte. Sowjetische Panzereinheiten walzten die Revolte nieder.

35 Am 23. Oktober 1956 begann der **ungarische Volksaufstand** gegen sowjetische Unterdrückung, für demokratische Freiheiten. Imre Nagy wurde Ministerpräsident. Sowjetische Streitkräfte schlugen die Bewegung im November 1956 blutig nieder. Fast 200 000 Ungarn flohen ins Ausland. János Kádár übernahm die Macht, Imre Nagy und General Pal Maléter (Oberbefehlshaber der ungarischen Armee) wurden ermordet.

36 Tschechoslowakei 1968: Siehe Anmerkung I/106.

37 Als in **Polen** im Dezember 1970 die Lebensmittelpreise erhöht und die Arbeitsnormen angehoben wurden, kam es in mehreren polnischen Städten zu offenem **Aufruhr.** Nach blutigen Zusammenstößen der Demonstranten mit der Polizei mußte der kommunistische Partei- und Regierungschef Gomulka zurücktreten.

38 KSZE Helsinki: Siehe Anmerkung I/14.

39 KSZE-Nachfolgekonferenz: Siehe dazu den Beitrag »Europa muß in Belgrad Flagge zeigen«, Seite 157

40 Als Gegner des Kommunismus wurde **Kardinal Mindszenty** 1948 nach einem Streit um die Verstaatlichung der konfessionellen Schulen in Ungarn unter dem Vorwand der Spionage und des Devisenschmuggels verhaftet. Nach einem erpreßten Schuldgeständnis wurde er zu lebenslänglichem Gefängnis verurteilt. Während des Ungarn-Aufstandes 1956 wurde er befreit; in der US-Botschaft erhielt er Asyl. 1971 reiste Mindszenty nach Rom aus, 1974 wurde er vom Papst seines Amtes als Primas von Ungarn enthoben.

41 Erzbischof Agostino **Casaroli** hielt sich im Juni 1975 sechs Tage lang zu Gesprächen mit Außenminister Oskar Fischer **in der »DDR«** auf. Dabei ging es vor allem um die von Ost-Berlin geforderte Abtrennung der katholischen Jurisdiktionsbezirke in der »DDR« von ihren westdeutschen Mutterbistümern.

42 Die Forderung Ost-Berlins, die kirchenrechtlich noch zu Diözesen und Kirchenprovinzen der Bundesrepublik Deutschland gehörenden katholischen Jurisdiktionsbezirke auf dem Territorium der »DDR« – die bischöflichen Ämter Schwerin, Magdeburg und Erfurt sowie das Bischöfliche Vikariat Meißen – zu verselbständigen und zu **»DDR«-Diözesen** zu machen, hat der Vatikan bisher nicht erfüllt.

43 Im Oktober 1976 hat der Vatikan die seit den ersten Nachkriegsjahren bestehende **Berliner Ordinarien-Konferenz** – den seit 1961 von Bischof Bengsch geleiteten Zusammenschluß der zehn katholischen Bischöfe und Weihbischöfe in der »DDR« – aus dem Verband der Deutschen (Fuldaer) Bischofskonferenz herausgelöst und verselbständigt. Damit kam der Vatikan der »DDR« einen wichtigen Schritt entgegen.

44 Der russische Bürgerrechtler **Juri Fedorow** plante 1970 mit zehn anderen Sowjetbürgern, überwiegend Juden, in einem entführten Flugzeug die Sowjetunion illegal zu verlassen, nachdem jahrelange Bemühungen um eine legale Auswanderung nach Israel gescheitert waren. Der Plan wurde vereitelt, Fedorow wegen Hochverrats zu fünfzehn Jahren Lagerhaft verurteilt.

45 Der im US-Staat Vermont im unfreiwilligen Exil lebende russische Schriftsteller Alexander Solschenizyn ließ im Mai 1977 über die Rundfunkkette Mutual Broadcasting **Gefangenenbriefe aus der Sowjetunion** verbreiten.

46 Nachdem die Sowjetunion Finnland in zwei Kriegen (1939/40 und 1941/44) besiegt hatte, zog der damalige Ministerpräsident Juho Kusti Paasikivi die noch

heute geltende Konsequenz: Finnland ist ein neutrales Land mit parlamentarischem System und freier Marktwirtschaft, aber es unterläßt innen- und außenpolitisch alles, was den machtpolitischen Interessen der Sowjetunion widersprechen könnte. Daraus erklärt sich der Begriff **»Finnlandisierung«.**

47 **Milovan Djilas** war seit 1937 enger Mitarbeiter Titos. Als maßgeblicher Theoretiker der Kommunistischen Partei war er einer der ersten, der 1948 einen Bruch mit Moskau befürwortete. Seine Idee: eine »Sozialistische Demokratie« für Jugoslawien. Doch bald geriet er in Konflikt mit dem Politbüro; 1954 wurde er aller Ämter enthoben, 1956 zu drei Jahren Gefängnis verurteilt. Seit seinem in New York veröffentlichten Buch »Gespräche mit Stalin« gilt Djilas als Symbolfigur für die revisionistischen Auffassungen im Weltkommunismus. 1973 erklärte Djilas, »er sei kein Kommunist mehr«. In den folgenden Jahren wies er wiederholt auf Verletzungen der Menschenrechte in Jugoslawien hin.

48 KSZE-Schlußakte: Siehe Anmerkung I/14.

49 Der 93 Seiten umfassende **Bericht des amerikanischen Präsidenten** stellt fest, daß sich die Politik der Warschauer-Pakt-Staaten, was die Aktivitäten auf dem Gebiet der Menschenrechte, den freien Fluß von Informationen sowie die menschlichen Kontakte betrifft, trotz der in den Vereinbarungen von Helsinki gemachten Zusagen nicht wesentlich geändert hat.

50 Zitate aus dem Buch von Karl Theodor Freiherr von und zu Guttenberg **»Fußnoten«,** erschienen 1971 im Seewald Verlag.

51 Professor **Juri Orlow** verlor 1973 seinen Arbeitsplatz als Atomwissenschaftler, weil er sich an die Seite des Regimekritikers Sacharow gestellt hatte. 1976 gründete er mit Freunden die sogenannte **»Helsinki-Gruppe«,** die es sich zur Aufgabe gemacht hat, die Einhaltung der KSZE-Beschlüsse durch Moskau zu überprüfen. Seit September 1978 befindet er sich in einem Arbeitslager in der Provinz Perm/Ural.

52 Das **Komitee zur Verteidigung der Arbeiter in Polen** wurde im September 1976 gegründet. Es sammelt und verbreitet Informationen über Verfolgungsmaßnahmen gegen Beteiligte an den Arbeiterprotesten vom 25. Juni 1976. Einige Mitglieder sind ehemalige Anhänger der Polnischen Sozialistischen Partei, andere kommen aus der Studentenbewegung von 1968; vorwiegend handelt es sich um Wissenschaftler, Juristen, Schriftsteller und Künstler.

53 In der Tschechoslowakei bildeten Bürger 1977 eine Gemeinschaft, die sich nach dem Beispiel der Bürgerrechtskomitees in der Sowjetunion für die Einhaltung der Menschenrechte einsetzen will. Der am 1. Januar 1977 veröffentlichte Gründungsaufruf dieser Gruppe, die sich den Namen **»Charta 77«** gab, trägt 257 Unterschriften. Zu den Unterzeichnern gehören der frühere Prager Außenminister Jiri Hajek und der Schriftsteller Pavel Kohout.

III. Die Deutschen und die Juden

1 Vertrag mit Warschau: Siehe Anmerkung I/9.

2 **Bar-Ilan** ist die einzige religiös fundierte allgemeine Universität Israels. Sie wurde 1955 in Ramat Gan gegründet und wird heute von rund 7000 Studenten besucht.

3 Jom-Kippur-Krieg: Siehe Anmerkung II/17.

4 Über die Eröffnung der **Bibliothek** des israelischen Museums **in Jerusalem** wird in dem Buch Axel Springers »Von Berlin aus gesehen« auf den Seiten 111 bis 118 berichtet.

5 Nach Ausbruch des vierten Nahostkrieges bemühten sich die USA, über eine Luftbrücke und mit Schiffen Israel **Kriegsmaterial** zukommen zu lassen. Als im Oktober 1973 **in Bremerhaven** drei israelische Schiffe beladen wurden, kam es deshalb zu Spannungen zwischen Bonn und Washington: Das Bonner Auswärtige Amt

wandte sich in einer Demarche gegen US-Lieferungen nach Nahost vom Gebiet der Bundesrepublik Deutschland aus.

6 **»Unmoralische Institution«** nannte Alexander Solschenizyn die Vereinten Nationen in einer Rede zur Nobelpreisverleihung, veröffentlicht im Jahrbuch der Nobelstiftung 1972.

7 Siehe dazu den Beitrag »Den Weg in die UNO freigeschossen«, Seite 41

8 **PLO** (Palestine Liberation Organization), 1964 als militante Vertretung der Palästinenser gegründet.

9 Das Konzentrationslager **Maidanek** bei Lublin war ein Todeslager, in dem nach vorsichtigen Schätzungen zwischen 1942 und 1944 annähernd 1,5 Millionen Menschen, vornehmlich Juden, ums Leben gebracht wurden.

10 In **Theresienstadt,** der ehemaligen österreichischen Festung in der Tschechoslowakei, wurde 1942 ein jüdisches Getto eingerichtet. Etwa 36 000 Juden aus Deutschland und anderen europäischen Ländern kamen dort ums Leben.

11 In den Gaskammern des Konzentrationslagers **Auschwitz**-Birkenau wurden zwischen 1940 und 1945 vier Millionen Menschen umgebracht.

12 Die **Axel Springer Stiftung** ist hervorgegangen aus der 1953 gegründeten »Stiftung Die Welt«.

13 Jom-Kippur-Krieg: Siehe Anmerkungen II/16 und II/17.

14 Der **Sechs-Tage-Krieg** dauerte vom 5. bis 10. Juni 1967.

15 Das von Lockheed gebaute größte Flugzeug der Welt, C-5 **»Galaxy«,** hat ein Volumen von 900 cbm; in dem Laderaum könnten 100 Volkswagen verstaut werden.

16 Die **Anti-Israel-Resolution** wurde von Ägypten im Oktober 1977 in der UNO eingebracht und von 69 Staaten unterstützt. Nach dreitägiger Debatte stimmten 131 Länder der Resolution zu. USA, Nikaragua, Papua/Neuguinea, Costa Rica, Fidschi, Guatemala und Malawi enthielten sich der Stimme. Die einzige Gegenstimme kam von Israel selbst.

17 Der Artikel erschien in der »International Herald Tribune« vom 3. November 1977, übernommen aus der **»New York Times«.**

18 1967 schuf sich die syrische Baath-Partei eine von ihr abhängige Palästinenser-Organisation, die »Vorhut des Volksbefreiungskriegs«. Ihr militärischer Arm nennt sich **Al Saika** (Blitz). Führer dieser Guerilla-Organisation war bis 1979 Zuheir Mohsen.

19 Am 3. November 1977 empfing der SPD-Vorsitzende Willy Brandt den **»Sonderbotschafter« der Palästinenser** Dr. Issam al-Sartaoui. Als 1970 palästinensische Terroristen der Organisation ALP eine El-Al-Maschine auf dem Flughafen München-Riem überfielen, gab es einen Toten, neun Verwundete. Drei Terroristen wurden verhaftet. Sie wurden später gegen eine von ALP in Zagreb gekaperte Lufthansa-Maschine ausgetauscht. In Beirut stellte sich damals der Anführer von ALP einem deutschen Reporter vor: Issam al-Sartaoui.

20 Am 13. Oktober 1977 wurde die **Lufthansa Boeing 737 »Landshut«** von vier Terroristen des Kommandos »Martyr Halimeh« auf dem Flug Mallorca – Frankfurt a. M. gekapert. Die Terroristen (zwei Männer, zwei Frauen) verlangten ultimativ die Erfüllung der Forderungen der Schleyer-Entführer, die Freilassung zweier Palästinenser und 15 Millionen Dollar Lösegeld. Nach einem Irrflug über Rom, Zypern, Bahrein, Dubai, Aden (wo Flugkapitän Schumann von den Terroristen erschossen wurde) landete die Maschine in Mogadischu. Nach erfolglosen Verhandlungen Staatsminister Wischnewskis mit den Entführern stürmte ein Sonderkommando des Bundesgrenzschutzes, GSG 9, am 18. Oktober die Maschine, tötete drei Terroristen und befreite die 86 Geiseln.

21 Unter dem Namen **»Nürnberger Gesetze«** sind das »Reichsbürgergesetz« und das sogenannte »Gesetz zum Schutze des deutschen Blutes und der deutschen Ehre« (beide vom 15. September 1935) in die Geschichte eingegangen: Juden wurden aus der »Volksgemeinschaft« ausgestoßen; Ehen zwischen Juden und »Ariern« wurden verboten.

22 Die amerikanische Regierung drängte im November 1977 auf Wiedereinberufung

der **Genfer Friedenskonferenz** unter Einbeziehung der Palästinensischen Befreiungsorganisation (PLO).

23 Der **Palästinenser Frangi** sagte am 29. Oktober 1977 auf einer Veranstaltung des Kommunistischen Bundes Westdeutschlands (KBW) in dem Versammlungslokal »Neue Welt« in der Berliner Hasenheide, »die Beseitigung des zionistischen Gebildes Israel« sei die »einzige Lösung des Nahost-Problems«. Nachdem der Vorsitzende der Jüdischen Gemeinde, Heinz Galinski, diese Äußerung scharf kritisiert hatte, leitete die Staatsanwaltschaft beim Berliner Kammergericht gegen Frangi ein Ermittlungsverfahren ein.

24 Am heftigsten reagierte die »Palästinensische Befreiungs-Organisation« (PLO) auf **Sadats Reise nach Israel:** »Der Verräter hat seinen Hals in die Schlinge gesteckt.« Libyen brach die diplomatischen Beziehungen zu Kairo ab. Syrien forderte zum Sturz Sadats auf. Algerien verurteilte die Sadat-Reise als »folgereichen Spaltungsfaktor, der nur den Feinden der arabischen Welt dient«.

25 Im Juli 1972 forderte Anwar el-Sadat Moskau auf, die sowjetischen **Militärberater** aus Ägypten abzuziehen. Nach inoffiziellen Schätzungen lag die Zahl der sowjetischen Militärberater bei zwanzigtausend. Im März 1976 kündigte Sadat den **Freundschaftsvertrag mit der Sowjetunion** auf.

26 Es war vorgesehen, daß die neun Staaten der Europäischen Gemeinschaft in einer gemeinsamen Erklärung ihre Befriedigung über Sadats Initiative und Israels positive Reaktion zum Ausdruck bringen sollten. Doch Frankreich war dagegen. Ministerpräsident Barre hielt eine solche Erklärung für »voreilig«; Frankreich wollte seine **Beziehungen zu den arabischen Staaten,** die Sadats Reise ablehnten, nicht trüben.

27 Das **Leo Baeck-Institut** wurde 1955 vom »Council of Jews from Germany« (Rat der Juden aus Deutschland) gegründet. Es ist benannt nach dem Berliner Rabbiner Leo Baeck. Aufgabe des Instituts ist es, Zeugnisse des deutschen Judentums zu sammeln.

28 **Leo Baeck** war einer der bedeutendsten Repräsentanten des deutschen Judentums in diesem Jahrhundert. Sein Buch »Vom Wesen des Judentums«, mit dem er Anfang des Jahrhunderts dem Buch des evangelischen Theologen Adolf von Harnack »Wesen des Christentums« entgegentrat, gilt als wesentlichstes Dokument der liberalen jüdischen Theologie der Gegenwart. 1933 wurde der Berliner Rabbiner zum Präsidenten der »Reichsvertretung der Juden in Deutschland« gewählt. Er harrte bei den Resten der jüdischen Gemeinden in Deutschland aus, bis er 1943 in das Konzentrationslager Theresienstadt verschleppt wurde. Nach dem Krieg übernahm Baeck die erste Präsidentschaft des nach ihm benannten Instituts, das Forschungsstätten in New York, London und Jerusalem unterhält.

29 Vor dem **New Yorker Zweig des Leo Baeck-Instituts** hatte Axel Springer schon am 27. April 1967 gesprochen. Diese Rede ist abgedruckt in dem Buch »Von Berlin aus gesehen« auf den Seiten 119 bis 121. Dem Leo Baeck-Institut stattete Axel Springer insgesamt fünf Besuche ab: jeweils im April der Jahre 1967, 1968, 1969 und im Oktober der Jahre 1971 und 1978.

30 Der **Friedhof in Worms** gilt als der älteste erhalten gebliebene jüdische Begräbnisplatz in Deutschland. Nach dem Krieg wurde der ein Jahrtausend alte Friedhof völlig wiederhergestellt.

31 In der Frage der **Verjährung von Mord** entschied die Bonner Große Koalition (CDU/CSU und SPD) 1969: 1. Die Strafverfolgung des Verbrechens des Völkermords, mit lebenslanger Freiheitsstrafe bedroht, und die Vollstreckung von Strafen wegen Völkermords verjähren nicht. 2. Die Strafverfolgung von sonstigen Verbrechen, die mit lebenslanger Freiheitsstrafe bedroht sind (Mord), verjährt nach dreißig (statt bisher zwanzig) Jahren.

32 Das Plenum der polnischen Hauptkommission zur **Erforschung von NS-Verbrechen** forderte im Juli 1978 die Bundesrepublik Deutschland auf, die Konvention der Vereinten Nationen von 1968 über die Unverjährbarkeit von Kriegsverbrechen zu ratifizieren. Die in der Bundesrepublik Deutschland vorgesehene Verjährung solcher Verbrechen mit Ablauf

des Jahres 1979 dürfe nicht Gesetz werden.

33 Vor dem Internationalen **Militärgerichtshof in Nürnberg** fand 1945/46 der Prozeß gegen die Hauptkriegsverbrecher statt. Anklage und Urteil hatten als Rechtsgrundlage das Statut des Gerichtshofs, das Kriegsverbrechen, Verbrechen gegen den Frieden und gegen die Menschlichkeit unter Strafe stellte. 24 führende Männer der NSDAP, des Staates und der Wehrmacht sowie sechs als verbrecherisch bezeichnete Organisationen wurden angeklagt. Zwölfmal wurde das Todesurteil gefällt.

34 GULag: Siehe Anmerkung I/16.

35 Mordautomaten: Siehe Anmerkung I/61.

36 Tschechoslowakei: Siehe dazu den Beitrag: »Die unveränderten Ziele des Kremls«, Seite 127

37 In **Chruschtschows Amtszeit** als Partei- und Regierungschef (1953–1964) fielen das Berlin-Ultimatum (1958) und der Bau der Mauer in Berlin (1961).

38 Im September 1971 traf sich Bundeskanzler **Willy Brandt mit Leonid Breschnjew auf der Krim.** 1973 und 1978 besuchte Breschnjew offiziell die Bundesrepublik Deutschland. Dabei kam es 1973 zur Umarmung und zum Bruderkuß zwischen dem sowjetischen Regierungschef und dem nordrhein-westfälischen Ministerpräsidenten Heinz Kühn (SPD).

39 Der am 26. März 1979 zwischen Israel und Ägypten geschlossene **Friedensvertrag** besteht aus einer Präambel, neun Artikeln, mehreren Anhängen, Briefen und Memoranden, in denen Details des militärischen Rückzugs Israels, des diplomatischen, wirtschaftlichen und kulturellen Austauschs, der künftigen Verhandlungen über den Gaza-Streifen und Westjordanien sowie der Ölversorgung Israels aus dem Sinai festgelegt sind.

40 Zur Absicherung des israelisch-ägyptischen Friedensvertrages haben die USA fünf Milliarden Dollar in Aussicht gestellt: Ägypten und Israel sollen jeweils zwei Milliarden Dollar als **Militärhilfe,** dazu weitere 500 Millionen Dollar als **Wirtschaftshilfe** erhalten.

41 Vor 750 ehemaligen jüdischen Mitbürgern, die die Stadt Berlin eingeladen hatte, beschrieb Berlins Regierender Bürgermeister **Dietrich Stobbe** (SPD) am 22. Juni 1979 die Haltung Berlins gegenüber dem Staat **Israel** mit den Worten: »Im Zweifelsfalle immer für Israel«.

42 Siehe dazu den Beitrag »Fest an der Seite Israels«, Seite 167

43 PLO: Siehe Anmerkung III/8.

44 Jom-Kippur-Krieg: Siehe Anmerkungen II/16 und II/17.

45 Siehe dazu den Beitrag »Ein neuer Anfang im Nahen Osten«, Seite 191

46 Warschauer-Pakt-Staaten: Siehe Anmerkung II/20.

47 Israelische Experten schätzten die **Inflationsrate** für 1979 auf rund 100 Prozent. Zu Beginn des Jahres hatte der Finanzminister von 45 Prozent als Maximalgrenze gesprochen.

48 Der österreichische Bundeskanzler **Bruno Kreisky** und der SPD-Vorsitzende **Willy Brandt** trafen sich am 7. Juli 1979 im Wiener Bundeskanzleramt mit dem Chef der palästinensischen Terrororganisation PLO, **Yassir Arafat.** Brandt und Kreisky erläuterten Arafat den Nahost-Standpunkt der Sozialistischen Internationale, deren Vorsitzender beziehungsweise stellvertretender Vorsitzender sie sind.

49 Der FDP-Bundestagsabgeordnete **Jürgen Möllemann** führte im August 1979 in Beirut zwei Gespräche mit PLO-Chef **Yassir Arafat.** Er unterbreitete dabei ein Acht-Punkte-Papier für eine Nahost-Lösung, von dem sich sowohl das Auswärtige Amt als auch der FDP-Vorsitzende Hans-Dietrich Genscher distanzierten.

50 Der Sprecher der Bundesregierung, Staatssekretär **Klaus Bölling,** gab die Erklärung am 23. Juli 1979 gegenüber der »Welt« ab.

51 Siehe dazu den Beitrag »Den Freund im Stich gelassen«, Seite 183

52 Sechs-Tage-Krieg: Siehe Anmerkung III/14.

53 Die heutige Fassung der **»Nationalen Palästinensischen Charta«** fußt auf den Beschlüssen des Nationalkongresses der Palästinensischen Befreiungsorganisation vom 1.–17. Juli 1968 in Kairo.

IV. Aus der Arbeit des Verlegers

1 Am 11. Mai 1972 wurde bei einem **Bombenanschlag auf das Frankfurter Hauptquartier** des V. Armeekorps der US-Streitkräfte in Europa ein amerikanischer Oberst getötet. Dreizehn Personen wurden verletzt.

2 Am 12. Mai 1972 explodierten in einem Büro der Direktion der **Augsburger Polizei** zwei **TNT-Sprengkörper.** Der Augsburger Polizeidirektor, der sich in der Nähe des Explosionsortes befand, entging dem Anschlag.

3 In **München** detonierte am 12. Mai 1972 in einem Kraftwagen auf dem Parkhof des **Landeskriminalamtes** ein Sprengkörper, der noch in vierhundert Meter Entfernung Fensterscheiben zerspringen ließ.

4 Am 15. Mai 1972 wurde auf den Wagen des mit Ermittlungen gegen die Baader-Meinhof-Bande betrauten Bundesrichters Wolfgang Buddenberg in **Karlsruhe** ein **Bombenanschlag** verübt. Buddenbergs Frau wurde schwer verletzt.

5 Bei einem **Bombenanschlag auf das Heidelberger Hauptquartier** der amerikanischen Armee in Europa wurden am 24. Mai 1972 drei US-Soldaten getötet. Zwei Tage später bekannte sich ein »Kommando 15. Juli – Rote Armee Fraktion« zu dem Terrorakt.

6 Der **Bombenanschlag auf das Axel Springer Verlagshaus in Hamburg** am 19. Mai 1972 spielte sich wie folgt ab: Um 15.36 Uhr meldet sich in der Telefonzentrale eine jugendliche, männliche Stimme: »In 15 Minuten geht eine Bombe bei Euch hoch.« 15.39 Uhr Bombenalarm, 15.41 Uhr Explosion einer Bombe im 3. Stock, Katastrophenalarm. 15.46 Uhr: Im 6. Stock explodiert eine zweite Bombe. 17 Mitarbeiter werden verletzt. Räumung des Verlagsgebäudes; die Redaktionen arbeiten in Ausweichquartieren weiter. Um 18.35 Uhr wird eine dritte Bombe gefunden und entschärft. Um 23.30 Uhr gibt die Polizei das Verlagsgebäude wieder frei. Am Samstag, 20. Mai, erscheinen alle Zeitungen des Hauses. Am Samstagmorgen um 8.07 Uhr wird eine 4. Bombe im 12. Stock entdeckt und entschärft; wieder wird das Haus geräumt. Um 13.50 Uhr wird eine 5. Bombe im 12. Stock gefunden, um 23.10 Uhr ist auch sie entschärft.

7 Die Parole **»Enteignet Springer«** hat ihren Ursprung in einer Forderung des SED-Vorsitzenden Walter Ulbricht. Am 21. April 1966 sagte er: »Die Freiheit der Meinung der Weltanschauung ist nur dann gesichert, wenn das Volk sich selbst vom Druck kriegslüsterner Kräfte befreit. Deshalb ist es notwendig, die Macht der Herren solcher Meinungsmonopole wie des Springer-Konzerns zu beseitigen. Solange der Springer-Konzern und ähnliche Meinungsfabriken herrschen, kann von Freiheit der Meinungsbildung keine Rede sein.« (»Neues Deutschland« vom 22. April 1966)

8 Der **Sozialistische Deutsche Studentenbund** (SDS) wurde 1946 gegründet. Ursprünglich der SPD nahestehend, entwikkelte er sich zu einem Kristallisationskern der »Neuen Linken« an den Universitäten. 1960 trennte sich die SPD vom SDS. 1970 löste sich der SDS auf. Der orthodox-marxistische Flügel ging im kommunistischen Studentenbund »Spartakus« auf.

9 Der **Republikanische Club** (RC) wurde 1967 in Berlin als Sammelpunkt der »außerparlamentarischen Opposition« (APO) gegründet.

10 Im März 1969 wurde der Rechtsanwalt **Horst Mahler** in einem **Urteil** der Elften Zivilkammer des Westberliner Landgerichts als grundsätzlich verantwortlich für die Schäden bezeichnet, die bei den Oster-Unruhen 1968 vor dem Verlagshaus Axel Springer in Berlin entstanden waren. Im März 1970 verurteilte ihn die Vierte Große Strafkammer des Landgerichts zu zehn Monaten Gefängnis mit Bewährung. Der Neunte Zivilsenat des Kammergerichts verurteilte ihn im Juni 1970 zur Zahlung eines Schadensersatzes in Höhe von 75 884,25 DM an die Axel Springer Verlag AG. 1973 wurde Mahler »wegen gemeinschaftlichen schweren Raubes in Tateinheit mit Gründung einer kriminellen Vereinigung« zu zwölf Jahren Freiheitsstrafe verurteilt. 1974 kamen noch zwei Jahre wegen Beihilfe bei der Baader-Befreiung hinzu. Gleichzeitig wurde Mahler aus der Anwaltschaft ausgeschlossen.

11 Baader-Meinhof-Bande: Siehe Anmerkung I/12.

12 **»Rote Armee Fraktion«** (RAF) nannte sich die Baader-Meinhof-Bande seit Baaders Haftbefreiung am 14. Mai 1970. In der ersten Entwicklungsphase baute sie eine logistische Basis auf, indem sie Autos stahl, Wohnungen mietete, Waffen beschaffte, Sprengstoff herstellte und Bomben baute. Das Geld dafür stammte aus Banküberfällen. In der zweiten Phase ging die »Rote Armee Fraktion« zu brutalem Terror über mit Bombenanschlägen, Mord auf offener Straße und – in Verbindung mit der internationalen Terroristen-Szene – Flugzeugentführungen und Erpressungen.

13 Das **Deutsche Industrie-Institut,** heute »Institut der deutschen Wirtschaft«, wurde 1951 vom Bundesverband der Deutschen Industrie und der Bundesvereinigung der Deutschen Arbeitgeberverbände gegründet. Es informiert die Öffentlichkeit über Wirtschaftsprobleme aus Unternehmersicht.

14 »Die Geister scheiden sich«: Siehe dazu den Beitrag »Die unveränderten Ziele des Kremls«, Seite 127

15 Das **»Bonn-Journal«** erscheint seit April 1973 unter dem Titel »Esprit«.

16 Im Antrag M 46 des Bezirks Hessen-Süd zum außerordentlichen Parteitag der SPD am 18. November 1971 in Bonn wurde u. a. gefordert: Ein Bundespresserechtsrahmengesetz und die Pressegesetze der Länder müssen **Redaktionsstatute** zur Pflicht machen ...; ferner sollten Zeitungsräte, in denen die gesellschaftlich relevanten Gruppen vertreten sind, auf Landesebene eingerichtet werden.

17 Siehe dazu auch den Beitrag »Von Überläufern, Mitläufern und Leerläufern«, Seite 51

18 Am 19. Dezember 1958 traf sich der Regierende Bürgermeister von Berlin, Willy Brandt, in der westfälischen Stadt Altena mit einflußreichen Wirtschaftlern der Bundesrepublik, die der damalige Präsident des Bundesverbandes der Deutschen Industrie, Fritz Berg, zusammengeführt hatte. Danach erhielten **Westberliner Produktionsstätten** eine Vielzahl neuer Aufträge.

19 Das Wirtschaftsmagazin »Capital« veröffentlichte im Heft 10/1972 einen Bericht über die Axel Springer AG unter der Überschrift **»Der Brandenburger Tor«.**

20 Im **Druckhaus Kettwig** waren am 1. Juni 1979 sechs 48seitige Vier-Farben-Rollen-Offset-Maschinen und ein 16seitiges Werk in Betrieb. Die gesamte Investition betrug ca. 120 Millionen DM. Eine weitere Ausbaustufe sieht bis zum 1. Juli 1980 eine neue 64seitige Rotationsmaschine, bestehend aus 18 Druckwerken, vor. Die Gesamtlänge der Druckanlage beträgt dann einhundert Meter. In die dritte Ausbaustufe werden weitere 35 Millionen DM investiert.

21 Der Leitartikel in der ersten Ausgabe der **»Berliner Morgenpost«** vom 20. September 1898 »Parteinehmer – nicht Parteigänger« wurde von Chefredakteur Arthur Brehmer geschrieben.

22 Der französische Hauptmann **Alfred Dreyfus** – der erste Jude im Generalstab – wurde im September 1894 in einen Prozeß verwickelt, der Frankreich und die Welt jahrelang beschäftigte. Es wurde ihm vorgeworfen, dem deutschen Militärattaché v. Schwartzkoppen militärische Dokumente ausgeliefert zu haben. Die Affäre, die Frankreich in zwei Lager teilte, offenbarte den Rassenhaß der französischen Rechten und der bürgerlichen Mitte. Dreyfus wurde 1895 verurteilt, degradiert und nach der Teufelsinsel deportiert. Seine Freunde, unter ihnen Emile Zola und Oberst Picquart, bemühten sich um den Beweis seiner Unschuld. 1906 wurde er endgültig freigesprochen, aber erst 1930 durch eine Veröffentlichung des schriftstellerischen Nachlasses Max von Schwartzkoppens rehabilitiert.

23 **»Distripress«** ist eine Vereinigung zur Förderung des internationalen Pressevertriebs mit Sitz in Köln; Präsident der Vereinigung ist Kai Olsen von der Dansk Central Agentur in Kopenhagen.

24 In Artikel 10 der Konvention zum Schutz der **Menschenrechte** und Grundfreiheiten, beschlossen von den Mitgliedstaaten des Europarates am 4. November 1950 in Rom, wird das Recht auf freie Meinungsäußerung und ungehinderte Verbreitung von Nachrichten bekräftigt.

25 Korb 3: Siehe Anmerkung I/14.

26 Goethe-Zitat: Nachzulesen in »Zahme Xenien«.

27 1978 beliefen sich die Kosten für ein **»Monatsstück« der »Welt«** (das sind die 25 Exemplare, die ein Abonnent im Monat geliefert bekommt) auf 53 DM; der Leser zahlte aber für sein Abonnement 1978 nur 18,80 DM.

28 Professor **Karl Steinbuch,** deutscher Informationstheoretiker, erregte über seinen Fachbereich hinaus politisch Aufsehen, als er in einem offenen Briefwechsel mit Bundeskanzler Brandt 1972 vor Illusionen über die Radikalen warnte und 1973 sein Buch »Kurskorrektur« veröffentlichte. Steinbuch, der sich lange Zeit, auch öffentlich, für die SPD engagiert hatte, brach 1972 mit den Sozialdemokraten, weil die SPD im Gegensatz zum Godesberger Programm »den Rückschritt zur Klassenpartei« mache. 1974 unterstützte Steinbuch die CDU bei der Hessen-Wahl.

29 Skeptisch gegenüber der Entspannungspolitik äußerte sich der frühere Hamburger Bürgermeister **Herbert Weichmann** (SPD) in seiner Begrüßungsrede bei der Verleihung des Hansischen Goethe-Preises an Prof. Carlo Schmid am 29. April 1975 in Hamburg.

30 **SALT** (Strategic Arms Limitation Talks) heißen die Verhandlungen der beiden Supermächte Amerika und Sowjetunion über eine Begrenzung ihrer strategischen Rüstung. 1972 wurde ein erstes Abkommen (SALT I) über eine Begrenzung der Zahl der Träger für Offensivwaffen für die nächsten fünf Jahre unterzeichnet. SALT II (1979 unterzeichnet) sieht u. a. vor, daß beide Mächte künftig bis zu 2250 Trägersysteme unterhalten. Das Abkommen muß aber noch vom amerikanischen Senat ratifiziert werden.

31 **MBFR** (Mutual Balanced Forces Reduction) heißen die in Wien geführten Gespräche zwischen NATO und Warschauer Pakt, bei denen es um eine gegenseitige ausgewogene Truppenverminderung geht.

32 Am 30. Juli 1977 wurde **Jürgen Ponto,** Vorstandssprecher der Dresdner Bank, durch fünf Schüsse in seinem Haus in Oberursel bei Bad Homburg ermordet. Vermutlich hatte er sich einer Entführung widersetzt. Susanne Albrecht, Tochter eines befreundeten Anwalts, hatte sich und zwei Mittätern aufgrund persönlicher Bekanntschaft mit der Familie Einlaß in das Haus verschafft.

33 Am 5. September 1977 verübten Terroristen in Köln ein **Attentat auf Hanns Martin Schleyer,** den Präsidenten der Bundesvereinigung Deutscher Arbeitgeberverbände und des Bundesverbandes der Deutschen Industrie. Schleyer wurde entführt; seine vier Begleiter wurden erschossen. Die Entführer forderten die Freilassung von elf Baader-Meinhof-Häftlingen und ein Lösegeld. Während die Suche nach Schleyer ergebnislos blieb, entführten am 13. Oktober Luftpiraten eine Lufthansa-Maschine und drohten mit der Erschießung ihrer Geiseln, falls den Forderungen der Schleyer-Kidnapper nicht entsprochen würde. Die Bundesregierung versuchte, sowohl Schleyer als auch die Geiseln zu befreien, ohne den Forderungen der Terroristen nachzugeben. Am 18. Oktober stürmte das Sonderkommando GSG 9 des Bundesgrenzschutzes erfolgreich die nach Mogadischu entführte Maschine. Einen Tag darauf wurde Hanns Martin Schleyer in einem Auto in Mulhouse ermordet aufgefunden.

34 Am 29. Dezember 1959 erhielt Axel Springer die **Aktienmehrheit des Ullstein Verlages.**

35 **»Hundert Jahre Ullstein«,** eine Festschrift in vier Bänden, herausgegeben von W. Joachim Freyburg und Hans Wallenberg †, 1977 Verlag Ullstein GmbH, im Wettbewerb der Stiftung Buchkunst »Die fünfzig Bücher« ausgezeichnet.

36 Zum Preis von 60 000 Mark erwarb **Leopold Ullstein** am 14. Juli 1877 die Druckerei Stahl & Assmann zusammen mit dem »Neuen Berliner Tageblatt«.

37 Das **Sozialistengesetz** von 1878 sah ein Verbot sozialistischer Vereine, Versammlungen und Druckschriften sowie Ausweisung von sozialdemokratischen Führern und Agenten vor. Die Wirkung: Der Kampf der Sozialdemokratie wurde illegal und verschärfte sich. 1890 wurde das Sozialistengesetz nicht mehr verlängert.

38 Auf dem **Berliner Kongreß** trafen sich Vertreter Deutschlands, Österreichs, Frankreichs, Großbritanniens, Italiens

und der Türkei, um das Ergebnis des russisch-türkischen Krieges mit den Interessen Europas in Einklang zu bringen. Den Vorsitz hatte Bismarck. Das Ergebnis der Beratungen war der »Berliner Friede« vom 13. Juli 1878. Die Macht der Türkei in Europa und Asien wurde dadurch erheblich geschwächt, der Einfluß Rußlands zugunsten Österreichs und der Balkanstaaten eingeschränkt.

39 Siehe dazu den Beitrag »Zeitungen werden täglich neu geboren«, Seite 243

40 **Ullstein-Zeitungen und -Zeitschriften:** 1877 Erwerb »Neues Berliner Tageblatt«, Umwandlung in »Deutsche Union«; 1878 Erwerb »Berliner Zeitung«, Verschmelzung beider Objekte; 1887 Gründung »Berliner Abendpost«; 1894 Erwerb »Berliner Illustrirte Zeitung«; 1898 Gründung »Berliner Morgenpost«; 1904 Gründung »BZ am Mittag«; 1905 Erwerb »Dies Blatt gehört der Hausfrau«, Titeländerung in »Ullsteins Blatt der Hausfrau«, später in »Blatt der Hausfrau«; 1905 Erwerb »Die praktische Berlinerin«; 1909 Erwerb »Berliner Allgemeine Zeitung« (1922 Vereinigung mit »Berliner Abendpost«); 1910 Gründung »Bauwelt«; 1911 Erwerb »Die Modenwelt« und »Illustrierte Frauen-Zeitung«, 1912 Umwandlung in »Die Dame«; 1914 Erwerb »Vossische Zeitung«; 1919 Erwerb »Zeitschrift für Transport und Straßenbau«, Umwandlung in »Verkehrstechnik«; 1920 Gründung »Berliner Montagspost«; 1920 Erscheinen der russischen Emigrantenzeitung »Rul« (»Das Steuerrad«); 1921 Gründung der Kinderzeitschrift »Der heitere Fridolin«; 1924 Gründung des Unterhaltungsmagazins »Uhu«; 1924 Erwerb des Kunst- und Literatur-Magazins »Der Querschnitt« von Alfred Flechtheim; 1925 Gründung »Die Koralle« (mit dem Untertitel »Monatsheft für alle Freunde von Natur und Technik«); 1927 Gründung »Die Grüne Post« als »Sonntagszeitung für Stadt und Land«; 1928 Gründung des Abendblattes »Tempo«; 1931 Gründung der Programmzeitung »Sieben Tage«.

41 Stefan George fühlte sich als Prophet eines neuen »Hellenentums«, das er hymnisch verkündete. Als Mittelpunkt eines elitär-geistigen Kreises, dem **George-Kreis,** gewann er Anfang des 20. Jahrhunderts großen Einfluß.

42 **»Im Westen nichts Neues«** wurde innerhalb von 18 Monaten nach Erscheinen des Buches (am 29. Januar 1929) in einer Auflage von dreieinhalb Millionen Exemplaren in 25 Sprachen verkauft. Das Erreichen der ersten Million wurde mit einer Ausgabe in Blindenschrift, die Kriegsblinde zum Geschenk erhielten, gefeiert.

43 Die **Dreigroschenoper** von Bertolt Brecht (Musik von Kurt Weill) entstand 1928. Die Uraufführung war am 31. August 1928 in Berlin im Theater am Schiffbauerdamm. Die Oper ist ein satirischer Angriff auf die bürgerliche Lebensform der zwanziger Jahre.

44 **Eric Charell** gab den großen Berliner Revuen der zwanziger Jahre seinen Namen. Er war ihr Erfinder und Regisseur. Er setzte die »Lustige Witwe« mit Fritzi Massary in Szene und feierte mit dem »Weißen Rößl« Triumphe.

45 1924 wurde in Berlin das »KadeKo« **(Kabarett der Komiker)** eröffnet. Bis zu seiner Zerstörung 1944 war es die bekannteste Stätte deutscher Kleinkunst. Kurt Robitschek hatte es gegründet, Willi Schaeffers steuerte es durch die Jahre des Dritten Reiches.

46 Unter **»Gleichschaltung«** verstand das NS-Regime die »Arisierung« von Geschäften und Betrieben durch »Kapitalumlagerung« und »personelle Umbesetzungen«, d. h. die zwangsweise Enteignung, meist ohne angemessene Entschädigung.

47 Die **»Auffanggesellschaft«,** in die der Ullstein Verlag eingebracht wurde, war die »Cautio GmbH«, für die Dr. Max Winkler im Auftrag der NS-Regierung als »Treuhänder« die »Verkaufsgespräche« mit dem Ullstein Verlag führte.

48 Der **Kommentar Adolf Arndts** ist seinem Festvortrag zur Gründung der Deutsch-Israelischen Gesellschaft im Mai 1966 entnommen.

49 Am 3. Januar 1952 entschied die Wiedergutmachungskammer: **Rückgabe des Druckhauses Tempelhof** mit allen nicht demontierten technischen Anlagen an die Familie Ullstein und Verzicht auf die Grundstücke an der Kochstraße zugunsten des Landes Berlin. Am 23. Januar 1952 wurde das Unternehmen durch das

Amt des amerikanischen Hochkommissars an die wiedererrichtete Ullstein AG übergeben.

50 Am 26. Februar 1949, dem 75. Geburtstag Rudolf Ullsteins, wurde die Zastrowstraße in den Berliner Ortsteilen Tempelhof und Mariendorf in **Ullsteinstraße** zurückbenannt. Diesen Namen hatte die Straße 1927 erhalten, als das Verlagshaus Ullstein sein 50jähriges Bestehen feierte. Acht Jahre später tauften die Nationalsozialisten die Straße in Zastrowstraße um.

51 Siehe dazu den Beitrag »Kein Aufschrei geht durch unser Vaterland«, Seite 25

52 In der vom Allgemeinen Studentenausschuß (AStA) der Universität Göttingen herausgegebenen AStA-Zeitung »Göttinger Nachrichten« hieß es im April 1977 in einem Kommentar zum Mord an Generalbundesanwalt Siegfried Buback, man könne eine **»klammheimliche Freude«** über den »Abschuß« von Buback nicht verhehlen.

53 Von **Walter Laqueur** erschienen im Propyläen Verlag die Bücher »Heimkehr« (1964), »Deutschland und Rußland« (1965); im Ullstein Verlag erschien »Weimar. Die Kultur der Republik« (1976).

54 Bei der **Bildschirmzeitung** werden die Texte – jede »Seite« umfaßt maximal 24 Zeilen à 40 Anschläge – als elektrische Signale übertragen, die Morsezeichen ähnlich sind. Ein Zusatzteil im Fernsehgerät verwandelt die Impulse wieder in Schriftzeichen zurück und speichert sie. Für die Übertragung gibt es zwei Verfahren: Videotext und Bildschirmtext. Im ersten Fall bedient sich die Technik eines Tricks: Die Signale werden in der sogenannten Austastlücke transportiert. Die Kapazität ist allerdings begrenzt. Diese Austastlücke ist der schwarze Streifen, der bei einem gut eingestellten Empfänger eigentlich nicht zu sehen sein sollte und der den Bildwechsel ankündigt. Beim Bildschirmtext werden die Signale über die Telefonleitung transportiert. Die Informationsangebote sind in einem Computer-System gespeichert. Im Gegensatz zum Videotext können hier beliebig viele Bildschirmseiten aufbereitet werden. In beiden Fällen kann der Zuschauer die »Seiten« abrufen, wann immer er will und in beliebiger Reihenfolge.

55 Axel Springers Bemerkung »Ich wollte schon **mit Helsinki telefonieren ...«** bezieht sich auf die Tatsache, daß die Axel Springer Verlag AG jährlich mehrere Hunderttausend Tonnen Papier vor allem von skandinavischen (neben kanadischen und deutschen) Papierfabriken bezieht.

56 **BDZV,** Bundesverband Deutscher Zeitungsverleger, 1954 entstanden aus den Vereinigungen der Lizenzträger und der Altverleger, Gesamtverband und Verein Deutscher Zeitungsverleger als einheitliche Standesorganisation der Zeitungsverleger. Präsident: Dr. Johannes Binkowski.

57 **Lokale Fernsehprogramme** werden ermöglicht durch die geplante »Verkabelung« der Städte: Anstatt die Sendungen über eine Antenne zu empfangen, erhält der Fernsehteilnehmer die Sendungen über ein Kabel bis an die Steckdose seiner Wohnung geliefert. Das »Breitband-Kabelnetz« ist überdies in der Lage, bis zu dreißig verschiedene Fernsehsendungen (also auch lokale Programme) zu übermitteln. Bei den geplanten Kabelfernseh-Pilotprojekten in vier deutschen Städten soll die volle »Bandbreite« ausgenutzt werden.

58 **Videotext** ist die schnellste Form der Nachrichtenübermittlung, die in Großbritannien bereits erprobt ist. Bei diesem TV-Verfahren können einzelne Informationen jederzeit individuell abgerufen werden. Siehe dazu den Beitrag »Premiere der Bildschirmzeitung«, Seite 279 und Anmerkung IV/54.

59 Die neuen »Breitbandnetze« des Kabelfernsehsystems, die bis zu dreißig Fernsehsendungen zu gleicher Zeit möglich machen, erlauben auch eine neue Form der elektronischen Textübermittlung, die als **Kabeltext** bezeichnet wird: Es kann in einem TV-Kanal ein praktisch unbegrenztes Textvolumen mit einer Übertragungsgeschwindigkeit von ca. 1000 »Bildschirmseiten« (mit je 24 Zeilen à 40 Anschlägen) je Sekunde angeboten werden. Außerdem ist ein sogenannter Rückkanal vorgesehen, den der Gerätebesitzer dazu benutzen kann, seinerseits Informationen an die Zentrale zu schicken oder Fragen an sie zu richten. So könnten zum Beispiel über den »Rückkanal« Fernsehsendungen durch die Zuschauer beurteilt oder Programme abgefragt werden.

60 **»The Times«** erschien zum ersten Mal am 1. Januar 1785. Am 30. November 1978 stellte sie ihr Erscheinen »vorläufig« ein. Grund: wilde Streiks, die das Erscheinen der »Times« behinderten, und die Weigerung der Gewerkschaften, zu modernen Produktionstechniken überzugehen und einer Reduzierung des Personals zuzustimmen.

61 »Bild am Sonntag« verlieh 1976 zum ersten Mal den Preis **»Das Goldene Lenkrad«** für besonders hervorragende Unternehmensleistungen aus der Autoproduktion der Welt. Eine Jury von 18 Experten wählt in drei Preisklassen jeweils eine Neuproduktion aus. Seit 1978 gibt es zusätzlich das »Goldene Lenkrad« für besondere Leistungen der Zubehörindustrie.

62 Verfasser des von Axel Springer zitierten Briefes ist **Gottlieb M. Strobl,** 1977 Vorsitzender des Vorstandes der Audi NSU Auto Union AG.

63 Verfasser des von Axel Springer zitierten Briefes ist **Georg Heinz Hommen,** Vorstandsmitglied Deutsche Renault AG.

64 Das **Interview mit Milovan Djilas** veröffentlichte die »Welt« am 29. Oktober 1977 im »Welt-Report« unter der Überschrift »Ohne die Deutschen wäre es schlimmer«. Gesprächspartner von Milovan Djilas war der Osteuropa-Korrespondent der »Welt«, Carl Gustaf Ströhm.

65 Siehe dazu den Beitrag »Hundert Jahre Ullstein«, Seite 265

66 Am 15. März 1978 begann einer der schärfsten Arbeitskämpfe in der Bundesrepublik mit **Schwerpunktstreiks der IG Metall** in sechzig Betrieben (darunter Daimler-Benz und Porsche) und mit Aussperrungen als Gegenreaktion der Arbeitgeber im Tarifbezirk Nordwürttemberg/Nordbaden. Betroffen war vor allem die Automobilindustrie; es gab aber auch Betriebsstillegungen und Kurzarbeit über die Branche hinaus. Der Arbeitskampf endete am 7. April 1978.

67 Am 19. Juni 1978 verabschiedeten die Vorsitzenden der im Bundestag vertretenen Parteien nach abschließenden Beratungen unter Vorsitz von Bundespräsident Walter Scheel eine gemeinsame **Erklärung zur Berlin-Politik,** verbunden mit einem langfristigen wirtschaftlichen Hilfsprogramm. Kernpunkt der Beschlüsse, die 900 Millionen DM erfordern, ist der stufenweise Abbau der Gewerbesteuer in Berlin von 1980 an. Außerdem ist eine stärkere Förderung wissenschaftlicher und kultureller Vorhaben vorgesehen.

68 Die in deutscher Sprache erscheinende New Yorker **»Staats-Zeitung und Herold«** ist das älteste fremdsprachliche Blatt in den USA. Die »Staats-Zeitung« wurde 1834 als Wochenschrift gegründet, ab 1845 erschien sie täglich; später wurde sie mit dem »Herold« vereinigt.

69 **Altona,** seit 1937 Stadtbezirk im Nordwesten von Hamburg mit heute 266 000 Einwohnern, 1535 aus einer Fischersiedlung entstanden, 1640 dänisch, 1713 von den Schweden niedergebrannt, 1867 preußischer Stadtkreis.

70 Das im Propyläen Verlag erschienene Buch **»Das klassische Berlin«** hat einen Umfang von 526 Seiten mit 380 Abbildungen.

71 Im Jahre 1919 erwarb der Ullstein Buchverlag vom Verlag Georg Müller die Rechte an mehreren Klassiker-Ausgaben, so an der Propyläen-Ausgabe der Werke Goethes (45 Bände geplant) und der Horen-Ausgabe der Werke Schillers (22 Bände geplant). Der »Propyläen«-Goethe gab den Namen für die Verlagsgründung, den **Propyläen Verlag.** Ab 1923 erschien die Propyläen Kunstgeschichte, 1931 war sie mit 16 Bänden und 5 Ergänzungsbänden abgeschlossen, von 1929 bis 1933 die Propyläen Weltgeschichte (10 Bände). Von 1960 an wurde die Propyläen Weltgeschichte unter der Leitung von Professor Golo Mann neu herausgegeben (10 Bände und 2 Ergänzungsbände). Eine textlich unveränderte Taschenbuchausgabe in 22 Bänden erschien 1976. 1966 wurde mit der Neuherausgabe der Propyläen Kunstgeschichte begonnen, die 18 Bände und 5 Ergänzungsbände umfaßt. 1975 kam der erste von 6 Bänden der »Propyläen Geschichte Europas« heraus.

72 Die **Berliner Bildhauerei** des 19. Jahrhunderts hatte Weltgeltung. Mehr als 400 Bildhauer waren in der Hauptstadt Preußens und späteren Hauptstadt des Reiches tätig. Bedeutendste Vertreter der Berliner Bildhauerschule waren Schadow, Tieck, Rauch, Begas, Tuaillon und Gaul.

73 Freiheitskriege: Siehe Anmerkung I/17.

74 In der **Schlacht von Großgörschen,** auch Schlacht bei Lützen genannt, unterlag am 2. Mai 1813 das preußisch-russische Heer der Armee Napoleons. Großgörschen liegt im Kreis Weißenfels, Bezirk Halle.

75 In der **Schlacht von Leuthen** (westlich von Breslau) errang Friedrich der Große am 5. Dezember 1757 mit Hilfe der »schiefen« Schlachtordnung einen seiner bedeutendsten Siege über die zahlenmäßig überlegenen Österreicher unter Karl von Lothringen.

76 Bei **Kunersdorf** (15 Kilometer östlich von Frankfurt an der Oder) erlitt Friedrich der Große am 12. August 1759 durch die Österreicher unter Laudon und die Russen unter Saltykow seine schwerste Niederlage im Siebenjährigen Krieg (1756–1763).

77 Am 15. August 1981 soll im Gropiusbau an der Stresemannstraße in Berlin die Ausstellung **»Preußen – Versuch einer Bilanz«** eröffnet werden. Laufzeit: voraussichtlich drei Monate. Wissenschaftlicher Leiter ist Professor Manfred Schlenke, Mannheim. In der historischen Ausstellung soll vom Ordensstaat über das 17. Jahrhundert bis zum Ende Preußens nach 1945 dokumentiert werden, was Kultur, Wirtschaft, Politik, Militär, Aufklärung und Gegenaufklärung Preußens ausgemacht haben.

78 Der Kommentar einer »Berliner Wochenzeitschrift« stand am 22. Juli 1978 in der **»Berliner Stimme«.**

79 **Sanssouci** (französisch »sorgenfrei«), Schloß in Potsdam, Lieblingsaufenthaltsort Friedrichs des Großen.

80 Am **20. Juli 1944** um 12.50 Uhr explodierte im Führerhauptquartier »Wolfsschanze« bei Allenstein/Ostpreußen eine von Oberst Claus Graf Schenk von Stauffenberg mitgebrachte Bombe. Mehrere Anwesende wurden getötet; Hitler überlebte das Attentat leicht verletzt. In Berlin wurde der Aufstand im Keim erstickt. Die Verschwörer, die den Rechtsstaat in Deutschland wiederherstellen und eine neue Regierung mit Generaloberst Beck als Staatsoberhaupt bilden wollten, wurden entweder »standrechtlich erschossen« oder in späteren Schauprozessen vor dem Volksgerichtshof unter Roland Freisler zum Tode verurteilt und sofort hingerichtet.

81 **Generaloberst Ludwig Beck** geriet als Chef des deutschen Generalstabs in wachsenden Gegensatz zu Hitler und dem damaligen Oberbefehlshaber des Heeres, General v. Brauchitsch. 1938 nahm er deshalb seinen Abschied; später schloß er sich dem Widerstandskreis des 20. Juli 1944 an. Beim Gelingen des Staatsstreichs sollte er die Staatsführung übernehmen. Als der Plan scheiterte, zwang ihn Generaloberst Fromm, Oberbefehlshaber des Ersatzheeres, sich zu erschießen. Als er sich dabei nur verwundete, wurde er von einem Unteroffizier erschossen.

82 Nach dem Sieg in der Schlacht von Leuthen (1757) stimmten 25 000 preußische Soldaten ein Tedeum an, das als **»Choral von Leuthen«** in die Geschichte einging: »Nun danket alle Gott mit Herzen, Mund und Händen, der große Dinge tut an uns und allen Enden.« Text von Martin Rinckart (1636), Musik von Johann Crüger (1647).

83 Axel Springers Vater, Hinrich Springer, übernahm 1909 als Alleininhaber den 1789 gegründeten **Verlag Hammerich & Lesser** in Hamburg-Altona.

84 Die Forderung nach Einführung der **35-Stunden-Woche** wurde zum ersten Mal 1971 innerhalb der Industriegewerkschaft Metall laut. Im gleichen Jahr setzte die DAG die 36-Stunden-Woche auf ihr Programm. In den folgenden Jahren meldeten andere Industrie-Gewerkschaften ähnliche Ansprüche an. Im Juni 1979 wurde die 35-Stunden-Woche als programmatisches Ziel in ein neues Aktionsprogramm des DGB aufgenommen. Tariflich vereinbart war zu diesem Zeitpunkt überall noch die 40-Stunden-Woche (1964: 44 Stunden). Indirekte Arbeitszeitverkürzungen gab es in der Eisen- und Stahlindustrie, bei Brauereien, in der Süßwaren- und der Tabakindustrie durch Altersfreizeiten und Schichtfreizeiten.

85 »Times«: Siehe Anmerkung IV/60.

86 Die erste Ausgabe der **»Berlingske Tidende«** erschien am 3. Januar 1749 unter dem Titel »Kiøbenhavnske Danske Post Tidender«, gegründet von dem

Buchdrucker Ernst Henrich Berling; die Zeitung wird auch heute noch von seinen Nachkommen herausgegeben.

87 Die erste Nummer der **»Nordwestdeutschen Hefte«** erschien im April 1946. Aus den »Nordwestdeutschen Heften« ging 1948 die 1966 eingestellte Zeitschrift »Kristall« hervor.

88 Die Programmzeitschrift **»Hörzu«** erschien zum ersten Mal am 15. Dezember 1946; ihr erster Chefredakteur war Eduard Rhein. Die verkaufte Auflage (ohne Österreich) betrug im I. Quartal 1979 4 015 270.

89 1913, nach seiner ersten großen Fahrt nach Norwegen, schrieb Gorch Fock in Hamburg die Zeilen, die später zum Sinnspruch des »Hamburger Abendblattes« werden sollten: **»Mit der Heimat im Herzen die Welt umfassen,** mit der Welt vor Augen die Heimat liebend und bauend durchdringen.«

90 1924 wurden die **Hörfunkgebühren** auf zwei Mark pro Monat festgesetzt. 1953 kamen fünf DM **Fernsehgebühren** hinzu, 1970 wurden die Gebühren auf 2,50 DM (Hörfunk) und sechs DM (Fernsehen) heraufgesetzt; 1974 stiegen sie auf insgesamt 10,50 DM. Ab 1. Januar 1979 betragen die monatlichen Rundfunk- und Fernsehgebühren 13,– DM.

91 Moskau-Reise: Siehe dazu den Beitrag »Die unveränderten Ziele des Kremls«, Seite 127

92 Chruschtschow-Ultimatum: Siehe Anmerkung I/103.

93 Die »Gesellschaft für christlich-jüdische Zusammenarbeit« in Hamburg veranstaltete im März 1957 eine Gedenkfahrt der Jugend zu den Gräbern des früheren **KZ Bergen-Belsen.** Initiator war Erich Lüth. 2000 junge Menschen folgten seinem Aufruf.

V. Fragen an Axel Springer

1 Das **»L'Express«-Interview** mit Axel Springer führten: Françoise Giroud, damals Redaktionsdirektorin; Philippe Grumbach, damals Chefredakteur; Michel Gordey, damals Diplomatischer Korrespondent. Zu »L'Express« siehe Anmerkung II/19.

2 Siehe dazu den Beitrag »Die Wahrheit darf nicht vom Tisch«, Seite 59

3 Volksaufstand vom 17. Juni 1953: Siehe Anmerkung II/34.

4 Von 1971 bis 1978 war Valentin Falin **sowjetischer Botschafter in Bonn.** Sein Nachfolger wurde im Dezember 1978 Wladimir Semjonow.

5 Berlin-Ultimatum: Siehe Anmerkung I/103.

6 Pax Americana: Siehe dazu den Beitrag »Die unveränderten Ziele des Kremls«, Seite 127

7 Der russische Schriftsteller **Boris Pasternak** fiel wegen »bürgerlich-subjektivistischer« Auffassung in der Sowjetunion in Ungnade. Sein weltberühmter Roman »Doktor Schiwago« durfte nicht erscheinen. Als er im Westen, zuerst in Italien, gedruckt wurde und Pasternak 1958 mit dem Nobelpreis für Literatur ausgezeichnet wurde, forderte der sowjetische Schriftstellerverband, Pasternak aus der Sowjetunion auszuweisen und ihm die Staatsbürgerschaft abzuerkennen. Pasternak verzichtete auf den Nobelpreis und zog sich nach Peredelkino zurück, wo er am 30. Mai 1960 starb.

8 Grundvertrag: Siehe Anmerkung I/5.

9 Baader-Bande: Siehe Anmerkung I/12.

10 Mahler-Prozeß: Siehe Anmerkung IV/10.

11 Der marxistische Studentenbund **MSB Spartakus** steht der DKP nahe. 1975 umfaßte er 4700 Mitglieder. An deutschen Universitäten gibt es 145 Spartakus-Gruppen. Der MSB Spartakus arbeitet auf der Linie des 1917 von Karl Liebknecht und Rosa Luxemburg gegründeten revolutionären Spartakus-Bundes, der seit der russischen Oktober-Revolution die bolschewistische Richtung vertrat.

12 Leo Baeck-Institut: Siehe Anmerkung III/27.

13 Die Idee zu der Zeitschrift **»Kontinent«** stammt von dem seit März 1974 in Paris lebenden russischen Schriftsteller Wladimir Maximow, Autor von »Die sieben

Tage der Schöpfung« (1972) und »Die Quarantäne« (1974). In einem Gespräch mit Axel Springer hatte er die Herausgabe einer Publikation angeregt, die russischen und osteuropäischen Schriftstellern und Gelehrten als unabhängiges Forum dienen sollte. Der Ullstein/Propyläen Verlag in Berlin verwirklichte gemeinsam mit Maximow, Sinjawski, Sacharow und Solschenizyn das Projekt. Chefredakteur von »Kontinent« wurde Wladimir Maximow mit Sitz in Paris. Nach dem Starterfolg der Exil-Zeitschrift gründete die Ullstein-Buchverlagsgesellschaft im November 1974 in Darmstadt die Kontinent-Verlags-GmbH als Stiftung.

14 Nikolaus von Flüe: Siehe Anmerkung I/20.

15 **Andrej Amalrik** mußte aus politischen Gründen sein Geschichtsstudium abbrechen, schrieb danach Theaterstücke und sammelte Bilder junger russischer avantgardistischer Maler. Nach zwei Jahren Zwangsarbeit in Sibirien wurde er einer der schärfsten Kritiker des Sowjetsystems. Wegen Veröffentlichung eines Berichts über seine Deportation nach Sibirien in westeuropäischen Verlagen wurde er 1970 erneut zu drei Jahren Zwangsarbeit verurteilt. Nach weiteren Konflikten mit den sowjetischen Behörden und neuen Verurteilungen, die zu Protesten im Westen führten, mußte Amalrik mit seiner Frau im Juli 1976 die UdSSR verlassen. Amalrik wanderte nach Holland aus. Er lebt heute in Kalifornien.

VI. Briefe

1 Kardinal Mindszenty: Siehe Anmerkung II/40.

2 Katholische Kirche in der »DDR«: Siehe Anmerkungen II/42 und II/43.

3 Das **Gespräch zwischen dem UN-Generalsekretär Dr. Kurt Waldheim und Axel Springer** fand am 30. März 1979 in einer Suite des Hotels Kempinski in Berlin statt. An der Unterredung nahmen der Bonner UN-Botschafter Rüdiger von Wechmar, der Direktor des UN-Informationsdienstes in Wien, Eberhard Strohal, und Ernst Cramer, Geschäftsführer der Axel Springer Gesellschaft für Publizistik KG, teil.

4 Die Serie in der Illustrierten »stern« erschien unter dem Titel **»Folter '77«** im Mai 1977 und schilderte die Zustände in den Zuchthäusern der »DDR«.

5 Das Buch **»Gesicht zur Wand«** erschien 1977 im Seewald Verlag in der Reihe Zeitpolitik. Es enthält Berichte und Protokolle politischer Häftlinge in der »DDR«. Herausgeber sind Jörg Lolland und Frank S. Rödiger.

6 **Georg Wrazidlo,** Jahrgang 1917, war von den Nationalsozialisten in das KZ Buchenwald gebracht worden, weil er als junger Offizier zu einer Widerstandsgruppe des 20. Juli 1944 gehörte. Nach Kriegsende war Wrazidlo einer der führenden Studentenvertreter an der Universität Berlin (Unter den Linden). Er war Mitglied der CDU und kämpfte gegen die kommunistische Unterwanderung der Universität. 1947 wurde er auf Veranlassung der sowjetischen Militäradministration verhaftet und, zusammen mit zwei Kommilitonen, zu 25 Jahren Zuchthaus verurteilt. Diese Verhaftungsaktion gab mit den Anstoß zur Gründung der Freien Universität Berlin. Erst nach zehn Jahren Haft gelang es, eine Begnadigung zu erwirken. Für seine Verdienste in Bautzen, wo er seinen Mitgefangenen ärztliche Hilfe geleistet hatte, erhielt Wrazidlo 1958 das Bundesverdienstkreuz erster Klasse. In West-Berlin war er in einem Krankenhaus als Arzt tätig. Wrazidlo kam 1959 bei einem Verkehrsunfall ums Leben.

7 Die **Freie Universität** (FU) wurde im Dezember 1948 von Professoren, Studenten und Bürgern Berlins gegründet, als der im Sowjetsektor der Stadt gelegenen Berliner Universität, unter dem Namen Humboldts, ein Bildungssystem aufgezwungen wurde, das Zulassung und Lehre unter das Diktat der Einheitspartei stellte. Die Gründung der FU war zugleich eine Reaktion auf die politischen Pressionen der sowjetischen Militäradministration und auf die willkürliche Verhaftung von politisch engagierten Studen-

ten. Die FU nahm ihre Arbeit in den Gebäuden der einstigen Kaiser-Wilhelm-Institute in Dahlem auf. Sie war die erste deutsche Universität, an der die Studenten Mitspracherecht hatten. Doch die FU entwickelte sich in den 60er Jahren anders, als die Gründer es sich vorgestellt hatten: Linke Polit-Parolen haben die pluralistische Freiheit verdrängt; an die Stelle ernsthafter Forschung und Lehre sind in vielen Fachbereichen Ideologisierung und »Demokratisierung« getreten.

8 Der Palast des Prinzen Heinrich, Bruder Friedrichs des Großen, wurde 1748–1753 erbaut. 1810 nahm hier die **Friedrich-Wilhelm-Universität** ihren Lehrbetrieb auf. Schöpfer der Universität war Wilhelm von Humboldt, dessen Namen die Ostberliner Universität seit 1946 trägt.

9 In der Nacht zum 4. Juli 1976 gelang es einem israelischen Kommando-Unternehmen, 93 jüdische Geiseln und zwölf Besatzungsmitglieder eines von Terroristen nach **Entebbe** in Uganda entführten Airbus der »Air France« zu befreien. Die Geiseln waren eine Woche lang auf dem Flughafen festgehalten worden. Die Befreiungsaktion lief unter dem Decknamen »Thunderball«.

10 Mit der **Ehrendoktorwürde** zeichnete die **Hebräische Universität Jerusalem** am 5. Juli 1976 u. a. Daniel Patrick Moynihan, den früheren amerikanischen Botschafter bei den Vereinten Nationen, den sowjetischen Regimekritiker Andrej Sacharow, den israelischen Rechtsanwalt Zvi Shwarz und den Berliner Verleger Axel Springer aus. In der Laudatio für Axel Springer heißt es: »Er widmete sich der Aussöhnung zwischen dem deutschen und dem jüdischen Volk und setzte sich für das Recht des jüdischen Volkes ein, in Freiheit und in Sicherheit in Israel zu leben.«

11 Siehe dazu den Beitrag »Rechtsbruch in Berlin«, Seite 123

12 Am 28. Juni 1979 beschloß die **Volkskammer** der »DDR« ein **Gesetz,** das die Strafen für sogenannte **Staatsschutz-Delikte** drastisch verschärft. Danach kann ein Bürger der »DDR« zu zwölf Jahren Freiheitsstrafe verurteilt werden, wenn er Nachrichten, die nicht der Geheimhaltung unterliegen, an »ausländische Organisationen sowie deren Helfer übergibt, für diese sammelt oder ihnen zugänglich macht«. Bestraft wird u. a. auch, wer Schriften, Manuskripte oder andere Materialien, »die geeignet sind, den Interessen der DDR zu schaden, unter Umgehung von Rechtsvorschriften an Organisationen, Einrichtungen oder Personen im Ausland übergibt oder übergeben läßt«. Diese Bestimmung, die eine Freiheitsstrafe bis zu fünf Jahren vorsieht, richtet sich vor allem gegen »DDR«-Schriftsteller, die sich ohne behördliche Genehmigung im Westen äußern oder dort ihre Bücher publizieren. Das Gesetz trat am 1. August 1979 in Kraft.

13 Todesautomaten: Siehe Anmerkung I/61.

14 Viermächte-Abkommen: Siehe Anmerkung I/35.

15 Der »DDR«-Regimekritiker **Robert Havemann** wurde im Juni 1979 vom Kreisgericht Fürstenwalde wegen Devisenvergehens im Zusammenhang mit nicht genehmigten Buchveröffentlichungen im Westen zu einer Geldstrafe von 10 000 Mark verurteilt. Der in den 50er Jahren in der »DDR« hochdekorierte Wissenschaftler und Altkommunist war zunehmend in Konflikt mit der SED geraten. Von November 1976 bis Mai 1979 stand er unter Hausarrest.

16 Nach einem gescheiterten Fluchtversuch wurde dem inhaftierten **Ehepaar Grübel** 1974 das Erziehungsrecht für seine beiden Kinder Jeanette und Ota vom Stadtbezirksgericht Berlin-Mitte entzogen. Der Raumgestalter Otto Grübel und seine Ehefrau Bärbel wurden von Bonn freigekauft. Sie leben heute in West-Berlin. Den Kindern wurde die Ausreise verweigert; sie erhielten in der »DDR« linientreue Adoptiveltern.

17 KSZE Helsinki: Siehe Anmerkung I/14.

18 Nationalstiftung: Siehe dazu den Beitrag »Ein Versprechen – und was daraus wurde«, Seite 86

19 KSZE Helsinki: Siehe Anmerkung I/14.

20 UN-Menschenrechtsdeklaration: Siehe Anmerkung I/24.

21 Mordautomaten: Siehe Anmerkung I/61.

22 Der Artikel von **Daniel Patrick Moynihan** erschien in »Welt am Sonntag« vom 24. Dezember 1978 (Nr. 52).

23 Mordanschlag auf Hanns Martin Schleyer: Siehe Anmerkung IV/33.

24 **»Das soziale Modell«** erschien 1973 im Seewald Verlag. Darin entwickelt Hanns Martin Schleyer eine zukunftsweisende Wirtschaftsverfassung aus der Sicht des Unternehmers.

25 Das Zitat stammt aus dem Gedicht von **Bertolt Brecht:** »An die Nachgeborenen«.

26 Die **Geschichte von den Eulen** wurde in der »Welt« vom 8. Januar 1979 veröffentlicht (Seite 15, »Niedersachsen entdeckt sein Herz für Eulen«).

27 **Caspar von Saldern,** einst Amtsverwalter in Neumünster, aufgestiegen zum Staatsminister und Berater der Zarin Katharina II., vom dänischen König Christian VII. in den Lehensgrafenstand erhoben, hatte entscheidenden Anteil am Zustandekommen des 1773 geschlossenen Tauschvertrages zwischen Rußland und Dänemark, der zur Vereinigung ganz Schleswig-Holsteins unter der dänischen Krone führte. Rußland trat mit Unterzeichnung dieses Vertrages das Großfürstliche Holstein gegen die Grafschaften Oldenburg und Delmenhorst an den dänischen König ab.

28 Verlagshaus Hammerich & Lesser: Siehe Anmerkung IV/83.

VII. Abschied von den Weggefährten

1 Leopold Ullstein: Siehe dazu den Beitrag »Hundert Jahre Ullstein«, Seite 265

2 Heinz Ullstein, Helmut Kindler und Ruth Andreas-Friedrich erhielten 1945 von der amerikanischen Militärregierung die Lizenz zur Herausgabe einer Frauenzeitschrift in Berlin. Sie trug den Titel **»sie«.** Die Redaktionsleitung lag in den Händen von Helmut Kindler. 1952, mit dem Wiedererscheinen der Tageszeitung »Berliner Morgenpost«, wurde die Wochenzeitschrift »sie« eingestellt.

3 Die **fünf Söhne von Leopold Ullstein** – Hans, Louis Ferdinand, Franz, Rudolf und Hermann – bauten im Geiste ihres Vaters den Ullstein Verlag aus und verschafften ihm Weltgeltung.

4 Der **Mosse**-Verlag (»Berliner Tageblatt«, »Berliner Morgenzeitung«, »Berliner Volkszeitung«), von Rudolf Mosse 1871 gegründet, ging 1939 in den Besitz der NSDAP über.

5 Der **Scherl-Verlag** (»Berliner Lokal-Anzeiger«, »Berliner Abendzeitung«, »Gartenlaube«), von August Scherl 1883 gegründet, wurde 1914 an den Deutschen Verlagsverein in Düsseldorf verkauft, der die Verlagsgruppe 1916 an den Hugenberg-Konzern weitergab.

6 Das Zitat aus dem Alten Testament steht in Kapitel 6, Vers 16.

7 Hans Wallenbergs **Leitartikel »Fürchtet Euch nicht!«** wurde veröffentlicht in »Die Neue Zeitung« vom 14. Oktober 1946. Er wurde nachgedruckt im Berliner »Tagesspiegel« und im »Telegraf« vom 17. Oktober 1946 sowie in der Ullstein-Wochenzeitung »sie« vom 20. Oktober 1946.

8 Hamburger Abendblatt: Siehe dazu den Beitrag »Dreißig Jahre Hamburger Abendblatt«, Seite 304

9 Das **Druckhaus Broschek** in Hamburg entstand aus dem 1808 von Friedrich Wilhelm Christian Menck gegründeten Unternehmen, das 1907 von Albert Broschek übernommen wurde. Aus dem Druckhaus entwickelte sich ein Zeitungsverlag, in dem das »Hamburger Fremdenblatt« erschien (1863–1944). 1913 wurde ein Buchverlag angegliedert, der vor allem Hamburgensien herausbrachte. Die heutige Tiefdruckerei »Broschek-Druck GmbH & Co. KG« gehört zu den führenden grafischen Betrieben im Bundesgebiet.

10 Das Gedicht »Der gute Kamerad«, aus dem das Zitat stammt, wurde geschrieben von Ludwig Uhland und als Volkslied vertont von Friedrich Silcher.

11 Zitat aus der »Offenbarung des Johannes«, Kapitel 1, Vers 3.

VIII. Statt eines Nachwortes

1 Das Buch »**The Ides of August** – The Berlin Wall Crisis 1961« von Curtis Cate erschien 1978 bei M. Evans and Company, Inc. New York.

2 Die **»United States Information Agency«** (USIA) – heute: »United States Information Service« (USIS) – ist das staatliche Informationsamt der USA. Es hatte 10000 Angestellte in 98 Ländern, als Edward R. Murrow während der Kennedy-Ära sein Direktor war. Dem Amt untersteht auch die »Stimme Amerikas«.

3 Budapest: Siehe Anmerkung II/35

4 General Lucius D. Clay begleitete am 19. August 1961 – sechs Tage nach dem Mauerbau – den amerikanischen Vizepräsidenten Lyndon B. Johnson bei dessen demonstrativem Besuch in Berlin. Am 19. September 1961 kam **Clay als Sonderbotschafter** und persönlicher Beauftragter des amerikanischen Präsidenten John F. Kennedy nach Berlin. Die Berufung des Generals, der in der amerikanischen Wirtschaft führende Positionen bekleidete, war eine unmittelbare Folge der Erkenntnis Washingtons, daß die amerikanische Tatenlosigkeit am 13. August und kurz danach in Berlin Zweifel hervorgerufen hatte, die der Behauptung der westlichen Position nicht dienlich waren. Clay blieb bis zum 6. Mai 1962 in Berlin; er verließ die Stadt als Ehrenbürger.

5 **Kassandra,** in der griechischen Mythologie Tochter des Königs Priamos von Troja, erhielt von Apollo die Gabe der Weissagung. Da sie aber Apollos Werbungen zurückwies, bestimmte er, daß ihre Weissagungen niemals Glauben finden sollten. So warnte sie vergebens vor dem Hereinbringen des hölzernen Pferdes, in dessen Bauch sich Krieger verbargen, in die Stadt Troja. Daher **»Kassandrarufe«:** Warnungen, die nicht gehört werden. Nach dem Fall Trojas fiel Kassandra als Ehrengabe Agamemnon, dem Anführer der Griechen, zu.

6 **Troja,** sagenumwobene Stadt in Kleinasien mit der Burg Pergamos, wurde nach zehnjähriger Belagerung durch die Griechen 1184 v. Chr. zerstört.

7 Bei der **Begegnung zwischen Kennedy und Chruschtschow** am 3. und 4. Juni 1961 **in Wien** standen drei Themen im Vordergrund: Berlin, Laos und der Atomversuchsstopp. Am härtesten waren die Gespräche über Berlin: Chruschtschow war aggressiv, Kennedy unnachgiebig. Die Begegnung brachte keine Fortschritte in Richtung auf eine Beendigung des »Kalten Krieges«.

8 Im Morgengrauen des 17. April 1961 landeten 1500 bewaffnete Exil-Kubaner in der **»Schweinebucht«,** um den Sturz des kommunistischen Diktators Fidel Castro zu bewirken. 72 Stunden später befanden sich die meisten von ihnen in Castros Hand oder waren gefallen. Die **Invasion** der in Guatemala vom amerikanischen Geheimdienst ausgebildeten Exilarmee war gescheitert. Präsident Kennedy nahm die »volle Verantwortung« für das Debakel auf sich.

9 1962 legten die Sowjets **Raketenstützpunkte auf Kuba** an. Präsident Kennedy sah darin eine untragbare Gefährdung der Sicherheit Amerikas. Er wagte deshalb die schwerste Machtprobe mit den Sowjets seit 1945: Entweder werden die Raketenanlagen abgebaut oder sie werden durch amerikanische Bomben zerstört. Chruschtschow gab nach: In einem Brief an Kennedy verpflichtete er sich im Oktober 1962, alle Waffen aus Kuba zu entfernen, die zu Angriffszwecken benutzt werden könnten.

10 Vor dem Deutschen Bundestag gab Bundestagspräsident **Eugen Gerstenmaier** am 30. Juni 1961 eine **Erklärung zur Deutschland- und Berlin-Frage** und zur Haltung der Sowjetregierung ab. Darin forderte er das Grundrecht der Selbstbestimmung für alle Deutschen und einen Friedensvertrag mit ganz Deutschland. **Axel Springer** schrieb ihm daraufhin am 10. Juli 1961 einen **Brief,** der hier in Auszügen wiedergegeben wird.
Lieber Herr Gerstenmaier,
ich habe hier in St. Moritz Ihre Rede vor dem Bundestag gehört. Ich gratuliere Ihnen, aber noch mehr uns allen, daß das in dieser Stunde so gesagt wurde. Inhalt und Stil der Rede werden nicht zuletzt in den USA größten Eindruck machen...
Ihnen persönlich habe ich es von Herzen gegönnt, daß Sie in einem Augenblick, in dem das Wort Friedensvertrag mit Gesamt-Deutschland in Teilen des Westens

mehr Gehör findet als zu früheren Zeiten, sich darauf berufen können, daß Sie auch ohne die Peitsche Chruschtschows dieses den Ängstlichen verdächtige Wort schon vor langer Zeit aussprachen.
Lassen Sie mich bei dieser Gelegenheit noch auf eine gefährliche Entwicklung hinweisen. Man hört jetzt oft im Zusammenhang mit dem angekündigten Separatfriedensvertrag, daß man Herrn Chruschtschow an der Unterzeichnung nicht hindern könne.
Infolgedessen beschränkt man sich (z. B. in England und leider auch in bestimmten Zirkeln der USA) fast ausschließlich auf Überlegungen, wie man den Weg nach Berlin einigermaßen offenhalten und wie man seine eigenen kläglichen Rechte in West-Berlin wahren kann.

Die nackte Wahrheit aber ist, daß, wenn der Eiserne Vorhang an der Elbe endgültig heruntergeht und Berlin durch eine Staatsgrenze perfekt geteilt ist, dem Westen auf kaltem Wege ein zweites Ungarn beschieden sein wird.

An 52 geschlossenen, stacheldrahtbewehrten Übergängen werden Flüchtlinge aus der Zone sich blutig festlaufen. Ulbrichts Zugriff in seinem Quislingstaat wird unendlich viel brutaler sein.
Aber der »aufgeklärte« Westen wird dann schon zufrieden sein, wenn der Verkehr nach Berlin mit Hilfe von Vopos auf Zeit ganz gut klappen wird. So fing im übrigen schon einmal ein großes Unglück an, als man der SA Hilfspolizeifunktionen gab, so wie man es jetzt mit der »Volkspolizei« vorhat.
Die Bundesrepublik Deutschland nimmt für sich mit Recht in Anspruch, der einzige rechtmäßige deutsche Staat zu sein. Es ist ganz interessant, sich die Konsequenzen auszumalen, die eintreten müßten, wenn diesem einzigen rechtmäßigen deutschen Staat nunmehr alle Aussichten genommen werden, den 17 Millionen Mitbürgern die Freiheit zu bringen; wenn durch Willkürakt eine russische Grenze an der Elbe entsteht.
Kann man dann noch Kulturabkommen mit der Sowjetunion aufrechterhalten, ist es dann noch zu verantworten, Osthandel zu treiben, kann man noch diplomatische Beziehungen zu einem Land unterhalten, das völlig unbeeindruckt vom Selbstbestimmungsrecht die letzte Maske hat fallen lassen und übelsten Neokolonialismus in Dresden, Magdeburg und Halle betreibt? Haben die Deutschen dann nicht zum zweiten Male eine Minorität verraten? Heute sitzt Eichmann vor Gericht. Wer wird es sein, wenn eines Tages die Geschichte die Bequemen von heute zur Verantwortung zieht?
Wir Deutschen haben sicherlich alle Veranlassung, einer der treuesten Bündnispartner zu sein. Aber ist es uns gestattet, unseren Verbündeten so bequem zu sein, daß wir uns lediglich mit ihrem Bedauern, Chruschtschow den Federhalter nicht aus der Hand schlagen zu können, abfinden? Kommen dann nicht auch Konsequenzen auf diese Partner zu, wenn sie ihrer Verpflichtung, die Einheit wiederherzustellen, nicht nachkommen oder nachkommen können? Ist die Bundesregierung als die auch für Mittel-Deutschland zuständige Instanz nicht verpflichtet, eine ganze Latte von Maßnahmen gegen Rußland und seinen mitteldeutschen Quislingstaat zu erwarten?
Wir Deutschen sind nur glaubwürdige Partner, wenn wir nicht zugleich die bequemsten Partner sind ...
Auf was ich hinaus will, lieber Herr Gerstenmaier, ist dieses: Beizeiten muß Aufklärung betrieben werden ...
Je mehr wir unsere Verbündeten direkt und indirekt wissen lassen, daß ein zweites Ungarn uns gar nicht schmecken und daß die selbstverständliche Pflicht, Berlin offenzuhalten, allein uns keineswegs als der Gipfel allen Glücks erscheinen wird, um so mehr wird man Ihrer These folgen, harte Friedensverhandlungen über ein freies Gesamt-Deutschland zu führen. Das wäre offensiv.
Es gibt viele Mittel, mit denen man Vorbereitung und Aufklärung betreibt. Man könnte auch einmal alle Zonenflüchtlinge in der Bundesrepublik Deutschland zu einer Großkundgebung zusammenrufen und die Leiden der 17 Millionen in Gegenwart der in- und ausländischen Presse aufzählen und anprangern ...
Mit herzlichen Grüßen
bin ich
Ihr
Axel Springer

PERSONENREGISTER

In diesem Personenregister sind alle namentlich in dem Buch erwähnten Personen aufgeführt. Darüber hinaus wird auf Begriffe verwiesen, die unmittelbar mit der Person zusammenhängen – wie z. B. »Breschnjew-Doktrin« oder »Chruschtschow-Ultimatum«.

BILDNACHWEIS

Albrecht, Wolfgang: 322
Alert, Rudolf: 287
Andres, Erich: 315
Bargen, Susanne von: 137
Beck, Manfred: 46, 47, 49, 71, 120, 239, 242, 269, 281, 292, 303, 321
Fotostudio reto Gstaad: 39
Freidin, Isaac: 172
Gooter, Carol: 189
Government Press Office: 206/207
Hörzu: 319
Kambach, Günter: 287, 292
Kasperski, Edmund: 117, 281
Kiesel, Hans-Günter: 162/163
Köhler, Falk: 306
Krohn, Mathias: 49, 300, 319
Krüger, Günther: 364
Kuhnigk, Klaus: 215
Nagel, Nico: Schutzumschlag, Rückseite
Nordmann, Norbert: 356
Pontificia Fotografia: 155
Pressebildagentur Schirner: 323
Rogge, Erhard E.: 65
Schumacher, Karl H.: 118/119
Simon, Sven: 97, 173, 254, 255, 257
Springer, Axel jr.: 169
Springer, Friede: 18/19, 48, 175, Schutzumschlag
Sticha, Pavel: 296, 297, 328
Thierlein, Harald: 48, 112, 301
Timm, Peter: 249
Ullstein Bilderdienst: 30/31, 35, 90, 103, 112, 113, 188, 189, 197, 221, 238, 239, 246, 266/267, 269, 300, 303, 368, 372, 376, 384
du Vinage, Mathias: 214, 307
Wende, Bernd: 322
Wiechmann, Jürgen: 42/43
Wulff, Hans-Peter: 71
Zentral-Foto-Archiv: 310